本书为 2020 年国家广播电视总局部级社科研究特别委托项目"中国广播电视国际传播能力建设研究"（项目编号：GDT2016）部分成果。

本书由成都大学文明互鉴与"一带一路"研究中心资助出版

车南林 著

成都大学文明互鉴与『一带一路』研究中心学术丛书
杨玉华 主编

中国广播电视国际传播能力建设研究

中国社会科学出版社

图书在版编目（CIP）数据

中国广播电视国际传播能力建设研究/车南林著. —北京：中国社会科学出版社，2022.12
（成都大学文明互鉴与"一带一路"研究中心学术丛书）
ISBN 978-7-5227-0914-7

Ⅰ.①中… Ⅱ.①车… Ⅲ.①广播事业—研究—中国②电视事业—研究—中国　Ⅳ.①G229.2

中国版本图书馆 CIP 数据核字（2022）第 182689 号

出 版 人	赵剑英	
责任编辑	张　潜	
责任校对	马婷婷	
责任印制	王　超	

出　版	中国社会科学出版社	
社　址	北京鼓楼西大街甲 158 号	
邮　编	100720	
网　址	http://www.csspw.cn	
发 行 部	010-84083685	
门 市 部	010-84029450	
经　销	新华书店及其他书店	
印　刷	北京君升印刷有限公司	
装　订	廊坊市广阳区广增装订厂	
版　次	2022 年 12 月第 1 版	
印　次	2022 年 12 月第 1 次印刷	
开　本	710×1000　1/16	
印　张	29.75	
插　页	2	
字　数	389 千字	
定　价	158.00 元	

凡购买中国社会科学出版社图书，如有质量问题请与本社营销中心联系调换
电话：010-84083683
版权所有　侵权必究

成都大学文明互鉴与"一带一路"研究中心学术丛书编辑委员会

顾　　问	曹顺庆　张　法　项　楚
	谢桃坊　姚乐野　曾　明
主　　任	刘　强　王清远
副 主 任	杨玉华
委　　员	何一民　王　川　潘殊闲　谭筱玲
	袁联波　张　起　代显华　张学梅
	魏红翎　李　敏　马　胜　诸　丹
	周翔宇
主　　编	杨玉华
副 主 编	魏红翎　周翔宇
秘　　书	李天鹏　黄毓芸

成都大学文明互鉴与"一带一路"研究中心学术丛书总序

习近平总书记指出:"文明因交流而多彩,文明因互鉴而丰富"。"文明互鉴"是构建人类命运共同体的人文基础,是增进各国人民友谊的桥梁,是维护世界和平与推动人类社会进步的动力,而"一带一路"则是文明互鉴的重要路线、渠道和阵地。尤其是在时逢"百年未有之大变局"的今天,在多元文化碰撞、交流日益密切的时代语境下,实施"一带一路"倡议,促成各国文明、文化的交流、互鉴、共存,以消除不同文明圈之间的隔阂、误解、偏见,对于推动国家整体对外交往及中华优秀文化的传承、传播、创新,建构"美美与共、和而不同"的全球性文明,乃至建构人类命运共同体都具有紧迫的现实意义和深远的历史意义。

成都是一座具有 4500 年文明史、2300 多年建城史的城市,是中国首批 24 座历史文化名城之一,有着悠久厚重的历史文化积淀,创造过丰富灿烂的文明成就,形成了"创新创造、优雅时尚、乐观包容、友善公益"的天府文化精神。成都又是"南方丝绸之路"的起点,从古蜀时代开始,就形成了文化交流、互鉴的优良传统,留下了文明互鉴、互通的千古佳话。作为"一带一路"节点城市、"南方丝绸之路"起点城市，成都在新时代建构人类命运共同体的文明互鉴与"一带一路"倡议中占有重要地位，扮演着重要角色。必当趁势而上、大有作为。

成都大学是一所年轻而又古老的学校，其校名可追溯到1926年以张澜先生为首任校长的"国立成都大学"。虽然1931年后即并入国立四川大学，但却取得了骄人的成绩，不仅居四川三所大学（国立成都大学、国立成都师大、公立四川大学）之首，而且在全国教育部备案的21所国立大学中，也名列第七。并且先后有吴虞、吴芳吉、李劼人、卢前、伍非百、龚道耕、赵少咸、蒙文通、魏时珍、周太玄等著名教授在此任教。因此，成都大学乃是一所人文底蕴深厚、以文科特色见长的高校。即便从通常所认为的1978年建校算起，也仍然产生了白敦仁、钟树梁、谢宇衡、常崇宜、曾永成"五老"，并且都是以传统的文史学科见长的教授。成都大学作为成都市属唯一的全日制本科院校，理应成为成都文明互鉴、对外交往、文化建设以及提升国际化水平的重镇和高地。

站在新的历史起点上，成都大学在实施"五四一"发展战略，实现其高水平快速可持续发展的进程中，如何接续其深厚人文传统，再现文科历史荣光，建成成都文化传承发展创新高地，在成都世界文化名城及"三城""三都"建设中，擘画成大方案、提供成大智慧、贡献成大力量，就成了成大人的光荣使命和重大责任。因此，加强与兄弟院校的合作，特别是依托四川大学的高水平学术平台、师资、项目，借智借力，培育人才，建设学科，积累成果，不断发展壮大成都大学的人文社会科学，就成了不二选择。

正是在这样的背景下，成都大学进一步强化拓展与四川大学的合作，在其"中华多民族文化凝聚与全球传播省部共建协同创新中心"

下成立"成都大学文明互鉴与'一带一路'研究中心"（以下简称"中心"）。"中心"以中华多民族优秀传统文化研究的学科体系、学术体系和话语体系建构为基础，旨在为促成中华优秀传统文化与多元文化对话、互鉴及未来的创新发展而搭建支撑平台、凝聚社会共识、建立情感纽带，指导引领成都大学文科高水平建设和高质量发展。中心立足西南、心系天下，充分发挥成都作为"一带一路"节点城市、"南方丝绸之路"起点城市的独特优势，以学术研究为依托，以理论研究、平台构建、学科培育、人才培养、智库建设为抓手，积极参与构建当代中国国家文化，就文明互鉴、"一带一路"倡议、中华优秀传统文化的传承、传播、创新做出实质性的贡献。

要实现上述目标，需要搞好顶层设计，精心编制中长期规划，汇聚和培育一支高水平人才队伍，立足成都大学人文社科的现实基础和优势，久久为功，集腋成裘，推出一批高水平的标志性研究成果，充分彰显学术创新力，逐渐提高"中心"的影响力。因此，编撰出版"成都大学文明互鉴与'一带一路'研究中心学术丛书"就成了重点工作和当务之急。

"成都大学文明互鉴与'一带一路'研究中心学术丛书"每年从成都大学人文社科教师专著中遴选，并全额资助出版。每年一辑，一辑八种左右。开始几辑不分学科系列，待出版的专著积累到一定数量或每年申请资助出版专著数目较多时，方按学科类别分为几个系列。如天府文化系列丛书、成都大学学术文库、重点优势学科研究系列丛书（如古典学、文艺学、比较文学等）。资助出版的著作为专著、译著、古籍整理（点校、注疏、选注等），以创新性、学术性、影响力为入选标准。力求通过10年的持续努力，出版80部左右学术著作，使丛书在学界产生较大的规模效应和影响力，成为展示成都悠久厚重历史文化积淀、中国人文社科西部重镇丰硕成果的"窗口"和成都大学深厚人文传统、雄厚社科实力和丰硕"大文科"建设成就的一张靓丽名片。合抱之木,起于荎寸。百年成大,再铸辉煌!但愿学界同仁都来爱护"丛书"这株新苗,在大家精心浇灌壅培下,使之茁壮成长为参天大树!

杨玉华

2021 年 11 月 6 日

于成都濯锦江畔澡雪斋

目录

绪 论 ……………………………………………………………… 1

第一章 走近广电：中国广播电视国际传播能力建设的背景 …… 5
 第一节 紧迫性：中国广播电视国际传播能力建设与
    国际环境 …………………………………………… 5
 第二节 重要性：中国广播电视国际传播能力建设与
    国家发展 …………………………………………… 28
 第三节 可行性：中国广播电视国际传播能力建设与
    行业前景 …………………………………………… 38

第二章 回溯历史：中国广播电视国际传播能力建设的
    发展之路 ………………………………………………… 57
 第一节 逐渐形成期（1978年以前）：中国广播电视
    国际传播能力建设初现端倪 ……………………… 57

· 1 ·

第二节　稳步发展期（1979—2008年）：中国广播电视国际
　　　　传播能力建设不断开展 …………………………………… 78
第三节　战略机遇期（2009年至今）：中国广播电视国际传播
　　　　能力建设地位凸显 ………………………………………… 103

第三章　观照现实：中国广播电视国际传播能力
　　　　建设的现状与问题 ………………………………………… 127
第一节　传播主体共振能力建设的现状与问题 …………………… 127
第二节　传播渠道竞合能力建设的现状与问题 …………………… 167
第三节　传播内容制作能力建设的现状与问题 …………………… 185
第四节　传播受众定位能力建设的现状与问题 …………………… 211
第五节　传播效果测评能力建设的现状与问题 …………………… 225
第六节　传播环境建构能力建设的现状与问题 …………………… 234

第四章　他山之石：国外广播电视的国际传播能力建设经验 …… 246
第一节　美国：CNN的国际传播能力建设之路 ………………… 246
第二节　英国：BBC的国际传播能力建设之路 ………………… 266
第三节　俄罗斯：RT的国际传播能力建设之路 ………………… 283
第四节　卡塔尔：Al Jazeera的国际传播能力建设之路 ………… 306
第五节　印度：ZEE的国际传播能力建设之路 ………………… 318

第五章　奔向光明：中国广播电视国际传播能力建设的
　　　　未来路径 …………………………………………………… 335
第一节　全员：传播主体发声能力建设的关键 …………………… 335
第二节　联动：传播渠道竞合能力建设的重心 …………………… 352

第三节　共情：传播内容制作能力建设的核心 …………… 363

第四节　精准：传播受众定位能力建设的重点 …………… 383

第五节　定量：传播效果测评能力建设的偏向 …………… 398

第六节　系统：传播环境建构能力建设的重塑 …………… 426

结　论 ………………………………………………………… 440

参考文献 ……………………………………………………… 447

绪　　论

中国加强媒体的国际传播能力建设并非新鲜事。往远了说，中国自有报纸开始就试图强化其对外传播的能力，只是当时的"对外"与当今的"对外""国际"概念差异较大，但对当下也有一定的启发。往近了说，中国共产党从建党开始就重视媒体的宣传作用，也一直强化国际传播能力建设。可以说，中国共产党这一百年不断发展的历史也是其加强媒体国际传播能力建设的历史。

1941年中国共产党创办了首个广播电台，1958年创办了首个电视台。广播电视台的创立对中国向世界客观、公正地传播中国事务，争取国际社会的支持起到了重要作用。在这期间，中国采取了制定政策、设置专门机构、开办学校培养人才等方式来促进中国广播电视国际传播能力建设，也起到了一定的效果。但是，1979—2009年，中国媒体尤其是广播电视媒体的国际传播能力与中国在世界上的经济地位存在严重不匹配的问题。

为此，中共中央于2009年6月专门制定了《2009—2020年我国重点媒体国际传播能力建设总体规划》，将当时的中央电视台、中国国际广播电台、新华社等国家重点媒体的国际传播能力建设作为中国媒体的一项重要任务。2020年，正是该项规划完成的一年，即中国媒体应该具备"现代国际传播体系"，并"形成与我国经济社会发展水平和国际地位相称的媒体国际传播能力"。但是，2010年中国跃居为世界第二大经济体并走进国际政治舞台中心，却一直饱受国际舆论的偏见，可见中国媒体的国际传播能力虽然有了较大的提升，但确实因为存在一些短板而无法抗衡西方媒体的强势传播。为发挥优势、补齐短板，中国有许多研究者为中国媒体尤其是广播电视国际传播能力建设出谋划策。

中国中央电视台的李宇老师、中国国际广播电台的臧具林老师和王庚年老师、中国国际电视台的江和平老师、中国国际电视总公司的唐世鼎老师等，从业界遇到的问题出发，站在世界的高度，面向中国的未来，对其所在的媒体如何提升国际传播能力做了大量调研和思考，也通过撰写大量书籍、发表大量论文提出了针对性的建议。

清华大学史安斌老师、北京大学的程曼丽老师、中国人民大学钟新老师、北京外国语大学的刘滢老师和姜飞老师，及中国传媒大学的张毓强老师、高晓虹老师、刘笑盈老师、刘燕南老师、胡正荣老师等来自高校的研究者，站在学理的高度既探讨了国际传播能力建设的历程、意义，也探讨了如何才能更好地评估国际受众从而提高中国广播电视传播的针对性，并切实提升其国际传播能力。

唐润华老师的《中国媒体国际传播能力建设战略》（2015年出版）作为2009年国家社科基金重大项目"中国媒体国际传播能力建设战略研究"的成果，讨论了中国媒体国际传播能力与国家软实力之间的关系，分析了中国媒体国际传播的发展及现状，提出了"海外传播网络建设战略""国际传播内容建设战略""国际传播人才队伍建设战略"

"国际传播市场拓展战略""国际传播新媒体战略""媒体对外交流合作战略"。

国家广播电视总局的聂辰席老师、中国电视艺术家协会的赵化勇老师等也对中国广播电视国际传播的理念与未来路径进行了分析。他们和前述老师们的研究不仅对中国广播电视国际传播实践有着重要的启示和指导作用,还为新闻传播理论建设提供了相当多的理论、方法与思路。本研究是基于这些老师们的思考,更多针对当前"百年未有之大变局"背景、"构建人类命运共同体"的必要性以及中国广播电视近几年在国际传播过程中出现的新短板、新弱项而开展。

2021年5月31日,习近平总书记就加强我国国际传播能力建设,主持中共中央政治局第三十次集体学习,强调"要深刻认识新形势下加强和改进国际传播工作的重要性和必要性,下大气力加强国际传播能力建设,形成同我国综合国力和国际地位相匹配的国际话语权,为我国改革发展稳定营造有利外部舆论环境,为推动构建人类命运共同体作出积极贡献"。这进一步说明了中国广播电视国际传播能力建设的重要性。

但是,中国广播电视在国际传播过程中,抛开不可抗因素的影响,就自身而言到底是如何发声的?渠道建设如何?渠道的竞争能力如何?合作能力如何?内容制作能力如何?新闻制作能力如何?新媒体渠道的栏目制作能力如何?受众定位能力如何?如何定位不同受众的心理?是否针对受众反馈做出调整?如何测评自己的传播效果?如何建构良好的国际、国内传播环境……

基于前人的研究基础,带着前述疑问,本研究翻阅了大量文献,访谈了一线媒体工作人员,统计了中外广播电视媒体国际传播内容的相关数据,基于竞合理论、系统论、产业合作理论以及新闻传播领域的相关理论，采用程序主义模式分析法、对比分析法、案例分析法、归纳演绎法、统计分析法等研究方法，以史论结合、数据与案例结合的方式，完成了本成果。但因精力、人力、时间有限，本研究存在诸多不足，恳请各位专家学者不吝赐教，一起为中国媒体成长为中国发展的最好助力而努力！

第一章 走近广电：中国广播电视国际传播能力建设的背景

"国际格局大洗牌""国际秩序大调整""国际舆论大变化"。在这"百年未有之大变局"之下，经济、军事、科技等逐渐崛起的中国，逐渐走进国际政治舞台中心的中国，亟须进一步抢占话语高地，提升国际话语权。这都需要中国加强广播电视国际传播能力建设，促进广播电视媒体利用传统渠道、新兴渠道传播好中国声音、讲述好中国故事。随着全球网络文化产业大发展，在线视频领域的竞争已经白热化，但合作才是竞争的最高形态，新技术、新主体、新资源也为广播电视国际传播能力建设提供了良好的条件。

第一节 紧迫性：中国广播电视国际传播能力建设与国际环境

国际政治与经济格局、科技创新格局、国际传播格局等的变局已经呈现，关于中国的舆论也随之变化。中国广播电视作为应对国际政治与经济大变局的方法、科技创新的体验者、国际传播格局的成员、提升国际话语权的重要路径、参与国际传媒竞争与合作的排头兵，亟须加强国际传播能力建设。

一 亟须应对国际大变局

习近平总书记常说"当今世界处于百年未有之大变局"。2020年新冠疫情这一前所未有的危机让"大变局"更为明显，其中，经济大变局、政治大变局、科技创新大变局、国际传播格局大变局已然呈现。中国广播电视作为"大变局"的一员，亟须加强国际传播能力建设，应对种种变局。

（一）亟须应对国际经济与政治大变局

中国、印度、东盟五国、俄罗斯、巴西、墨西哥、沙特阿拉伯、尼日利亚、南非等新兴经济体对世界经济增长贡献突出，世界地缘经济与地缘政治重心也随之发生变化，呈现"东升西降"的特点。中国广播电视的经济和政治属性决定其亟须提升能力应对这一大变局。

1. 应对国际经济大变局

如图1-1所示，21世纪以来，新兴经济体对世界经济增长贡献突出，基本属于稳定增长状态（除受全球性金融危机影响的2008年和受全球性新冠疫情影响的2020年）。如图1-2所示，2021年和2022年，新兴经济体的经济增长率分别为6.7和5.0，明显高于发达经济体的5.1和3.6，而印度和中国经济增长率明显高于发达经济体的美国、德国、法国、英国、意大利、西班牙等。IMF（国际货币基金组织）预测，未来，新兴经济体的增长速度将持续加快。经济学家也预测，未来，世界地缘经济将发生转向，新兴经济体尤其是人口规模、地理版图、资源潜力等均占优势的亚洲新兴经济体将进一步崛起、持续走强，"东升西降"的国际地缘经济"大变局"将继续保持；未来十年中国经济将超过美国成为世界第一经济体，但前提是解决"人口老龄化"

"产业升级"等问题。此外，随着文化产业在各国经济中所占比重持续增大，世界经济结构也将进一步变化。IIPA（国际知识产权联盟）的数据显示，即便是在受到新冠疫情影响的 2020 年，文化产业对经济增长的贡献依然强劲，超过其他经济品类对整体经济增长的贡献，并创造了机会更多、工资更高的工作。中国广播电视作为文化产业的核心组成部分，作为中国经济结构的一部分，在世界经济结构调整的过程中，在国际经济大变局过程中，亟须提升盈利能力，提高盈利水平，帮助中国应对经济大变局。

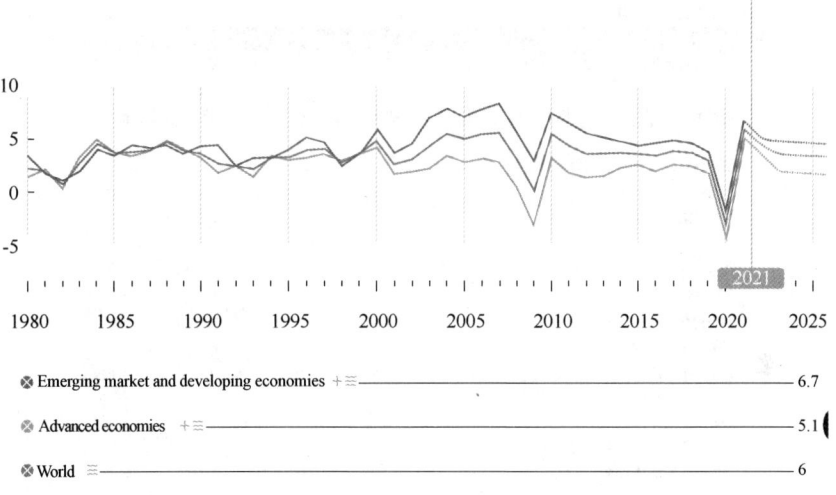

图 1-1　世界 GDP 增长（来源：IMF）

2. 应对国际政治大变局

与国际经济大变局如影随形的便是国际政治大变局。美国退出巴黎气候协定、联合国教科文组织、伊朗核协议、联合国人权理事会、中导条约等，意味着其不承担国际责任和不用承担相关费用[1]且政治信

---

① 左凤荣：《全球治理中的国际话语权》，《学习时报》2019 年 11 月 22 日第 2 版。

《世界经济展望》最新增长预测

(实际GDP，年百分比变化)

	2020	2021 预测值	2022 预测值
世界产出	-3.3	6.0	4.4
发达经济体	-4.7	5.1	3.6
美国	-3.5	6.4	3.5
欧元区	-6.6	4.4	3.8
德国	-4.9	3.6	3.4
法国	-8.2	5.8	4.2
意大利	-8.9	4.2	3.6
西班牙	-11.0	6.4	4.7
日本	-4.8	3.3	2.5
英国	-9.9	5.3	5.1
加拿大	-5.4	5.0	4.7
其他发达经济体	-2.1	4.4	3.4
新兴市场和发展中经济体	-2.2	6.7	5.0
亚洲新兴市场和发展中经济体	-1.0	8.6	6.0
中国	2.3	8.4	5.6
印度	-8.0	12.5	6.9
东盟五国	-3.4	4.9	6.1
欧洲新兴市场和发展中经济体	-2.0	4.4	3.9
俄罗斯	-3.1	3.8	3.8
拉丁美洲和加勒比	-7.0	4.6	3.1
巴西	-4.1	3.7	2.6
墨西哥	-8.2	5.0	3.0
中东和中亚	-2.9	3.7	3.8
沙特阿拉伯	-4.1	2.9	4.0
撒哈拉以南非洲	-1.9	3.4	4.0
尼日利亚	-1.8	2.5	2.3
南非	-7.0	3.1	2.0
备忘项			
新兴市场和中等收入经济体	-2.4	6.9	5.0
低收入发展中国家	0.0	4.3	5.2

来源：国际货币基金组织《世界经济展望》，2021年4月。
注释：印度的数据和预测值是按财年列示的，财年2020/2021从2020年4月开始。
基于日历年，2020年印度的经济增速预测值为-7.1%，2021年为11.3%。

国际货币基金组织　　　　　　　　　　　　　　　IMF.org

图1-2 《世界经济展望》最新预测（来源：IMF）

任危机大幅加剧，英国脱欧导致欧盟离心力增大，逆全球化的现象频繁发生，传统七国集团（G7）统领世界的格局发生转向变化，影响逐渐式微。在西方国家地缘政治发生变化的同时，"金砖五国"以及新老大国共治和"南北共治"的二十国集团（G20）在海上安全、恐怖主义、气候变化、生态环境、跨国犯罪、人权等传统全球问题治理上发挥的作用更大、表现突出，在网络安全、虚拟经济、超级资本以及科技陷阱等新兴全球问题治理上发挥的作用更广泛、表现不俗，而中国作为政治主体地位逐渐提高、影响逐渐扩大。与此同时，中国提出的"一带一路"倡议，虽遇到一些挑战，但"朋友圈"整体扩大，国际影响力日渐提高。可以说，国际政治格局正从一极变为两极甚至多极，而中国这一极以及中国带领的"朋友圈"将成为世界重要的政治体，朝着"人类命运共同体"进一步发展。中国广播电视的政治属性决定了其政治作用，面对国际政治大变局，广播电视的政治作用亟须提升，诸如传播主体发声能力建设、内容制作能力建设、效果监测能力建设等也亟须提高。

（二）亟须应对国际科技创新大变局

以人工智能、生命科学、量子信息科学、无人化为代表的新一轮科技创新、工业革命正在蓬勃发展。中国广播电视作为科技创新的体验者、科技创新的报道者、科技创新的推动者和科技创新的依赖者，亟须提升能力应对国际科技创新大变局。

1. 应对科技创新主体大变局

"科学技术是第一生产力"。世界各国皆如此。发达经济体十分强调对科技的投入，因为他们一直享受着科技创新带来的红利。近年来，为了争夺智能化时代的经济政治地位，世界各国进一步制定各项政策推进科技创新，如美国制定关涉太空、生物、网络等的"美国优先"的科技战略，英国制订"未来领导者研究基金计划"，德国制订"高科技战略2025"，日本制订"社会5.0计划"，韩国制订《第四期科学技术基本计划（2018—2022）》，俄罗斯制订"五月法令"，以色列制订"资本激励计划"，南非制订《科学技术与创新》白皮书草案等①。各国通过各种方式刺激各行各业在网络空间、数字安全、人工智能、量子信息科学等方面持续创新。中国在科技创新方面，早就提出将"中国制造"转变为"中国智造"，诸如华为、大疆科技、科大讯飞以及格力等中国企业成为科技创新的主体。如今，国际科技创新主体已从"一家独大"转变为"百花齐放"。中国广播电视涉及人工智能、5G、大数据等高新科技，作为科技创新的体验者，亟须提升创新能力应对国际科技创新格局大变化。

2. 应对科技创新内容大变局

以"智能工厂""智能生产""智能物流"为主题的第四次工业革命正在进行，但第四次工业革命的核心前提依然是科技创新。这一轮科技创新的主要内容包罗万象，有可再生能源、纳米技术、生物技术、大数据、物联网、AI技术、量子信息科学等。其中，量子信息科学这一"下一场技术革命"成为各国的宠儿。比如，加拿大 Xanadu 公司宣布与 MaRS 公司、创新颠覆实验室合作创建首个加拿大量子网络（CQN）。其长期愿景是构建加拿大全国量子互联网，潜在应用包括量子安全通信、量子传感和分布式量子计算，加强选举、金融交易、政府、执法部门和军方的信息系统安全性。② 未来，科技将继续创新，中国广播电视作为先进科技的依赖者，采用高新科技是其应对国际格局大变化的重要方式。当前，中国广播电视国际传播的效果欠佳，与技术应用不达标、欠合理有一定的关系，因此，加强广播电视国际传播能力建设的一个方面就是强化其科技传播能力，而这也是应对国际科技创新内容不断变化的必然之举。

---

① 《2018 年世界科技发展回顾》，人民网，http://scitech.people.com.cn/n1/2019/0102/c1007-30498502.html。

② 中国科技产业:《国内外最新科技创新与发现》，《中国科技产业》2021 年第 2 期。

（三）亟须应对国际传播格局大变局

从 20 世纪以前由英、法两国为主导的国际传播格局转变为第二次世界大战之后由美、英、法、德等国为主导的国际传播格局，国际传播格局经历了两次大变局，而第三次国际传播大变局虽然遇到联合国教科文组织制订的"1985—1989 年建立世界信息传播新秩序的中期计划"遇冷的情况，但也正面对着卡塔尔半岛电视台（Al Jazeera，AJ）、俄罗斯媒体"今日俄罗斯"（Russia Today，RT）、中国国际电视台（China Global Television Network，CGTN）等崛起的局面。

1. 应对国际传播主体格局的变化

在百年未见之大变局之下，国际传播正在发生系统性的变化。[①] 当今世界开始形成"一国独大""多强争雄"和"新兴传播国家群体兴起"的新的媒体格局，[②] 即，国际传播主体虽然依然由以美国 CNN、英国 BBC 为代表的媒体占主导，但是以德国 ProSiebenSat.1、法国 France vingt‑quatre 等为代表的媒体以及卡塔尔 AJ、俄罗斯 RT、印度 Zee TV 等为代表的国际性广电媒体迅速崛起，以 Netflix、Amazon Prime 等为代表的网络在线视频媒体的强势发展，以 YouTube、Facebook、Instagram、Pinterest、Twitter 等为代表的国际视听社交新媒体的活跃发展，势必形成"百家争鸣"的趋势。中国以 CGTN、中国国际广播电台（China Radio International，CRI 或简称国际台）为代表的广电媒体，面对国际传播主体格局的变化，亟须积极提升国际传播能力。同时，中国广播电视也亟须与以腾讯视频、爱奇艺视频等为代表的网络在线视频媒体积极合作，亟须与抖音、Tiktok、Bilibili（简称 B 站）等

[①] 唐润华、刘昌华：《大变局背景下国际传播的整体性与差异化》，《现代传播》2021 年第 4 期。

[②] 郑保卫、姜秀珍：《后危机时代世界媒体格局变化与中国新闻传播策略》，《现代传播》2011 年第 10 期。

视听社交媒体平台积极合作，加强彼此作为国际传播主体的共振能力建设，应对国际传播主体格局的变化。

2. 应对国际传播渠道与终端格局的变化

在渠道方面，近年来，各国由于三网融合、媒介融合带来媒体融合这一现实，更强调 IPTV、OTT 与 HbbTV 以及云电视等渠道的建设。在国际传播终端方面，也由过去的电视机发展为智能电视机、平板电脑和智能手机共同组成的端口。随着网络在线视频的强势发展、视听社交媒体的迅速普及以及传统电视的式微，用户利用电视这种渠道收看影视的比例严重下滑。仅以美国为例，根据美国皮尤（PEW）研究中心一项针对美国成年人的最新调查显示，通过有线电视或卫星收看电视的美国人比例已从 2015 年的 76% 骤降至 2021 年的 56%。在那些不使用有线或卫星服务的人中，约 71% 的人说这是因为他们可以在网上访问想要的内容，69% 的人说有线电视成本太高，45% 的人说他们不经常看电视。[①] 与之相反的是，2021 年 81% 的美国人说他们曾经使用过视频分享网站，而 2019 年这一比例为 73%。同时，如图 1-3 所示，利用 YouTube 来观看影视节目的用户呈现上升趋势，已达 81%。[②] 其他国家情况基本相似。可见，电视国际传播的渠道与终端移动化与社交化明显，而中国广播电视已经注意到这些变化，不断拓宽其国际传播渠道，但是，就其目前的国际传播效果来说，远远不足以应付国际传播渠道和终端格局的变化，因此，中国广播电视只有再加强国际传播渠道竞合能力建设才能更好地应对国际传播渠道格局的变化。

[①] Lee Rainie. "Cable and Satellite TV Use Has Dropped Dramatically in the U. S. Since 2015", *Pew Research Center*, https://www.pewresearch.org/fact-tank/2021/03/17/cable-and-satellite-tv-use-has-dropped-dramatically-in-the-u-s-since-2015/.

[②] See Brooke Auxier and Monica Anderson *Social Media Use in* 2021, PEW Research Center, https://www.pewresearch.org/internet/2021/04/07/social-media-use-in-2021/.

第一章 走近广电：中国广播电视国际传播能力建设的背景

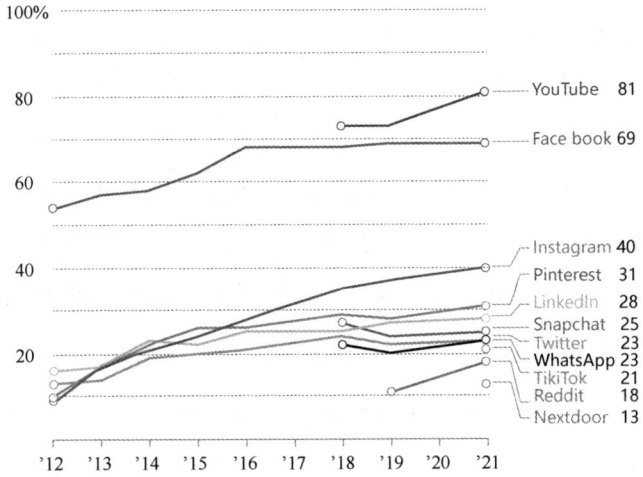

图1-3 美国成年人使用视频渠道情况（来源：PEW）

3. 应对国际传播内容格局的变化

国际传播主体大发展、国际传播渠道多元化、国际传播终端移动化与社交化的直接影响便是国际传播内容的格局发生了重大变化，表现为西方国家广电媒体主导的政治化和西方化内容逐渐转变为娱乐化、碎片化以及差异化的国际传播内容。这当中，卡塔尔AJ、俄罗斯RT功不可没，他们既关心西方发达国家在政治、经济、文化、科技、军事等方面的最新进展，也关注发展中国家的弱势群体，更关心世界的灾难、宗教、就业、环境、民生等现实问题。以RT为例，2011年，美国爆发了"占领华尔街运动"，但是西方广电媒体当时并没有对该事件进行报

· 13 ·

道，RT 则派出专业团队 24 小时不间断地进行了现场报道。再以 AJ 为例，当西方广电刻意塑造中东地区动乱形象时，AJ 却以最真实的镜头、最真实的声音还原中东事件；当西方媒体仅仅关心美国体育的光彩时，AJ 却展开深度调查揭露"美国体育的'黑暗面'"。此外，全球社交媒体的疯狂发展也引起了国际传播内容的变化，仅以 Facebook 为例，平台上每天分享一千多亿条信息，帮助人们保持亲密，即使他们相隔很远；每天分享十多亿个故事，帮助人们表达自我及更好地与他人沟通。[①] 其中，碎片化、娱乐化、社交化、视频化的内容有明显的增长趋势。国际传播内容格局的变化，对中国广播电视的要求不是更低而是更高了，毕竟要生产和制作令已经习惯多样化的全球民众满意的内容并不容易，因此，中国广播电视国际传播内容生产能力建设有助于应对国际传播内容格局的变化。

此外，中国广播电视国际传播效果测评能力建设、国际传播受众定位能力建设也有助于应对国际传播大变局。

二 亟须提高国际话语权

中国广播电视作为"舆论性话语权"的主要力量，一直在加强其国际传播能力建设，只是在"当今世界处于百年未有之大变局"的当下，在"中华民族实现伟大复兴战略全局"的今天，加强平台建设、内容建设以及反馈建设，抢占话语高地以及舆论制高点，正面传播中国事务、中国道路、中国精神、中国价值、中国方案、中国模式等，就是在提高中国的国际话语权。

（一）亟须加强话语平台建设

提高国际话语权的方法是要加强话语平台建设，包括媒体、国际

---

① See Facebook, https://about.facebook.com/company-info/.

会议、国家对外交流合作和援助计划、互访活动、民意机构、民间特别活动等话语平台。中国一直重视媒体作为国际话语平台的国际传播能力建设，2009年之后更为明显，但从媒体层面而言，中国还缺乏"语种多、受众广、信息量大、影响力强、覆盖全球的国际一流媒体"①。也就是说，中国媒体作为国际话语平台的国际传播能力还十分微弱，中国广电媒体尤为如此。中国广播电视的政治属性决定了其必须加强国际传播平台建设。加强中国广播电视国际传播能力建设就是加强其国际话语平台建设的方法之一。

1. 亟须加强传统国际话语平台建设

习近平总书记曾提出："我们走的是正路、行的是大道，这是主流媒体的历史机遇，必须增强底气、鼓起士气，坚持不懈讲好中国故事，形成同我国综合国力相适应的国际话语权。"在国家政策的推动下，中国广电曾通过频道落地、卫星播出、交换合作、建立分台或分站等方式加强传统渠道的建设，只是效果还待加强，加之，全球广播电视开机率下滑导致这种传统渠道的影响力下降。开机率下降并不代表着这种渠道不能再用，只是得有针对性地加强建设，因为人口严重老龄化的国家和网络欠发达国家的受众依然通过收音机收听节目，通过电视机收看节目。另外，据全球著名市场监测和数据分析公司尼尔森的统计显示，与20世纪50年代不同的是，今天的"电视"一词对不同的人可能意味着不同的东西。尽管消费者有一系列的平台和内容可供选择，但通过无线、卫星、有线或互联网连接、传送视频节目的线性电视仍然是美国家庭的主流。② 美国电影协会（MPAA）2021年3月18日公布的《2020年全球电影与家庭娱乐报告》也有指出，卫星电视、

---

① 唐润华：《中国媒体国际传播能力建设战略》，新华出版社2015年版，第5页。
② See TV *Ratings*, Nielsen, https://www.nielsen.com/us/en/solutions/measurement/television/.

有线电视、交互电视（IPTV）、数字地面电视（DTT）、虚拟付费电视作为全球家庭娱乐的一个重要组成部分依然占有较大比例，其中有线电视依然拥有最高视频订阅市场，2020年其收入增加了8.714亿美元，达到1116亿美元。由此，切实调研全球这种情况，针对性地强化卫星电视、有线电视、IPTV、DTT等传统广播电视国际传播渠道建设，才能保证其国际话语传统平台建设既不漏掉某些环节也不重复建设。

2. 亟须加强新兴国际话语平台建设

习近平总书记指出，提高国家文化软实力，要努力提高国际话语权。要加强国际传播能力建设，精心构建对外话语体系，发挥好新兴媒体的作用，增强对外话语的创造力、感召力、公信力，讲好中国故事，传播好中国声音，阐释好中国特色。[①] 根据国际互联网流量监测机构统计，到2021年3月底，全球网民达到78.76亿，而在2012年年底的时候只有24亿。[②] 随着5G的普及，《2020全球移动市场报告》预测，到2023年全球智能手机用户数将突破40亿，[③] 而在2012年年初只有10亿。在全球移动用户最喜欢的视频平台当中，Netflix、Amazon Prime、YouTube等占绝对优势。其中，截至2020年年底，在线视频巨头Netflix在全球一百九十多个国家仅付费用户就有约2.04亿。[④] 作为全球最大的视频搜索和分享平台，截至2021年1月，YouTube拥有22.91亿活跃用户。[⑤] 此外，Facebook、WhatsApp、Instagram等社交媒体在视频传

---

① 张纪臣：《数字时代中国文化国际话语权研究》，《中国出版》2020年第2期。
② 《世界互联网用户及人口统计》（*World Internet Users and Population Stats*），https：//www.internetworldstats.com/stats.htm。
③ Tianyi Gu：《2020全球移动市场报告》，New Zoo，https：//newzoo.com/insights/articles/insight-posts-global-mobile-market-report-2020-chinese。
④ 《Netflix 2020 年度报告》，https：//s22.q4cdn.com/959853165/files/doc_financials/2020/ar/8f311d9b-787d-45db-a6ea-38335ede9d47.pdf。
⑤ *Most Popular Social Networks Worldwide as of January* **2021**, Ranked by Number of Active Users, https：//www.statista.com/statistics/272014/global-social-networks-ranked-by-number-of-users/。

播方面的优势十分突出。其中，Facebook 是第一个超过 10 亿注册用户的社交网络平台，截至 2021 年 7 月，其每月活跃用户超过 28.5 亿，其产品全世界有三十多亿用户分享想法、提供支持和发挥作用。① 可见，新兴媒体平台传播视频的优势逐渐超过传统渠道。中国广播电视也相继在这些新兴平台上注册账号，传播中国信息，但是，与西方媒体拥有庞大的用户群体和活跃度相比，这些账号还需要快速建设并迅速提升国际传播能力。未来，加强中国广播电视国际传播的新兴渠道建设并切实抢占中国在新兴平台上的视频化话语权十分重要。

（二）亟须加强国际话语内容建设

中国提高国际话语权的一个方法就是加强话语内容建设，话语内容是反映一个主权国家所关注的与自身利益相关或与其承担的国际责任、义务相关的观点和立场，可以包括政治、军事、经济、文化及社会生活等方面。② 这些内容可以简单分为包括政治、军事、经济在内的"硬性"话语内容和包括文化、社会生活与娱乐在内的"软性"话语内容。加强中国广播电视国际传播内容建设，本就是加强中国国际话语内容建设的方法之一。

1. 亟须加强"硬性"话语内容建设

话语权包括政治、经济、军事、科技实力支撑的"硬性"话语权。中国作为全球第二大经济体推动着全球经济的发展。中国作为安理会常任理事国维护着世界和平和地区稳定；作为 G20 成员、"金砖国家"成员、东盟 10+3 成员以及上海合作组织成员，推动着国际经济规则等逐渐向着公正、合理的方向发展；作为"一带一路"倡议的提出国，推动着当地就业、经济发展、疫情防控等向好发展；作为"人类命运

---

① Facebook, https://about.facebook.com/company-info/.
② 梁凯音：《论国际话语权与中国拓展国际话语权的新思路》，《当代世界与社会主义》2009 年第 3 期。

共同体"的提出国，在2020年全球新冠疫情防控中很好地践行着这一理念。中国自主研发航母、战机及多项先进武器，推动着全球地区安全得以保证，反恐取得一定进展。中国自主创新了多项科技产品，中国的"硬性"实力飞速发展。但是，这些"硬性"实力的"硬性"话语内容（主要指媒体层面的新闻内容）在国际上传播欠佳，或者说与之相关的正向"舆论性话语权"欠突出。在新中国成立初期，我们只求在国际上"能发声"，改革开放时期我们则讲求"能对话"，进入新时期我们主张"能互动"，新时代我们更希望"能贡献""能主导"，这是中国实力逐渐增强后的责任与担当，更是新时代中国国际话语权的发展诉求。[①] 2016年2月，党的新闻舆论工作会议指出，提高党的新闻舆论传播力、引导力、影响力、公信力，必须创新理念、内容、体裁、形式、方法、手段、业态、体制、机制，增强其针对性和实效性。[②] 中国广播电视的内容建设，不仅是全方位、立体式地利用新闻反映前述的"硬性"内容，更重要的是提高"硬性"话语内容的修辞能力与表述能力，先求"同"再求"异"。

2. 亟须加强"柔性"话语内容建设

话语权也包括文化、社会生活、娱乐等筑起的"柔性"话语权。如何通过文化内容、社会化内容、娱乐内容，提升中国"柔性话语权"一直被多方探讨。事实上，中国包括宗教文化、服饰文化、汉字文化、建筑文化、艺术文化、礼仪文化、风俗文化、医学文化、饮食文化、武术文化等在内的上下五千年文化瑰丽在国外被广泛开发；花木兰、熊猫、筷子、包子、长城、汉服、汉字、书法、功夫等中国元素也被国外广泛开发。这些被国外开发的文化产品的国际影响力都较大。仅

[①] 周栋、储峰：《新时代提升中国国际话语权的三维视角》，《思想战线》2021年第3期。
[②] 习近平：《习近平在党的新闻舆论工作座谈会上强调：坚持正确方向创新方法手段提高新闻舆论传播力引导力》，《人民日报》2016年2月20日。

以《功夫熊猫》为例，不仅被美国派拉蒙影业公司开发为系列高票房电影，并且在国际上获得最佳动画效果奖、最佳动画电影故事奖、最佳动画电影编剧等数十个国际奖项。只是"功夫"是中国的，"熊猫"是中国的，但"功夫熊猫"不是中国的。中国也有类似文化产品在国际上传播，只是在国际传播过程中，"文化冲突""文化休克"现象较为常见。据调查，80%的外国人对中国传统文化感兴趣，但具体到某一文化产品上，其选择意愿直线下降至50%以下，排在最后的一类文化产品是中国演出。① 娱乐，同样遭遇这种情况。中国不缺文化，中国不缺娱乐，但是这些"柔性"话语内容欠亮点。目前来说，能引起国际反响的主要是李子柒的视频，但也不是通过中国广播电视制作与传播，可见中国广播电视加强"柔性"内容，尤其是"柔性"内容表达方式、传播方式的建设有多重要。加强中国广播电视国际传播能力建设本身就是提升中国"柔性"话语权的方法之一，而通过大量传播文化化、社交化、娱乐化的内容对加强"柔性"话语内容建设又尤为重要。

（三）亟须加强国际话语反馈建设

中国广播电视对国际社会关于中国事务的意见的报道，关于中国在国际事务的意见的报道，是国际话语反馈的一种方式，因此通过增加这些方面的报道，加强智慧广电的全球舆论信息监测功能，加强中国广播电视国际传播能力建设本就是加强中国国际话语反馈建设。

1. 亟须通过新闻报道加强话语反馈建设

中国通过前述话语平台传播自己，在国际事务上积极作为展现自

---

① 于丹、杨越明：《中国文化"走出去"战略的核心命题"供给"与"需求"双轮驱动——基于六国民众对中国文化的认知度调查》，《人民论坛》2015年第8期。

己，但是相关意见与反馈并未完整、充分、及时地被有关部门获知。此外，有时由于认知差异因素、翻译因素、人为因素等，相关反馈出现明显的偏差。中国广播电视新闻报道作为中国话语反馈的一种方式，势必是要作出进一步的调整。一方面是反馈要足够多，另一方面是要重视呈现反馈的方式方法。加强这种话语反馈建设，除了提高国际传播能力建设之外，更为重要的是帮助中国采取合适的方式应对各种反馈，进一步提升国际话语权。

2. 亟须通过全球舆论信息监测加强话语反馈建设

如今，由于社交媒体的发展，性别、年龄、教育、职业、兴趣爱好等截然不同的人都有了发声的渠道，由于广播电视在电视机上、在电脑屏幕上、在手机屏幕上的弹幕功能发展以及即时的点赞、转发、评论功能的长足发展，对中国话语的反馈也通过这些渠道、这些功能反映出来。与新闻报道经过层层把关不同，这些话语反馈相对"天然"。中国广播电视的国际报道偶尔采用这些"天然"的话语反馈，但是更多、更全面、更客观、更及时的反馈，则需要更先进的技术监测、更先进的分析工具来提取和分析核心观点。中国话语权要提升，重视这些反馈也很关键，而中国智慧广电的建设就是重视这种话语反馈的一个方向。未来，中国广播电视还要强化全球舆论信息监测功能建设，才能更好地、更准确地、更及时地掌握话语反馈，从而促进中国话语权进一步提升。

三 亟须与国际传媒竞合

与国际传媒竞争与合作，是中国广电国际传播能力提升的途径之一。在中国加入WTO之后，国际传媒曾一度通过频道落地、版权合作、联合拍摄等方式在中国境内与中国广电展开竞争与合作。在"走出去"政策的引导下，富有政治属性和经济属性的中国广电"走出去"与国际传媒竞争和合作。在竞争与合作的过程中，中国广电提高了自己的整体水平，国际传播水平也随之提升。随着国际传统广电的数字化转型和融合化发展，全球网络视频媒体和社交媒体的强势崛起和疾速扩张，中国广播电视亟须与国际传媒开展更加多元、更加立体、更加全面的竞争与合作，而这一过程是国际传播能力建设的必经过程。

（一）亟须应对国际传媒竞争

20世纪90年代开始，以美国CNN、英国BBC等为代表的国际传媒第一梯队全面实施全球化战略，不断开拓全球市场。其中，由地缘文化集结起来的市场包括了欧洲市场、阿拉伯市场、拉美市场以及华人市场等。不管哪个市场，竞争都异常激烈。同时，国际传媒第二梯队的日本NHK World、卡塔尔AJ、俄罗斯RT，国际传媒第三梯队的欧盟Euro News、新加坡亚洲新闻台（Channel News Asia）、法国France24频道等迅速崛起。随着数字化转型、媒介融合以及网络视频媒体与社交媒体的发展，国际竞争发生了巨大的转变。中国广播电视不仅要应对传统广电领域的竞争，还要应对在线视频领域和视听社交媒体领域的竞争。

1. 亟须应对国际传媒在全球传统广电领域的竞争

传统广电领域的竞争，此处主要指国际传媒通过新闻报道抢夺话语权，而这种争夺又集中体现在对突发事件的关注方面。这种竞争从单纯的及时获取新闻信息转为对新闻事实解释权的竞争、国际话语权的竞争以及形象塑造权的竞争。为了在竞争中保持优势，美国CNN、英国BBC等西方媒体在"突发事件报道黄金原则"的引导下，加大了人力、物力、财力的投入，AJ、RT等媒体则制定了新的运行机制，增加了人力部署，加大了资金和技术的投入。如此，国际竞争更加白热化。截至2021年6月22日，CNN在全球各地有四千多名记者为其提供全天 24 小时的新闻。① BBC 也宣称自己与 CNN 势均力敌。后起之秀 RT 在国际竞争中也优势突出。RT 已遍布全球 100 多个国家，其中有 47 个国家每周有 1 亿观众收看 RT 节目。在拉丁美洲，RT 是 10 个国家最受欢迎的五大国际电视频道之一。② 除了传统电视频道，这些媒体的国际数字化转型、新媒体传播更是其竞争法宝。中国通过不断调整和升级 CGTN、加大投入国际台等方式积极参与竞争。经过多年的努力，中国广播电视在国际市场上占有一席之地。只是面对强劲的竞争对手，面对他们在新闻话语权方面的优势，中国广播电视的体制优势、专业优势还需要进一步提升。

2. 亟须应对国际传媒在全球在线视频领域的竞争

此处，全球在线视频领域的竞争主要指依赖网络技术、流媒体技术传播电视连续剧、纪录片、电影、故事片以及自主制作影视内容等长视频的在线视频媒体之间的竞争。MPAA 公布的全球付费电视和在线视频订阅用户情况，如图 1-4 所示，在线视频订阅用户连续多年呈现增长状态，这有赖于 Netflix、Amazon Prime 等的强势崛起。Netflix 在与传统广播电视合作传播其电视节目、纪录片、故事片的基础上，还自制多部电视剧，引起全球不同地区、不同人群的关注。根据表 1-1，Netflix 在全球拥有在线视频用户呈现明显的增长趋势；根据表 1-2，Netflix 在全球的收入呈现明显的增长趋势。此外，Amazon Prime 作为 Netflix 的竞争对手，在全球的影响力也较大，2020 年，超过 1.75 亿的 Prime 会员通过 Prime Video 线上观看节目和电影，流媒体播放时间同比增长超 70%。这些在线视频领域的竞争如同没有硝烟的战争，但同样战况激烈。在国际市场上，中国

---

① About CNN Digital CNN, https://us.cnn.com/about.
② About CNN Digital RT, https://www.rt.com/about-us/.

第一章 走近广电：中国广播电视国际传播能力建设的背景

广播电视通过爱奇艺、腾讯等在线视频媒体与前述在线视频媒体巨头竞争，也直接开发自己的平台与其竞争，但就目前的情况来说，不仅在欧洲市场、阿拉伯市场、拉美市场上处于劣势，在华人市场上也还有待提升。

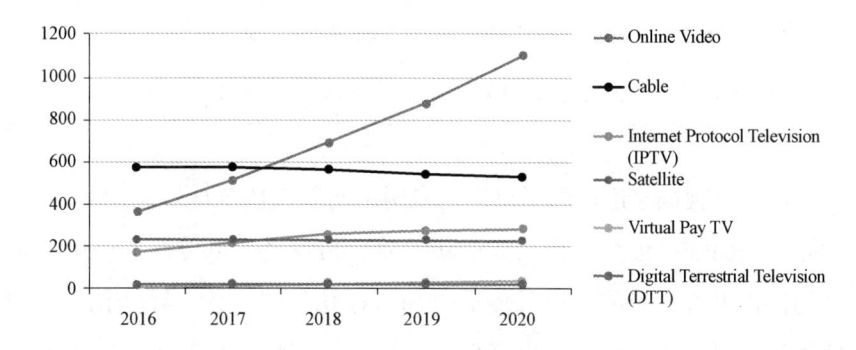

The pay TV subscription market (excluding online video) was $233.1 bllion globally in 2020. Cable remains the highest subscription video market, with an increase of $871 .4 million to $111.6 bllion in 2020, despite the decrease in subscriptions. Online video, the third highest subscription market, had the largest increase in dollar terms in 2020 with a 34 percent, or $14.3 billion, increase.

图 1-4 全球付费电视和在线视频订阅用户情况

表 1-1　　　　Netflix 在全球付费用户净增情况（单位：个）①

地区	2020 年	2019 年	2018 年	2020 年相对 2019 年增加情况	
美国和加拿大	6274	2905	6335	3369	116%
欧洲、中东和亚洲	14920	13960	11814	960	7%
拉丁美洲	6120	5340	6360	780	15%
亚太地区	9259	5626	4106	3633	65%

---

① 表 1-1 和表 1-2 数据来自 Netflix 2020 年年报。

表1-2　　　　Netflix 在全球收入情况（单位：美元）

地区	2020年	2019年	2018年	2020年相对2019年增加情况	
美国和加拿大	11455396	10051208	8281532	1404188	14%
欧洲、中东和亚洲	7772252	5543067	3963707	2229185	40%
拉丁美洲	3156727	2795434	2237697	361293	13%
亚太地区	2372300	1469521	945816	902779	61%

广播电视国家广电总局提出，在网络与新媒体全球发展的背景下，国际传播面临新形势、新任务、新挑战。相较过去以传统广播电视为主的传播渠道，当前的视听传播更加多样化、碎片化、移动化，对内容质量和渠道建设提出了更高要求。自新冠疫情暴发以来，国际舆论环境更加复杂，国际传播的观念策略、方式手段都需要作出调整。[①] 因此，未来，积极参与全球在线视频领域的竞争成为中国广播电视的必要之举，这也能帮助中国广播电视提高国际传播能力。

3. 亟须应对国际传媒在视听社交媒体领域的竞争

在受众需求移动化、传媒技术数字化、竞争方式复合化等因素的推动下，国际传媒竞争取向也发生了变化，媒介融合、视觉传播、即时共享，成为全球竞争的新支点与新焦点。[②] 如图1-3所示，YouTube、Facebook、Instagram、Pinterest、LinkedIn、Sapchat、Twitter、WhatsApp、Tiktok、Reddit、Nextdoor 成为美国成年人最喜欢的社交视听媒体。全球其他国家虽在排列顺序上存在差异，但是基本呈现这样的情况。稳居前列的 YouTube、Facebook、Instagram 一直拥有较大的市

[①] 闫成胜:《广电总局：加强国际传播，全面参与全球在线视频市场建设》，搜狐网，https://www.sohu.com/a/417850256_697084。

[②] 陆小华:《国际传媒竞争取向与中国的选择——增强国际传播能力与"中国电视网"开播》，《新闻与写作》2010年第2期。

场，但也要看到有中国背景的 Tiktok 虽然受到个别国家打压，但也有不俗成绩。全球广电媒体在这些社交媒体上依然有官方账号，可以说在社交媒体领域的竞争依然异常火爆。中国广电媒体并未在前述所有社交媒体上开通账号，但在 YouTube、Facebook 等上的账号与全球广电媒体的竞争依然开展着。随着这些社交媒体的大发展，中国广播电视也亟须在这些领域与其他国际传媒展开激烈的竞争，而这同样有利于国际传播能力建设。

（二）亟须共谋合作发展之路

竞争的最高形态是合作。① 中国广播电视与发达的国际传媒合作可以提高自身的整体水平，与欠发达的国际传媒合作可以践行"命运共同体"的理念帮助其提升整体水平，但不管与何种传媒合作，可以说合作便是国际传播的一种方式，交换节目、联合拍摄、版权合作、联合发展产业等每一个环节都是国际传播的一种方式，也是提升国际传播能力的一种方式。另外，在整个社会面临像 2020 年新冠疫情这样的全球性事件时，在后真相时代全球传媒公信力受到严重挑战时，在全球以广播电视产业作为核心文化产业大发展时，中国广电亟须与国际传媒合作，共谋发展，而合作共赢也是展现国际传播能力的关键。

1. 亟须在全球性特殊事件中共谋新闻传播合作之路

全球性特殊事件主要指像 2020 年新冠疫情这样人类历史上较为罕见又影响社会生产、生活并造成大面积伤亡及大量经济损失的事件。面对这种环境，全球民众亟须相关信息，采取措施应对，这也更考验全球传媒的共同责任。史蒂芬·沃德指出："由于媒体具有全球影响力，就必须承担全球责任。"② 他指出，传媒的全球责任包括促

---

① 蔡尚伟：《媒体合作：媒体竞争的明智策略》，《新闻与传播研究》1999 年第 4 期。
② Ward Stephen J. A., "Introduction: Media Ethics as Global", in S. J. A. Ward, *Global Media Ethics: Problems and Perspectives*, Malden: Blackwell Publishing Ltd., 2013.

进个人层面的善，促进社会层面的善，促进政治层面的善，促进道德层面的善。在面对新冠这样的全球性疫情时，传媒的全球责任包括及时、准确、客观地告知全球民众真实的情况，促使其采取合适的行动。在无法深入现场时，单独某家传媒并不能切实履行新闻传播的社会责任，而多家传媒的合作较为可行。中国广播电视作为负责任的传媒，既要向世界说明中国的情况，也要向中国传播世界的情况，这样，与全球传媒的合作也就成为必然。从印度地区病毒变异引起新一轮的传播来看，虽然世人不希望类似的情况再次发生，但是一旦发生，世界任何一个国家都不能独善其身。中国广电作为中国履行全球责任的重要部分，也亟须与国际传媒合作，共谋新闻传播合作履行全球责任之路。

2. 亟须在全球传媒公信力受挑战时共谋重塑信任之路

在2005年第一期《全球传媒与信息》中，科林·斯巴克斯（Colin Sparks）指出："如果我们只看重事物的表面价值，如全球媒体、新技术、虚拟世界，我们将会忽视这些现象所蕴含的重要方面，譬如，权力关系、数字鸿沟（Digital Divide）、信息富人与信息穷人——事实上指新的分工铭刻在'专业技术模式'上的方式，以及'新旧'媒体形式相互作用的复杂性。"① 在新媒体时代或者更确切地称其为"后真相时代"，这一复杂性背后所呈现的事实、本质，才是全球媒体未来需要去面对、去追求的。只是复杂性使得传媒的透明性降低，真相难以被揭示，一些急于爆料的传媒更是由于用户缺乏专业精神，缺乏对事实、对真相的探寻导致"谬误"，甚至以消费灾难、宣扬暴力、泄露秘密、引起恐慌、耸人听闻等为目的。这样的情况直接导致全球传媒的

---

① ［英］安娜·葛雷、张瑞卿：《全球媒体：文化研究问题考量》，《江西社会科学》2009年第11期。

公信力受到严重挑战，甚至整体下滑。美国伊利诺伊大学传播研究所克利福德·克里斯蒂安（Clifford Christian）指出，"新媒体时代'透明即真相'。在充满危机的今天，媒体唯一信奉的使命就是做到真正的公开——'无蔽'"①。在这一过程中，重塑公信力成为全球传媒的一个重要工作。中国广播电视作为其中的一份子，也亟须与全球传媒合作重塑信任之路，而这条路正好是中国广播电视国际传播能力建设的重要契机。

3. 亟须在文化产业大发展时共谋合作盈利之路

以广播电视产业这种创意性极强的核心文化产业为代表的文化产业在全球迅猛发展，在个别国家 GDP 中占比甚至超过 10%。在美国，2019 年版权产业的增加值超过 2.5 万亿美元（25682.3 亿美元），占美国 GDP 的 11.99%。其中，核心版权产业增加 1.5 万亿美元，占美国 GDP 的 7.41%。② 英国创意产业同样大发展，2018 年就有约 920 亿英镑的增值，雇用 200 万人，增长速度是其他经济体的两倍，并大量投资 VR 内容制作。③ 此外，2020 年，由于数字化驱动，全球家庭，移动娱乐市值达到 688 亿美元，相比 2019 年，增长了 23%。④ 可见文化产业尤其是数字文化产业发展迅猛。中国国家统计局的数据显示，2020 年全国规模以上文化及相关产业企业营业收入 98514 亿元。从利用电视、电影、纪录片等文化产品进行国际传播的角度来说，中国与世界其他国家存在差距。过去，中国广播电视的产业部分与国际传媒及其

---

① ［美］克利福德·克里斯蒂安：《论全球媒体伦理：探求真相》，《北京大学学报》（哲学社会科学版）2012 年第 6 期。

② 鉴于数据可比性，采用 2019 年数据。数据来自《2020 年美国经济中的版权产业报告》。

③ Creative Industries Sector Deal Launched——Making Britain the Best Place in the World for the Creative Industries to Thrive，https：//www.gov.uk/government/news/creative – industries – sector – deal – launched.

④ 数据来源于 MPAA《2020 年全球电影与家庭娱乐报告》。

产业部分合作，掌握了诸如付费订阅模式、"独播+原创"的模式、版权售卖模式等多种盈利模式，而中国广播电视的这种合作，也是国际传播的一部分。未来，包括中国在内的世界各国将继续推进文化产业发展，仅英国就利用文化产业基金、《政府的现代产业战略》政策、人才培养计划等全方位促进其核心文化产业的发展。随着全球文化产业的大发展，中国广播电视产业作为文化产业的重要组成部分，还需要中国广播电视与国际传媒共谋合作盈利之路，而合作多元化的电视节目、纪录片、电视剧、网络剧等是体现国际传播能力的方式之一。

第二节 重要性：中国广播电视国际传播能力建设与国家发展

中国励精图治，从一个积贫积弱的国家逐渐发展为世界经济的第二大贡献者。中国形象在世界上尤其是在西方人眼中的变化始终与中西方的社会交往和力量对比密切相关，而这种变化恰好也与西方传媒作为塑造中国形象的原动力直接相关。中国国家形象随着经济的发展不断提升，但是在西方传媒主导的国际舆论中，中国的实际形象与他者认知偏差明显。中国广播电视作为中国传媒的重要组成部分，一直致力于形塑中国形象，并取得了一定的成效，但是由于中美贸易摩擦、新冠疫情等被西方媒体歪曲报道，中国的国家形象亟须再次提升。中国国家形象是中国软实力的一个组成部分，因此加强广播电视国际传播能力建设也是提升中国软实力的一种方法。作为中国文化经济的一部分，中国广播电视国际传播能力建设能提升盈利能力，进而提升中国经济实力，经济实力又是硬实力的一个核心指标。换句话说，中国广播电视国际传播能力建设对提高中国的硬实力和软实力都比较重要。

一　有助于提升中国的软实力

早先提出"软实力"概念的美国哈佛大学教授约瑟夫·奈认为,"软实力"是通过文化、意识形态、政治制度等领域的无形实力资源使他国心甘情愿地做你想让他做的事,是一种基于意识形态、价值观念、生活方式、社会制度和文化道德的吸引力、感召力和同化力。[①] 国家形象是国家软实力的重要组成部分,[②] 中国的传统建筑、器具、功夫、饮食、服装等是国际影视作品中表现中国文化的重要"素材",因此,中国广播电视的国际传播能力与中国的软实力密切相关。中国广播电视的国际传播能力越强则能越能促进中国"软实力"的增强。中国的软实力体现在国家形象、国家政治制度、国家外交政策、文化软实力等多个方面,这些方面相辅相成,此处重点讨论中国国家形象和文化软实力的问题。

(一) 有助于提升中国国家形象

国家形象是指一个国家的客观状态在公众舆论中的投影,也就是社会公众对国家的印象、看法、态度、评价的综合反映。[③] 良好的国家形象所蕴含的是高质量的可信度和公信力,可以帮助一个国家更有力地赢得世界人民的支持,更好地争取国际舆论的同情,更顺利地实现国家的战略目标。[④] 经过四十多年的改革,中国经济腾飞,跃居为世界第二大经济体,逐渐成为科技、对外贸易、传媒、海陆空及太空复合型发展的大国,在国际舞台的地位也日渐提升。但是,西方国家媒体

[①] [美] 约瑟夫·奈:《软力量——世界政坛成功之道》,吴晓辉等译,东方出版社2005年版,第5页。

[②] 许光、任明、宋城宇:《西方媒体新闻中的中国经济形象提取》,《数据分析与知识发现》2021年第5期。

[③] 刘小燕:《关于传媒塑造国家形象的思考》,《国际新闻界》2002年第2期。

[④] 臧具林、卜伟才:《中国广播电视"走出去"战略研究》,中国国际广播出版社2014年版,第125页。

主导世界信息流动，成为国际话语权的主角，他们不仅不客观公正传播中国在经济、政治、国际事务方面的努力，反而传播诸如"中国威胁论""中国傲慢论"等言论对中国形象进行有偏见的塑造，在中美摩擦严重的2018年和2019年以及受新冠影响的2020年，这样的行为更为突出，大肆传播"中国责任论"。过去在"要花大力气加强国际传播能力建设，加快提升中国话语的国际影响力，让世界都能听到并听清中国声音"的引导下，中国广播电视一直通过新闻信息、影视作品等的国际传播，建构中国良好形象，争取国际舆论支持，并取得了一定的成效。如今，面对更加复杂多变的国际环境，中国广电国际传播能力建设水平的提高有助于提升中国形象，展现"先进中国""创新中国""开放中国""全球中国"。

1. 中国广播电视国际传播渠道建设有助于提升中国形象

国外学者认为，在中国，无论是公共媒体还是商业化媒体都被这个国家所控制，哪怕是商业化的新浪网和东方卫视电视频道也是紧贴着央视和人民网这样的国家媒体。新浪网的报道在很大程度上也依赖着国家所有的新华网和人民网，而这两个网站又完全依赖国家官方资料。[①] 另外，在收听、收看中国广播电视节目过程中，第二代、三代移民认为新闻审核制度严格导致中国广电无法及时、准确、真实地传播信息，导致其不能及时、全面地了解中国。哪怕有时获得了相关信息，他们也认为有明显的宣传目的或者遮掩着重要的信息。同时，随着在线视频媒体、社交媒体等新媒体渠道的发展，用户尤其是年轻用户（网络原住民、数字原住民、"Z世代"）更愿从这些渠道上获取新闻信息以及电影、电视剧、纪录片等。因此，加强传统广电渠道建设，

---

① James Curran, Frank Esser, Daniel C. Hallin, Kaori Hayashi & Chin – Chuan Lee, "International News and Global Integration: A Five – Nation Reappraisal", *Journalism Studies*, No. 10, 2015, p. 13.

加强新兴渠道建设,加强这些渠道的首发率、落地率、便捷性等的建设,更容易、更及时地将中国更好的经济发展的形象、改革创新的形象、对外开放的形象、独立自主的形象、文明的形象、和平发展的形象等,及时、准确、全面、立体地传播出去,消除全球民众的疑虑,影响国际舆论方向。

2. 中国广播电视国际传播内容建设有助于提升中国形象

中国是经济大国、军事大国、科技大国、贸易大国,在国际舞台的地位越来越重要。2020年,新冠疫情席卷全球,全球经济下滑,而中国全国各族人民历经艰辛,抗疫取得了阶段性成果,经济也相对平稳发展。但以美国媒体为代表的西方媒体对中国的污蔑性报道却达到前所未有的高峰,这些报道形成的"拟态环境"直接导致了民众对中国的负面评价。仅美国,2021年3月4日Pew公布的最新调查显示,大约89%的美国成年人认为中国是竞争对手或敌人,而不是合作伙伴;许多人还支持对双边关系采取更坚定的态度;48%的人认为限制中国的权力和影响力应该是美国外交政策的首要任务,高于2018年的32%。[1] 中国广播电视作为国际传播的一种重要方式,致力于通过传播新闻、电视节目、纪录片、电视剧、电影等来树立中国国家形象,但就目前来说,维持原有的国际传播内容还不够。未来,还要加强新闻信息国际传播能力建设,传播好中国声音,树立好中国政治形象、经济形象、文化形象、军事形象、科技形象等;加强电视剧、电视节目、纪录片乃至电影国际传播能力建设,讲好中国故事,包括中国共产党治国理政的故事,中国人民奋斗圆梦的故事,中国坚持和平发展,合作共赢的故事,讲好"一带一路"倡议的故事,讲好"人类命运共同

---

[1] Laura Silver, Kat Devlin and Christine Huang *Most Americans Support Tough Stance Toward China on Human Rights, Economic Issues*, https://www.pewresearch.org/global/2021/03/04/most-americans-support-tough-stance-toward-china-on-human-rights-economic-issues/.

体"的故事，等等。加强广播电视国际传播内容原创率、贴近性、可信性等的建设，加强选题能力、制作能力、传播能力等的建设才能更好地传播好中国声音，讲述好中国故事。

（二）有助于提升中国文化软实力

"当今世界正处在大发展大变革大调整时期，世界多极化、经济全球化深入发展，科学技术日新月异，各种思想文化交流交融、交锋更加频繁，文化在综合国力竞争中的地位和作用更加凸显，维护国家文化安全任务更加艰巨，增强国家文化软实力、中华文化国际影响力要求更加紧迫。"[①] 习近平总书记曾指出要"推进国际传播能力建设，讲好中国故事，展现真实、立体、全面的中国，提高国家文化软实力"，"提高国家文化软实力要'形于中'而'发于外'"。中国广播电视本身就是中国文化软实力的一部分。中国广播电视国际传播行为是中国文化软实力的呈现方式之一。中国广播电视国际传播的内容大发展也是提升中国文化软实力大发展的方式之一。

1. 重视广播电视品牌塑造有助于提升中国文化软实力

中国广播电视品牌塑造越好，中国文化软实力越强。二战后，美国提升文化软实力的重要方法就是让美国影视在全球占有绝对优势，让美国传媒品牌霸占着全球传媒品牌地位。英国品牌评估机构"品牌金融"发布的"2019全球传媒品牌排行榜"显示，美国品牌占据了绝对优势，前十强传媒美国占了九席，并占了25强的18强。[②] 美国Disney、YouTube、Netflix、Fox、Universal、NBC、Warner Bros.、CBS是排名前九的传媒品牌。在这个排行榜中，中国优酷和爱奇艺分别排名

---

① 《中央关于深化文化体制改革若干重大问题的决定》，中华人民共和国中央人民政府网，http://www.gov.cn/jrzg/2011-10/25/content_1978202.htm。
② 《2019全球传媒品牌排行榜，前十强美国占了九席，优酷爱奇艺上榜》，搜狐网，https://www.sohu.com/a/327404050_100105130。

11 和 17，中国传统广电未入列前 25。如美国传媒品牌越强、知名度越高，国家的文化软实力越强一样，中国传媒品牌与文化软实力之间也是如此关系。过去，中国广播电视提高了一定的品牌知名度，但是显然还不够，未来，中国广播电视加强其国际传播能力建设的一种方式就是要继续强化自身品牌建设，提高自身的知名度、认知度、美誉度。只有中国广播电视品牌知名度、认知度、美誉度越高，中国文化软实力才能越强。

2. 注意广播电视国际传播行为有助于提升中国文化软实力

中国广播电视国际传播行为越适当，中国文化软实力越强。党的十七大以来，中国高度重视重点媒体国际传播能力建设，明确提出国际传播能力是国家软实力的重要组成部分，是党的执政能力的重要体现，关系到我国国家利益、国家安全和国际地位，关系到我国改革开放和社会主义现代化建设大局。[①] 中国广播电视作为国际传播能力建设的重点，中国广电国际传播行为也是国际传播能力建设的重点。广播电视国际传播行为涉及广播电视作为一个整体时是采用何种行为进行国际传播；涉及广播电视工作人员面对国际传媒的主持人的强势言语行为采取何种行为；面对国际传媒的记者的挑衅行为、面对突发事件的国际报道采取何种报道行为；面对日常信息报道采取何种报道行为；面对中国核心价值观需要利用影视作品传播采取何种行为……总体来说，这些行为越积极、越主动、越正面、越及时，越能起到更好的效果，但是润物细无声的行为也并非无效。国家与国家之间意识形态的差异、传媒与传媒之间宗旨的差异、人与人之间的文化差异，等导致中国广播电视过去的国际传播行为被误解，甚至导致国际传播

---

① 王庚年：《中国国际广播电台增强国际传播能力建设的十大突破点》，《中国广播电视学刊》2010 年第 10 期。

内容被误读。所以，不同的情况，采用不同的行为，主动设置议题，是未来中国广播电视国际传播能力建设的一个重要点。

3. 精选广播电视国际传播内容有助于提升中国文化软实力

中国广播电视国际传播内容越丰富多样，越能利用中华文化资源，越能准确传达中国核心价值观，中国文化软实力就越强。这可以从美国看到一定的影子。美国充分调动现代化以来的文化力量，将世界刻画成"白与黑""善与恶""美与丑""先进与落后""文明与野蛮"等简单二分的国家样态，将自己描述为白、善、美、先进、文明的国家化身。类似的划分肯定是粗糙的，但却有很强的辨识度。大量图书小说、电视剧情、新闻广播，都是运用这种逻辑。经过三十年的宣传，全球民众心中逐渐形成了"恐怖分子就是中东穆斯林，俄罗斯人，美国就是救世主"的印象。[①] 美国这种方式使其文化软实力显著提高，大获成功。习近平总书记曾指出"一个国家的文化软实力，从根本上说，取决于其核心价值观的生命力、凝聚力、感召力"。过去，中国广播电视恪守这一原则利用多种内容传播"核心价值观"，在精选关乎武术、关乎美食、关乎汉字、关乎书法等内容上取得了一定的成功，但是从国际社会对中华文化其他方面的认知不足以及电影《你好，李焕英》在国际市场上受阻来看，中国文化软实力亟须提高，而针对国际市场精选其喜好的中华文化内容，精选内容的主题，修正内容的表达方式、表现形式，是当务之急。

二　有助于提升中国的硬实力

中国广播电视国际传播能力与中国的硬实力密切相关。约瑟夫·

[①] 王文、刘玉书、关照宇等：《论新时代中国软实力建设》，《中央社会主义学报》2020年第2期。

奈认为"硬实力"是通过威胁（军事大棒）或报偿（经济胡萝卜）让别人做其本来不愿意做的事。于中国而言，硬实力表现为军事实力、经济实力和科技实力。中国广播电视国际传播能力的建设能辅助这三种实力不断加强。

（一）国际传播新兴渠道建设有助于提升中国科技实力

国际传播内容中关于中国科技发展的信息，在一定程度上激发了国内外民众希望对中国科技发展作出贡献的热情。智能化时代，各行各业对科技的需求都在提高。广播电视从起源开始对高新科技的需求相对其他行业就较高。中国广电国际传播相对在国内传播中对科技的需求更高，而这种需求形成的倒逼机制将进一步促进中国科技创新发展。

1. 吸引更多优秀科技人才投入科技领域

随着华为、小米、OPPO、vivo、格力、联想等科技含量较高的中国企业在国际上大放光彩，各国民众对中国科技有了进一步的认知。习近平总书记曾说"硬实力、软实力，关键是人才实力"。中国科技的发展需要更多、更优秀的科技人才。科技创新人才的国际化是一种趋势，华为就是典型。国际传播内容中有关于中国科技创新发展的内容，有关于中国企业从"中国制造"转向"中国智造"的信息，有关于中国科技人才不断投入创新的内容。这些内容既传达了中国科技从落后转向了创新发展的信息，增强了民众对中国科技的信心，更重要的是又在一定程度上吸引了大量人才进入中国科技企业，积极为中国科技的发展贡献力量。

2. 高新科技需求促进科技创新发展

一直以来，广播电视对科技的要求远远高于其他行业。广播电视诸如智慧广电建设、在线视频建设、社交渠道链接等亟须新兴科技的支持。世界大型广电媒体、在线视频媒体等都大量投资科技创新。以

Netflix 为例，其将每年收入的 7%～8% 用于技术和开发，包括计算机硬件和软件开发，仅 2020 年就用了 1829600 美元，占当年收入的 7%。① 智能化时代，中国广电国际传播更加依赖高新科技，4K/8K 高清、人工智能、大数据、云计算、5G、区块链等科技均已被采用。一方面每个广电媒体愿意投入资金用于科技创新，另一方面中国广电国际传播对高新科技的需求，促进中国加快科技创新步伐满足其需求。未来，这样的情况还会继续，也将进一步推进中国科技创新发展，从而提升中国整体科技实力。

（二）国际传播产业大发展有助于提升中国的经济实力

广播电视的经济属性决定其在国际传播过程中有盈利和发展经济的目标。虽然中国广播电视产业相对其他产业在经济中的占比并不高，但从国际传媒产业在经济中的占比趋势以及中国文化产业发展情况来看，作为文化产业核心产业的中国广播电视产业在经济中的占比将逐渐提高，而国际传播产业将是一个大的方向。

1. 国际传播内容产业有助于提升中国经济实力

国外具有较强实力和冲击力的传媒除了利用自己的平台传播自制内容，也向其他平台提供内容。由于渠道、内容及周边产业的发展，国外大型传媒集团成为本国重要的经济力量。美国以影视产业为核心的版权产业甚至超过了其他产业成为美国除航空产业之外的第二大经济支柱，连续多年在美国经济中的占比超过 10%。国外传媒的经验就是在国际传播过程中产业化是必然之路。从选题角度，从采访、拍摄、编辑、撰稿、制作的专业角度，从人员素质的角度来看，中国广播电视在内容制作方面都占有最大的优势。从中国传统电视媒体和新媒体在 YouTube 账号的交叉推荐来看，从国际台海外调频台建设的产业化

---

① 数据来源于 Netflix 2020 年年报。

经验来看，从"世界级网红李子柒"传播现象来看，中国广播电视尤其是具有明显官方背景的媒体还要做好优质内容，大力发展内容产业，再通过其他渠道（账号）传播出去，只要内容出去了，内容被国外民众吸纳了，那么提升国际话语权的作用、提升中国形象的作用、提升文化软实力的作用同样会实现。中国广播电视利用全球数字经济红利，发展国际传播内容产业，增加盈利收入，将成为提升中国经济实力的力量之一。中国广播电视国际传播能力建设可进一步提升广播电视的盈利能力，促进中国整体经济增长从而提升中国硬实力。

2. 带动相关产业发展有助于提升中国经济实力

广播电视作为核心文化产业对经济的贡献较大。在美国，由于核心版权产业的国际业务收入较多，为美国经济实力提升做了不少贡献。2016—2019年，美国核心版权产业的年增长率为5.87%；同期，其整体经济的年增长率仅为2.48%。核心版权产业的增长率是美国其他经济体的两倍多。2019年，美国核心版权产业增加了1.5万亿美元，占美国GDP的7.41%。[1] 这一比例甚至超过其他国家总体文化产业对经济的贡献比例。中国国家统计局的数据显示，2018年中国文化及相关产业增加值占GDP比重由2004年的2.15%、2012年的3.36%提高到2018年的4.30%，在国民经济中的占比逐年提高，[2] 2019年这一数据是4.5%。[3] 国家广播电视总局数据显示，2020年中国广播电视行业总收入9214.60亿元，同比增长13.66%，这也带动了相关产业的发展。中国广播电视发展离不开电视剧、电视节目、纪录片等的出口，

---

[1] 鉴于数据可比性，采用2019年数据。数据来源于《2020年美国经济中的版权产业报告》。

[2] 《国家统计局发布报告显示：文化产业增加值在国民经济中占比逐年提高》，中华人民共和国政府，http://www.gov.cn/xinwen/2019-07/26/content_5415564.htm。

[3] 国家统计局：《2019年全国文化及相关产业增加值占GDP比重为4.5%》，中华人民共和国中央人民政府，http://www.gov.cn/shuju/2021-01/05/content_5577115.htm。

而这些出口本身就是国际传播的一种形式。换句话说，中国广播电视带着其他相关产业发展国际传播产业，发展文化产业经济，可以带动中国经济实力这一硬实力的发展，甚至成为中国经济发展的一个重要力量。

此外，提升广播电视国际传播能力，营造良好的国际舆论氛围，提升中国本土企业品牌海外知名度，获取信息促进中国企业规避国际经营风险，帮助中国企业"外向型经济"进一步发展，有利于提升中国的经济实力。中国的经济实力、科技实力上去了，就有更多的经费投入军事，有更多的科技运用到军事，从而提高军事实力。

第三节　可行性：中国广播电视国际传播能力建设与行业前景

过去，国际传播对技术、人才、资金等的依赖度较高，但随着高端技术下移，制作视频的门槛降低，传播视频的机会增多，"人人都是麦克风""人人都是传播者"成为现实。随着ICT技术（Information and Communications Technology，信息与通信技术）、视频制作技术等技术的进一步更新，管理主体、参与主体、研究主体等主体的进一步联动，长视频平台、短视频平台等平台的进一步发展，政策资源、资金资源、文化资源等资源的进一步丰富，都将促使中国广播电视国际传播能力建设作为行业发展的必经之路，更便捷、可执行、再升级。

一　新技术赋能

技术是推动中国广播电视媒体转型升级的重要原因，也是广播电视国际传播能力建设的重要推手。近年来，人工智能、算法、大数据、区块链、5G 等 ICT 新技术层出不穷，并逐渐应用于各大媒体，而这些技术的采用可推进中国广播电视国际传播能力建设。这些技术并不是被孤立地在国际传播过程中使用，而是被综合运用，只是每种技术贡献略有不同。

（一）ICT 技术赋能中国广播电视国际传播能力建设

ICT 技术，可以简单分为信息技术和通信技术。其中，与传媒相关的信息处理技术包含当下比较热门的大数据、人工智能、算法、物联网、区块链等技术，而通信技术包含当下比较热门的 5G 技术（未来还有 6G、7G、8G 以及更加先进的技术）、移动终端技术。这些技术对中国广播电视国际传播主体能力建设、内容生产与制作能力建设、传播效果监测能力等有重要的推动作用。

1. 信息技术赋能国际传播主体建设及效果考察能力

以大数据、人工智能、算法、物联网、区块链等为代表的信息处理技术，极大地推进了广电国际传播能力建设。其中，大数据、人工智能提升了广电信息处理的能力，提高了内容制作的效率；物联网、算法推荐则让广播电视国际传播的内容能相对精准地投放给目标用户；区块链则对广播电视国际传播内容进行数据溯源、防篡改。此处仅以人工智能在广播电视领域的运用为例重点分析。2020 年，人工智能技术融入了广播电视各业务流程，催生智慧广电等的创新应用。目前智慧广电主要涉及应用场景、服务层、算法层、平台层几个方面。

在应用场景方面，在算法层的运用最为突出，主要体现在智能识别、智能生成、智能处理、智能分析、智能传输、强化学习等多个方面。在平台层，主要包括 Café、Tensorflow、PyTorch、CUDA、OpenCL、OpenMP、CPU、GPU、FGPA、ASIC、TPU、网络设备、存储器、输入设备、输出设备等方面。服务层、算法层、平台层又是一个基本标准与评价体系。① 智慧广电的建设,对国际传播内容的制作、分发、监测等有重要帮助。此外,人工智能还推进了智慧报业视频化主体建设、智慧网站视频化主体建设以及商业平台智能化主体建设;智能监测系统则为传播效果考察能力建设赋能。

2. 通信技术赋能中国广播电视国际传播内容制作与分发

以 5G、移动终端技术等为代表的通信技术加快了中国广播电视国际传播内容制作能力建设的速度。与 4G 技术相比,由于 5GNR(New Radio)、高频段传输、新型多天线传输、同时同频全双工、设备间直接通信 D2D(Device – to – Device)、密集网络、新型网络架构②、自组织技术、大规模 MIMO(Multiple – Input Multiple – Output)技术等核心技术,5G 技术拥有高速率、大容量、低时延、低能耗四大优势。5G 技术与优势基本上运用在国际传播内容采集、国际传播内容集成与分发、国际传播终端设备方面,从而增强广播电视国际传播内容制作与分发能力的建设。

基于 OFDM 优化的波形和多址接入的 5GNR 技术优化与改进了 4GLTE 和 Wi – Fi 技术,在拍摄视频和采集数据的过程中提供了高速率、大容量的数据传输通道和支撑。高频段技术可以实现极高速、短距离通信,其大容量的信息传输力加快了 VR、AR、MR、AI、4K/8K 内容的传输速度与效率。D2D 技术也叫终端直通,即两个终端用户能够通过 D2D 技术实现彼此的直接访问,包括内容数据共享、信息处理和网络连接,该技术是投屏观看 4K 视频内容的核心技术。新型网络架构技术在广电领域的运用主要包括视频"大中台、小前台",其中,

---

① 信息来自中国传媒大学新媒体研究院、新浪 AI 媒体研究院联合发布的《中国智能媒体发展报告(2020—2021)》。
② 闫洪波、赵莹超:《第五代移动通信技术专利情报实证分析》,《科技管理研究》2020 年第 2 期。

"大中台"包括了视频中台、AI 中台和数据中台三部分核心数据处理组织,"小前台"直接与用户和各终端进行接触,负责内容分发推送和收集用户问题的部分,后台再根据这些反馈进行改善和解决。此外,自组织技术加快了视频信息合成、传输、制作、分发的效率,也为视频制作场景应用提供了更多可能。大规模 MIMO 技术实现了实时制作强信号内容以及传输高容量内容。

除了 5G 技术,通信领域的移动终端技术,发展势如破竹,为中国广播电视国际传播能力建设提供了重要的技术支持。移动终端技术集成了嵌入式计算、控制技术、人工智能技术和生物认证技术,对国际传播主体掌握用户行为、搜集用户数据起到关键作用。移动终端已经支持 5G,而内置的摄像头支持日常视频拍摄,支持常态化视频直播。移动终端内置的编辑软件和支持的人工智能剪辑软件,支持中、短视频剪辑和模板化制作以及社交媒体分发。换句话说,移动终端尤其是智能化的移动终端将进一步促进广播电视国际传播主体随时随地利用移动终端拍摄视频,制作视频,分发视频,开展直播,掌握相关反馈信息,为中国广播电视国际传播内容制作与分发能力建设提供了重要动能。

(二)视频摄制技术赋能中国广播电视国际传播内容制作

过去,广播电视国际传播内容的表现形式主要是长视频,但随着网络与新媒体和社交媒体的崛起,短视频传播成为另一种主要的表现形式。未来,随着 5G 技术的普及,中长视频更将成为主角。制作这些视频的技术日趋成熟,正好为利用不同渠道传播不同形式的内容提供了支持,促进中国广播电视国际传播内容制作能力的不断提升。

1. 长视频摄制技术赋能传统电视内容制作

一般认为三十分钟以上的视频称为长视频,此处,更多指三十钟以上对选题策划、拍摄技术、制作技术要求相对专业且富含较高文化价值、政治价值、经济价值的长视频，比如电影、电视剧、电视节目、纪录片以及大型直播等。这类视频的拍摄与制作需要非常专业的团队、非常专业的设备甚至非常专业的空间，传统电视台、融合媒体中心以及专业的影视制作机构因其政策、资金、人才等方面的强大优势，成为长视频拍摄与制作技术的使用者。诸如"集 Movcam 背心、Steadicam G70 减震臂、ARRI Trinity 遥控头、Segway X2 平衡车为一体的摄像设备""集遥控头、摇臂、减震臂、车载 ARRI、无人机为一体的摄像设备"以及大疆专业级摄像设备，Final Cut Pro X、Premiere Pro CC 2019、After Effects CC 2019、Motion 5、Autodesk Maya 2018、Autodesk AutoCAD 等后期制作软件，"AI + VR 裸眼 3D 演播室技术""VR/AR/MR + 5G + 8K 转播车""GSet 数字媒体虚拟演播合成系统"等集成系统，是长视频拍摄与制作技术的设备，这些技术为传统电视国际传播专业内容制作提供了强大动能。未来，这些技术还将继续更新、升级，也将成为前述使用者制作国际传播内容的强大动能。

2. 中长视频摄制技术赋能新兴影视内容制作

中长视频长度低于 30 分钟高于 1 分钟，叙事相对长视频更浓缩但相对短视频更详细，多倾向于科普知识分享和专业知识传播，如大疆、华为等中国大型企业对旗下专业产品的介绍视频；与短视频相比，对思想表达、专业知识、叙事方式以及制作时间、场地等都有较高要求，如李子柒系列视频。传统广电、融合媒体中心以及影视制作机构依然有强大的优势，但大量的企业、专业自媒体、MCN 也成为使用者。拍摄与制作技术与传统长视频相比，并无多大差异，但对及时制作并通过网络与新媒体分发有较高的要求。除前述专业的拍摄和制作设备，大疆稳定器、无人机等消费级摄像设备、"今视频"等视频制作软件，在中长视频领域的深耕为中国广播电视国际传播内容提供了另一个机会。此外，腾讯视频号为中长视频提供了切入渠道。成都台就利用这一切口专门开设"Chengdu Plus"账号来传播关于成都吃、穿、住、用、行的中英双语节目。

3. 短视频摄制技术赋能社交媒体内容制作

短视频主要指低于一分钟，偏向搞笑、娱乐、生活等内容取向的视频，非常简单、快节奏但又具有一定创意的视频。如果人人都是传播者，那么人人都就是短视频的创作者，而嵌入微云台、广角摄像头等的智能手机，翻译软件，字幕制作软件和剪映、微视、VUE等视频剪辑软件，以及具有众多剪辑模板的软件，为短视频摄制提供了强大的动能。此外，华为研发的图像清晰度、高动态逆光影像、颜色准确度、夜景噪声控制、人像效果等新技术，攻克的空间计算、空间视频等计算摄影核心技术，实现自由视角观影和室内高精度定位服务，突破自适应ANC和无线蓝牙高清音频编解码技术，为短视频360度高清拍摄带来新的体验。短视频拍摄与制作技术还在不断更新、升级，而随着全面国际传播意识的提高，这些技术将成为广播电视国际传播内容制作的重要动能。

（三）综合性技术赋能中国广播电视国际传播能力建设

摄制工作、传输工作作为广电国际传播能力之一，由于摄制技术、ICT技术的支撑，已经有比较明显的改善，诸如融媒体中心、中央厨房综合性技术以及全球信息分发系统则让国际传播内容质量提升，传输时效提高，传播效果考察等进一步提升。

1. 融媒体中心等整合性技术赋能广播电视国际传播能力建设

在《关于推动传统媒体和新兴媒体融合发展的指导意见》（2014年8月）、《县级融媒体中心建设规范》（2019年1月）、《关于加快推进媒体深度融合发展的意见》（2020年9月）、《关于加快推动广播电视媒体融合纵深发展的意见》（2020年9月）等的引导下，中国各县（区）在2020年年底基本建成当地的融媒体中心。与传统广播电视媒体受到国际传播渠道限制不同，融媒体中心融合了当地的报、台、网，采用综合性设备与技术，整合所有技术，并依托社交媒体渠道向全球传播本地的文字、图片、视频等融合性的信息。此外，传统报社在与新媒体融合的过程中建成了中央厨房等能够集中处理文字、图片、视频等融合性的信息，并且视频化传播成为其主要方式。不管是融媒体中心还是中央厨房，都对广电国际传播能力建设，尤其是内容建设起到重要的辅助作用。

2. 全球信息分发系统赋能中国广播电视国际传播能力建设

融媒体中心、中央厨房等均有强大的全球信息分发系统，对中国广播电视国际传播内容的全球分发与效果监测有辅助作用。而像爱奇艺视频、腾讯视频、优酷视频（三者后面简称"爱优腾"）、搜狐视频、抖音平台等的全球信息分发系统更是将广播电视内容的全球分发推上了一个新的台阶。此外，诸如华为、华策的全球分发系统也起到重要的作用，促进了中国广电国际传播能力建设。以华为为例，早在2015年，华为就已经聚合全球两千多家合作伙伴以及二十多万高质量数字内容，覆盖数字音乐、移动游戏、视频、Open API、流量经营、B2B Cloud、M2M 等七大领域。同时，华为已经构建了包括全球八大区域中心（中国、马来西亚、墨西哥、俄罗斯、迪拜、尼日利亚、荷兰、埃及）的全球分发网络。只需要和华为全球分发网络对接，高质量的数字业务和内容便可以快速地注入到运营商的网络中。[①]

---

① 《华为 Digital inCloud，打造全球最佳数字业务聚合分发平台》，华为，https://www.huawei.com/cn/news/2015/03/hw_415879。

二　新主体赋智

广播电视国际传播涉及不同工作、不同主体、不同部门，需要各主体、各部门协同、联动，共同推进。国际传播已经上升为国家战略，而国家调整的相关管理机构为广播电视国际传播能力建设指明了大致方向，诸如融媒体中心、自媒体等的参与，不仅成为广播电视国际传播的主体之一，更为国际传播提供了多元化的内容，促进内容建设更上一层楼。此外，广电国际传播能够长足发展也离不开来自各个领域的研究者多角度、立体化、战略性的思考与对策性研究。

（一）新管理主体为广电国际传播能力建设指明方向

中央宣传部、重新调整的国家广播电视总局、重新整合的各媒体管理部门等站的高度不同，对广播电视媒体国际传播的指导也不同，但可以肯定的是，这些管理机构、部门为广播电视国际传播走向何处，作出了方向性的指导。

1. 重新调整的国家管理机构为广播电视国际传播能力建设出谋划策

在2019年党和国家机构改革中，总台划归为国务院直属事业单位，由中央宣传部领导。这样，国务院、中央宣传部对该台的未来发展提出了诸如"……加强国际传播能力建设，讲好中国故事"等更加明确的目标，出台了《关于加强推进媒体深度融合发展的意见》，为进行国际传播在技术上的融合发展指明了方向。同时，国家广播电视总局在经历数次之后，对广电未来发展的方向更加清晰，出台《关于加快推进广播电视媒体深度融合发展的意见》，细化广电与网络与新媒体融合发展，加强其国际传播能力建设的战略、重点。此外，总局指出国际传播的观念策略、方式手段都需要作出调整，"一是加强国际传播，全面参与全球在线视频市场建设；二是坚持内容为王，面向国际市场加大原创精品创作力度；三是加强技术和产业合作，运用高新技术提升国际竞争力"①。在这一思想的引导下，总局这几年陆续立项了多个广电国际传播能力建设相关的项目，仅2020年就有包括"中国影视剧周边传播能力建设研究"（项目编号：GD2048）、"广播电视内容和技术走出去战略研究"（项目编号：GD2049）、"中国与东南亚间影视传播机制与引导策略研究"（项目编号：GD2050）及本项目在内的9个项目。可以说，国家管理机构尤其是总局这些长远布局与思考，切实为广电国际传播能力建设指明了方向。

2. 重新整合的媒体管理部门为广播电视国际传播能力建设保驾护航

总台为了更好地建设国际一流新型主流媒体，2019年7月，对相关部门做了重组与整改，分别成立了总台技术局、总台财务局、总台创新发展研究中心。在这一系列变革中，最为重要的就是，2019年7月31日专门成立了总台国际传播规划局，下设综合处、项目统筹处、海外品牌推广处、亚洲处、西亚非洲处、欧洲拉美处、美洲大洋洲处、汉语推广处、海外评估核查处等9个处级部门。② 这几个部门既能推进广播电视总台品牌建设，又能针对全球不同地区的情况督促广播电视媒体做好针对性地传播，还能考核国际传播效果能力，而这些都将促进中国广播电视国际传播各方面能力的迅速提升。此外，诸如浙江台、成都台也有自己的国际传播/国际合作部门，这些部门从地方出发融合地方文化特色、技术特点，现有政策，配套服务，为地方广播电视的国际传播工作顺利开展保驾护航。

（二）新参与主体为广播电视国际传播能力建设提供新思路

与过去参与国际传播的主体主要是央级媒体不同，由于技术的便

---

① 闫成胜：《广电总局：加强国际传播，全面参与全球在线视频市场建设》，搜狐网，https://www.sohu.com/a/417850256_697584。

② 《总台国际传播规划局成立》，央视网，https://www.cctv.com/2019/08/02/ARTIiBY2WYspbu8qSJGSGM9B190802.shtml。

利性、网络的开放性以及政策的推动作用，越来越多的省市广播电视以及县级融合媒体中心，企业、非政府组织、文化团体、学校等机构乃至自媒体成为国际传播的主体，而这些国际传播主体对广播电视国际传播主体建设、内容建设起到了辅助作用。

1. 省市广电媒体及融媒体中心助力广播电视国际传播能力建设

中国广播电视"四级办"制度有力地推进了从中央到地方的广电媒体积极参与国际传播。与过去不同的是，市场机制的强大推动作用使省市广播媒体参与国际合作、国际传播的积极性明显增强，浙江台、江苏台、湖南台等第一梯队的广电媒体又尤为突出。浙江台在 2006 年开通国际频道的基础上又于 2020 年 12 月 31 日开播了浙江唯一省级电视英语传播窗口——浙江新闻频道 ZTV NEWS，并播出《黄金时间》《靓丽之窗》《活力长三角》《全景中国》和《浙江文化金名片》等多个节目。[①] 湖南芒果 TV 建设的 App 打造了一个良好的国际化入口，拥有 2600 万海外用户，实现了多语种覆盖。[②] 此外，从 2014 年开始，各省、市媒体逐渐转型为融合媒体中心，这些融媒体中心集纳本地内容面向全球传播，而其社群化建设又利用社交媒体的黏合作用，充分强化了海外华人、华侨对融媒体中心的依赖。

2. 企业、组织等的新媒体账号助力广播电视国际传播能力建设

企业、组织、机构的新媒体账号成为国际传播的另一主角。仅就企业而言，随着全球化的深入，与过去企业仅关心在国内重视原材料获取、加工设备研发采购或研发、产品制作、消费链构建相比，如今的企业更关心在与国际政府、企业、机构、组织、消费者打交道时，

[①] 《浙江电视台英语传播窗口开播》，浙江网络广播电台，http://i.cztv.com/view/13549609.html。

[②] 牛梦笛、储平如：《新媒体助力视听节目触达更多海外观众——专家学者畅谈媒体融合与国际传播能力建设》，https://news.gmw.cn/2020-09/15/content_34185926.htm。

如何建构自己的国际形象，这就成为各企业积极开展国际传播的重要动力。北京师范大学新媒体传播研究中心2016年11月1日发布的《中国央企海外网络传播力报告2016》，对108家央企在Google、Facebook、Twitter、Instagram、Wikipedia 5个网站从2015年1月1日到12月31日的数据进行统计分析后发现，央企的总体传播力弱，很多企业没有海外传播意识，甚至14家企业的总得分为零分。① 但是这一情况在五年之后有了非常明显的转变。《2020中国央企海外网络传播力报告》显示，2020年中央企业整体海外传播力提升明显，央企入驻社交媒体数量逐年攀升，部分企业入驻国外头部视频平台YouTube平台。虽然央企在视频领域的传播数量还有待加强，但这些企业正积极与高校合作，学习制作视频的方法与技巧，以期用视频传播中国制造的产品。这种尝试有助于中国广电国际传播主体能力建设以及国际传播内容生产能力建设。

3. 自媒体助力广播电视国际传播主体建设和内容建设

与传统广电媒体进行国际传播需要专门的机构运行、专门的技术支撑不同，自媒体利用网络和社交媒体平台、网络视听平台即可随时随地向全球各地传播多元化的视频信息。目前来说，积极利用社交媒体平台参与国际传播的自媒体主要包括两个方面，一是有组织的自媒体，二是普通个人。这些自媒体主要通过中国的微信（WeChat）、微博（Weibo）、抖音（Tiktok）以及国外的Facebook、Twitter、Instagram、Linked以及YouTube等平台来传播美食、武术、娱乐搞笑等多元化的视频。仅就中国的平台而言，每天活跃的用户基于网络的开放性而成为国际传播的新主体，其中，微信2018年1月全球月活跃用户数突破

---

① 《央企海外网络传播力报告指出部分央企传播力得分为零》，环球网，https://finance.huanqiu.com/article/9CaKrnJYnC4。

10 亿,① 到 2019 年已超过 11.5 亿。Tiktok 的全球活跃用户也在 2019 年就超过了 8 亿，一项研究观察了一个月内 Tiktok 用户的行为，发现 68% 的 Tiktok 用户观看了别人的视频，而 55% 的人上传了自己的视频。② 在中国，诸如李子柒、办公室小野、滇西小哥、王刚等自媒体纷纷在 YouTube 上注册账号，传播中华美食，补充了中国广播电视国际传播的内容。

(三) 新研究主体为广播电视国际传播能力建设提供前瞻思路

唐润华教授 2009 年在国家社科基金重大项目《中国媒体国际传播能力建设战略研究》中对广播电视国际传播能力建设有一定的涉及。中央广播电视总台的李宇博士也曾做过相关研究。只是这些年，国际环境发生了重大变化，广播电视技术也日新月异，来自不同领域且逐渐崭露头角的新研究主体也多角度、全方位、立体式地为广播电视国际传播能力建设出谋划策。

1. 传统广电的研究主体助力广播电视新媒体国际传播能力建设

传统广电领域的研究主体一部分是专业从事学术研究的研究者，一部分则来自业界。比如，专业从事学术研究的中国传媒大学国家传播创新研究中心王润珏副研究员，对广电媒体的国际传播能力建设有比较独到的思考，她认为国际传播能力建设应该"从数字化到智慧化、从应用到研发、从选点到布局，发挥地理主场优势、发挥主办方优势、发挥前沿技术力量，秉持价值理性，做好算法时代的总编辑"③。而来自吉林广播电视台总编室的陈少宇、王亮则从地方媒体出发，提出地

---

① 公司简介腾讯，https://www.tencent.com/zh-cn/about.html#about-con-1。
② 唐润华、刘昌华:《大变局背景下国际传播的整体性与差异化》,《现代传播》2021 年第 4 期。
③ 王润珏:《我国主流媒体智慧全媒体建设与国际传播能力提升——以中央广播电视总台为例》,《电视研究》2019 年第 7 期。

方媒体"积极打造'走出去'品牌、利用地缘优势、挖掘本土资源、利用新媒体途径进行国际传播以及与境外媒体合作传播等方面加强国际传播建设"[①]。这些研究者站的高度不同、角度不同，但都为中国广播电视国际传播能力建设未来进行有益思考。

2. 网络与新媒体的研究主体助力广播电视新媒体国际传播能力建设

与传统广电领域的研究主体不同，网络与新媒体领域的研究对广播电视的国际传播能力建设更重视技术的推动作用，认为诸如人工智能、算法、大数据、区块链等新兴技术在创新国际传播理念、内容、形式、方法、渠道以及效果评估方面优势突出，可以促进广播电视国际传播从被动应对转为主动出击，因此要积极推动技术研发与运用。仅以研究者对人工智能在国际传播能力方面的研究为例，来自人民网研究院的刘扬认为"数据爆炸式增长、算法的快速迭代、算力的突飞猛进背景下"，国际传播能力建设要"借助人工智能的应用维度、阐释人工智能的话语维度、治理人工智能的规制维度，提升国际传播能力建设"[②]。

三 新平台赋权

广播电视国际传播随着渠道的变化而变化。网络电视频道对增加国际观众起到了很关键的作用。在在线视频平台和社交媒体平台成为国际用户宠儿的今天，广播电视国际传播渠道也发生了变化，而这些平台又赋予了中国广播电视全球信息及时分发权、国际传播效果考察权、国际话语权等。

[①] 陈少宇、王亮：《讲好中国故事 传播吉林声音 地方媒体加强国际传播能力建设初探——以吉林广播电视台为例》，《北方传媒研究》2019年第5期。

[②] 刘扬、高春梅：《利用人工智能加强国际传播能力建设的三个维度》，《对外传播》2018年第10期。

(一) 在线视频平台赋权

在线视频平台主要是以传播时长较长的视频为主的平台，优势在于海量的内容以及基于分布式计算、分布式解码的个性化服务、私人化定制等。相对传统电视，在线视频平台能够帮助传播者及时考察传播效果；其弹幕功能、智慧推送功能、社区打造功能等对用户更具吸引力。中国广播电视利用国内外的在线视频平台传播除新闻之外的内容，可以及时掌握用户反馈信息进而实现针对性传播，而这种潜移默化的传播对较长时间内塑造中国形象，提升中国话语权有一定的帮助。

1. 国外的在线视频平台

在网络相对普及的国家一般会有自己的在线视频平台，见表1-3。这些平台主要提供电影、电视、纪录片、动漫、娱乐视频等方面的内容，在当地有较大的用户群体。诸如在老挝 Guchill、柬埔寨 Wicam TV、卡塔尔 TamilYogi 等平台上，会播出一些中国电影、电视剧、电视节目。以卡塔尔 TamilYogi 为例，该平台 2021 年 6 月 26 日，首页推荐的影视内容便是中国《寻龙诀》的当地语言版。每个在线视频平台对内容的偏好有所不同，但正是这种偏好，才便于中国广播电视向这些平台提供类型各异的内容，从而培养和影响不同国家、不同类型的用户。此外，从当地反映的数据以及 Netflix、Amazon Prime 反映的数据来看，美国的在线视频平台，在全球分布较广、用户数量较多、知名度较高，播放中国的电影、电视剧较多。这些在线视频平台可以帮助中国广播电视节目、电视剧、纪录片以及电影既走小众化路线适应当地民众的需求，又走相对大众的路线满足全球用户大致一致的需求。

表 1-3　　　　　　　　国外典型在线视频平台

序号	名称	所属国家	序号	名称	所属国家
1	Netflix	美国	15	Dizipub	土耳其
2	Amazon Prime	美国	16	MTV（穆尔电视）	黎巴嫩
3	Hulu	美国	17	STARZ PlAY	阿联酋
4	RuTube	俄罗斯	18	TamilYogi	卡塔尔
5	Toggle	新加坡	19	Cima4U	科威特
6	Hotstar	印度	20	antliwo	塞浦路斯
7	3SK TV	沙特阿拉伯	21	Video	阿塞拜疆
8	Wicam TV	柬埔寨	22	Merojax	亚美尼亚
9	Sanook Video	泰国	23	Derana TV	斯里兰卡
10	Guchill	老挝	24	KazTube	哈萨克斯坦
11	keonhacai	越南	25	AllMovie	乌兹别克斯坦
12	Dramafire	文莱	26	Lostfilm	白俄罗斯
13	Pariwiki	菲律宾	27	Tushkan	白俄罗斯
14	Alsumaria	伊拉克	28	Telemagazyn	波兰

2. 国内的在线视频平台

国内主要的在线视频平台包括"爱优腾"、西瓜视频、芒果TV、乐视、B站等。这些在线视频平台依靠网络空间的无限性，利用优秀的电影、电视剧、综艺节目、纪录片、动漫、生活、音乐、搞笑、财经、军事、体育、片花等内容优势，积极参与国际传播，让海外不同地区、不同兴趣爱好的用户不仅有更便捷的渠道接触到富含中国文化的内容，还有更好的观感体验。"爱优腾"、搜狐视频等就是典型。以腾讯视频为例，2019 年 9 月，仅付费会员就突破 1 亿，其海外 WeTV 面向海外用户，实现 95% 以上用户使用当地语言观看。[①]

除了视频平台，Zin MP3、Google Play Music、Mixer Box、Dradio 等国际在线音频平台，诸如云听、蜻蜓 FM、喜马拉雅 FM、荔枝 FM 等中国音频平台对传统广播内容的全球分发起到了弥补作用，让中国广播节目的传播范围更大、传播效率更高。这些平台各有优势，以云听为例，该平台是总台基于 5G + 4K/8K + AI 等新技术，推出的高品质声音聚合分发平台，也是继央视频上线之后又一个国家级 5G 声音新媒体平台。该平台利用标准化全域数据统计分析服务、精细化大数据运营服务、便捷的新媒体运营工具包、多终端、多渠道内容分发等优势，汇聚了中国之声、大湾区之声等，汇集了 40 个地方电台的人才和内容资源，可以实现对华人、华侨的传播。

(二) 社交媒体平台赋权

社交视频媒体平台主要指以传播短视频为主，社交基因更强、分享机制更完善的新媒体社交平台。这些技术基因突出、社交基因强大的社交媒体平台与传统电视传播的差异就在于圈层化传播更明显、传播疆域更广，让广电媒体的社交化趋势更突出。

1. 国外的社交媒体平台

俄罗斯的 RuTube、乌兹别克斯坦的 MyTube、法国的 Dailymotion、伊朗的 Aparat 以及美国的 Facbook 等。国外社交媒体平台相对国内平台的优势在于覆盖中国地区之外的范围较广，受政策影响较小，对

[①] 牛梦笛、储平如：《新媒体助力视听节目触达更多海外观众——专家学者畅谈媒体融合与国际传播能力建设》，https://news.gmw.cn/2020 - 09/15/content_ 34185926.htm。

当地用户的喜好了解得更清楚。如图 1-5 所示，诸如 Facebook 等作为国外社交媒体巨头在全球拥有较高的渗透率。仅 Facebook 的渗透率就已经达到 63%。如果能妥善处理政治因素限制和经济因素控制，这样的渗透率就对中国广播电视内容的分发具有一定的帮助。由 CGTN、浙江台、湖南台等在这些平台上有一定的用户以及部分内容具有较高的观看量高和互动情况来看，社交媒体平台的存在辅助中国广播电视国际传播内容的分发。

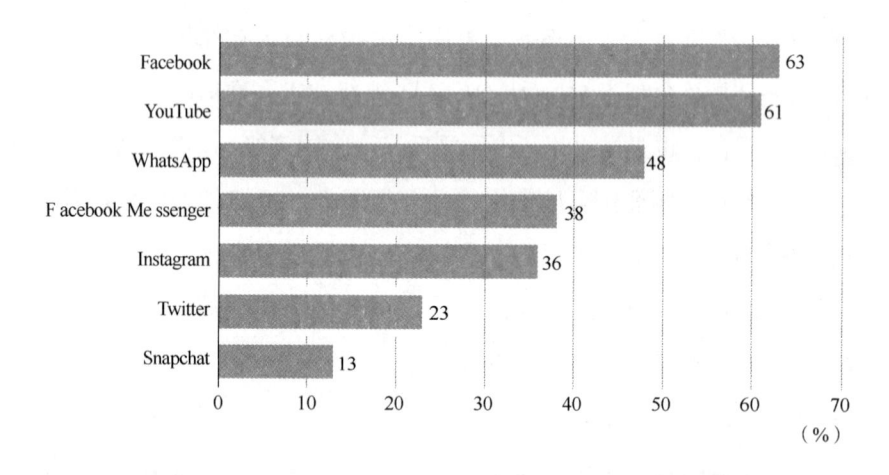

平台	渗透率（%）
Facebook	63
YouTube	61
WhatsApp	48
Facebook Messenger	38
Instagram	36
Twitter	23
Snapchat	13

图 1-5　2020 年 2 月全球领先社交媒体活跃用户渗透率①

2. 国内的社交媒体平台

国内的社交平台主要包括微博、微信、抖音、快手这样新兴的平台。移动互联网的开放性使这种平台的中文版本传播的信息被当地所接收，而部分社交媒体平台的英文版平台成为广播电视国际传播内容全球分发的重要平台。微信平台的直播成为中国广电直播的重要渠道。抖音国际版 TikTok 也提供了重要渠道。2019 年，TikTok 已经覆盖全球

---

① *Global Active Usage Penetration of Leading Social Networks*，https：//www.statista.com/statistics/274773/global-penetration-of-selected-social-media-sites/.

150多个国家和地区、75个语种。TikTok在日本、美国、泰国、印尼、印度、德国、法国和俄罗斯等地，多次登上当地App Store或Google Play总榜的首位，① 在2020年也成为各大应用平台下载量最高的应用。Tiktok在国际上的普及正好成为中国广播电视内容传递的平台。

（三）智能终端内容分发平台赋权

随着人工智能的发展，海信、海尔、长虹、创维等传统电视生产商转入智能电视生产，诸如小米、华为等企业也投入智能终端设备的生产当中。这些企业在自己的产品当中植入智能内容分发系统，在海外销售智能终端的同时，也将中国广播电视的内容进行分发。以华为为例，作为全球领先的ICT基础设施和智能终端提供商的华为，致力于通过AI重新定义体验，让消费者在家居、出行、办公、影音娱乐、运动健康等全场景获得极致个性化智慧体验的华为，② 已经利用其海外100多个国家的渠道和终端优势以及海外伙伴关系，打造了智能分发平台。截至2020年9月，华为已拥有海外用户约2.3亿，覆盖海外26个国家和地区，力图打造中国优秀视听内容的生态分发平台。华为的目标是要打造全球最大的中文精品内容平台和中文精品内容的生态分发平台。③ 这种平台的建立可有效提升中国广电国际传播内容分发的效率。除了前述新技术、新主体、新平台可以为中国广播电视国际传播能力建设赋能、赋智、赋权之外，各地文化产业基金、国际合作基金等新资金资源，各地辅助性政策资源，也为中国广电国际传播能力建设赋予后劲力量。其中，根据表1-4，中国各地文化产业对广电领域的投资也有一定的帮助。

---

① 公司新闻字节跳动，https://www.bytedance.com/zh/news。
② 公司简介华为，https://www.huawei.com/cn/corporate-information。
③ 牛梦笛、储平如：《新媒体助力视听节目触达更多海外观众——专家学者畅谈媒体融合与国际传播能力建设》，https://news.gmw.cn/2020-09/15/content_34185926.htm。

表1-4　　　中国投资广播电视领域的代表性文化产业基金

基金名称	地区	代表性发起者	基金募资规模（亿元）	关注领域	投资代表
中国文化产业投资基金	北京	中国文化产业投资基金由财政部、中银国际控股有限公司、中国国际电视总公司	200	重点投资新闻出版和发行、广播影视、文化艺术、网络文化及其他细分文化及相关行业	新华网股份有限公司、人民网、新华网、芒果TV、电视剧《平凡的世界》、电影《栀子花开》、丝路数字视觉等
中国文化产业投资母基金	北京	中宣部和财政部	500	新闻信息服务、媒体融合发展、数字化文化新业态、电影等	2020年11月27日成立，暂未披露投资情况
华人文化产业投资基金	上海	文辉新民联合报业集团、SMG（上海文化广播影视集团有限公司）	50	致力于投资国内外TMT（科技、媒体、通信）、泛文化产业	灿星制作，《中国达人秀》《舞林大会》《中国好声音》等
北京中外名人文化产业投资基金	北京	中外名人文化产业集团、香港百骏控股集团	5	广告传媒、出版发行、影视及衍生品制作、互联网及新媒体等文化产业及子行业	中央电视台《晚间新闻》《星光大道》《艺术人生》，伏羲文化旅游产业园等
广东广电基金	广东	广东省广播电视网络股份有限公司与广东中广投资管理有限公司	50	广东省及全国范围内数字电视、宽带上网、数据专线业务等	上海未来宽带、深圳茁壮网络等
湖南旅游文化产业基金	湖南长沙	湖南省财政厅办公室和湖南高新创业投资集团有限公司	30	投资数字电视产业链，影视、音乐等内容产业链，新媒体产业链，创意设计等	电视剧《菊花醉》、华声在线、北青网、粤广电等

第二章 回溯历史：中国广播电视国际传播能力建设的发展之路

  1941年，中国创办了隶属于新华社的延安新华广播电台，开启了人民广播事业，该台首次使用日语播出，标志着中国从此诞生了对外广播事业。1958年，中国创办了第一家电视台——北京电视台，该台1959年向国外寄送节目，开启了中国电视对外宣传事业。中国广播电视的发展与中国对外开放政策、思想观念变化、高新技术发展等众多因素息息相关。中国广播电视国际传播经历了"对外报道"或"对外宣传"—"对外传播"—"国际传播"这一逻辑演变，而对应的能力建设也经历着这样的转变。这些转变与国家支持、相关行业发展以及广播电视自身不断加强国际传播能力建设密不可分。

第一节 逐渐形成期（1978年以前）：中国广播电视国际传播能力建设初现端倪

  1978年以前，世界资本主义国家经历了一战、经济危机、二战和二战后的民族独立运动。中国则经历了北伐战争、土地革命战争、抗日战争、解放战争、抗美援朝战争、"大跃进"、三年自然灾害以及

"文化大革命"等带来的种种挫折，经历了国际地位、国际关系和外交政策的种种变化。这期间，国家对国际信息的需求以及向外传播中国的需求日渐增长，促进中国加强传媒建设。兼具声音和画面优势的广播电视在对外报道、对外宣传方面的优势更加突出，成为中国对外宣传的重点建设对象，广播电视对外宣传的能力建设也就随之初现端倪。

一　国家：多措并举

中国广播电视对外宣传能力建设离不开中国共产党在战争年代利用报刊、通讯社进行对外报道积累下来的经验。这一时期，配合国家外交政策的需要，党中央在组建对外宣传机构、配套相关协议和政策、培养技术人才等方面着手推动中国广播电视对外宣传能力建设。

（一）组建对外宣传机构

中国广播电视对外宣传的概念虽然在战争年代并未成形，但一直从事对外树立和维护国家形象、捍卫国家主权、保护人民利益、宣传中国价值观念和方针政策、报道友好往来等方面的工作。[①] 党中央通过组建专门的对外宣传领导机构和对外宣广播电视机构的方式来提高中国广播电视的对外宣传能力。

1. 组建专门的对外宣传领导机构

面对民族危亡，中国共产党1921年7月成立之时就对报刊、通讯社、广播等的新闻宣传工作非常重视，这种重视直接促进其对外宣传工作的开展。1937年，中国共产党成立武汉长江局，下设国际宣传组，由周恩来直接领导，王炳南主持日常工作，这是中国共产党的第一个对外宣传机构。武汉沦陷后，党中央于1939年1月在重庆成立南方

---

① 李舒东：《中国中央电视台对外传播史（1958—2012）》，人民出版社2013年版，第2页。

局，同年成立对外宣传小组。1941年和1942年，党中央接连两次发出指示，要求加强对各根据地的对外宣传领导。① 新中国成立之后，面对复杂多变的国际形势，党中央更加重视对外宣传工作。1949年，中央人民政府新闻总署设立了国际新闻局、广播事业局和新闻摄影局三个直属单位，三个单位对提升广播电视对外宣传起到推动作用。其中，广播事业局的任务是领导全国各地人民广播电台；直接领导中央人民广播电台对国内外的广播工作等。② 国际新闻局因新闻总署1952年撤销而撤销，但中央广播事业局一直负责广播电视的对外宣传工作，通过制定政策、规范管理、人才培养等方式，促进中国广播电视的对外宣传能力的提升。

2. 组建专门的对外宣传广播电视机构

1941年12月3日17时，党中央组建"延安新华广播电台"并首次使用日语播出，中国从此诞生了对外广播事业。1949年12月5日，国家决定将"延安新华广播电台"正式改名为"中央人民广播电台"。为了便于对外报道，1950年4月10日，国家决定将中央人民广播电台对国外广播部分采用"北京电台"，对外呼号为"Radio Peking"；对国外的汉语广播仍用"中央人民广播电台"的呼号。该台用英语、日语、朝鲜语、越南语、缅甸语、泰语和印度尼西亚语7个外国语种播音；用普通话、广州话、厦门话、潮州话和客家话对海外华人、华侨播音，每天播音时间为11个小时。③ 1978年又将该台正式命名为"中国国际广播电台"。1945—1949年，东北新华广播电台、张家口广播电台、大连广播电台等也使用英语、日语、俄语等外语语种播音。为了便于向

---

① 李舒东：《中国中央电视台对外传播史（1958—2012）》，人民出版社2013年版，第3页。

② 中国广播电视年鉴编委会：《中国广播电视年鉴（1986）》，中国广播电视出版社1987年版，第1083页。

③ 方汉奇：《中国新闻传播史》，中国人民大学出版社2009年版，第299页。

海外华人华侨介绍新中国,国家决定于1952年9月14日组建以对外宣传为主要任务的中国新闻社,用华语广播是工作的一部分。随着电视这种世界最具活力的新兴传播媒介发展起来,中央广播事业局为了推进电视台的建立,1953年,专门派遣十名技术人员赴捷克斯洛伐克学习电视技术。在这些技术人员以及国家领导的关心之下,1957年8月17日,中央广播事业局党组决定成立"北京电视试验台筹备处",任命罗东为主任,孟启予、胡旭为副主任。① 经过多年的努力,中国最终组建了北京电视台。该台于1958年5月1日试播,同年于9月2日正式播出,并于1959年4月21日将一个长约7分钟的名为"第二届全国人大一次会议专题报道"的电视新闻片,通过航寄的方式传给了当时的苏联和一些东欧国家。这一行动是中国电视对外传播的开始。②

(二)形成思路,出台政策,签订国际合作协议

中国大致经历了从"保守外交"到"一条线,一大片"的外交思路。配合外交政策的需要,也为了推动广播电视对外宣传能力的提升,中国形成和调整指导性思路,出台相关政策,积极与各国签订相关合作协议。

1. 形成、调整指导性思路促进广播电视提升对外宣传能力

1941年6月20日,中共中央宣传部在《关于党的宣传鼓动工作提纲》中提出:"在现代无线电业发展的情形下"以及在中国交通工具困难的情形下,发展通讯事业,无线电广播事业,是非常重要的,应该在党的统一的宣传政策之下,改进现有通讯社及广播事业的工作。"③ 1949年之后,中国出台了系列文件,指出要"统一全国对外宣传口

---

① 赵化勇:《中央电视台发展史(1958—1997)》,中国广播电视出版社2008年版,第4页。
② 唐润华:《中国媒体国际传播能力建设战略》,新华出版社2015年版,第85页。
③ 方汉奇:《中国新闻传播史》,中国人民大学出版社2009年版,第233页。

径"。这种"统一宣传"的指导性思路的影响,指导中国广播提升对外宣传能力时要注意"统一"。1954 年,在国务院文教办公室的一次会议上,当时文教办公室副主任钱俊瑞传达了毛泽东主席关于要办电视和发展对外广播的指示。① 在电视方面,中国积极筹备北京电视台,并指导中央人民广播电台、新华社的对外广播作为对外宣传的重要渠道,将增加语种、开办节目等作为提升对外宣传能力的重要手段。在对外广播方面,1956 年刘少奇提出"以亚洲和对外华侨为重点,这当然是重要的",但在"搞规划要从全世界着眼""一定要把对美洲的广播列入计划之内"② 的引导之下,中国对外广播逐渐打开思路。由于 1966 开始受到"四人帮"的影响,相关思路受到严重影响;到 1970 年,因受到毛泽东同志先后 10 次关于"国家不同,做法也不能一样""不能强加于人""不要自吹自擂"③ 等对外工作指示的影响,中国对广播电视对外宣传指导性思路进一步调整,重新指导中国广播电视对外宣传能力建设的方法与思路。

2. 出台相关政策促进广播电视提升对外宣传能力

中共中央 1941 年发布了《关于统一各根据地内对外宣传的指示》《关于党的宣传鼓动工作提纲》等政策,1949 年发布了《关于成立中央广播事业管理处的通知》《关于统一发布中央人民政府及其所属各机关重要新闻的暂行办法》,1950 年发布了《关于建立广播收音网的决定》《关于统一新华通讯社组织和工作的决定》,1951 年发布了《关于区、省、市广播电台及新闻行政机构关系问题批复西南新闻出版局》

---

① 赵化勇:《中央电视台发展史(1958—1997)》,中国广播电视出版社 2008 年版,第 3 页。
② 方汉奇:《中国新闻传播史》,中国人民大学出版社 2009 年版,第 326 页。
③ 李舒东:《中国中央电视台对外传播史(1958—2012)》,人民出版社 2013 年版,第 22 页。

《关于各地广播电台与新闻行政机构关系的补充与说明》① 等。这些决定、办法与指示等对广播台的归属、关系、任务等做了规定，促进广播对外宣传比照中央统一的规定与管理。而电视台成立之后，又有专门性的文件，1964年，中央广播事业局局长梅益在第八次全国广播工作会议提出《为进一步提高广播、电视宣传的质量而奋斗》，为北京电视台制定了"立足北京，面对世界"对外宣传方针，并配套了相应的管理。此外，1967年10月23日，中共中央发出的《关于对外政策宣传的文件》强化了中国广播电视在对外宣传能力建设时要"统一口径"这一要求。

3. 签订广播电视国际合作协议，促进广播电视提升对外宣传能力

1950—1966年，中国同20个国家签订了广播电视合作协定。中外广播电视合作协定的主要内容是节目交换，在双方国庆时举办专题庆祝节目，广播电视记者和代表团互相访问，等等。② 1953年5月7日，中国在布拉格同捷克斯洛伐克正式签订中国同外国的第一个广播合作协定——《中国与捷克斯洛伐克广播合作协定》。但1967—1971年，中国广播电视外事工作受到严重干扰，几乎中断了同前述20个国家的合作。随着1972年中国恢复联合国的合法席位以及同日本、联邦德国等18个国家重新建交，才有所好转。到1978年，中国陆续与世界各国签订了多个合作协定，其中，根据表2-1，中国与同当今属于"一带一路"国家签订的合作协议相对突出。这些合作协议，为中国促进中央人民广播电台、北京电视台等与这些国家的电视台通过合作的形式，为对外宣传中国事宜并提高对外宣传能力提供了重要的基础。

---

① 方汉奇：《中国新闻传播史》，中国人民大学出版社2009年版，第303页。
② 中国广播电视年鉴编委会：《中国广播电视年鉴（1986）》，中国广播电视出版社1987年版，第1044页。

表 2-1　1953—1978 年，中国同当今属于"一带一路"沿线国家签订的代表性合作协定、协议①

序号	时间	签订的广播电视合作协定、协议
1	1953-05-07	中国与捷克斯洛伐克广播合作协定在布拉格签订
2	1953-10-15	中国与匈牙利广播合作协定在北京签订
3	1953-10-15	中国与波兰广播合作协定在北京签订
4	1953-10-15	中国与罗马尼亚广播合作协定在北京签订
5	1953-10-15	中国与保加利亚广播合作协定在北京签订
6	1954-08-21	中国与苏联广播合作协定在莫斯科签订
7	1955-09-28	中国与阿尔巴尼亚广播合作协定在北京签订
8	1955-12-21	中国与蒙古广播合作协定在乌兰巴托签订
9	1956-08-13	中国与朝鲜广播合作协定在平壤签订
10	1958-03-15	中国与越南广播合作协定在河内签订
11	1959-04-30	中国与捷克斯洛伐克广播电视合作协定在布拉格签订
12	1959-08-06	中国与保加利亚广播电视合作协定在索菲亚签订
13	1962-11-01	中国与印度尼西亚广播电视合作协定在北京签订
14	1965-10-06	中国与叙利亚广播电视合作协定在大马士革签订
15	1966-06-04	中国与伊拉克广播电视合作协定在巴格达签订
16	1971-10-11	中国和朝鲜签订新的广播电视合作协定
17	1972-03-02	中国与罗马尼亚广播电视合作协定在布加勒斯特签订
18	1975-09-22	中国与叙利亚广播电视合作协定在北京签订

---

① 资料整理自《中国广播电视年鉴（1988）》（中国广播电视出版社 1989 年版）和《中央电视台发展史（1958—1997）》（中国广播电视出版社 2008 年版）。

（三）培养对外宣传人才

新中国成立之前，广播电视技术不太成熟，广播电视人才和资金不太充足，但中国广播电视还是坚持利用有限的条件开展对外宣传。新中国成立之后，这一情况得到改善，中国重视培养广播电视技术人才、外语专业人才，促进广播电视外宣工作能够正常开展。

1. 以派往国外学习的方式培养对外宣传人才

1954—1960 年，中央广播电视事业局在 1953 年派出 10 名技术人员学习电视技术的基础之上，又派出 7 个广播代表团访问苏联，学习其广播电视技术、广播机构各部门的工作情况和工作经验，为中国广播电视台建立、对外宣传节目制作打下基础。1972 年，中国开始恢复派遣广播电视代表团出国访问，中央广播事业局副局长董林曾率广播电视代表团访问罗马尼亚和朝鲜。1972—1978 年，由中央广播事业局负责人带领的中国广播电视代表团分别访问了越南、日本、巴基斯坦、朝鲜、南斯拉夫、伊朗、叙利亚、突尼斯、索马里、布隆迪、法国、瑞典、联邦德国和菲律宾。[①] 这些出访，既为中国兴办广播电视对外节目提供了经验，又为了解当地风土人情、作出对外宣传方法判断提供信息基础。

2. 以培训班、创办学校等方式培养对外宣传人才

1931 年 2 月，朱德、毛泽东在江西中央革命根据地发布了选调青年去参加无线电培训班的命令。这一培训班以及培养的无线电技术人员保证了中国广播能在困难时期向外传播、反映中国抗战的相关信息。1949 年以后，中央广播事业局和各地广播电视部门也举办过短训班。1960 年 3 月 18 日，中国在北京创建了中国第一所全国性的电视广播大

[①] 中国广播电视年鉴编委会：《中国广播电视年鉴（1986）》，中国广播电视出版社 1987 年版，第 1046 页。

学——北京电视大学。1965年，该大学在原有的数学、物理、化学专业的基础上又增设了英语专业。到1969年5月解散，[1] 该大学培养了大量技术人才以及英语专业人才。1959年9月7日，中国建立了以中央广播事业局技术人员训练班为基础的北京广播专科学校，该校建校初期就设立了三大系，包括无线电系、新闻系和外语系。其中，很多外语专业都是该校首开的专业，如斯瓦希里语专业创办于1960年，普什图语专业于1963年开设，西班牙语专业、波斯语专业都是1958年开设的。后来意大利语、葡萄牙语和其他语种相继开设，该校外语系语种最多的时候有23种语言。[2] 这些人才，一些逐渐成为北京电视台、中央人民广播电台对外广播部门的专业人才；另一些留校任教培养一代又一代的中国广播电视对外宣传人才。

二 行业：共同发展

按照系统论的观点，广播电视作为这个社会的子系统必然与其他系统发生关联。与广播电视一样同属传媒系统的报社和通讯社的前期发展，广电技术行业的发展以及广电教育行业的发展都为广播电视提升外宣能力提供了基本保障。

（一）传统媒体行业发展为广播电视外宣能力建设提供支持

报社、通讯社等传统媒体比广播电视台发展得早，积累了较多的新闻采访经验、稿件撰写经验、稿件编辑经验、新闻传播经验。随着中国对内、对外宣传任务和目标的调整与变化，诸如《红旗》《新华日报》、新华社等媒体积极开展对外宣传能力建设，这些经验成为广电开

---

[1] 赵化勇：《中央电视台发展史（1958—1997）》，中国广播电视出版社2008年版，第25—28页。
[2] 陈涵旸、柳润等：《未被遗忘的岁月｜平均年龄70＋，9位老教师，64年广院史》，搜狐网，https://www.sohu.com/a/257822682_788357。

展对外宣传能力建设的一个依据。

1. 报社为广播电视外宣能力建设提供辅助支持

报社与广播电台、电视台之间是相辅相成的关系。1949年12月9日，政务院（今天国务院的前身）颁布的《关于统一发布中央人民政府及其所属各机关重要新闻的暂行办法》规定，凡须经过当时的中央人民政府委员会、政务院、人民革命军事委员会、最高人民法院和最高人民检察署通过或同意的一切公告，以及须上述机构负责首长同意后发布的一切公告性新闻，均由新华社统一发布。[①]《关于报纸采用新华社电讯的规定》等规定了报社与新华广播电台之间的关系。报社采用广播电台的内容，加强了广播对外宣传的效果，同时，随着《红旗》《人民日报》《光明日报》等报刊自采新闻的发展，也为广播电台、电视台提供了一定的内容。诸如《人民日报》社论《打碎美国奴役亚洲人民的计划》和《红旗》社论《赫鲁晓夫是怎样下台的?》等均被用于北京台国际新闻时事节目。

2. 通讯社为广播电视外宣能力建设提供内容支持

通讯社是中国较早进行对外宣传能力建设的媒体，广播作为其对外宣传工作的一部分得以不断加强。首先是新华社，抗战胜利后，新华社进入了一个新的发展阶段。在组织建设方面，新华社总社的工作机构较前扩大充实，分为国内新闻、国际新闻、英语广播、口语广播4个编辑部门;[②] 新华广播电台是其主要的广播部门。此后，新华社一直为各地新华广播电台和改名后的中央人民广播电台、国际台以及北京广播电台、北京电视台提供国际新闻稿源。新华社从1947年5月开始强化驻外机构建设，在海外建立地区总分社和分社;到1949年10月新

[①] 方汉奇:《中国新闻传播史》，中国人民大学出版社2009年版，第303页。
[②] 方汉奇:《中国新闻传播史》，中国人民大学出版社2009年版，第280页。

中国成立,新华社就在香港、伦敦、布拉格、平壤建立了四家分社。新中国成立之后,新华社在中央"建成世界性通讯社"要求的指引下,继续拓展海外分社。1950—1955 年,新华社先后在莫斯科、新德里、柏林、河内、雅加达、华沙、仰光建立了分社。1956 年这一年,新华社先后在卡拉奇、开罗、喀布尔、金边、乌兰巴托、索菲亚、布加勒斯特、布达佩斯、地拉那、贝尔格莱德、伦敦(重建)建立了 11 个分社,并调整和加强了原有分社的力量。这些分社的建立在新中国对外宣传工作中发挥了重要作用。到 1966 年"文化大革命"开始前,新华社驻外分社数量达到 52 个,并通过聘请报道员和建立出稿站等方式进一步扩大了国际新闻稿源,推进了新华社新闻在海外落地的工作。[①] 1966—1976 年,虽然新华社海外事业的发展受到"文革"的影响,但新华社三十多年的发展给中国广播电视对外报道提供了大量的稿源,其对外宣传能力的建设的方式也给中国广播电视对外宣传能力提升提供了样板。其次是中国新闻社,自成立以来,就致力于对海外华人、华侨广播,每日广播用华语记录新闻 5000 字,后逐渐增至 8000 字。[②]

(二) 广电技术行业的发展为广播电视外宣能力建设提供技术支撑

二极管与三极管的发明和运用解决了无线电接收的问题,电子管振荡器的问世解决了无线电发送的难题,无线电发射机和电波调制技术的结合让人类实现了无线电广播。[③] 中国 1923 年开始进入无线广播行列。与报纸传播范围有限、传播时效慢、感染力弱不同,包括无线电广播、录音录像技术、直播录播技术等在内的广播电视技术的成熟与发展,促进了中国广播电视对外传播信息能够传得更远、更及时,

---

① 万京华:《新华社驻外机构的历史变迁研究》,《现代传播》2014 年第 10 期。
② 方汉奇:《中国新闻传播史》,中国人民大学出版社 2009 年版,第 298 页。
③ 蔡尚伟、温洪泉:《文化产业导论》,复旦大学出版社 2012 年版,第 202 页。

感染力更强。生产这些技术的行业的发展也为中国广播电视外宣工作的不中断提供了坚实的技术保障。

1. 无线电广播与卫星传送技术提供技术支撑

自从中国1923年开始使用无线电广播之后,到1958年才开始使用调频广播。相对调幅广播,调频广播支持双声道立体声,调制更方便,不易受干扰,这样的技术促进了中国对外广播节目时更容易被接收。1949年之后,中国重视自主研发短波广播、中长波广播、卫星广播等相关技术。广播扬声器、播音话筒、远程播出工作站等相关技术设备被生产和运用到对外广播事业。在技术运用相对成熟的基础上,调频广播中央台于1978年更名为国际台之后,开始强化对外广播、对外报道、对外宣传等功能。1976年10月7—13日,中央广播事业局在南京召开卫了星广播座谈会。会上讨论、研究了中国卫星广播规划,提出了中国的广播电视应采用卫星覆盖的建设,并确定了广播卫星使用十二吉赫频道。[①] 由于卫星广播电视技术的研制与发展,1976年,北京电视台通过国际通信卫星,向世界发送了关于周恩来总理逝世及纪念活动的电视片,这是中国第一次通过卫星向世界发送国内重大事件的电视新闻。[②] 1978年8月,该台第一次采用卫星传送党和国家领导人出访的电视新闻。

2. 彩色电视技术提供技术支撑

世界流行NTSC制、PAL制、SECAM制三种彩色电视制式。中国对三种制式的设备、器件、问题等进行多次研究和实验,最终于1972年决定暂用彩色与黑白相互兼容的PAL – D制进行彩色电视的研制和试播,并决定北京电视设备厂和上海广播器材厂对PAL制彩色电视设备分别进行试制。从1972年年底到1973年年初,北京电视设备厂研制

---

① 中国广播电视年鉴编委会:《中国广播电视年鉴(1986)》,中国广播电视出版社1987年版,第1092页。

② 唐润华:《中国媒体国际传播能力建设战略》,新华出版社2015年版,第85—86页。

出一辆有三个摄像机讯道的彩色电视转播车，上海广播器材厂研制出一套由三个摄像机讯道组成的彩色电视中心设备和一辆有三个摄像机讯道的转播车。1977年上海淮海无线电厂又研制出一套彩色电视中心系统设备。① 在技术成熟的基础上，北京电视台1977年7月开始由黑白、彩色交替播出转为彩色播出。

3. 录音、录像技术与直播、录播技术提供技术支撑

1947年，吴蔚云、朱今明等人研制成功我国第一架35毫米电动有声电影摄影机，② 为中国影像记录奠定了基础。1951年上海钟声电工社制成中国第一台钢丝录音机。③ 1953年中央人民电台引进了苏联制造的磁带录音机。④ 此后，中国在广播、电视实现录音、录像方面努力较多。录音、录像技术与功能的实现，有效地保存了声音和影像。受条件限制，中国广播电视发展之初主要以直播为主，直播可以及时让海内外听众、观众了解中国信息，但无法保存的缺点让对外宣传的目的大打折扣。因此，中国在引进和自主研发录播技术之上尝试录播节目。1953年开始，中国广播除少数节目采用直播外，几乎都实现了录播。电视台发展起来之后，也重视直播技术与录播技术的采用。录播让广播节目、电视节目得以完整保存，除了利于反复检查其优劣以便作出调整之外，也促进了节目从使用电影胶片保存到使用磁带保存。而磁带保存具有储存空间大、维护成本低、损耗小的特点，更能保障出国片在寄送过程中的安全。

---

① 赵化勇：《中央电视台发展史（1958—1997）》，中国广播电视出版社2008年版，第106页。

② 严伟详：《设计制造了中国第一台照相机和第一架电影摄影机，"国产相机之父"郑崇兰是他》，搜狐网，https：//www.sohu.com/a/432008467_238928。

③ 陈庆新：《广播电视技术的发展历程》，《广播电视信息》1998年第5期。

④ 王仁锋：《中国广播技术的演变及发展》，《西北大学学报》（自然科学版）2009年第4期。

（三）广电教育行业的兴起为广播电视外宣能力建设提供人才保障

1949 年以前，燕京大学新闻系、复旦大学新闻系等曾开设广播方面的课程。1949 年以后，中国专门成立了北京广播学院从事广电方面的教育。此外，中国也在太原、呼和浩特、沈阳、南宁等地新建了一批广播电视中专学校。这些学校虽然在 1966—1976 年间受到严重影响，但是这些学校帮助中国筹备了专业的广电人才。专门的广电教育行业又可以为广播电视外宣培养更专业的摄影人才、摄像人才、播音主持人才、后期制作人才提供保障。

1. 专业类教育为广播电视外宣培养专业技术人才

北京大学新闻学研究会、燕京大学新闻系、复旦大学新闻系以及中央政治大学新闻系等早先以教授纸新闻实务以及新闻理论内容的学校，在广播电视起来之后，也开设了无线电学课程、广播电视业务课程。以北京广播学院为代表的广播电视学校开设的与广播电视相关的专业更齐全，以便培养专业人才。1960 年以前，北京广播学院主要开设了编采、播音、文艺编辑、电视等文科专业和无线电广播与电视工作专业。但是"文革"导致高等教育受到严重冲击，这些专业也基本处于停止招生、教学工作瘫痪的状态。1973 年重建的北京广播学院除了恢复以前的专业之外，还因为广播电视工作涉及的工作更细、更精而拓展了电视摄影专业、电视发送专业、艺术专业等相关专业。这些专业毕业的播音员、摄影师、摄像师、广电工程人才成为中国广播电视进行对外传播的重要人才。

2. 语言类教育为广播电视外宣培养外语传播人才

北京广播学院在重视广电采编业务、通信业务的同时，最重视培养适宜广电传播特色的外语专业人才。北京广播学院在建校之初就开设了外语系。随着国家外宣任务的变化，北京广播学院在 20 世纪 60

年代开设了英语和非通用语言。最多的时候，北京广播学院设置了22个非通用语专业，包括波斯语、泰米尔语、土耳其语、西班牙语、斯瓦希里语、意大利语、世界语、葡萄牙语、乌尔都语、尼泊尔语、孟加拉语、普什图语、豪萨语、瑞典语、他加禄语、印地语、老挝语、荷兰语、阿萨姆语、希腊语、僧伽罗语和祖鲁语。[①] 培养的这些语言类学生毕业后基本上进入当时的电台、电视台，从事播音、采编等方面的工作。到1966年，北京广播学院以培养非通用外语为主的外语系，成为国家培养外语人才的基地之一，被高等教育部列为全国重点外语院系之一。[②] 虽然这种非通用语言的培养在1967—1973年几乎停滞，但已经培养出来的外语人才为中国广播电视外宣能力的提升奠定了坚实的基础。

三 广电：全力以赴

中国广播电视深受人才、技术、资金等的限制，加之受社会环境的影响，自身发展受到一定的限制。即便如此，中国广播电视在条件允许的情况下，依然通过增加语种、开办不同语言节目等自身建设以及开展国际交往等方式，全力以赴开展对外传播能力建设。

（一）重视自身建设

中国广播电视对外宣传重视针对世界不同国家采用不同的语言播音、制作节目，也考虑面向大量海外侨胞的不同需求制作中国不同方言的节目，所以采用增加不同语种、增加专门的对外节目并增加专人负责节目等多种方式进行自身建设。

1. 增加不同语种，提升对外宣传能力

一方面广播台逐渐增加外语语种。1944年9月，新华社在延安成

[①] 赵玉明：《中国大陆广播电视教育的回顾与前瞻》，《现代传播》1993年第6期。
[②] 赵玉明：《中国大陆广播电视教育的回顾与前瞻》，《现代传播》1993年第6期。

立英文广播部,对外正式发稿。① 1947年9月11日,已经更名为"陕北新华广播电台"的"延安新华广播电台"正式开办英语新闻节目,每天播音20分钟。新中国成立之后,中国国际地位日益提高,对外关系与国际交往迅速扩大,党中央确定了重点发展对外广播的方针。建设大功率的发射台,积极培训外语干部,从国外聘请专家,不断增加对外广播的语种和时间。从1956年到1966年,该台陆续增加了21个语种。对亚洲和中东地区,增办了老挝语、柬埔寨语、阿拉伯语、波斯(伊朗)语、土耳其语、马来语、印地语、泰米尔语、乌尔都语、他加禄(菲律宾)语、蒙古语。对非洲地区增加了法语、俄语、德语、意大利、西班牙语、葡萄牙语、世界语(这些语种在世界其他地区也较通用)和塞尔亚—克罗地亚语。连同原有的共有28个外国语种和5种汉语方言。1968—1976年又陆续增加对东欧的捷克语、波兰语、罗马尼亚语、阿尔巴尼亚语、保加利亚语和匈牙利语,对南亚的孟加拉语、普什图语、僧伽罗语和尼泊尔语,共10种。② 另一方面电视台逐渐增加外语语种。北京广播电台成立之初就使用了7种外国语种播音和5种中国方言播音。③ 到1976年,中国对外广播的语种已达到44种,其中外语39种,另外还有中国4种方言。当时中国仅每周对外的播音时间就达到687个小时,其声音已传到世界上的主要国家和地区。④

2. 开办不同对外节目,提升对外宣传能力

1949年以前,中国对外广播的目的主要是介绍中国人民在抗战和解放战争期间的情况,争取国际社会支持。1950年,中共中央批准了中国国际广播编辑部的书面工作报告,对对外广播宣传方针作出调整,

---

① 李舒东:《中国中央电视台对外传播史(1958—2012)》,人民出版社2013年版,第3页。
② 中国广播电视年鉴编委会:《中国广播电视年鉴(1986)》,中国广播电视出版社1987年版,第38页。
③ 方汉奇:《中国新闻传播史》,中国人民大学出版社2009年版,第299页。
④ 唐润华:《中国媒体国际传播能力建设战略》,新华出版社2015年版,第85页。

指出其主要方针如下。一是宣传中国人民解放战争的胜利，人民民主专政的增强和巩固，以及经济和文化建设方面恢复和发展的成绩，使亚洲各国人民了解新中国的现况，认清自己的前途，提高斗争的胜利信心，使海外侨胞更加热爱新生的祖国。二是介绍中国革命工作的经验，以帮助亚洲各国人民解放事业。三是宣传以社会主义苏联为首的世界和平民主阵营力量的强大和发展，以及中苏友好的增进，报道亚洲各殖民地国家的民族解放、人民民主运动和人民武装斗争，以鼓舞各国人民的斗争意志和胜利信心。四是揭露以美帝国主义为首的反民主阵营的危机、恐慌和矛盾及其侵略备战的阴谋，号召为反对帝国主义（首先是美帝国主义）而共同斗争。①

在中苏关系破裂之前，前述方针基本指导了中国广电的所有外宣工作。广播电台和电视台也围绕着这一方针开办各类节目。根据表 2-2，北京台开办了向世界介绍中国的专题节目（国际专稿）、文艺类节目、社会生活类节目、体育类节目。

表 2-2　　　　北京台 20 世纪五六十年代比较固定的节目②

序号	创办时间	节目名称	特　色
1	1954 年	中国建设（专题节目）	向国外介绍中国社会主义建设的方针、政策，经济建设的动态和成就，包括每个时期中国经济建设的发展情况，一个地区特别是许多外国人关心的地区的经济建设、各行各业、城市建设、重点工程项目、商业、外贸、中外经济交流、友好往来情况等

---

①　胡耀亭：《中国国际广播大事记》，中国国际广播出版社 1996 年版，第 19 页。
②　表格内的内容总结自胡耀亭和陈敏毅主编的《中国国际广播电台发展史第一卷（1941—2000）》，中国国际广播出版社 2011 年版，第 63—69 页。这一时期，还有 7 个英语广播节目和二十多个俄语广播。

续表

序号	创办时间	节目名称	特色
2	1954年	建设的脚步声（专题节目）	主要宣传中国人民因贯彻执行过渡时期总路线而在各方面取得的成就,报道了农业、手工业、工业、交通运输业进行技术革命的情况
3	1954年	中国农村（专题节目）	主要报道农业生产合作组织发展的情况、水利建设的成就
4	1954年	文化生活（专题节目）	介绍中国传统和现代文化,中国人民丰富多彩的专业和业余文艺演出活动、文学艺术、音乐、美术、电影、戏曲等方面的政策、动态以及作家、艺术家的事迹和中外文化交流情况,等等
5	1954年	中国风光（专题节目）	介绍中国地理风光、名声古迹、民风民俗等
6	1956年	中国巡礼（专题节目）	采用游记的形式,通过旅行者讲述,把中国某一个地方的新面貌、风俗习惯、名胜古迹等内容融合在一起,讲述者尽可能地结合日本听众所熟悉的故事、故事等,使节目通俗易懂
7		国际专稿（不定期播出）	报道过抗美援朝战争、印尼万隆亚非会议、世界和平大会、世界青年联欢节等
8	1954年	点播戏曲（文艺节目）	每月对华侨广播春节特别节目等
9	1955年	新中国新气象（社会生活类节目）	通过典型事例反映新旧社会的差异

续表

序号	创办时间	节目名称	特 色
10	1955 年	新人新事（社会生活类节目）	介绍与新中国一道成长的典型人物
11	1958 年	体育爱好者（体育类节目）	报道过 1959 年第一届全国运动会、1961 年第二十届世界乒乓球锦标赛、1963 年在雅加达举办的第一届新兴力量运动会、1965 年在南斯拉夫卢布尔雅举办的第二十八届世界乒乓球锦标赛

3. 专人专事保障对外宣传

北京电视台在 1960 年 9 月 15 日进行组织结构调整之后，在新闻部专门下设了国际组。1963 年，新闻部又正式设立了出国片组，有三名负责出国片的选编和寄送工作。出国片的解说词则有国际组负责翻译成外文。[①] 1973 年，为了加强出国片的制作力量，北京电视台新闻部从各业务组抽调一些记者和编辑到国际组工作，又从应届大学毕业生中调来了一些编辑和翻译。到 1976 年，国际组已有记者、编辑、翻译（包括英语、法语、德语、日语、西班牙语和阿拉伯语）共 37 人。他们负担着出国片的选材、编辑、译制和交换等一整套业务，拍摄一部分针对性较强的出国电视片，以及处理外国电视台寄来的电视片和《国际新闻》的编译、播出业务。[②]

4. 召开多次对外传播会议

中国广播电视在"大跃进"以及三年困难时期严重受挫，对外宣

---

① 赵化勇：《中央电视台发展史（1958—1997）》，中国广播电视出版社 2008 年版，第 45 页。
② 赵化勇：《中央电视台发展史（1958—1997）》，中国广播电视出版社 2008 年版，第 76、81 页。

传工作受到严重影响。为了恢复中国广播电视对外宣传的各项工作，1963年4月4—12日，由北京电视台主持在广州召开了北京、上海、广州、天津、沈阳、哈尔滨、长春、西安八个（在困难时期硕果仅存的）电视台有关负责人座谈会，讨论如何加强电视对外宣传工作和提高出国电视片的质量问题。这便是首次全国电视台对外宣传工作会议。1965年8月2—9日，北京电视台在京再次主持全国电视台对外报道会议，与会者增加了太原、武汉两家电视台。①

（二）试着开展国际交往

曲折中发展起来的中国广播电视，围绕"全面地、真实地、生动地、及时地"介绍中国这一任务，积极采取寄送节目、签订合作协议、联合制作、参与国际多边活动等多种方式开展国际交往，传达中国对世界人民的友好情谊。

1. 以寄送节目的方式做好对外宣传

1954年，中央人民广播电台开始播送莫斯科广播电台对中国听众广播的话语节目。随着中央人民广播电台与其他国家电台关系逐渐密切，寄送节目成为其对外宣传的一种常用方式，仅1967年5月22日就向22个亚非国家电台寄去《长征组歌——红军不怕远征难选曲》录音带。到1978年，该台一直向阿尔巴尼亚、越南、朝鲜、古巴、罗马尼亚、匈牙利、捷克斯洛伐克、波兰、民主德国电台等寄送音乐节目录音带。② 电视台成立之后，也采用寄送电视节目、电影，电视剧本，京剧、歌剧片段等的方式进行对外宣传。1958年，建台初期，北京电视台将报道国内重大事件、建设成就和人民生活的电视片，附以中文、俄文或英文解说词，航寄给外国电视机构。这些电视片，统称为"出

---

① 郭镇之：《中国电视史》，中国人民大学出版社1991年版，第50页。
② 中国广播电视年鉴编委会：《中国广播电视年鉴（1986）》，中国广播电视出版社1987年版，第1053—1054页。

国片"①。这些电视片采用的介质是电影胶片。随着电视技术的进步，到 20 世纪 70 年代，"出国片"由电影胶片改为磁带。② 1971 年，北京电视台向 22 个国家寄送了 313 条电视片，共计 3136 个拷贝。1975 年，北京电视台向 83 个国家和地区寄出了 227 个主题的电视新闻片和纪录片，共印制出国产片拷贝 1862 个，对外宣传收到了一定的效果。③

2. 以签订合作协议的方式保障对外宣传的顺利进行

北京电视台在建台初期就开展了国际交往，其中包括参加国际广播电视组织举办的有关活动，建立与外国电视台或电视机构的业务联系。这种双边关系，包括电视台高级官员相互访问，签订电视合作协定，相互提供电视节目给对方选用。1960 年 7 月 17 日，北京电视台与日本电波新闻社签订了交换和互购电视片的协定；1961 年，北京电视台与古巴革命电视台在北京签订了交换电视节目的协定；1959—1965 年，北京电视台同苏联、东欧、日本、英国、印度尼西亚、肯尼亚、刚果（布）、荷兰、瑞典、德国、意大利、加拿大等 33 个国家的电视机构建立了交换或互购节目的关系。④ 但是后来的"中苏论战""文化大革命"影响到相关合作，直到 1976 年以后相关合作才得以全面恢复。

3. 其他国际交往

这一时期，中国广播电视还通过高层访问、代表团互访、联合制

---

① 赵化勇：《中央电视台发展史（1958—1997）》，中国广播电视出版社 2008 年版，第 45 页。
② 李宇：《从宣到传：电视对外传播研究》，北京大学出版社 2013 年版，第 3 页。
③ 赵化勇：《中央电视台发展史（1958—1997）》，中国广播电视出版社 2008 年版，第 81 页。
④ 赵化勇：《中央电视台发展史（1958—1997）》，中国广播电视出版社 2008 年版，第 69 页。

作节目、参加国际多边活动、参与国际电视节等方式开展国际交往。其中，中国广播电视带着富有中国文化特色的电视片参与国际电视节并获奖，对中国广播电视外宣能力的提升有一定的帮助。

第二节 稳步发展期（1979—2008年）：中国广播电视国际传播能力建设不断开展

1978年12月18—22日，中国共产党第十一届中央委员会第三次全体会议（简称党的十一届三中全会）在北京召开。全会作出实行"对外改革开放，对内搞活经济"的重要决策。中国的外交思路从"一条线""一大片"转向为"独立自主的和平外交""部分参与国际社会"再转向为"全面参与国际社会""促进世界和平与发展""做国际社会建设性的、负责任的大国"。中国广播电视的国际传播就随之转向。这一时期，中国加强经济建设、建设经济特区、加入APEC和WTO并成功渡过全球金融危机，中国迎来香港和澳门回归，成功举办亚运会、奥运会。这一时期，中国也遇到1998年洪灾、2003年非典疫情、2008年汶川大地震等亟须向外界客观说明的事情。这些，都亟须中国广播电视国际传播能力建设。国家政策、行业推动以及中国广播电视自身加快建设等对推进国际传播能力建设的稳步开展有较大的帮助。

一 国家：多管齐下

在拨乱反正之后，中国实施改革开放政策，加快经济建设。中国积极恢复与世界各国的关系，大力开展经济合作和文化交流，为广播电视的建设和发展奠定了良好的国际环境。这一时期，中国通过调整管理机构、出台相关政策、改革体制机制等方式促进广播电视的对外宣传工作。为了进一步推动其对外传播工作，为了推进广播电视扩大覆盖范围，中国还投入资金用于租用国际卫星、大力发展互联网。

(一) 调整管理机构与国际传播主体

中国的经济建设、体制改革、社会生活、克服困难、积极参与国际事务等都需要向外说明。面对如此任务，中国积极调整管理结构，制定支持政策，推进改革，促进更多广播电视国际传播主体参与国际传播。

1. 调整广播电视管理机构

1979—1981年管理广电的主要机构为中央广播事业局。1982年5月之后，国家将该机构升级为广播电视部，强化其对广播电视、宣传事业的管理功能。1986年1月，该部门与电影管理部门合并，更名为广播电影电视部，直到1998年2月。1998年，该机构又调整为国家广播电影电视总局（直到2014年才又进行调整）。这一时期，国家经济改革取得了一定的成就，国际地位逐渐提高，但国际舆论对中国的偏见性传播较为明显。多次改革的国家广播电影电视总局对广电在国际传播中的重要作用日渐明晰。同时，国家制定的相关政策、文件对中国广电国际传播能力建设起到推动作用。由于1989年国内外政治形势的突然变化，对外传播事业的受到较大的影响，传输覆盖能力受到重挫，国家非常重视这一情况，1991年6月，中国成立了中共中央对外宣传办公室和国务院新闻办公室，领导和促进对外传播事业发展。

2. 调整广播电视国际传播主体

1979年上海台播出第一条广告之后，广电的经济属性明显增强。到20世纪80年代中期，国家对广电新闻单位全面实施"事业单位、企业化管理"，各种媒体开始多种经营。在《文化事业单位开展有偿服务和经营活动的暂行办法》(1987年)、《关于加强文化市场管理工作的通知》（1988年）、《文化部关于文化事业若干经济政策意见的报告》（1991年）、《关于加快第三产业的决定》（1992年）等的影响下，与广电相关的网站、企业、中介机构、公司、集团等逐渐发展起来。此后，国家通过多项政策促进除央视、国际台、省级广电之外的与广电相关的网站、企业、中介机构、公司、集团等积极参与国际传播，见表2-3。

表2-3　国家促进广播电视及相关单位参与国际传播的政策及内容

序号	时间	政策名称	主要内容
1	1994年4月	《进一步做好新形势下对外宣传工作的意见》	"两台一报一刊"（国际台、中央电视台、《中国日报》《北京周报》）是我国外宣'手段的重点'……广播电视是我国外宣'投资'的重点……对外宣传要发挥整体优势，形成合力……
2	2001年8月	《关于深化新闻出版广播影视改革的若干意见》（中共中央文件第17号）	着力建设一批对外交流的重要窗口，发展一批具有国际竞争力的跨国经营集团，积极扶持文化产品进入国际市场，切实做好广播电视节目的境外落地工作，让世界更好地了解中国
3	2001年12月	《关于广播影视"走出去工程"的实施细则（试行）》	加强广播影视外宣力量和机构，促进对外广播、电影、电视、因特网宣传统一对外发展，实行统一管理
4	2006年9月	《国家"十一五"时期文化发展规划纲要》	要加快实施广播影视"走出去工程"包括"不断扩大广播电视节目在境外的有效落地""重点扶持具有中国民族特色的……电影、电视剧、动画片……等产品和服务的出口""积极发展从事演出展览、广播影视、新闻出版等业务的对外文化中介机构"

续表

序号	时间	政策名称	主要内容
5	2007年11月	《关于进一步加强和改进文化产品和服务出口工作的意见》	加快国有文化企事业单位改革步伐,着力培养一批参与国际竞争的文化市场主体……"中央人民广播电台、中国国际广播电台、中央电视台、有条件的和边疆广播电视机构……等新闻单位,要通过多种形式,向海外广泛宣传我优秀文化产品和服务,普及中国文化知识……国际在线、中国广播网、中国网、中国日报网、央视国际、中国经济网和中国文化网等综合性网站或文化专业网站,要使用多种语言,开辟有关中国文化产品和服务的专题网页,及时准确地发布我文化产品和服务信息"

(二) 制定政策指导广播电视国际传播能力建设升级的方向

中国十分重视对外宣传工作,既通过制定整体性的政策来指明广电国际传播能力建设,又通过广电领域的专门性政策来明确广播电视对外宣传的总体目标、任务以及改革方向,推进广电国际传播能力升级。

1979年年初,中央提出要加强与改进我国的对外宣传工作。同年3月全国新闻工作座谈会召开,会上提出"要加强和改进我们的对外宣传"。1980年9月,中共中央发布的《关于建设对外宣传小组加强对外宣传工作的通知》中明确指出"对外宣传的根本任务是为党的总路线服务,为党的对外路线服务"[①]。

---

① 胡耀亭:《中国国际广播大事记》,中国国际广播出版社1996年版,第265—266页。

1986年年底，第一次全国对外宣传工作会议召开。其后，《关于成立中央对外宣传小组以加强对外宣传工作的通知》《关于加强和改进对外宣传工作的通知》相继出台，明确外宣工作服务于"四化"建设和改革开放的功能，也强调要讲求实效、策略、时机和方法。

1990年10月，第二次全国对外宣传会议召开，从此再也没有间断过。[1] 同年12月，中共中央发出《关于加强和改进对外宣传工作的通知》，再次强调对外传播的根本任务。[2]

1994年4月15日，中央对外宣传办公室、国务院新闻办公室印发的《进一步做好新形势下对外宣传工作的意见》，同年8月中共中央办公厅、国务院办公厅联合发出的《关于国内突发事件对外报道工作的通知》再次强调对外宣传的根本任务。

21世纪之后，中国强调"走出去"。2001年8月24日中共中央宣传部、新闻出版总署联合发布的《关于深化新闻出版广播影视改革的若干意见》，2001年12月24日国家广播电影电视总局发布的《关于广播影视"走出去工程"的实施细则（试行）》，以及2006年中共中央办公厅、国务院办公厅发布的《国家"十一五"时期文化发展规划纲要》，提出了加快实施广播影视走出去工程。2006年9月，中共中央办公厅、国务院办公厅发布《"十一五"时期文化发展纲要》等文件要求，"整合资源，突出重点，实施'走出去'重大工程项目，加快'走出去'步伐，扩大我国文化的覆盖面和国际影响力"[3]。2007年11月文化部发布《关于进一步加强和改进文化产品和服务出口工作的意见》再次提出中国广播电视广泛走出去。

---

[1] 钟馨：《1976-2001中国对外传播史研究》，博士学位论文，武汉大学，2010年，第26页。

[2] 戴延年、陈日浓：《中国外文局五十年大事记2》，新星出版社1999年版，第182页。

[3] 《国家"十一五"时期文化发展规划纲要》，中华人民共和国中央人民政府网，http://www.gov.cn/jrzg/2006-09/13/content_388046_10.htm。

第二章 回溯历史：中国广播电视国际传播能力建设的发展之路

（三）推进体制改革为广播电视国际传播能力建设保驾护航

国家作为广播电视国际传播能力建设的最大依靠，一直致力于采用不断深化经济体制改革、文化体制改革等方式辅助广播电视国际传播能力建设。这一方式不仅促进了广播电视国际传播主体多元化，也让国际传播内容发生了变化。

1. 推进经济体制改革

党的十一届三中全会之后，中国走上了经济体制不断改革的道路。有研究者发现，平均每隔 10 年左右，党中央会对我国经济体制改革作出顶层设计、战略部署的重大决定，这些决定包括每一时期（通常 10 年左右）经济体制改革的主要目标、基本原则、主要任务和改革重点领域等。[①]

根据表 2-4，这三大"决定"以及两个"意见"对这一时期中国经济体制的改革起到指导性作用并明确了改革的具体方向，促进中国广电相关领域的经费资源得以扩大、人才资源得以培养。中国经济体制的改革既推动中国广电经营部分的发展，又促进广电国际传播思路、内容、形式等的变化，中国广电国际传播能力建设也细化为主体能力提升、内容制作能力提升、渠道建设能力提升以及传播效果考察能力提升。

表 2-4　　　　　　中国推进经济体制改革的重要文件

序号	时间	政策名称	特点
1	1984-10-20	《关于经济体制改革的决定》	第一个决定指导中国经济体制改革的纲领性文件，是"全面改革的蓝图"

[①] 胡鞍钢：《中国经济改革：十年评估与十年展望》，《前线》2013 年第 11 期。

续表

序号	时间	政策名称	特　点
2	1993-11-14	《关于建立社会主义市场经济体制若干问题的决定》	第二个决定指导中国经济体制改革的纲领性文件,创新了社会主义市场经济体制,是建立社会主义市场经济体制的蓝图
3	2003-10-14	《关于完善社会主义市场经济体制若干问题的决定》	第三个决定指导中国经济体制改革的纲领性文件,旨在"建成完善的社会主义市场经济体制和更具活力、更加开放的经济体系",绘制了社会主义市场经济体制改革的蓝图
4	2005-02-19	《关于鼓励支持和引导个体私营等非公有制经济发展的若干意见》	提出要"放宽非公有制经济市场准入""加大对非公有制经济的财税金融支持""完善对非公有制经济的社会服务"等
5	2005-04-04	《关于2005年深化经济体制改革的意见》	提出要"深化国有企业和国有资产管理体制改革""进一步改善非公有制经济发展的体制环境""深化金融体制改革""深化财政税收投资价格体制改革""推进科技教育文化卫生体制改革""深化涉外经济体制改革""加快推进行政管理体制改革"等

2. 推进文化体制改革

与经济体制改革相应的是文化体制改革。20世纪80年代,在《文化事业单位开展有偿服务和经营活动的暂行办法》等的引导下,报刊、电台、电视台开始了相关体制改革。中共 1992 年党的十四大确立建立了市场经济体制改革的目标之后,文化领域在所有制形式、管理体制、内部运行机制上都作出了相应的调整。2001 年"十五"规划纲要明确提出"深化文化体制改革,建立科学合理、灵活高效的管理体制和文化产品生产经营体制,完善文化产业政策,加强文化市场建设和管理,推动有关文化产业发展"。这一纲领性文件确立了文化体制改革的决心以及文化产业发展的地位,为广播电视产业化发展以及体制改革指明了道路。此后,《关于支持和促进文化产业发展的若干意见》(2003 年 9 月)、《关于完善社会主义市场经济体制若干问题的决定》(2003 年 10 月)、《关于加强党的执政能力建设的决定》(2004 年 9 月)、《关于制定国民经济和社会发展第十一个五年规划的建议》(2005 年 10 月)、《关于〈国民经济和社会发展第十一个五年规划纲要〉的决议》(2006 年 3 月) 等文件中均有关于"创新体制,转换机制,深化改革"等相关表述。2006 年 1 月,中共中央、国务院正式颁布实施《关于深化文化体制改革的意见》这一深化中国文化体制改革的纲领性文件,对中国文化体制改革提出了系统、全面的原则性指导意见。中国广播电视作为文化体制改革的一部分,也作出相应的调整与改革,广播电视集团相继成立,广播电视国际传播主体、内容、形式发生变化,国际传播能力建设范围也随之扩大。

二 行业:齐头并进

随着人们日益增长的物质文化需求,报社、通讯社等媒体行业迅猛发展,而在互联网发展起来之后的转型为同样作为传统媒体的广播电视提供了一定的支持,也为广播电视国际传播能力建设提供了新的思路。教育行业以及广电新兴技术、互联网技术等的发展为广播电视国际传播能力插上了腾飞的翅膀。

(一)报社、通讯社等媒体行业的发展与转型

改革开放后,企业走出去、引进来增多,国民对信息的需求增长,中国对外传播事业也高速发展。报社、通讯社等媒体行业的进一步发展也为广电国际传播能力建设提供了新经验。

1. 报社的发展与转型

随着文化体制改革和经济体制改革,1979—1999年报刊越来越多。诸如南方都市报、华西都市报、成都商报等一大批市场化报纸均是进入20世纪90年代之后才新办的。这一时期,中国对外传播的报纸数量发生了明显的变化。其中,1981年创办的英文报纸《中国日报》结束了自1951年来中国没有英文日报的局面,其对外传播中国政治、经济、文化的作用与同期的新华社对外传播、广播电视对外传播形成了良好的互动关系。在传播学引入中国之后,《中国日报》与其他媒体一起重视受众反馈,与国际台一起加大了对国际受众调研的力度,以便针对国际受众的偏好做好国际传播。2007年,国际台还专门重组了听众工作组,以便有系统地推进听众工作和听众调研。这是中国广电加强国际传播能力建设,尤其是重视国际反馈意见的关键。此外,由于互联网在中国迅猛发展,为了加强在网络领域的对外宣传,报刊转型发展电子报刊、数字办刊以及网站。1995年,《中国日报》开通了中国日报网(chinadaily.com.cn),成为中国第一家全国性英文网站,1997年1月1日,人民日报主办的人民网进入国际互联网络,这是中国开通的第一家中央重点新闻宣传网站。[1]其他报刊也先后创办了网站、电子版。报刊电子化、数

---

[1] CNNIC:《1997—1999年互联网大事记》,CNNIC,http://www.cnnic.net.cn/hlwfzyj/hlwdsj/201206/t20120612_27416.htm。

字化、接入国际互联网也就成为20世纪90年代中后期到2008年的显著特征,这些也为广电创办网站,利用网络进行国际传播起到一定的作用。

2. 通讯社发展与转型

中国的通讯社事业在1979年之后呈现出前所未有的新发展。1987年7月18日,中央宣传部、中央对外宣传小组、新华社联合发布了《关于改进新闻报道若干问题的意见》,提出对外报道要讲求时效,要正确处理正面报道与负面报道的关系,要注重社会效果,要正确处理国际新闻同外交工作的关系,要内外并重。① 同时,新华社的建设围绕"要在20世纪末建成中国特色社会主义现代化世界性通讯社"这一目标,在海外继续开办分社,积极改革发布网络,不断加强国际新闻报道和海外新闻供稿,逐步在部分重点地区建立驻外总分社和不同语种的海外编辑部。② 进入21世纪之后,新华社又进一步调整海外分社布局,新华社在全球不同地区建设的总分社,布局相对合理,能够采集全球各地信息,满足国内对全球信息的需求,能够促进中国信息在当地的落地,见表2-5。新华社驻外分社还承担着一定的营销任务,营销人员通过与驻在国媒体及各类用户的广泛接触,不断拓展海外新闻用户,涉外营销业务稳步发展。③ 新华社的发展,不仅为中国广播电视提供了国际新闻信息,还为广播电视推动频道在海外落地提供了帮助。此外,随着互联网的兴起,通讯社的网络化发展与转型成为其一大思路。

---

① 钟馨:《1976—2001中国对外传播史研究》,博士学位论文,武汉大学,2010年,第24页。
② 万京华:《新华社驻外机构的历史变迁研究》,《现代传播》2014年第10期。
③ 万京华:《新华社驻外机构的历史变迁研究》,《现代传播》2014年第10期。

表 2-5　　截至 2008 年 10 月新华社的地区总分社情况

分社名称	所在地	建立时间	首任负责人
亚太总分社	中国香港	1984 年 1 月	陈伯坚
中东总分社	埃及首都开罗	1985 年 4 月	穆广仁
拉美总分社	墨西哥首都墨西哥城	1985 年 8 月	沈家松
非洲总分社	肯尼亚首都内罗毕	1986 年 4 月	叶志雄
欧洲总分社	比利时首都布鲁塞尔	2004 年 5 月	张征东
北美总分社	美国纽约	2008 年 10 月	曾虎

(二) 媒体技术与互联网行业的发展

中国一直重视科学技术的研发、创新。央视、国际台、广播科学研究所等针对广播电视制作、播出、传送等特征，制订了广播电视技术革新计划，开启了广播电视自身技术不断提升之路，为广电国际传播能力建设打开了新天地。互联网技术的大发展，又给广播电视拓宽国际传播渠道提供了新的机遇。

1. 卫星技术、数字技术等大发展

这一时期，卫星传送发展起来，中国广播电视与法国电视一台、美国合众独立新闻社和 CNN 等通过卫星传送新闻。进入 20 世纪 90 年代，中国又开始大力发展数字技术。1996 年 12 月 15 日，广东省佛山市开始试播数字音频广播。1994 年下半年，央视提出了采用数字压缩技术实现节目全球覆盖的计划，并最终于 1996 年 8 月 1 日实现了这一目标。[①] 进入 21 世纪之后，卫星传送技术、数字技术发展更快，主要进行国际传

---

① 赵化勇：《中央电视台发展史（1958—1997）》，中国广播电视出版社 2008 年版，第 502 页。

播的广播电视台全面实现了卫星传送，也进行了数字化技术改造。仅数字技术方面，截至2008年，数字化制作、播出、传送技术已经相对成熟并运用于央视。同期，国际台2001年完成了音频工作站二期改造、新播出监控室建立、网络系统升级扩容三大技术改造，2002年实现了重要活动、重要节目、重要时间段"零秒停播"，2003年在伊拉克战争报道中掌握了PDAS工作站中断节目、实时插播重要新闻的技术，2004加强了播出系统数字化、网络化建设。2008年采用了网络化数字化视频制播系统，实现了对视频节目的粗编、配音、上传、下载、精编、审片、转码、截图及提取视频伴音等功能。① 技术的改造让国际受众能够更加及时、准确地收听、收看中国节目，也让广电的国际传播能力得以有效提升。

2. 互联网技术的大发展

1986年8月25日，北京时间11点11分24秒，中国科学院高能物理研究所的吴为民在北京710所的一台 IBM – PC 机上，通过卫星加连接，远程登录到日内瓦 CERN（欧洲核子研究组织）的一台机器 VX-CRNA 王淑琴的账户上，向位于日内瓦的 Steinberger 发出了一封电子邮件。1988年年初，中国第一个 X.25 分组交换网 CNPAC 建成，当时覆盖北京、上海、广州、沈阳、西安、武汉、成都、南京、深圳等城市。② 此后的每一年，互联网技术都有新的突破，网站、网民如雨后春笋般迅速增长。截至2008年12月31日，中国互联网络信息中心统计数据显示，我国网民数达到2.98亿人，互联网普及率达22.6%。宽带网民规模达到2.7亿人，占网民总体的90.6%。我国域名总数达到

---

① 王庚年：《中国国际广播电台发展史第二卷（2001—2011）》，中国国际广播出版社2011年版，第410页。

② CNNIC：《1986—1993年互联网大事记》，CNNIC，http：//www.cnnic.net.cn/hlwfzyj/hlwdsj/201206/t20120612_27414.htm。

16826198个，其中CN域名数量达到13572326个，网站数约2878000个，国际出口带宽约640286.67Mbps。①同期，报纸上网，广播台上网，电视台上网，并在新闻报道中发挥了重要作用。换句话说，互联网技术与行业的发展，为广电扩大国际传播渠道提供了基础。

（三）教育行业发展迅猛

1977年中国恢复高考后，中国高等教育迅速发展。到2008年，经过21年的发展，高等教育学科门类更齐全，专业设计更多元，广播电视教育作为中国高等教育的一部分，也更加系统、正规、科学、多样，教育水平和质量明显提升。这一时期，广播电视专业类高校、外语专业类高校以及综合类院校，培养目标不同，但都是中国广播电视国际传播能力建设的人才保障。

1. 广播电视教育大发展，为广播电视国际传播培养了人才

在北京广播学院升级为中国传媒大学过程中，该校与广播电视相关的专业种类更多，为央视、国际台、中央人民广播电台等，培养了更多元的人才，包括外宣人才。中国还开设了浙江广播电视专科学校、广电部（广播电视总局）管理干部学院等专业类院校，为地方广播电视参与国际传播，培养了地方特色人才。此外，综合类院校的相关专业发展也很快，为广播电视国际传播培养了多样化的人才。到1989年12月，全国普通高校设有广播电视新闻专业点5个，在校生240多人；广播电视管理专业点1个，在校生80多人。②20世纪90年代以后，设置广播电视相关专业的院校发展更加迅猛，设置相关专业也更多。根据表2-6，1998—2004年，这些院校设置的广播电视相关专业增长明显。这些专业的设置为广播电视国际传播培养了新闻采编、

---

① CNNIC：《2008年中国互联网发展大事记》，CNNIC，http：//www.cnnic.net.cn/hlwfzyj/hlwdsj/201206/t20120612_27423.htm。

② 《我国新闻教育统计资料》，《新闻出版报》1990年9月26日。

摄影摄像、后期制作、编剧、导演、播音主持、广电工程、创新创意等方面的专业人才,也正是这些人才促进了这一时期广播电视国际传播能力的建设,使其既有人又有内容。此外,个别院校对中国分析很清楚,目标非常明确,在广播电视新闻学专业开设了国际新闻方向。

表 2-6　广播电视教育相关本科专业点增长表（1998—2004）

专业名称	1998 年	2004 年
新闻学	47	207
广播电视新闻学	14	146
广告学	37	232
编辑出版学	12	51
传播学	—	22
媒体创意	—	2
播音与支持艺术	4	44
广播电视编导	9	57
戏剧影视文学	9	39
戏剧影视美术设计	6	16
动画	1	96
录音艺术	5	15
摄影	4	49
数字媒体艺术	—	7
影视学	—	1
影视艺术技术	—	1
小计	148	985

2. 外语类教育大发展为广播电视国际传播储备语言人才

外语类的教育主要体现在几个方面。一是以北京广播学院为代表的学校，完全以国际传播为目标，专门开设了不同语言专业，培养专业人才。恢复高考之后，北京广播学院少数语言专业得以恢复招生。进入20世纪90年代后，随着国际环境的变化，随着广电对对外传播人才的需求，北京广播学院加大了外语类人才的培养，其外语专业设置增长较快。与20世纪60年代最好的状态相比，北京广播学院升级为中国传媒大学之后去掉了豪萨语、瑞典语、他加禄语、印地语、老挝语、阿萨姆语、希腊语和祖鲁语专业，新增了日语、马来语、越南语、朝鲜语、俄语、菲律宾语。这种变化反映出中国教育行业对中国对外宣传的审时度势，对中国广播电视国际传播人才需求的准确判断，从应用型出发，培养其切实需要的人才。二是专门的外交学院、外国语大学成立，培养专门的外语人才。这些学校对外语类专业的设置更齐全，对外语类课程的设置更深入，为中国广电节目、电视剧、纪录片、专题片等的翻译与制作，储备了更加专业的人才。三是北京大学、复旦大学、南京大学、四川大学等综合类院校开设了外国语专业，培养了专业人才。

3. 其他类教育大发展为广播电视国际传播储备多样化人才

广播电视国际传播不仅需要国际新闻传播的专业人才、广播电视国际传播内容的制作人才，广播电视内容的翻译人才，还需要了解国际大事能够准确判断的国际发展趋势的国际关系人才，需要广播电视国际传播内容的营销人才，需要与国际媒体进行谈判的人才，需要维护版权利益的法律人才，需要跨国经营与管理人才……这一时期，中国教育尤其是高等教育的大发展体现为学科门类更加齐全，专业设置更加细化，而北京大学、中国政法大学、对外经济贸易大学等开设的法学、经济学、管理学等发展非常迅速，培养了较多前述人才。其中，法学下设的国际事务与国际关系专业、知识产权、国际贸易规则、国际政治、外交学等专业，经济学下设的经济统计学、经济与金融专业、国际经济与贸易等专业，管理学下设的国际商务、人力资源管理等专业，又较为突出。

三　广电：自发主动

1979年8月18—27日，全国电视节目会议在北京召开，这是在粉碎"四人帮"之后，中国第一次对电视节目进行专业探讨的全国性会议。1983年10月，广播电视部召开了"第十一次全国广播电视工作会议"，指出要"加强对国外广播的发射功率，在最近三五年内，要加强对外广播的中波台和短波台的建设。特别是要做好及大功率短波发射台和对外广播技术大楼的前期工作；要采取可行措施改善我对欧、美、非的收听效果。"由此，央视、国际台及地方台作为国际传播的主体，更应探索多元方式提升国际传播能力。

（一）强化主体作用探索多元方式，提升国际传播能力

1991年7月16日，央视在全国对外宣传工作会议强调要加强电视对外传播的力量的要求下，成立专门负责对外宣传的领导机构——海外电视中心。1993年，国际台建立了小语种干部培训制度。[①] 这些主要的广播电视国际传播主体的一系列动作，促进其国际传播能力建设有了新的发展。

1. 主要的国际传播主体探索多元方式，提升国际传播能力

中央级广播电视积极开通电视频道。1992年10月1日，央视创办了第一个国际卫星频道，即第四套节目（CCTV-4），并对外开播，这

---

① 《1993年中国国际广播电台十件大事》，《广播电视信息》1994年7月，第6、7期合刊。

是中国电视对外传播史上的一个里程碑。2000年，央视开通了英文国际频道（CCTV-9）。2004年10月1日，央视开办了第三个国际频道西法频道（CCTV-E&F），2007年10月1日，西法频道实现了分频道播出。截至2008年4月底，央视已专门为"走出去"工程开播了中文国际频道（亚洲版、美洲版、欧洲版）、英语国际频道、法语国际频道、西班牙语国际频道以及戏曲频道、娱乐频道、电影频道。由央视中文国际频道、英语国际频道、法语国际频道、西班牙语国际频道共四套节目组成的全球覆盖系统通过卫星覆盖全球。① 省级广电积极参与国际传播。1992年广东电台创立英文台，成为国内第一家省级英语电台。2003年开始，广东电视台制作的《今日广东》英语专题节目通过广播卫星、数字电视、有线电视、酒店广播系统、手机广播系统以及互联网向全球范围内的听众播出。1994年1月1日，浙江台通过卫星覆盖我国周边四十多个国家和地区。1997年，黑龙江卫视通过亚洲2号卫星覆盖亚太五十多个国家和地区。2002年东方卫视在日本落地，2003年在澳大利亚落地。②

2. 集团化、产业化发展提升国际传播能力

进入21世纪之后，组建大型传媒集团是应对国外媒体竞争，探讨走出去的传播方式，提升中国广播电视国际传播能力的一种主要方式。2001年央视、中央人民广播电台、国际台、中国电影集团公司等组建了"中国广播电影电视集团"，开展多种经营业务。到2008年，中国组建了12家广电集团、5家电影集团。同时，广播电视制作部分剥离出来，形成一批新型广电市场主体；影视企业上市融资，扩大了生产

---

① 赵化勇：《中央电视台发展史（1998—2008）》，中国广播电视出版社2008年版，第243页。

② 唐润华：《中国媒体国际传播能力建设战略》，新华出版社2015年版，第82、86、92页。

力,提升盈利能力。央视下属的中国国际电视总公司(CICTV)全资成立了长城平台这一产业化发展的平台,辅助包括地方台在内的中国广电在海外落地。该平台集成央视、地方台和相关境外电视台节目的海外播出总平台。按照已经开播的国家和区域划分,长城平台分为美国平台(2004年10月1日开播)、加拿大平台(2007年1月1日开播)、亚洲平台(2005年2月1日开播)、欧洲平台(2006年8月28日开播)、拉美平台(2008年1月1日开播)。[①] 此外,中国电视纪录片取得了长足的发展,且兼顾外宣和寻求全球市场的特点,诸如《故宫》《大国崛起》《再说长江》等一大批"中国特色、中国风格、中国气派"的电视纪录片在向全球介绍中国历史文化、人文社会和价值观念的同时,也成了对外文化出口创收的方式,见表2-7。

表2-7　　　2001—2008年电视纪录片外销出口统计[②]

时间	集数	总时长	销售金额(美元)	国家和地区数
2001	571	169	218840	15
2002	222	45	74784	12
2003	326	187	146960	14
2004	843	437	517315	10
2005	1426	533	663286	17
2006	1799	1010	1289532	47
2007	3491	2228	1899581	55
2008	2331	1644	1450824	66

---

① 李宇:《海外华语电视研究》,载《我国对外传播文化软实力研究丛书》,中国社会科学出版社2011年版。

② 李宇:《从宣到传:电视对外传播研究》,北京大学出版社2013年版,第137页。

3. 强化国际合作、增加国际传播能力建设的方式、方法

中国广播电视一直通过媒体合作的方式提升其国际传播能力，签订合作协议是合作的前提。据不完全统计，1979—1992年，中国同巴基斯坦、土耳其、塞浦路斯、科威特、印度、埃及、匈牙利、伊朗、捷克斯洛伐克、苏联、波兰、保加利亚、罗马尼亚、蒙古国、印度尼西亚、马来西亚、泰国、朝鲜、越南、吉尔吉斯斯坦、乌兹别克斯坦等如今的"一带一路"沿线国家至少签订了33个关于双方广播电视合作的相关协定、协议、备忘录、会谈纪要等。[①] 进入21世纪之后，全球化进程加快，中国广电国际合作机会更多，签订的合作文件也增多。在合作协议的引导下，2001年央视与南非儿童频道（KTV）合拍六集专题片《找朋友》，与德国巴伐利亚电视台合拍八集环保题材的专题片《绿色生命》；2004—2008年，央视参与了"亚广联联合拍摄儿童电视剧合作项目"；2005年，央视连续两年与美国尼克儿童频道合作推出大众综艺节目《"孩子的选择"欢乐盛典》。[②] 这一时期，中国广电参与高层互访、联合制作、联合拍摄、联合举办活动等多种国际合作，借助人员交流、合作作品的方式增加了提升国际传播能力的方式、方法。

（二）加强国际传播渠道建设

中央电视台1993年1月成立了"中国电视节目外销联合体"，同年11月将第四频道与央视海外中心合并，成立"中央电视台海外节目中心"，1997年成立"中国国际电视总公司"。[③] 2003年国际台成立"节目境外落地办公室"，境外节目落地业务进入规模化发展阶段；

[①] 数据来自对1986—1993年的《中国广播电视年鉴》的统计。
[②] 赵化勇：《中央电视台发展史（1998—2008）》，中国广播电视出版社2008年版，第192—194页。
[③] 姜飞、张楠：《中国对外传播的三次浪潮》，《全球传媒学刊》2019年第2期。

2006年，境外节目落地办公室进一步扩大为"国际合作交流办公室"，节目境外落地有了更大的机构保障。① 这一系列动作都表明广播电视要加强国际传播渠道建设的决心。

1. 推进驻外记者站建设

国际台从20世纪80年代开始推进驻外记者和驻外机构建设。1980年12月2日，国际台在日本东京建立了第一个驻外记者站，称为国际台驻日本站。1986年起，国际台开始大幅度提升驻外记者覆盖面，到2007年，国际台共建立了32个驻外记者站（含香港和澳门地区记者站），一个布局合理、遍及五大洲的驻外记者网络逐步形成。② 这些驻外记者围绕"发稿、调研、广交朋友"三大任务，直接从国外发回现场报道，丰富了中央三台（中央人民广播电台、国际台和央视）国际新闻报道的信息来源，提高了中国广电媒体的国际新闻报道能力。国际台驻外记者在1993年发稿一万三千多篇（条），全国广播系统等近70家新闻媒体使用国际台驻外记者报道，为丰富我国新闻界的国际报道、扩大该台影响作出了贡献。③ 此外，中国广播电视也在国外建立了地区总站和节目工作室，雇佣了当地的优秀主持人、编辑、记者等媒体工作人员，根据当地受众的喜好制作节目，拓展记者站的功能。

2. 拓展海外落地建设

为了突破外国对境外节目的准入限制，为了提高自身的国际传播能力，国际台1993年开始积极开展境外落地，包括代理落地、本土化落地、整频率落地等方式。国际台西班牙语部同央视合作，从1993年

---

① 唐润华：《中国媒体国际传播能力建设战略》，新华出版社2015年版，第83页。
② 孙伶俐：《中国国际广播电台驻外记者站事业发展与思考》，《青年记者》2015年第13期。
③ 《1993年中国国际广播电台十件大事》，《广播电视信息》1994年7月，第6、7期合刊。

1月5日起，向墨西哥"特莱维萨"传送西语电视新闻，覆盖南美及其他西语国家。1993年7月起，国际台英语广播通过华盛顿地区"新世界"电台在当地播出，覆盖华盛顿及周围地区420万人，开创了使用中波进入美国首都地区的新局面。① 进入21世纪后，在中央电视台海外节目中心（中国国际电视总公司）和节目境外落地办公室（国际合作交流办公室）等机构的指导下，中国广电媒体在海外的落地得以持续建设。截至2008年年底，国际台已有19家境外整频率电台，153家调频/中波合作电台，1家"本土化"北欧网络电台和1家北美网络电台发布站，日累计落地总时数702.5小时，落地节目语言达37种，覆盖全球六十多个国家和地区。②

3. 加强卫星传送和新媒体平台建设

进入20世纪90年代，在CCTV-4套卫星频道开通之后，四川台（1994年）、山东台（1994年）、浙江台（1994年）、江苏台（1997年）、湖南台（1997年）、海南台（1999年）等各省级台逐渐开通卫视频道，通过卫星传送覆盖东南亚地区。1999年，中国仅在卫星租用的费用上就需要1.2亿美元。截至2008年4月底，央视通过中星6B卫星覆盖亚洲和太平洋地区，IS10卫星覆盖欧洲地区，IS9卫星覆盖美洲地区，通过IS1R卫星覆盖西非地区。③ 除卫星传送外，中国互联网技术及其行业的发展，为中国广播电视拓展了国际传播渠道。1996年12月央视建立并试运行网站cctv.com。2001年之后，央视全面推进cctv.com。2006年4月28日，央视正式成立网络传播中

---

① 《1993年中国国际广播电台十件大事》，《广播电视信息》1994年7月，第6、7期合刊。
② 王庚年：《中国国际广播电台发展史：第2卷（2001—2011）》，中国国际广播出版社2011年版，第17页。
③ 赵化勇：《中央电视台发展史（1998—2008）》，中国广播电视出版社2008年版，第243页。

心和央视国际网络有限公司负责运用该网站，促进央视在国际传播能力建设方面进一步升级。这一时期，其他有能力的省级广电也探索网站这一新媒体平台的建设。同期，国际台也重视网站建设，在国内，1998年12月26日国际台开通了网站www.cri.cn（2002年启用"国际在线"名称），提供普通话、广州话、英语、德语和西班牙语的网上内容，在国外则采取广播外语上网、合作上网等灵活多样的方式。到2003年12月28日，国际在线的上网语种达到39种，在线广播语种达到43种，分列世界第一和并列第二位。2007年，国际在线网站开始使用互联网数据统计服务，该服务主要用于快速即时地对网站访问情况进行全面监测，从而获得较为真实的用户访问网站的数据。[1]

（三）推进广电技术发展，保障国际传播不中断

广电技术数字化有提高国际传播内容制作速度、使国际传播内容清晰度更高、获得一定的增值服务以及进一步提升国际传播效果等优势；广电技术网络化有将分散的、孤立的、传统的资源有机整合从而实现数倍提高国际传播内容生产能力的目标优势；广电直播技术有增加国际传播速度、增强国际传播中的应变能力以及移动新闻信息采集能力的优势，有同步将中国重大事件传播给世界各国媒体及受众的优势；虚拟技术、高清技术、外场转播制作技术等高新技术的应用，具有促进中外媒体交流的优势，具有促进国际传播内容更精致、制作速度更迅速等优势。因此，中国广播电视重视这些技术建设来促进国际传播能力建设。

1. 积极推进广播电视技术数字化改造与网络化建设

技术数字化改造方面，中国广电为保证国际传播内容充足、信号

---

[1] 王庚年：《中国国际广播电台发展史：第2卷（2001—2011）》，中国国际广播出版社2011年版，第415—418页。

良好，致力于技术升级与改造。国际台1993年全面推广应用计算机发稿系统，使计算机应用工作迈上新台阶；① 2000年启动"CRIM音频工作站系统"项目；2005年为2002年建成的音频资料库配置NetApp FAS920c存储系统，构建基于NAS的存储环境；2007年实现"制播网间隔离"；2008年开发新的录播和直播系统。央视1995—2008年完成了包括摄录编设备数字化、电视演播室及外场转播设备的数字化以及高清实验等在内的技术设备的数字化改造；完成包括数字播出系统、常规硬盘播出系统和付费硬盘播出系统等在内的播出系统的数字化改造；完成总控系统的数字化改造；完成传输技术的数字化改造。其中常规硬盘播出系统于2006年5月投入CCTV-4（美洲版）、CCTV-4（欧洲版）和CCTV-E中使用，付费硬盘播出系统包括三个北美版（CCTV娱乐、CCTV戏曲、中国电影）②。数字化传输技术则主要用在高清频道，央视高清频道于2005年9月1日试播，采用1080i-50格式，声音采用杜比AC3环绕立体声方式，用户通过数字机顶盒接收，在家里就可以营造出高清影院的效果。③ 在网络化建设方面，央视2001年6月1日开始在CCTV-9推行网络化制播系统，陆续完成新闻共享系统建设、高端非线性网络化后期制作系统建设、高清晰度节目网络化后期制作系统建设、节目在线包装系统建设、中央电视台音像资料馆媒体资产管理系统建设、中央电视台节目生产管理系统建设、全台节目暂存交换系统建设（SATA系统）。④

---

① 《1993年中国国际广播电台十件大事》，《广播电视信息》1994年7月，第6、7期合刊。
② 唐润华：《中国媒体国际传播能力建设战略》，新华出版社2015年版，第240—241页。
③ 赵化勇：《中央电视台发展史（1998—2008）》，中国广播电视出版社2008年版，第242页。
④ 赵化勇：《中央电视台发展史（1998—2008）》，中国广播电视出版社2008年版，第243—250页。

2. 积极推进广播电视直播技术和高新技术的发展

在直播技术方面，截至2008年年底，国际台传输系统拥有现场直播车1辆、卫星转播车1辆、城际新闻采访车2辆，便携式Flyaway、卫星上行系统3套，并采用现场音视频直播系统。[1] 央视除了采用多系统集联的大型标清/高清转播车（SD/HD – OB Van）、箱载式外场转播系统（EFP）、数字移动卫星新闻采集转播车（DSNG – OB Van）等直播设备之外，还广泛应用移动直播技术、多点直播技术、同声传译直播技术，并向国外媒体和组织提供国际直播信号。[2] 通过这些技术，中国广电向国外传播历届"两会"和国庆阅兵式以及香港回归（1997）、澳门回归（1999）、北京申奥成功（2001）、登顶珠穆朗玛峰（2003）、"神舟"五号飞船升空（2003）、博鳌亚洲论坛（2004）、西藏自治区解放50周年（2005）、"神舟"六号升空（2005）、青藏铁路正式通车（2007）、四川汶川大地震救援（2008）、北京奥运会（2008）等重大事件。在高新技术方面，央视1998年引进美国RT – SET公司的三维虚拟演播室系统Mind – Set 200，2002年引进以色列ORAD（傲威）公司的三维虚拟演播室系统Cyberset，2003年之后又陆续引进并自主研发虚拟技术。截至2008年4月底，央视设计制作的虚拟演播室三维场景已有四十多个。[3] 此外，央视还陆续使用高清晰电视设备、高清晰度电视演播室、高清晰度后期制作系统、节目包装技术、灯光技术、声音制作技术，并与德国UFA公司、雅典奥林匹克转播公司等合作运用外场转播制作技术。

---

[1] 王庚年：《中国国际广播电台发展史：第2卷（2001—2011）》，中国国际广播出版社2011年版，第410页。

[2] 赵化勇：《中央电视台发展史（1998—2008）》，中国广播电视出版社2008年版，第250—258页。

[3] 赵化勇：《中央电视台发展史（1998—2008）》，中国广播电视出版社2008年版，第259页。

（四）加强广播电视国际传播内容建设

这一时期，中国的主要任务是恢复秩序、发展经济，为了加强国际社会对中国的认识，中国广播电视除了强化和改革原有节目之外，还随着中国的经济建设、社会发展、科技文化进步等发生变化，新办一些节目。

1. 强化并改革原有节目

在很长一段时间内，中国对外传播的任务都是真实地、全面地、生动地、及时地报道发生在中国和国际上的重大新闻，解释中国的对内对外政策和主张，介绍中国的历史和现状，传达中国人民对世界各国人民的友好情谊和对他们的正义事业的支持，从而增进中国和各国人民之间的相互了解和友好关系，共同反对霸权主义，维护世界和平，促进人类进步。① 围绕这一任务，中国广播电视积极强化和改革不同节目。仅以国际台为例，部分节目得以强化并改革：为了适应中国经济建设的变化，1987年将1954年创办的《中国建设》改名为《中国经济建设与改革》，1995年又与《中国农村》合并为《经济报道》，1998年又更名为《中国经济纵横》；为了报道中国的文化政策、文艺动态和中外文化交流活动，介绍中国传统文化的精华、中国名人和名著名作，1991年将1954年创办的《文化生活》改名为《中国文化》；为了介绍中国各地，又将《中国风光》改名为《在中国旅行》。

2. 新办多种节目

20世纪八九十年代国际台国内新闻部新办了《中国少数民族》《年轻的朋友》《中国妇女》《北京人的生活》等节目，各台开办了英语《历史与人物》《中国烹调》、阿拉伯语《中国穆斯林》、德语《广

---

① 中国广播电视年鉴编委会：《中国广播电视年鉴（1986）》，中国广播电视出版社1987年版，第38页。

播杂志》、西班牙语《中国与西班牙语世界》《西语世界》、罗马尼亚语《万花筒》《中国精神文明》、俄语《对汉学家广播》《友谊之页》、日语《音乐与话题》《友谊广场》、越南语《越南社会面面观》《友好的岁月》、世界语《世界语在前进》、泰米尔语《百花园》、意大利语《文化生活》、法语《人物述林》等多语种节目。央视开办了《中国报道》《旅行家》《中国投资指南》等对外栏目，开办了专门针对台湾同胞的《天涯共此时》节目、针对香港回归准备的《香港沧桑》等节目，开办了专门的英语节目《英语新闻》。1997年央视海外中心成立，并开办了包括《英语新闻》《中国投资指南》《今日中国》《华夏风情》《电视剧场》等15个外语节目。进入21世纪，随着深入国际社会，央视和国际台开办的节目也随之增多。其中，央视2006年1月30日开办《华人世界》，旨在搭建全球华人的话语平台和全球华语媒体的展示平台。

第三节 战略机遇期（2009年至今）：中国广播电视国际传播能力建设地位凸显

经过多年的经济文化建设和改革，中国经受住了种种考验。2008年，其他国家受到全球金融危机的严重影响导致经济增速迅速下滑；而中国则通过采取财政政策、货币政策等多种方式，遏制住下滑的趋势，迅速走出低谷，实现新的增长，并于2010年超过日本GDP成为世界第二大经济体。同期，中国逐渐走进国际政治舞台中心，并提出了"一带一路"倡议、"人类命运共同体"等利于世界政治、经济、文化、科技等共同发展的理念。以美国媒体为代表的西方媒体不仅未能如实传播中国的艰苦卓绝、共同意识，反而促使"中国威胁论""马歇尔计划"等国际舆论广泛传播，破坏中国形象。

国际舆论的风起云涌导致中国外交、经贸往来、科技文化交流等也面临着巨大的挑战。2009年1月召开的全国宣传部长会议和全国对外宣传工作会议提出，要"着力建设语种多、受众广、信息量大、影响力强、覆盖全球的国际一流媒体，构建覆盖广泛、技术先进的现代传播体系，形成与我国经济社会发展水平和国际地位相适应的国际传播能力"。同年6月，中央下发《关于印发2009—2020年我国重点媒体国际传播能力建设总体规划的通知》，对国际传播能力建设作出详细的规划，指出要"加快构建覆盖面广、信息丰富、技术先进的现代国际传播体系，形成与我国经济社会发展水平和国际地位相称的媒体国际传播能力"。中国媒体国际传播能力建设从此上升为国家战略的重要组成部分，中国广播电视的国际传播能力建设的地位也随之凸显。

一 国家：多策并用

团结奋进的中国，励精图治的中国，努力实现了经济迅速增长，渡过了金融危机，跃居为世界第二大经济体。为了建设与中国经济相匹配的国际传播体系，中央提出对外广播要"由传统媒体向现代媒体转变，由单一媒体向综合媒体转变，由对外广播向国际传播转变"，并通过制定政策、促进培养人才等方式促进广播电视国际传播能力建设的转型升级。

（一）制定政策助力广播电视国际传播能力建设

2009年6月，《关于印发2009—2020年我国重点媒体国际传播能力建设总体规划的通知》明确提出把我国重点媒体国际传播能力建设纳入国家经济社会总体规划。以中央主要媒体为骨干、以新兴媒体为突破口，硬件和软件并重，同步推进基础设施建设和信息内容建设，全面提升采编播发能力和产品营销能力，加快构建覆盖面广、信息丰富、技术先进的现代国际传播体系，形成与我国经济社会发展水平和国际地位相称的媒体国际传播能力。[①] 这一政策指出了广播电视国际传播能力建设的总体方向。随着国际环境的风云变化，随着全球高新技术和互联网的加速发展，随着中国经济体制和文化体制的进一步改革，广播电视要做好国际传播，要继续提升内容生产能力、资本整合能力、技术开发能力、国际合作能力、人才培养能力、媒体融合能力、产品营销能力等。中国出台的以下众多政策，可谓为中国广播电视国际传播能力建设需要的各个环节筹备了东风。

2009年9月的《文化产业振兴规划》，2010年8月的《关于扶持培育广播影视出口重点企业、重点项目的合作协议》，2011年10月的《中共中央关于深化文化体制改革、推动社会主义文化大发展大繁荣若干重大问题的决定》，2012年2月的《国家"十二五"时期文化改革发展规划纲要》，2013年中宣部、教育部发布的《关于地方党委宣传部门与高等学校共建新闻学院的意见》，2016年7月的《关于进一步加快广播电视媒体与新兴媒体融合发展的意见》，2017年5月的《国家"十三五"时期文化发展改革规划纲要》，2019年8月的《关于推动广播电视和网络视听产业高质量发展的意见》，2020年9月的《关于加快推进媒体深度融合发展的意见》和11月的《关于加快推进广播电视媒体深度融合发展的意见》，2021年3月的《第十四个五年计划和2035年远景目标纲要》、同年4月的《"十四五"文化和旅游发展规划》和同年5月的《"十四五"文化产业发展规划》，都对中国广播电视国际传播的资本经营、融合建设、人才培养、跨国发展等提供了有力保障。

---

① 程曼丽：《国际传播能力建设的实践研究与意义——兼评〈新媒体跨文化传播的中国实践研究〉》，《新闻与传播评论》2019年第1期。

(二) 继续调整管理机构和国际传播主体，助力广播电视国际传播能力建设

这一时期，国家继续深化体制机制改革，完善管理政策，并加强广播、电影、电视、出版、网络等宣传舆论阵地的融合与管理，继续调整管理机构，继续调整国际传播主体，切实助力中国广播电视国际传播能力建设尽快提档升级。

1. 继续调整管理机构，助力广播电视国际传播能力建设

2013年3月，国家广播电影电视总局与新闻出版总署合并为国家新闻出版广电总局。2018年3月，中共中央印发了《深化党和国家机构改革方案》，提出"为加强党对新闻舆论工作的集中统一领导，加强对重要宣传阵地的管理，牢牢掌握意识形态工作领导权，充分发挥广播电视媒体作为党的喉舌作用，在国家新闻出版广电总局广播电视管理职责的基础上组建国家广播电视总局，作为国务院直属机构"[①]。国家广播电视总局下设政策法规司、宣传司、电视剧司、传媒机构管理司、网络视听节目管理司、媒体融合发展司、科技司、安全传输保障司、规划财务司、公共服务司、国际合作司（港澳台办公室）、人事司等。这些部门相互配合对广电国际传播能力建设有着直接影响。而国际合作司（港澳台办公室）又具体负责组织开展广电对外及对港澳台的交流与合作，协调推动广电领域走出去工作，监管卫星电视接收设施和境外卫星电视节目的落地与接收。[②] 此外，随着互联网业务在对外传播事业中占有越发重要的地位，2011年5月，国家互联网信息办公室在国务院办公室新闻办公室挂牌成立，负责指导、协调、督促有关部门加强互联网信息内容管理。2014年2月27日，中央网

[①] 《中共中央印发〈深化党和国家机构改革方案〉（全文）》，新华社，http://www.xinhuanet.com//zgjx/2018-03/21/c_137054755_6.htm。

[②] 国家广播电视总局，http://www.nrta.gov.cn/col/col2158/index.html。

络安全和信息化领导小组成立，负责统筹协调设计经济、政治、文化、社会及军事等各个领域的网络安全和信息化重大问题。2018年3月，该小组改组为中国共产党中央网络安全和信息委员会，成为中共中央直属决策议事协调机构，战略指导中国的信息业和信息的国际传播。①

2. 继续调整国际传播主体，助力广播电视国际传播能力建设

2012年5月，国家批复中国国际广播电视网络台（China International Broadcasting Network，CIBN）互联网电视运营。2016年12月，国家批复中国国际电视台（CGTN）运营。2018年3月，中共中央印发的《深化党和国家机构改革方案》提出"坚持正确舆论导向，高度重视传播手段建设和创新，提升新闻舆论传播力、引导力、影响力、公信力，是牢牢掌握意识形态工作领导权的重要抓手。为加强党对重要舆论真谛的集中建设和管理，增强广播电视媒体整体实力和竞争，推动广播电视媒体、新兴媒体融合发展，加快国际传播能力建设，整合中央电视台（中国国际电视台）、中央人民广播电台，组建中央广播电视总台，作为国务院直属事业单位，归口中央宣传部领导。主要职责是，宣传党的理论和路线方针政策，统筹组织重大宣传报道，组织广播电视创作生产，制作和播出广播电视精品，引导社会热点，加强和改进舆论监督，推动多媒体融合发展，加强国际传播能力建设，讲好中国故事等。撤销中央电视台（中国国际电视台）、中央人民广播电台、中国国际广播电台建制。对内保留原有呼号，对外统一呼号为'中国之声'"②。这一时期，湖南台、浙江台、江苏台等由于产业化的发展，整体盈利能力较强，也积极开拓了国际传播市场，成为比较重

---

① 姜飞、张楠：《中国对外传播的三次浪潮》，《全球传媒学刊》2019年第2期。
② 《中共中央印发〈深化党和国家机构改革方案〉（全文）》，新华社，http://www.xinhuanet.com//zgjx/2018-03/21/c_137054755_6.htm。

要的国际传播主体;"爱优腾"等在线视频平台,抖音、B 站等短视频平台,微博、微信等社交平台,李子柒等自媒体发展较快,也成为国际传播主体。国家重视这些主体在国际传播中的重要作用,积极引导、规范、调整其与传统广电共同构建新型国际传播体系,推进国际传播能力建设。

(三)继续推进体制机制改革,助力广播电视国际传播能力建设

21 世纪的前十年,经济体制改革、文化体制改革成效显著,保障了中国广电媒体国际传播能力建设的提档升级。2010 年 7 月 23 日,时任中共中央总书记胡锦涛主持中央政治局第二十二次集体学习时强调"要从战略高度深刻认识文化的重要地位和作用,以高度的责任感和紧迫感,顺应时代发展要求,深入推进文化体制改革,推动社会主义文化大发展大繁荣"[①]。从此中国文化体制改革得以进一步开展。

《关于深化文化体制改革 推动社会主义文化大发展大繁荣若干重大问题的决定》(2011 年 11 月 18 日)、《关于地方职能转变和机构改革意见》(2013 年 8 月 20 日)、《关于全面深化改革若干重大问题的决定》(2013 年 11 月 16 日)、《关于深化体制机制改革加快实施创新驱动发展战略的若干意见》(2015 年 3 月 23 日)、《关于深化国有企业改革的指导意见》(2015 年 9 月 13 日)、《深化科技体制改革实施方案》(2015 年 9 月 24 日)等文件的出台,进一步推进了经济体制、文化体制、市场体系、政府职能、财税体制、科技体制等的改革。一系列改革进一步提升了广播电视国际传播内容生产力。

2018 年,11 月 14 日中央全面深化改革委员会第五次会议召开。本次会议通过了《加快完善市场主体退出制度改革方案》《关于加强

---

① 胡锦涛:《顺应时代要求深化文化体制改革 推动社会主义文化大发展大繁荣》,《党建》2010 年第 9 期。

县级融媒体中心建设的意见》等15个文件。会议指出"组建县级融媒体中心，有利于整合县级媒体资源、巩固壮大主流思想舆论。要深化机构、人事、财政、薪酬等方面改革，调整优化媒体布局，推进融合发展，不断提高县级媒体传播力、引导力、影响力。要坚持管建同步、管建并举，坚持正确政治方向、舆论导向、价值取向，坚守社会责任，把社会效益放在首位"[①]。而县级融媒体中心的建设，除了服务国内，对广播电视国际传播主体建设、内容建设、渠道建设均有辅助作用。

从2019年1月23日召开全面深化改革委员会第六次会议到2021年5月22日召开全面深化改革委员会第十九次会议，为了推进体制、机制改革，中国共召开了14次会议，通过了百项方案。这些会议涉及中国教育、版权保护、税制改革、媒体深度融合、科技创新、市场体系以及先进制造业与现代服务业务的融合等多个方面，为中国广播电视国际传播能力建设起到了重要的保障作用。

二 行业：齐心协力

中国广播电视国际传播能力建设离不开各行各业的支持与配合。与广电同属传媒行业的报社、通讯社、新兴媒体乃至传媒教育与学术研究等作为国际传播能力建设的子系统，与广播电视国际传播能力建设相辅相成，成为其最好的助力。新兴技术行业作为广播电视转型升级的技术依靠，也是广播电视国际传播能力建设的技术保障。诸如广播电视产业、互联网文化产业、文化金融等大发展则成为广播电视国际传播渠道建设、内容建设、盈利能力建设的关键。

---

① 习近平：《习近平主持召开中央全面深化改革委员会第五次会议》，中华人民共和国政府，http://www.gov.cn/xinwen/2018-11/14/content_5340391.htm。

(一) 传媒行业发展助力广播电视国际传播能力建设

报纸作为"冷媒介",对读者的思维参与度要求较高,导致报纸面临逐渐消亡的境地,在国家加强媒体融合的号召下,在国家加强国际传播能力建设的背景下,进一步与互联网融合、与新媒体融合成为其转型、升级的首选方法。通讯社作为广播电视国际新闻的来源,作为国家国际传播能力建设的重点媒体之一,与其他媒体融合、加强国际传播能力建设势在必行。这种融合推进传媒呈现"你中有我,我中有你"的状态,成为彼此的内容、渠道、形式,而这为广播电视国际传播能力建设储备力量提供了支持。同时,传媒教育大发展、传媒研究大开展,也为广播电视国际传播能力提供人才支持与学术保障。

1. 传媒融合发展,助力广播电视国际传播能力建设

报社、通讯社与互联网的融合发展为广播电视国际传播能力建设提供支持。这一时期,中国报社加速转型、升级,融合媒体建设成为其方法之一。以人民日报为例,不仅打造了中央厨房为其微信公众号、微信视频号、抖音号等提供视频资源,还专门打造了人民视频平台,该平台已经囊括了直播、融媒工作室、人民拍摄、VR 频道、纪录片等样态。同时,新华社于 2009 年 12 月 31 日开播了以电视网为主体的技术引领型国际传播平台——中国新华新闻电视网 (China Xinhua News Network Corperation, CNC),该平台是国家加强国际传播能力建设的重要举措。报社、通讯社融合发展,尤其是视频化发展成为整个中国广播电视国际传播内容建设的助力器,也成为央视、CGTN 等对内对外重大议题复调传播的重要组成部分。

2. 新兴媒体大发展,助力广播电视国际传播能力建设

新兴媒体主要指像腾讯新闻、今日头条这样以提供新闻服务为主的媒体,像"爱优腾"这样提供电影、电视剧、综艺、纪录片等长视频服务为主的在线视频平台,像微博这样重视文字、图片、视频融合

共生且社交性更强的社交媒体平台,像抖音、快手这样提供娱乐、搞笑、音乐、创意等视频为主且分享功能更完善和便捷的短视频平台。2009年之后,在线视频平台和社交媒体发展速度更快。其中,在线视频平台经过多轮重组、更新,从只是播出传统电视台的内容转向自制电影、电视剧(网络剧)。依托中国大型网络公司发展起来的在线视频平台几乎均播出电影、电视内容,也涉及新闻内容。这些平台相对传统广电最大的特点就是利用网络空间的无限性,将中国广播电视内容传播得更广。这些平台与国际大型传媒公司均有业务合作,也曾通过与国外媒体合作的形式,将中国广播电视内容传播出去。2009年以后,B站、快手、抖音及其国际版Tiktok等短视频平台发展很快。其中,据Sensor Tower的数据显示,2021年,抖音及其海外版TikTok从1月到5月一直蝉联全球应用下载量TOP 10榜单首位。这些平台在自身成为推送中国广播电视内容平台的同时,也促进其大量用户成为国际传播主体。

3. 传媒教育与研究行业发展较快助力广播电视国际传播能力建设

这一时期,传媒教育与研究行业发展较快,为中国广播电视国际传播能力建设提供了人才支持以及前瞻思路。在传媒教育方面,中国综合类院校开设新闻传播专业的数量明显增加,招生数量也呈现增长趋势,包括中国传媒大学、浙江传媒学院、四川传媒学院等在内的11所传媒类专业院校设置了广播电视学、新闻学、传播学、数字出版、网络与新媒体、广播电视编导等广播电视相关专业。除了这些专业类的学校,北京外国语大学、北京语言大学、上海外国语大学、四川外国语大学等都成立了专门的新闻传播学院(国际传媒学院/新闻传播学院),专门为中国国际传播输送专业人才。其中,北京外国语大学专门成立了国际新闻与传播学院,形成了系统的博士、硕士和本科培养体系,开设了新闻学(国际新闻)、新闻传播学(国际新闻传播)、传播学（国际传播）、跨文化传播与管理、区域与国别出版研究、战略传播等较为齐全的专业，为广播电视国际传播储备了新闻采写编评人才、主持人才、纪录片制作人才。

在传媒研究方面，综合类学术研究期刊，《新闻与传播研究》《新闻大学》《国际新闻界》《现代传播》等新闻传播专业类期刊经常刊载广电新闻传播与国际传播方面的研究文章；而《中国广播电视学刊》《电视研究》《当代电视》《国际传播》等更加偏向广播电视专业的期刊常年刊载国际传播能力建设方面的研究性文章。这些研究既从宏观角度对中国广播电视国际传播的发展提供了思路，又从微观实践层面提出了建设性意见。

（二）新兴技术行业迅猛发展，助力广播电视国际传播能力建设

第一章已经做了一定的阐述，此处简要回顾一下新兴技术行业为广播电视国际传播能力提供技术支撑的情况。这一时期，包括智慧化采编播技术（写作机器人、拆条机器人的使用）、VR/AR技术、4K/8K高清技术等广播电视内容制作技术使得广播电视国际传播内容制作的速度更快、清晰度更高、临场感更强；包括4G、5G、移动互联网、移动终端等在内的ICT技术发展迅猛，广电国际传播内容实现了随时随地传输和接收；大数据、物联网、云计算、算法推荐以及包括语音交互技术、手势或体感交互技术、面部识别交互技术、视线交互技术等在内的人工智能技术，促进了广播电视国际传播内容能够按用户的个人喜好与需求来传播。

（三）文化产业大发展，助力广播电视国际传播能力建设

2009年中国出台《文化产业振兴规划》之后，文化产业发展非常快。广播电视可以经营的部分被剥离出来，实现了产业化发展，不仅给广播电视国际传播提供了主体支持还提供了多元且大量的内容。互

联网文化产业的发展也为广播电视国际传播内容建设提供了强大的内容保障。按照教育部项目成果《文化产业精要读本》对文化产业类别的划分，文化金融作为文化性最弱、产业性最强的文化产业类别，为以电影、电视、动漫、游戏等文化创意性最强、产业性最弱的核心文化产业提供了保障；同时，文化金融也为广播电视国际传播能力建设提供了一定的保障，规避了一定的风险。

1. 广播电视产业为广播电视国际传播能力建设提供保障

基于中国经济体制、文化体制的继续改革，广播电视产业发展较快，盈利能力明显增强。这一时期，发展综艺节目赢得广告收入，发展纪录片产业，加快 IPTV 和 OTT 发展并增加付费用户，将电视节目版权卖给"爱优腾"等长视频平台，发展电视购物，发展 MCN，出口电视剧，也成为广播电视盈利的主要表现。仅以 2019 年部分广电产业发展为例，上半年综艺节目广告市场规模接近 220 亿元，同比增长 16.12%，节目植入品牌数量达 546 个，同比增长 15.19%；2019 年前三季度电视购物业绩继续保持增长，利润达 9.75 亿元，业绩超过上一年度全年；2019 年中国（广州）国际纪录片节达成意向交易额 8.88 亿元，为历届展会最高；2019 年电视剧已成为中国影视走出去的主要节目类型，约占中国电视节目出口总额的 70%，并实现从单部作品走出去向规模化走出去的跨越，出口规模保持稳定增长，出口到二百多个国家和地区。[1] 产业的发展为广播电视新增了国际传播主体，提供了拓展国际市场的经验，而大量的收入则反哺广电国际传播能力建设。事实上，承载了大量中华文化的纪录片、电视剧的出口，本就是国际传播能力建设的一部分。

---

[1] 卜彦芳：《2019 年广播电视产业经营回顾与前瞻》，《中国广播电视学刊》2020 年第 2 期。

2. 互联网文化产业为广播电视国际传播能力建设提供保障

网络文学、数字音乐、游戏等互联网文化产业大发展，为中国广播电视国际传播提供了内容保障、奠定了用户基础。以网络文学例，根据艾瑞咨询《2020年中国网络文学出海研究报告》，仅2019年，中国网络文学作者达到929万，作品数量达到2594.1万部。如此庞大的规模，成为电视剧的内容基础。该报告还显示，网络文学通过翻译出海、直接出海和改编出海三种模式，在海外影响力越来越大，2019年中国网络文学的海外用户达到3193.5万，预计2021年会达到4925.9万。根据网络文学改编的电视剧《庆余年》《许你万丈光芒好》先后授权泰国、越南出版和改编。改编自网络小说改编的同名电视剧《香蜜沉沉烬如霜》（2018年8月2日在江苏卫视首播），2019年不仅在YouTube播放量较高，还在韩国三大台播出之后获得"首尔国际电视节海外最具人气奖"。可见，网络文学在海外广大的读者群也为同名电视剧在海外播出奠定了用户基础。

3. 文化金融大发展，为广播电视国际传播能力建设提供保障

文化金融是广播电视产业、互联网文化产业发展的推进器，也是广播电视国际传播能力建设的保障之一。信贷、保险、互联网金融等文化金融为广播电视国际传播能力建设提供了一定的资金支持和风险防控保障。在信贷领域，一些银行曾经设计了相关金融产品为影视内容的制作提供了资金保障，比如中国银行设计了"影视通宝"，北京银行设计了"创意贷"，南京银行设计了"鑫动文化"，常州兰陵支行设计了"视融通""信融通""投融通"等支持各类影视内容生产与制作。在保险领域，一些保险公司曾经为影视内容制作与传播保驾护航，比如，中国人民财产保险股份有限公司、中国太平洋财产保险股份有限公司、中国出口信用保险公司不断探索建立文化产业融资的风险保障机制，创新保险产品。在互联网金融领域，一些互联网公司

曾经研发了互联网金融产品助力影视内容开发，比如阿里巴巴的"娱乐宝"、百度的"百发有戏"等。同时，前文（表1-4）所述文化产业基金成为广播影视内容制作的资金保障，帮助广播电视进行国际传播内容建设。

三 广电：全面出击

为建立与国家经济发展水平、国际政治地位相匹配的国际传播体系，中国各级各类媒体全面出击，提高国际传播能力。在加强国际传播渠道建设、内容建设、人才培养以及国际合作方面，成熟比较突出。

（一）继续加强国际传播渠道建设

在《关于印发2009—2020年我国重点媒体国际传播能力建设总体规划的通知》引导下，中国广电对自身的定位更加明确，对国际传播能力建设的思路更加清晰，在加快境外落地、建立网络广播电视台、建立海外记者站和海外分台、发展融媒体、打造社交媒体账号方面，着力较多。

1. 加快境外落地

2010年国际台提出"建设现代综合新型的国际传媒，全面提升国际传播能力"的战略目标，在继续加强代理落地、本土化落地、整频率落地等方式落地的基础上，开始探索落地项目公司化的道路，利用借船出海等方式拓展外宣渠道。以大力推进节目"本土化"落地模式为例，国际台与芬兰大众明天传媒有限公司采取市场合作的方式，在北欧本土制作推出芬兰语、瑞典语、丹麦语、荷兰语、挪威语、冰岛语等6种外语网站，实现国际广播节目在海外的本土采集、制作、发布、互动和运营。国际在线通过内容互换、内容授权、合办节目、共办活动等方式，与五十多家境外媒体和网站建立合作关系，有效实现了外文网内容的"借船出海",形成了全球协作网络。①

同期,由于长城平台在推动中国影视海外落地方面的成效显著,央视下属的中国电视长城平台又在 2009 年 9 月开播了东南亚平台,在 2010 年 11 月开播了澳大利亚平台,这样,央视基本实现了在全球大多数国家落地。同时,央视于 2009 年陆续开播阿拉伯语频道和俄语频道,于 2010 年开播英语纪录频道,于 2012 年开播非洲分台(CCTV Africa)和北美分台(CCTV America)。2010 年,央视为了全面加强国际传播能力建设,推动"走出去",在频道制改革的过程中成立了海外传播中心,负责对全台国际传播能力建设的统筹协调以及海外落地和品牌推广工作。2011 年 2 月 25 日,由海外传播中心牵头,央视正式建立了国际传播能力建设联席会议,统筹全台资源,形成国际传播的合力。② 截至 2021 年 8 月,央视实现了开播 CGTN 的方式整合英语、俄语、法语、西班牙语、阿拉伯语五个语种频道以及美洲分台和非洲分台在全球一百六十多个国家落地,并以"See the difference"(看见不同)的口号向世界传播中国以及其他国家。有实力的省级广电则充分利用 YouTube,在其上打造垂类账号以实现在国外落地。

2. 建立网络广播电视台

中国广播电视增强国际传播渠道建设的另一个方法就是建立网络广播电视台。2009 年 12 月 28 日,央视开办了中国网络电视台(CNTV);2011 年 1 月 18 日国际台开办了中国国际广播电视网络台(CIBN)。这两家国家级网络电视台从建立之初就以"向世界介绍中国、向中国介绍世界、向世界报道世界"为口号,汇集网络电视、IPTV、手机电视、移动电视等媒体终端,打造多语种频道,部署全球

---

① 王庚年:《中国国际广播电台增强国际传播能力建设的十大突破点》,《中国广播电视学刊》2010 年第 10 期。

② 唐润华:《中国媒体国际传播能力建设战略》,新华出版社 2015 年版,第 88 页。

镜像站点，面向北美、欧洲、东南亚、中东、非洲等近百个国家及地区的互联网用户。在媒介不断融合的过程中，CNTV 的中文国际传播发展为 CCTV，而英语、西班牙语、法语、阿拉伯语、俄语等 5 种外语频道则成为 CGTN 的重要组成部分。经过不断的重组、调整，CGTN 以 5 种外语频道和纪录片频道（CGTN – Documentary）、非洲分台（CGTN Africa）、美洲分台（CGTN America）、欧洲分台（CGTN Europe）为主，以"看见不同"为核心价值观，24 小时向全球二百多个国家传播信息。

3. 建立海外记者站、海外分台

作为中国国际传播的主力军，央视、国际台在建立海外记者站、海外分台方面做的努力非常多。在建立海外记者站方面，2011 年，央视新建 20 个海外记者站，站点总数达 70 个，基本完成了对全球主要国家和热点地区的覆盖。建成欧洲、美洲、亚太、俄罗斯、中东、拉美、非洲七大区域中心站。海外特约报道员在全球布局 31 个电台，达到 45 个人。[1] 到 2015 年，央视海外记者站数量在全球电视媒体中位居首位，基本形成了全球化的传播格局。[2] 国际台同样加强了海外记者站的建设，2018 年，已经建成四十多个海外记者站。在建立海外分台方面，2012 年 1 月 1 日，央视两个海外分台——非洲分台（CCTV Africa）和北美分台（CCTV America）开播。两个海外分台均设有演播室，其中北美分台在华盛顿、纽约和洛杉矶拥有共 4 个演播室，其中 3 个正在使用。[3] 转为 CGTN 之后，在非洲分台和北美分台

---

[1] 臧具林、卜伟才：《中国广播电视"走出去"战略研究》，中国国际广播出版社 2014 年版，第 110 页。
[2] 宋晓阳、水伊诗：《如何成为一名出色的驻外记者——中央电视台驻外资深记者报道经验分享》，《电视研究》2016 年第 9 期。
[3] 臧具林、卜伟才：《中国广播电视"走出去"战略研究》，中国国际广播出版社 2014 年版，第 110 页。

之外，CGTN又探索开办了欧洲分台（CGTN Europe）。国际台则于2012年12月在巴基斯坦伊斯兰堡开通了第81个海外分台——中外友谊调频台。截至2013年年底，国际台总共开办了90家海外分台。① 这不仅使国际台海外分台数量跃至全球前列，也使国际台对外传播语种增至64种，进一步巩固其作为全球使用语种最多的国际传播机构的地位。②

4. 发展融媒体

随着技术的发展，社会化、碎片化的收听、收看习惯成为主流，中国广播电视专门打造融媒体平台。以央视为例，央视2017年以"移动优先"开始打造"新型智慧融媒体"，具体包括自主研发运营的新闻资讯平台"央视新闻移动网"，整合IPTV、手机电视、互联网电视、移动传媒、央视影音客户端、手机央视网等，构建、融合传播渠道，建设基础资源云平台、一体化云平台、集成发布平台和大数据平台，实现一体化协同制作，多渠道协同分发，多终端互动呈现，全媒体精准传播。③ 总台还于2019年基于5G+4K/8K+AI等新技术专门打造了综合性视听融媒体旗舰平台——"央视频"（China Media Group Mobile）。目前，该平台作为掌上电视直播工具全面汇聚了央视、卫视频道，作为高清资源平台实现了4K高清电视投屏，作为沉浸式视听平台实现了多视角、VR直播，同时，基于算法了解用户喜好，提供优质推荐，实现个性化快捷搜索。这些均帮助央视利用移动终端来提升其国际传播能力。

---

① 唐润华：《中国媒体国际传播能力建设战略》，新华出版社2015年版，第85页。
② 《国际台第90家海外分台开播，对外传播语种增至64种》，人民网，http://world.people.com.cn/n/2013/0506/c57507 - 21374333.html。
③ 国家新闻出版广电总局：《中央电视台打造新型智慧融媒体》，搜狐，https://www.sohu.com/a/212864041_ 488920。

CGTN 的融媒体发展也非常成熟，2017 年 10 月 10 日正式使用"多形式采集，多平台共享，多渠道、多终端、多语种分发"的融媒中心。在"台网并重，先网后台，移动优先"的策略下，CGTN 不局限于电视台，而是重点打造网站、App 和社交媒体。另外，2018 年 3 月，芒果 TV 超越 BAT，率先布局国际版 App，此举也成为芒果 TV 构建海外融媒体平台、推动"文化出海"的关键之举。经过两年发展，该平台现已搭建起产品国际化、内容国际化，以及合作国际化三大板块业务。截至 2020 年 2 月，芒果 TV 国际版 App 覆盖全球超过 195 个国家和地区，海外用户数逾 2600 万。①

5. 打造社交媒体账号和在线视频平台账号

央视各频道、省级卫视、市县电视频道等基本选择开通微博账号、抖音账号、微信、B 站为主。央视在运营社交账号方面较好，其中，根据表 2－8，央视新闻开通账号最为齐全，运营管理较好，粉丝数量、作品数量、用户反馈等相对较多。央视新闻还于 2020 年 2 月 27 日依托微信平台开通了专门的视频号。正如前面所述，这些平台利用互联网的开放性在国外传播相对容易。

表 2－8　　　　央视新闻在国内的主要社交账号基本情况②

序号	平台	开通时间	粉丝数量	作品数量	最近一天相关数据
1	微博	2012－11－01	1.2 亿	1441914	发博 31，总阅读数 100 万＋，总互动数 352 万
2	抖音	2019－08－24	1.2 亿	5131	发视频 16 个，总获赞 2882 万，总评论 60.7 万，总转发 26.4 万

①　肖旻：《从芒果 TV"文化出海"看视频平台海外融媒体实践》，《东南传播》2020 年第 5 期。

②　时间截至 2021 年 6 月 30 日。

续表

序号	平台	开通时间	粉丝数量	作品数量	最近一天相关数据
3	微信	2013-04-01	1亿	3478	发文14篇,总阅读140万+、总点赞100万+;发视频6个,总观看100万+,总点赞24万+
4	B站	2019-10-04	639万	3045	发布视频8个,总观看量226.1万

除了打造国内社交账号,中国广播电视同样利用YouTube和Instagram等在线视频平台打造账号,利用Facebook和Twitter等社交平台打造社交账号。央视、CGTN、国际台均加强了国际社交媒体账号的建设。其中,CGTN在Facebook、Twitter、YouTube、Instagram、抖音及其海外版Tiktok、微博、微信、Pinterest、秒拍、今日头条、Linked in、知乎、B站上均开设了账号。省级广电同样没有落后,在某些方面,甚至湖南台和浙江台做得还要更好(第三章做详细阐述)。湖南台作为省级广电,打造的社交账号最为丰富,截至2021年6月11日仅YouTube账号就有431万粉丝,是省级台在YouTube账号上拥有粉丝最多的。湖南台开设了一个主账号、8个细分垂类和7个不同语种的账号,同样是省级台中最多的。在湖南台泰国账号、越南账号、阿拉伯账号、印度尼西亚账号、美国账号等针对性账号中,越南账号打造得最好,拥有131万粉丝、7.9亿的总观看量。

(二)继续加强国际传播内容建设

中国广播电视这一时期的目标都较为清晰。国际台根据中央提升国际传播能力的战略部署,围绕"打造现代综合新型国际一流媒体"的战略目标,以整频率落地工程、节目本土化制作机构、英语环球广播工程、华语环球广播工程、多语种环球广播工程、新媒体业务和国际传播技术支撑系统建设等七大主体业务建设为核心,努力打造以无线广播为基础,以在线广播为支撑,以新媒体发展为方向,以多媒体传播为特征的语种多、受众广、信息量大、影响力强、覆盖全球的现代综合新型国际媒体。[①] CGTN 在"全球化思维""本土化思维""数字化思维"的指导下,构建"电视主打,移动优先"的国际传播体系。省级广电以及优秀的视频平台则从自身成熟的制作模式、先进的技术、可行的渠道,构建"大屏小屏互动""国际国内并行"的国际传播体系,输出优秀内容,提升其国际传播能力。

1. 以增加不同语种作为国际传播内容建设的支点

新增语种是基本方法,仅 2009 年,国际台就新增了乌克兰语、克罗地亚语、白俄罗斯语、荷兰语、希腊语、希伯来语、冰岛语、挪威语、立陶宛语和爱沙尼亚语等对外传播语种,提升了使用受众的母语传播信息的能力。[②] 央视开通的语言种类不如国际台丰富,但在已经开通英语、西班牙、法语的基础上,于 2009 年又开通了阿拉伯语和俄语两个语种。直到后面调整为 CGTN 时,该台已经能使用五种外语制作新闻、评论、纪录片等内容。省级台以前一直通过长城平台、卫星传送等方式传播自己台的中文节目,但随着传输渠道的多元化,浙江台、江苏台都增加了英语类节目。其中,江苏台 2019 年 12 月 13 日制作的英语新闻报道《梅根·布莱迪:与南京"感同身受",我要唱出青年一代的和平之声》荣获了第 25 届亚洲电视大奖最佳新闻报道奖,是亚太

[①] 王庚年:《中国国际广播电台增强国际传播能力建设的十大突破点》,《中国广播电视学刊》2010 年第 10 期。

[②] 王庚年:《中国国际广播电台增强国际传播能力建设的十大突破点》,《中国广播电视学刊》2010 年第 10 期。

地区唯一斩获此殊荣的作品。① 此外，湖南台使用阿拉伯语、越南语、泰语、印度尼西亚语四种语言将其自制的电视剧、综艺节目等传播出去，浙江台则使用越南语将《奔跑吧兄弟》传播出去。

2. 以本土化作为提高国际传播内容建设的重心

CGTN 在本土化内容建设方面主要采用聘请当地主持人、节目制作团队、运营人员以及与当地媒体合作等方式来制作满足当地受众需求的新闻、评论。国际台以多媒体传播为载体，以本土化发布为特征，以覆盖全球为目标，相继开通了 18 家环球网络电台，推进了国际在线本土制作、本土发布、本土服务和本土运营，提升了我国网络外宣的影响力和竞争力。② 省级台的本土化内容制作一方面采用到当地制作某期节目再将节目放到当地电视台、网站播出的方式；另一方面也采用邀请当地明星、名人等制作当地媒体可播出的节目的方式。此外，还采用先进技术分析当地受众的行为偏好，结合自身已经非常成熟的制作模式和生产流程，专门制作契合其需求的节目。比如，湖南台在分析越南受众对综艺的喜好基础上，专门制作综艺《小巨人运动会》并在越南中央电视台播出。

3. 以多元内容作为提高国际传播内容建设的核心

广电过去的节目均迎来新的思路、新的形式，而专门对外的内容也得到了强化。在新闻层面，央视专门针对华人、华侨的第 4 套节目，一直处在不断更新的状态。到 2021 年 6 月，比较固定的有《新闻联播》《中国新闻》《今日关注》《今日亚洲》《今日环球》《海峡两岸》。CGTN 英语频道则主要有《日间新闻》《夜间新闻》《China 24》《Asia

---

① 《江苏广电总台英语新闻报道喜获亚洲电视大奖》，荔枝网，http://news.jstv.com/a/20210115/1610723736499.shtm。

② 王庚年：《中国国际广播电台增强国际传播能力建设的十大突破点》，《中国广播电视学刊》2010 年第 10 期。

Today》《Global Business》《文化新闻》《体育新闻》《时政专题》等。在综艺节目方面，浙江台、湖南台做得相对突出，两台的《中国好声音》《奔跑吧兄弟》《王牌对王牌》《天天向上》《快乐大本营》《我是歌手》《爸爸去哪儿》《我是大侦探》等多个节目都在卫星频道播出，基本覆盖全球，个别节目则译制成不同语言，通过YouTube平台向外传播。湖南台在YouTube的频道更针对泰国、越南、阿拉伯、印度尼西亚观众的喜好，专门制作或译制了大量综艺节目，并深受当地观众的喜爱。此外，腾讯视频《明日之子》《创造营101》、爱奇艺视频自制的《青春有你》等内容在国外也比较受欢迎。在电视剧方面，现代剧《媳妇的美好时代》走红坦桑尼亚之后，古装剧《甄嬛传》《琅琊榜》，其他现代剧《三十而已》《欢乐颂》《恋爱先生》等多种剧目也在海外获得了良好的评价。

（三）继续加强国际传播人才培养

"媒体在前，人才在后"。2013年12月，中宣部、教育部发布了《关于地方党委宣传部门于高等学校共建新闻学院的意见》《关于加强高校新闻传播院系师资队伍建设，实施卓越新闻传播人才教育培养加护的意见》等文件。文件要求，推进卓越新闻传播人才教育培养计划，创新国际新闻传播人才培养机制，提高国际新闻传播人才培养质量。面对国际强势媒体的冲击，为了保证自身国际传播能力持续提高，中国广播电视积极参与共建计划。

1. 台校共建培养国际传播人才

依据前述文件的要求，拥有65个语种的国际台与北京第二外国学院签订共建协议片，致力于培养国际传播人才。国际台的海外媒体平台将向北二外全面开放，拥有的103个整频率电台将成为其国际传播学院的实训基地。在人才模式创新上，北二外国际传播学院将建立以新闻传播为主体、以外语为特色的人才培养模式，培养多语种复合型国际传播人才；建立以理论为本、实践为用的实践教学模式，培养全媒体实践性国际传播人才；建立以中西并用，人文化成为宗旨的跨文化人才培养模式，培养具有中国认同、国际视野，拥有家国情怀、世界关怀的国际传播人才。① 2015 年，央视与中国传媒大学签署了《中央电视台——中国传媒大学共建人才教育培养基地合作协议》等协议，切实培养国际传播工作需要的各类人才。

2. 编撰国际传播人才培养系列教材

为加强广播电视国际传播人才培养，中国广播电视媒体与中国高校合作，针对性编撰和更新教材。以国际台为例，2010—2011 年与中国传媒大学联合编撰了"国际传播人才培养"系列教材。教材包括《国际传播概论》《国际新闻报道》《国际传播策略》《国际危机传播》《国际传播史》《国际传播受众研究》等 12 个分册，填补了中国国际传播领域专业教程的空白，适应了加快中国国际传播理论建设、为增强国际传播能力奠定理论基础的需要。② 随着新技术、新报道样式的变化，这些教材均实时调整。

3. 专门性训练、培养国际传播复合型人才

一是培养研究型人才、专家型人才。因为国际新闻传播牵涉国际关系、牵涉国际社会对华反应、牵涉地区安全等，国际新闻记者编辑必须清楚重大国际问题、重大新闻事件的重大影响，所以培养具有战略眼光、全球视野的人才十分必要。二是岗前专门培训，提升其国际传播水平。以国际台为例，在驻外记者资格培训班上，除设置了《如何做好国际新闻评论》《深度报道的策划与实施》《国际报道优秀作品

---

① 《中国国际广播电台与北二外共建国际传播学院》，《北京第二外语学院学报》2015 年第 8 期。

② 王庚年：《中国国际广播电台发展史》第 2 卷（2001—2011），中国国际广播出版社 2011 年版，第 25 页。

评析》《突发事件的报道》《团队精神与协作意识》等课程外，还根据国际台发展战略与媒体发展，开办了《新媒体发展态势及多媒体传播》《Photoshop：图片处理》《视频采编实务》《拍摄要领》等培训内容，为锻炼记者队伍、打造复合型人才打下基础。①

（四）继续加强国际合作，助力国际传播能力建设

这一时期，国家大力发展文化产业，积极推进"一带一路"建设，提出共建"人类命运共同体"，技术成熟、经费稳定的中国广播电视积极开展与全球媒体尤其是"一带一路"沿线国家媒体的国际合作，建立"丝路电视国际合作共同体"。签订了多个合作协议，促进中国新闻、中国电视剧、纪录片等能够更好地输出。

1. 加强新闻互换合作，来提高国际传播能力

2016 年 8 月 1 日，国际台与巴基斯坦独立新闻社在伊斯兰堡签署新闻互换协议；2016 年 9 月 13 日，《中国中央电视台与秘鲁国家广播电视台合作协议》签订；② 2016 年 10 月 1 日，《中国中央电视台与蒙古国 TV5 电视台合作协议》签订；2017 年 2 月 24 日上午（当地时间），国际台与塞浦路斯广播公司在塞浦路斯首都尼科西亚签订合作协议。在这些协议的引导下，中国广电向国际媒体提供新闻，提升了国际表达能力和议程设置能力。2020 年疫情期间的线上合作也较多，且增加了合作与传播的方式。

2. 加强电视剧、纪录片等合作，提高国际传播能力

2016 年 9 月 22 日，《国家新闻出版广电总局与突尼斯电视台合作协议》签订。根据该协议，国际台译制的《咱们结婚吧》《感动生命》

---

① 谷雨：《中国国际广播电台驻外记者站的管理与运行》，《电视研究》2011 年第 12 期。
② 《新闻出版广电总局副局长与秘鲁国家广播电视台签署合作协议》，中华人民共和国中央人民政府，http://www.gov.cn/xinwen/2016-09/22/content_5110907.htm。

《父母爱情》《小鲤鱼历险记》等系列电视剧和动画片会在突尼斯电视台播出。① 2017年1月20日，国际台与牙买加公共广播公司签署"中国剧场"播出合作协议。根据该协议，双方在牙买加国家电视台合作开办"中国剧场"栏目。② 2017年2月17日，国际台与新西兰电视台37频道签署"中国剧场"播出合作协议。根据该协议，由新西兰电视台37频道开"中国剧场"栏目，该国观众首次观赏到英语配音版的中国电视连续剧。③ 2011年以来，央视纪录频道与新西兰自然历史公司合拍了《生命的力量》（第二季）、《野性的终结》《499个华人回家梦》等优秀纪录片。中国广播电视陆续向国际媒体提供电视剧，并与国际媒体联合拍摄纪录片，提高了其国际传播内容制作能力、国际合作能力、国际交流能力。

本章与第一章重在梳理国际格局、政策、技术、人才培养等中国广电进行国际传播的基本元素以及这些元素对广播电视国际传播的促进作用，接下来第三章将重点依据哈罗德·拉斯韦尔提出的5W模式以及媒介环境学派的相关观点来重点分析中国广播电视在国际传播过程中突出的优势和突出的问题。

---

① 《王庚年率团访问突尼斯国家电视台》，国家广播电视总局，http：//www.nrta.gov.cn/art/2016/9/28/art_112_31723.html。
② 《国际台与牙买加公共广播公司签署"中国剧场"播出合作协议》，国家广播电视总局，http：//www.nrta.gov.cn/art/2017/1/24/art_114_32464.html。
③ 张齐智：《中国国际广播电台与新西兰电视台"中国剧场"合作协议签字仪式举行》，国际在线，http：//news.cri.cn/uc-eco-20170217/8db017be-3b79-e86b-9c14-add2264ca06e.html。

第三章　观照现实：中国广播电视国际传播能力建设的现状与问题

中国广播电视自开展国际传播以来，重视利用国际格局变化、国家政策资源、新兴技术腾飞、文化金融发展等带来的优势，增加传播渠道，丰富传播内容，培养国际传播人才，提高国际传播的整体实力，并在"西强我弱"的国际传播格局中逐渐占有一席之地。但是，就目前而言，中国广播电视国际传播的主体共振能力、渠道竞合能力、内容制作能力、受众定位能力、效果测评能力以及环境建构能力，既有突出的优势也有需要解决的问题。

第一节　传播主体共振能力建设的现状与问题

2015年年底，中国提出构建中国国际传播的"1+6+N"模式。2016年2月17日，习近平主席首次提出打造中国特色的国际传播旗舰媒体。2016年12月，随着CGTN成立，"1"初步指向CGTN，"6"是指六家央媒（《人民日报》、新华社、央视、国际台、《中国日报》、中新社），"N"是其他英文对外网站和有潜力发挥国际传播功能的平台和机构。同时，2016年5月，中国广播电视获得电信运营牌照，开始进军电信互联网业务。① 自此，中国国际传播主体更加明确。CGTN作为这"1"个国际传播旗舰主体，央视和国际台作为这"2"个央级广电主体，以及其他广电和有能力进行视频化国际传播的平台和机构作为这"N"个主体，形成了"1+2+N"的国际传播的立体化格局。"1+2+N"主体的建设促进时事新闻报道能及时发声，传播中国与世界的声音；促进评论节目、电视综艺节目、电视剧、纪录片等的传播，营造立体声音。如此，中国广播电视的国际传播效能感增强，但也还存在发声能力较小、和声能力较小以及复调传播存在较大差异的问题。

一 "1"个主体发声能力："成"与"败"

"1"指的是CGTN。CGTN是总台集中优势资源打造的重点外宣旗舰媒体，是落实中央进一步增强国际传播能力而建设的国家级国际传播平台。② CGTN自2016年12月31日成立以来，在总台"台网并重，先网后台，移动优先"融合发展战略的引导下，着力融媒体建设，以"看见不同"向世界传播"中国声音"，并为全球受众提供准确、及时的新闻报道和丰富的视听服务。经过近五年的快速发展，CGTN在"西强我弱"的国际传播格局中立足，但与国际媒体相比，还有较大差距。

（一）发声能力有所提升，取得了一定的成绩

已经分布在全球一百六十多个国家的CGTN充分发挥电视频道的作用，着力融媒体建设，加强新闻、评论、电视节目、电视剧、纪录片等内容的建设，提高了整体发声能力和在中国事务上的发声能力，并在非洲地区赢得了一定的影响力。

---

① 姜飞、张楠：《中国对外传播的三次浪潮》，《全球传媒学刊》2019年第2期。
② 何国平、伍思懿：《CGTN融媒体国际传播效果评估与效果提升研究》，《电视研究》2019年第9期。

1. 整体发声能力有所提高，在非洲地区发声能力最强

根据表3-1，CGTN已经打造了5个外语频道和3个分台。在技术、渠道建设的基础上，CGTN新闻报道的到达现场能力、解读评论能力、国际表达能力、持续报道能力、编辑思维能力、资源整合能力、融合传播能力、议程设置能力等均有一定的提高。[①] 这直接展现在《综合新闻》《非洲新闻联播》《财经新闻》等电视新闻节目以及及时更新

表3-1　　　　　　　CGTN各频道及分台信息表

序号	名称	注册时间	使用语言	备注
1	CGTN（英语新闻频道）	1997-09-20	英语	在北京统一制作、播出；电视频道24小时播出，内容包含新闻、评论、纪录片、电影、电视剧等；各频道网站嵌入CGTN；网站随时更新头条新闻
2	CGTN Español（西班牙语频道）	2007-10-01	西班牙语	
3	CGTN Français（法语频道）	2007-10-01	法语	
4	CGTN لعربية（阿拉伯语频道）	2009-07-25	阿拉伯语	
5	CGTNPусский（俄语频道）	2009-09-10	俄语	
6	CGTN Documentary（国际纪录片频道）	2011-01-01	英语	
7	CGTN Africa（非洲分台）	2012-01-11	英语	位于肯尼亚首都内罗华，在当地制作节目
8	CGTN America（美洲分台）	2012-02-15	英语	位于美国纽约
9	CGTN Erope（欧洲分台）	2019-10-08	英语	位于英国伦敦

---

① 江和平：《CGTN国际竞争力建设研究》，内部研究报告2018年版，第107—201页。

的 CGTN 网站新闻和社交媒体新闻上。同时，CGTN 安排的《对话杨锐》《欣视点》《薇观世界》《学做中国菜》《学汉语》《学功夫》等电视节目，安排的《人文地理》《时代写真》《特别呈现》《发现之路》《历史呈现》《精彩放送》等纪录片专栏，播出的《恋爱先生》《李小龙传奇》《不如跳舞》等电视剧，形成了相对稳定的受众。根据表3-2，CGTN 将《对话》《欣视点》等电视节目放到 YouTube 上，也起到推动电视节目发声的作用，随着这些提高的是 CGTN 的整体发声能力。目前，CGTN 既能提供多层次、多角度、多形式的国际事务和中国事务的新闻信息，表达自己的观点，又能提供多种视听服务满足部分受众在影视方面的视听需求。

表3-2　　　　　　CGTN 放到 YouTube 上的电视节目

序号	主要栏目
1	China 24（中国24小时）
2	The Point with Liu Xin（欣视点）
3	Dialogue（对话）
4	World Insight（世界观察）
5	Travelogue: Exploring Hidden China（游记：探索隐藏的中国）
6	Assignment Asia（亚洲观察）
7	Crossover（链接天下）
8	Icon（偶像）
9	Closer to China（走近中国）
10	Rediscovering China（中国再发现）
11	CGTN Documentary（CGTN 纪录片）
12	Biz Talk（谈话）

国际社会对 CGTN 的认知水平提高可以通过全球对 CGTN 的搜索情况（搜索代表着对该搜索对象有一定的兴趣）反映出来。谷歌指数数据库①中对 CGTN 全球的兴趣指数，根据表 3-3，数字越大，代表搜索的频数越多（世界范围内的国家和地区被标准化赋值 0—100 分，其中，0 分代表该地区的搜索量完全达不到统计基数而无法统计，100 分则代表搜索频次已经达到统计标准且搜索频次最多），即该国家或地区用户对 CGTN 越感兴趣，依此来推断 CGTN 受众的人口统计学指标。②由过去 CGTN 完全无法统计搜索量到现在能统计并且在个别地区还呈现较高指数来看，CGTN 的整体发声能力提高了。此外，如图 3-1 所示，"谷歌指数"中 CGTN 各台兴趣指数对比统计图，可知，相比其他分台、分频道，国际社会对 CGTN 的兴趣更大（图中变化最明显、最突出的就是 CGTN）。2019 年 5 月 26 日—6 月 1 日，平均搜索量达到峰值，谷歌兴趣指数也达到 100，CGTN 的其他频道未有明显变化。也是在这段时间之后，CGTN 的全球兴趣指数相对之前有明显提高，说明 CGTN 此后的发声能力有一定的提高。

表 3-3 "谷歌指数"中 CGTN 兴趣指数较高的国家或地区③

序号	国家或地区	关注度（标准化得分）	序号	国家或地区	关注度（标准化得分）
1	埃塞俄比亚（非洲）	100	11	喀麦隆（非洲）	17
2	利比里亚（非洲）	86	12	文莱（亚洲）	17

---

① 因为考虑谷歌搜索引擎在世界大多数国家可用，并且谷歌统计感兴趣指数是基于用户的搜索数据要达到一定数量，所以使用谷歌感兴趣指数可以在一定程度上考察全球大多数国家对 CGTN 的一个搜索情况以及认知情况。

② 孙璐：《全球化新格局下 CGTN 的国际传播研究》，光明日报社 2021 年版，第 107 页。

③ 图 3-1、表 3-3 的时间区域是 2016/12/31 至 2021/7/10；因为将 CGTN、CNN、BBC、RT 进行对比统计时，发现在这些媒体占比较多的国家中，CGTN 的占比最多只有 1%，大部分不足 1%，所以专门对 CGTN 进行分析。

续表

序号	国家或地区	关注度（标准化得分）	序号	国家或地区	关注度（标准化得分）
3	南苏丹(非洲)	80	13	马来西亚(亚洲)	17
4	中国(亚洲)	73	14	缅甸(亚洲)	17
5	不丹(亚洲)	55	15	刚果(金)(非洲)	15
6	塞拉利昂(非洲)	42	16	尼泊尔(亚洲)	14
7	乌干达(非洲)	28	17	肯尼亚(非洲)	13
8	毛里求斯(非洲)	27	18	尼加拉瓜(北美洲)	12
9	新加坡(亚洲)	22	19	津巴布韦(非洲)	12
10	阿富汗(亚洲)	22	20	科特迪瓦(非洲)	10

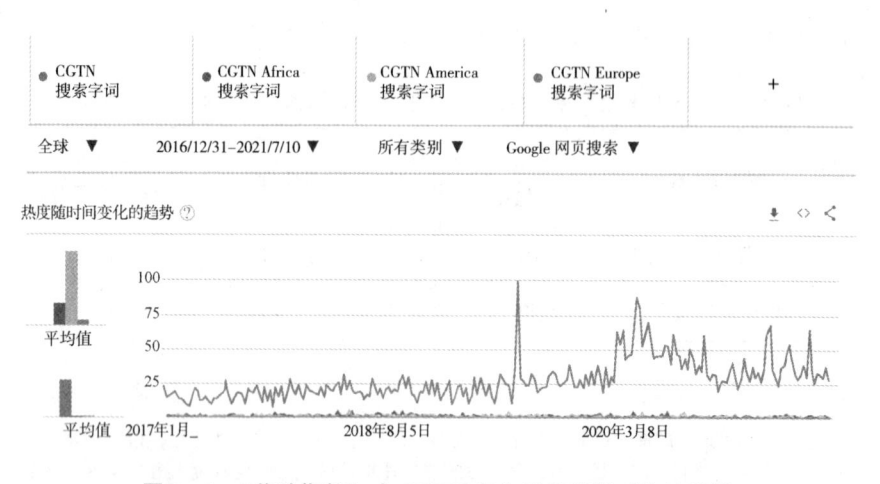

图3-1 "谷歌指数"中CGTN各台兴趣指数对比统计图

2016年12月31日到2019年2月20日，排名前十的关注度（标准化得分）最低分只有6分，而现在前二十的最低分都有10分，且前十最低有22分，增长了整整16分。由此可见，CGTN在这些地区的议程设置能力比较强。同一个时间段，CGTN在埃塞俄比亚、利比里亚、塞拉利昂、毛里求斯四个国家的搜索数据排名不高，未进入前十，但2019年2月21日至今，CGTN在这四个国家搜索数量增长迅猛。在前二十中，非洲国家占55%，由此可见，CGTN在非洲地区的发声能力较强。这与设立非洲分台有密不可分的关系，该台的建立以及在YouTube上的运营，及时报道了非洲的经济、文化、政治方面的重大事件，在当地较为受关注。

2. 突发事件发声能力有所上升，报道中国事务又最为突出

CGTN评价调研组对2017年突发报道的监测报告显示，在与BBC、CNN、RT、AJ比较时，2017年1月1日至6月30日，CGTN共报道突发事件155个，在报道总数中排名第二位。在报道数量上BBC排名第一，共报道了174件突发事件。CNN（130件）、AJ（106件）、RT（64件）分别位列第3~5位。其中，CGTN与BBC、CNN都报道的突发性新闻事件共有51件，约占报道总数的13%。[1] 相对2015年、2016年同期，呈现增长趋势。2018年国家广播电视总局社科项目"CGTN英语频道话语权国际竞争力研究"监测数据显示，2018年上半年在CGTN、BBC、CNN三台均报道的34个突发事件中，CGTN排名第1的共有6个，占比约18%，较2015年、2016年同期均提升了11%，较2017年同期提升7%，进步明显。在CGTN报道的事件中，涉及中国事务最多。2018年上半年涉及中国事务的报道占比为32.3%，远高于BBC的7.3%、CNN的8.9%。[2]

2019年，CGTN的突发事件新闻报道情况基本相似。2020年年初，

---

[1] 孙璐：《全球化新格局下CGTN的国际传播研究》，光明日报出版社2021年版，第141页。

[2] 江和平：《CGTN国际竞争力建设研究》，内部研究报告，第110—111页。

新冠疫情暴发，国际社会对中国的认知有一定的偏颇，CGTN站在中国立场，积极向世界发声，让世界看到武汉地区的真实情况以及中国积极抗疫的决心。截至2020年4月24日，CGTN前方记者已与包括英国广播公司、美国福克斯新闻台、今日俄罗斯、土耳其广播电视公司等在内的海外26家主流媒体连线81次，借助国际主流媒体渠道，向国际受众介绍武汉疫情的真实情况，多名记者为路透社供稿，对外传递中国声音。同时，主持人刘欣、王冠接受今日俄罗斯、半岛电视台、阿塞拜疆电视台、保加利亚电视台、罗马尼亚电视集团、伊朗广播电视台评论栏目的采访，在海外媒体有力地发出了中国声音，表达了中国立场。①

2020年，CGTN不同频道将中国抗疫的系列新闻视频、纪录片等放到YouTube、Facebook、Tiwtter等平台上，引起了用户的关注，让年轻用户看到了"对自己负责的中国""对世界负责的中国"。CGTN放到YouTube上的新闻基本获得了良好的效果，起到了向世界说明中国的重要作用，比如CGTN Arabic 2020年2月8日，3月12、13、19日上传的关于中国抗疫的视频，反映了中国抗疫以及中国向意大利支援等的情况，分别获得200多万次的观看量。而纪录片在这个时候的作用也较大，以CGTN en Español频道为例，在中国疫情还比较严重时，就及时（2020年3月9日）上传了纪录片《武汉战疫纪》，用中文和西班牙语（字幕全是西班牙语），讲述了武汉抗议的全过程，观看量达到269万，点赞量2.3万。下面的评论用西班牙语评论道"感谢中国所有的医生，感谢世界各地的医生，你们是英雄"，获赞452个。

2021年，世界局势进一步变化，突发事件较多，CGTN对这些突发事件都做了深入细致的报道，充分展现了中国声音及中国立场。以

---

① 毕建录、刘新清、钟新：《试析CGTN新冠疫情国际舆论传播特点》，《电视研究》2020年第7期。

CGTN对阿富汗的报道为例，针对2021年8月阿富汗局势的变化，CGTN做了相关报道，并且在西方媒体撤出阿富汗的情况下，前方记者依然坚守现场。报道期间，前方记者展现了阿富汗的现场情况，田微、马歇尔等主持人也专访塔利班发言人沙欣，相关报道被BBC国际新闻频道、西班牙国家电视台国际新闻频道、卡塔尔AJ、德国3SAT电视台意大利TGCOM等全球不同国家媒体转载、引用。CGTN《塔利班称不会延长外国军队撤离最后期限》单条英文报道内容被英国独立电视台等181家海外媒体引用711次。CGTN的评论视频《阿富汗惊变，打脸美国治国精英》被84家国际媒体下载和播出443次。这一次，CGTN与国际媒体的正面较量，使其成为全球信源，冲破了西方媒体对重大国际新闻的垄断，扭转了中国媒体长期充当"二传手"的局面。[①]

2021年中国共产党迎来建党100周年，CGTN关于中国的报道明显增多，百年当天纪念期间又最多。即便纪念日过去，CGTN关于中国的报道相对BBC、CNN、RT而言，还是最多。根据表3-4，2021年7月6日到13日这7天，CGTN App一共推送了10条新闻，其中7条关于中国，占比达70%。同期，CNN推送的25条新闻中，只有2条是关于中国的，并且未使用"Breaking News"（突发新闻）这一标志，BBC则没有1条是关于中国的。

表3-4　2021年7月6日至13日，国际广电App推送新闻状况

媒体	推送条数	突发新闻	具体
CNN	25条	8条	印度、日本、南非、欧盟、菲律宾、卡塔尔、澳大利亚、意大利各1条，海地5条，英国4条，中国、阿富汗各2条，美国3条，美、印等的疫情感染人数各1条

[①] 数据来源于中央广播电视总台创新发展研究中心。

续表

媒体	推送条数	突发新闻	具体
CGTN	10条	0条	中国7条,美国2条,欧盟1条
BBC	6条	6条	意大利、海地、埃及、英国各1条,温布尔网球公开赛2条

2021年7月,中国体育代表队参加东京2020年奥运会(因疫情本该在2020年举行的奥运会调整到2021年7月),杨倩勇夺奥运第一枚金牌,侯志慧、孙一文、李发彬、谌利军、汪顺等陆续获得金牌,张雨霏、盛李豪、孙颖莎等陆续获得银牌,李冰洁、赵帅、杨皓然等陆续获得铜牌,最终,中国获得38枚金牌,32枚银牌,18枚铜牌,共计88块奖牌。在CNN、BBC等国际媒体未进行详细报道的情况下,CGTN对这些事项都进行了非常详细的报道。

3. 在线视频平台的发声能力有所提升,各频道具有一定的时效性

在融媒体发展战略的引导下,CGTN重点发展社交媒体,打造了新媒体CGTN See the Difference网站,开辟了CGTN Facebook、CGTN Twitter、CGTN YouTube、CGTN Instagram、CGTN TikTok、CGTN MicroBlog、CGTN Wechat、CGTN Pinterest、CGTN抖音等多个社交媒体账号,并及时在这些账号上传播各电视频道的内容。在在线视频领域,截至2021年7月15日,CGTN在YouTube上已经开设了《Trending Right Now》《Space China》《Facts Tell》《New Era For China》等11个板块,共计5699个视频,每个板块功能不同,有新闻、有评论,能将CGTN电视频道个别优秀节目链接在此,有反映普通人生活的短视频等,内容丰富,将中国介绍的比较清楚。此外,根据表3-5和表3-6,与其他四台相比,CGTN在国际在线视频平台YouTube上的创建时间短很多,但是因为CGTN及各个频道和分台更新视频的

速度较快，视频的总量处于上升阶段，最近更新的频率基本与 BBC、CNN、RT、AJ-E 一致，更新数量相比它们还要更多，在社交媒体上的发声能力有所提升。在建立时间短、订阅用户较少的情况下，还能保证《不可能的挑战：来自伊朗的体操男孩 Arat Hosseini》等视频有 7500 万的观看量和 18 万的点击量，说明 CGTN 具有一定的发声能力。

表 3-5　　　　　　　CGTN 在 YouTube 开设账号的情况①

账号名称	注册时间	订阅用户（万）	视频总量	总观看量（万）	备注
CGTN	2013-01-24	248	96494	16.3	54 分钟前更新，三天更新 89 个视频，其中单个视频观看量最大为 2.9 万
CGTN Africa	2013-04-14	62.7	47440	2.03	2 小时前更新，三天更新 71 个视频，其中单个视频观看量最大为 1.7 万
CGTN America	2012-06-22	48.8	46408	2.34	11 小时前更新，三天更新视频 61 个，其中单个视频观看量最高达到 1.2 万
CGTN Arabic	2013-08-09	30.6	19643	7342	2 小时前更新，三天更新 71 个视频，其中单个视频观看量最大为 1.7 万次
CGTN en Español	2015-07-20	27.7	37957	9834	1 小时前，三天更新 88 个视频

① 表 3-5 和表 3-6 的统计时间截至 2021 年 7 月 10 日。

续表

账号名称	注册时间	订阅用户(万)	视频总量	总观看量(万)	备注
CGTN Français	2013-08-09	15.8	40034	4401	15 分钟前更新,更新频率最高,三天更新 104 个视频,其中单个视频观看量最大为 3422 次
CGTN Русский	2016-12-17	6.95	11096	3911	47 分钟前更新,三天内更新 27 个视频
CGTN Europe	2016-12-30	1.54	3417	498	15 小时前更新,三天更新 29 个视频
CGTN documentary	2020-06-29	690	277	2	及时更新,三天更新 4 个视频

表 3-6　CGTN 与主要国际媒体 YouTube 账号的信息对比

序号	账号名称	注册时间	订阅用户(万)	视频总量	总观看量(亿)
1	CGTN	2013-01-24	248	96475	16.3
2	CNN	2005-10-03	1260	151771	99.8
3	BBC News	2006-04-08	1030	14063	27.2
4	AJ-E	2006-11-23	766	92357	24.9
5	RT	2007-03-29	433	55897	34

(二) 发声能力整体上还是不强,专业性也有待商榷

虽然在非洲的发声能力较强,但 CGTN 的整体发声能力与 BBC、CNN、RT 以及 AJ 相比,还是有较大的差距。这与 BBC、CNN 在欧美地区的发声能力较强有关系,也与 CGTN 过于传播中国事务新闻、电

视栏目重复播出、传播的影视内容翻译水平和制作标准不统一导致其与当地受众收视习惯存在较大差异有关，更与 CGTN 在国际事务上的关注度和专业报道能力待提高有较大的关系。

1. 在发达国家或地区的发声能力不强，受众感兴趣度低

如图 3-2 所示，谷歌兴趣指数中，BBC 最高，均值超过 50%；CNN 其次，均值接近 25%；RT 第三，但均值未超过 10%；CGTN 则均值未超过 1%。再将对 CGTN、CNN、BBC、RT 感兴趣的地区进行细分，根据表 3-7，CGTN 在这些地区的谷歌兴趣指数占比不及 1%，其他三大媒体占据了大半江山。相比目前感兴趣的只有 14 个城市，且除了北京和非洲的亚的斯亚贝巴分值较高，其他得分均较低，见表 3-8。而 CGTN 在美国只有 29 个州有足够的数据能够被统计到，其中，如图 3-3 所示，排名前五的是哥伦比亚区、马里兰州、加利福尼亚州、弗吉尼亚州、内华达州。美国剩下的 21 个州，CGTN 都没有足够的搜索数据被统计到。可见，CGTN 在这些地方的发声能力欠佳，知名度也需要进一步提高。

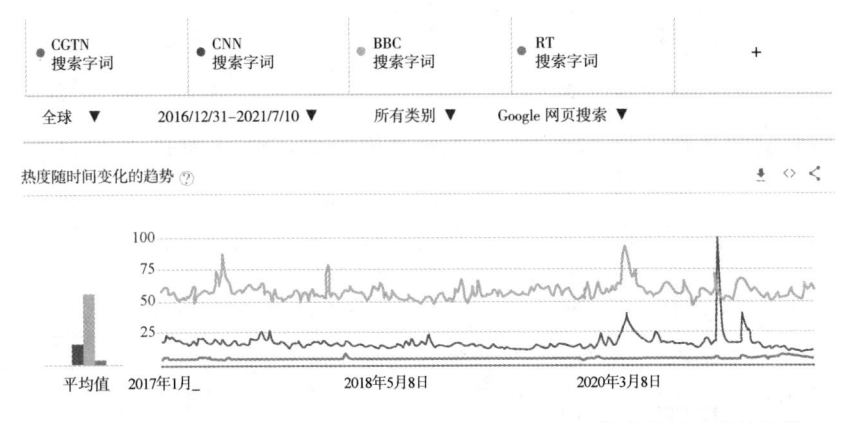

图 3-2 "谷歌指数"中 CGTN、CNN、BBC、RT 兴趣指数对比统计图①

---

① 时间区域为 2016/12/31 至 2021/7/10；将半岛电视台进行对比时，发现半岛电视台的情况跟 RT 差不多，考虑黑白印刷不便区分，便未列入图示中。

表3-7 "谷歌指数"中CNN、BBC、RT兴趣指数较高的国家及占比①

序号	CNN 国家或地区	占比(%)	BBC 国家或地区	占比(%)	RT 国家或地区	占比(%)
1	美国	69	爱尔兰	88	印度尼西亚	46
2	土耳其	63	越南	86	墨西哥	42
3	加拿大	62	肯尼亚	82	哥伦比亚	30
4	巴西	49	阿联酋	75	法国	30
5	菲律宾	46	澳大利亚	75	日本	27
6	希腊	37	新西兰	73	德国	24
7	新加坡	35	西班牙	73	意大利	22
8	印度尼西亚	32	葡萄牙	72	西班牙	18
9	日本	28	挪威	72	巴西	16
10	马来西亚	28	南非	71	沙特阿拉伯	16
11	丹麦	28	波兰	70	波兰	14
12	墨西哥	27	印度	70	奥地利	13
13	哥伦比亚	26	荷兰	70	菲律宾	12
14	南非	25	瑞典	69	泰国	12
15	瑞士	25	泰国	66	比利时	11
16	荷兰	25	瑞士	65	瑞士	10
17	比利时	24	比利时	65	马来西亚	8
18	新西兰	24	意大利	62	葡萄牙	8
19	英国	99	阿根廷	47	瑞典	8
20	巴基斯坦	94				

① 时间区域为2016/12/31—2021/7/10；半岛电视台在这些地区的占比也非常少，所以未单独列出。

表 3-8　"谷歌指数"中 CGTN 兴趣指数（全球城市指数）

序号	城市	关注度（标准化得分）	序号	城市	关注度（标准化得分）
1	北京	100	8	悉尼	3
2	亚的斯亚贝巴	61	9	墨尔本	3
3	新加坡	12	10	伦敦	3
4	吉隆坡	11	11	洛杉矶	3
5	内罗华	9	12	纽约	2
6	华盛顿	9	13	雅加达	2
7	多伦多	4	14	巴黎	1

1	哥伦比亚区	100
2	马里兰州	25
3	加利福尼亚州	17
4	弗吉尼亚州	15
5	内华达	14

图 3-3　"谷歌指数"中 CGTN 兴趣指数在美国的分布情况[①]

2. 对国际事务的发声能力不强，到场报道能力欠佳

国际事务尤其是国际重大事件往往被关注度高，发出代表性的"中国声音""中国主张"，也容易被记住，但是 CGTN 在国际事务的发声能力还不强，这与做成真正的国际媒体的目标差距较大，主要体现

---

① 表 3-7、图 3-3，时间区域为 2016/12/31—2021/7/10。

在以下两点。

一是时效性较差。CGTN 评价调研组对 2017 年突发报道的监测报告显示，2017 年上半年，CGTN 对 ISIL 宣称对土耳其夜总会恐怖袭击事件负责、耶路撒冷卡车袭击事件、俄常驻联合国代表丘尔金猝死纽约、英国议会大夏遭恐怖袭击事件、英议会同意提前大选、马克龙当选法国总统、阿富汗电视台遇袭、曼彻斯特一体育场发声爆炸、英国伦敦桥恐怖袭击事件、美国共和党党鞭（Whip，领袖人物）枪击案十个事件的报道时间均落后于其他媒体，其中，俄常驻联合国代表丘尔金猝死纽约落后时间最多，落后了 1 小时 49 分钟。2018 年上半年，与其他三台同时报道的突发国际事件中，CGTN 的时效排名在第 4 名的占 50%。与他媒体的报道时差最长达到 62 分钟。① 2019—2020 年的情况基本相似。2021 年上半年，CGTN 的电视频道、网站、App 等在国际事务上的关注依然相对较低，仅 App 推送，根据表 3-4，CGTN 明显低于 CNN、BBC。

二是未能真正突出"看见不同"或者说"中国视角"。CGTN 强调"看见不同"，但在国际事务尤其是在与国际媒体同时都报道的国际事务方面，观察视角的多样性、报道角度的差异性、观点的鲜明性等还不够突出。对国际事务的发声能力不强，除了因为 CGTN 部分国际新闻的信息、图片来自英国路透社、美国美联社等国际通讯社难以采取不同的视角之外，还因为 CGTN 三个分台以及分布于各地的记者到达现场的报道能力欠佳，即便有现场连线新闻，但是仅限于在当地演播室或街头进行报道，较少到现场进一步挖掘新闻。CGTN 评价调研组、"CGTN 英语频道话语权国际竞争力研究"课题组的统计数据也说明了这一问题。

---

① 江和平：《CGTN 国际竞争力建设研究》，内部研究报告 2018 年版，第 112 页。

3. 在线视频平台发声能力不强，专业运营能力欠佳

CGTN 在国际、国内社交媒体上开设账号，期望依靠融媒体中心实现"台网联动"，但是一方面 CGTN 积极关注全球事务的新闻节目如《The World Today》并未上传到 YouTube 上；另一方面根据表 3-9，电视频道节目在 YouTube 上，并未达到理想效果，体现为以下两点。一是转入的视频较少，比如 Icon、Crossover、Biz Talk 三个节目的视频，都未超过 100 个；二是影响力有限，World Insight 的视频最多，但与表 3-10 中 BBC 和表 3-11 中 CNN 的同类视频相比，视频总量、观看总量差距较大，CGTN DOC、Icon 之类的节目也无法及时更新。

表 3-9　　　　CGTN 投放到 YouTube 上的电视节目

序号	主要栏目	视频总量	观看总量（万）	更新情况
1	China 24	229	5.68	2020-03-09
2	The Point with LIU Xin	1781	27	2021-07-14
3	Dialogue	1385	10	2021-07-14
4	World Insight	3768	11.8	2021-07-15
5	Travelogue: Exploring Hidden China	248	13.6	2021-03-19
6	Assignment Asia	383	2	2021-06-06
7	Crossover	72	1	2020-07-09
8	Icon	79	5426	2021-03-24
9	Closer to China	271	6	2021-07-09
10	CGTN DOC	178	5.99	2021-02-21
11	Biz Talk	49	3217	2021-07-09

表 3–10　　　　　BBC news YouTube 账号的板块情况

序号	主要板块	视频总量	观看总量	更新情况
1	Latest World News from the BBC	3571	533	2021–07–15
2	BBC News India	159	13	2021–07–08
3	Toyko 2020（因东京奥运会而临时划分的块）	7	3871	2021–07–08
4	BBC Features	2324	149	2021–07–12

表 3–11　　　　　CNN YouTube 账号的板块情况

序号	主要板块	视频总量	观看总量	更新情况
1	Must See Moments	430	130	2021–07–13
2	CNN Business	367	6.25	2021–07–15
3	The Point with Chris Cillizza	300	82	2021–07–15
4	World News	2090	58	2021–07–15
5	Politics News	1648	30	2021–07–15

除了电视节目，CGTN 根据"移动优先"的战略，专门开辟了适合 YouTube 传播特点的 9 个板块，见表 3–12。根据表 3–10、表 3–11、表 3–12，与 BBC 的 4 个及 CNN 的 5 个相比，CGTN 的板块较多。板块多、内容细，无法保证 CGTN 的社交媒体运营团队及时更新视频，像 The 1.4 Billion 板块在 2021 年 1 月 14 日更新之后，已有半年未更新。除了更新慢，观看量也较低，如此，估计难以及时发声。

表 3 – 12　　　　CGTN YouTube 账号专门设置的板块情况①

序号	主要板块	视频总量	观看总量	更新情况
1	Trending Right Now	4850	167	2021 – 07 – 15
2	CPC100	127	1744	2021 – 07 – 15
3	Space China	258	4670	2021 – 07 – 15
4	Facts Tell	98	3.99	2021 – 07 – 03
5	New Era for China	62	16	2021 – 07 – 14
6	CGTN Special：Fighting Terrorism in Xinjiang	35	8580	2021 – 04 – 05
7	The 1.4 Billion	228	6	2021 – 01 – 14
8	Job Challenge	12	5.88	2021 – 03 – 17
9	The Media Challengers：See Your Possibilities	29	594	2021 – 07 – 11

4. 个别发声引起误会，专业能力欠佳

CGTN 一直重视原创新闻的首发率。这一策略有优点，但也带来问题。2021 年 5 月 22 日上午 10 点 51 分，CGTN 在其微博、Twitter 等账号上，率先报道了中国工程院院士、"杂交水稻之父"袁隆平去世的消息。该消息一出，立即震撼整个国内、国际媒体，但是，人民日报和湖南省委宣传部迅速发声辟谣，证实袁老目前正在长沙医院治疗，并没有去世。随即，CGTN 删掉了微博账号上关于袁隆平去世的新闻，并在当天 11 点 57 分通过微博用中文致歉，如图 3 – 4 所示，但没有在 Twitter 等国际社交媒体账号上指出事实真相。随意删掉新闻，反映了 CGTN 不擅长"新闻更正"的问题；传播不实消息，反映了 GCTN 可能导致用户对

---

① 表 3 – 9、表 3 – 10、表 3 – 11、表 3 – 12，时间截至 2021 年 7 月 15 日。

自己的信任度下降。由道歉内容来看，信息核实失误，反映了其作为国家最重要的国际传播平台专业报道能力却欠佳的问题。此外，道歉内容苍白无力，对袁隆平先生及家人造成的伤害，没有道歉；对造成的部分不良影响，没有道歉；对自己接下来如何规范报道行为，提高专业能力，未做规划。换句话说，CGTN还存在危机传播能力较差的问题。

> **CGTN** V
> 2分钟前 来自 微博 weibo.comm
> 经核实，袁隆平院士目前正在医院接受治疗，我们对此前报道不慎深表歉意。
>
> ☆收藏　　　　319　　　　4248　　　　10952

图3-4　CGTN在微博上对失实报道致歉

二 "2"个主体和声能力："大"与"小"

"2"指的是央视和国际台这两个中央级广播电视主体。央视重视针对华人华侨进行中文传播，国际台则更重视针对全球不同国家进行多语种传播。两个主体的国际传播能力建设既重视强化传统电视台和电台的作用，又重视建设网站和新媒体矩阵的国际传播能力。两个主体的地位增强，并与CGTN主体观念相配合，传播中国好声音，但两个主体的"和声共振"能力欠佳。

（一）央视和国际台"和声共振"能力整体上较大

传统渠道依然可以收听、收看央视和国际台的节目。网络与社交媒体带来的变化是，身在国外依然可以通过网络渠道收听、收看传统渠道上的广播电视节目，依靠社交媒体依然可以看到广播电视在微信、微博、抖音等社交媒体上的内容。因此，广播电视国际传播无内外之别，加强了传统广播电视的内容建设，也就加强了国际、国内在线视频平台和社交媒体的内容建设。

1. "分类账号,垂类账号",互相链接,形成和声"大环境"

第二章,已经介绍了央视和国际台通过建立分台、分站等方式拓宽渠道,利用卫星传送、代理落地、交换落地等拓宽渠道,开设微博、微博、抖音、YouTube、Facebook 等方式提升国际渠道,实现渠道多元化。此处,重点介绍央视在 YouTube 上的建设。见表 3 – 13,央视已经开通了"CCTV 中国中央电视台"这一主账号以及 20 个分账号。这些账号既包括央视的中文国际频道、电视剧频道、纪录片频道、科教频道、社会与法等分频道,也包括今日说法、挑战不可能等垂类账号,还包括英语、西班牙语、俄语、阿拉伯语等外语频道。频道多元化,促进了关于中国政治、经济、文化、科教等多个方面内容的传播,形成了立体的"拟态环境"。其中,"CCTV 中国中央电视台"账号推荐了除自己之外的 20 个账号,让用户能够通过自己的账号链接到其他账号,即便是细分账号也相互推荐,根据表 3 – 14,"CCTV 中文国际"账号推荐了其他账号。即便是 CCTV 한국어방송 频道这一订阅用户较少的账号,也积极推荐了 CCTV 英语频道、西班牙语频道、法语频道、阿拉伯语频道、俄语频道。这样相互推荐、链接的方式让原本某个账号上的声音,进一步得到扩大。

表 3 – 13　　　　CCTV YouTube 账号设置情况①

序号	账号名称	注册时间	序号	账号名称	注册时间
1	CCTV 电视剧	2018 – 08 – 07	11	CCTV 纪录	2013 – 05 – 21
2	CCTV 挑战不可能官方频道	2016 – 11 – 25	12	CCTV 科教	2013 – 05 – 21
			13	CCTV 财经	2013 – 05 – 21

---

① 表 3 – 13、表 3 – 14、表 3 – 15、表 3 – 16,时间截至 2021 年 7 月 15 日。

续表

序号	账号名称	注册时间	序号	账号名称	注册时间
3	CCTV Français	2015 - 05 - 26	14	CCTV 今日说法官方频道	2013 - 05 - 21
4	CCTV 한국어방송	2014 - 07 - 24	15	CCTV 热播剧场	2013 - 03 - 09
5	CCTV Русский	2014 - 01 - 27	16	CCTV 走进科学官方频道	2013 - 03 - 09
6	CCTV 中文国际	2014 - 01 - 24	17	CCTV 戏曲	2013 - 03 - 09
7	CCTV 中国中央电视台	2014 - 01 - 03	18	CCTV 百家讲坛官方频道	2013 - 03 - 09
8	CCTV 春晚	2013 - 11 - 20	19	CCTV Arabic	2012 - 07 - 23
9	CCTV 社会与法	2013 - 05 - 22	20	CCTV English	2010 - 04 - 07
10	开讲啦 The Voice	2013 - 05 - 22	21	CCTV Español	2009 - 03 - 12

表 3 - 14　CCTV - 4 中文国际 YouTube 账号中推荐的频道

序号	账号名称	序号	账号名称
1	CCTV 中国中央电视台	10	CCTV 社会与法
2	CCTV 电视剧	11	CCTV 挑战不可能官方频道
3	CCTV 财经	12	开讲啦 The Voice
4	CCTV 春晚	13	中华地图
5	CCTV 百家讲坛官方频道	14	CCTV 今日说法官方频道
6	CCTV 纪录	15	CCTV 走进科学官方频道
7	美食中国 Tasty China	16	CCTV 戏曲
8	LIVE NOW	17	案件来了
9	CCTV 科教		

除了相互链接，"CCTV 中文国际" YouTube 账号做得好的就是利用动态更新的功能，设置了与 CGTN 类似的板块与之呼应、链接，比如 "中国航天" 板块与 CGTN 的 "China Space" 遥相呼应，共同推进了国际社会对中国航天事业的了解。另外，央视和国际台国内外的社交账号充分利用 "超链接" "标签" "@" 功能，链接到其他账号。细分渠道及其多样化促进了国际用户根据自己的需求获取信息，相互推荐、相互链接促进了用户彼此链接，深化了内容，强化了其他媒体声音，实现了中国广播电视和声的目的。

2. "台网联动，移动优先"，协同互补，形成和声"大声音"

央视和国际台按照总台"台网联动"的原则包括以下几点。

首先是保持电视频道和网站的广播电视节目持续同步正常更新。央视1套到15套不断更新的电视节目包括《新闻联播》《今日关注》《深度国际》《海峡两岸》《今日亚洲》《海峡两岸》等多个新闻和评论类节目，《远方的家》《中国文艺》《中国诗词大会》《中国缘》《朗读者》《中华民族》《故事的中国》《典籍里的中国》《海报里的英雄》等多个文化类节目，以及大量剧场和活动晚会类节目；利用 CCTV 欧洲和 CCTV 美洲，针对性传播节目。同时也重视将各细分频道和节目嵌入"央视网"。国际台则重视更新电台节目和"国际在线"网站内容。其中，国际在线不仅嵌入了国际台43个外语语言节目和6个中文节目，还重视网站栏目建设及50种语言（包括前述49种语言和首页中文）的版本节目。国际在线栏目设置丰富，内容多元，还专门开辟了"城市远洋"栏目，介绍中国各地方，帮助全球民众通过各种语言认知中国及中国主要省市，如图 3-5 所示，见表 3-15。

其次是强化国际、国内在线平台的内容，分为五种情况。第一种是将原有广播电视节目保留原有名字放到平台上，前述节目均放到

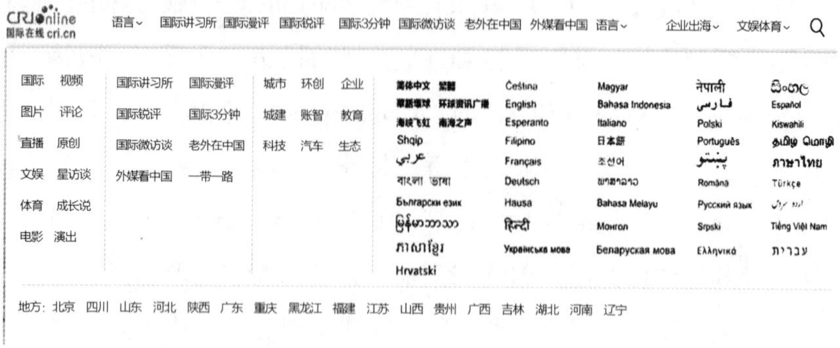

图 3-5　国际在线网站栏目设置及不同语言导航

表 3-15　　　　国际在线"城市远洋"重点推荐的中国省市

序号	名称	序号	名称	序号	名称	序号	名称
1	北京	6	陕西	11	黑龙江	16	吉林
2	上海	7	广东	12	山西	17	湖北
3	四川	8	重庆	13	贵州	18	河南
4	山东	9	江苏	14	广西	19	辽宁
5	河北	10	洛阳	15	福建	20	延庆

YouTube 上。其中"CCTV 中国中央电视台"除了没有电视剧,新闻、评论、综艺节目等都有,视频总量最多,总观看量也最大。CCTV 电视剧账号、CCTV 热播剧场账号以及各外语账号的则有大量电视频道已经播出或者正在播出的电视剧。这些电视剧包括《浪漫的事》《激情燃烧的岁月》《守望幸福》《不如跳舞》《初恋》《觉醒时代》等。其中,CCTV Arabic 观看次数最多的是《李小龙传奇》,达到 1319 万次的观看量,该账号热门视频中,3 年前上传的《李小龙传奇》占了第 1 到第 49 名,最低的观看次数也能达到 109 万,比其他视频的观看量大得多。可见,央视在向外传播中国武术方面还是比较成功。第二种是针对性

制作一些节目，如在 YouTube 上央视专门开辟了《岩松观察室》。第三种是根据在线视频平台分类细化的特点，专门设置诸如"热点精选""大型文化原创节目"等板块，分门别类地传播传统渠道的节目。第四种是根据时事，设置"庆祝中国共产党成立 100 周年特别报道""甜到心里去了！'最美记者'王冰冰合集来啦""沿着高速看高速""理想飞扬的热血青年 激情燃烧的澎湃岁月"等动态板块，随时调整，及时更新相关内容，让国际用户能够最快速地了解到中国最新消息。第五种是根据在线视频平台的碎片化、社交化、圈层化等特点，专门设置"Shorts（短视频）"板块，便于快速分享传播，裂变传播。

再次，央视和国际台按照"移动优先"战略，强化国际、国内社交媒体内容，随时更新诸如强化"央视频""央视网""国际在线"等大类账号的内容，强化"央视新闻""CCTV 焦点访谈""国际在线新闻""国际在线文娱"等垂类账号的内容。央视和国际台这种"移动优先"战略，通过各种渠道传播新闻、电视综艺、纪录片、电视剧等丰富内容，既及时传播了中国新闻信息，又利用潜移默化的影视内容塑造了中国形象，让全球不同民族不同文化的人对中国提升了一定的认知。有国际用户在看完王冰冰系列新闻之后，表示，"为中国的商业、农民变得越来越好，过上幸福生活感到骄傲"。有国际用户看完《觉醒年代》之后，表示"作为马来西亚第三代华人，对中国历史了解甚少，但通过这部剧看到了中国过去，也期待中国的未来"。

（二）央视和国际台"和声共振"能力个别较小

央视和国际台致力于渠道建设和内容建设来加强声音，但相比其他国际媒体，央视和国际台的发声能力和和声共振能力较小。这与渠道运营发挥链接功能欠到位、内容运营欠"全球意识"等有一定的关系。

1. 渠道运营能力欠佳导致整体和声共振能力小，效果欠佳

在国际在线视频平台领域，根据表3–16，央视的"CCTV中国中央电视台"账号的订阅用户最高，有125万，其余20个账号都低于100万，CCTV 한국어방송账号的订阅用户最少，只有2.72万人。即便是"CCTV中国中央电视台"账号的125万订阅用户，相对CNN的1260万、BBC的1030万而言，差距较大；相对CGTN的248万、湖南台的431万、浙江台的199万、上海台的166万来说，也明显较少。同时，该账号视频总量、总观看量以及每个视频的点赞量、评论量也较少。这说明央视"拉新促活"（发展新用户，维持老用户黏性）的运营能力欠佳，这样就直接导致与CGTN的和声共振能力较小，效果欠佳。

表3–16　　　　CCTV在YouTube账号的订阅用户情况

序号	账号名称	订阅用户（万）	视频总量	总观看量（亿）	更新情况
1	CCTV中国中央电视台	125	24426	6.3	2021–07–15
2	CCTV纪录	79.1	7535	2.1	2021–07–15
3	CCTV电视剧	66.2	8008	5.6	2021–07–15
4	CCTV中文国际	65.4	37746	2.4	2021–07–15
5	CCTV春晚	47.1	7059	2.5	2021–07–15
6	CCTV科教	41.6	16654	1.09	2021–07–15
7	CCTV Arabic	34.1	13443	1.2	2021–07–15
8	CCTV English	27.2	21445	0.99	2021–07–15
9	CCTV社会与法	27.1	30121	2.9	2021–07–15
10	CCTV挑战不可能官方频道	23.2	561	1.1	2021–06–15

续表

序号	账号名称	订阅用户（万）	视频总量	总观看量（亿）	更新情况
11	CCTV 百家讲坛官方频道	22.9	10268	0.9	2021-07-15
12	CCTV 财经	17.7	16476	0.36	2021-07-15
13	CCTV Español	17.6	15530	0.67	2021-07-15
14	开讲啦 The Voice	12.9	1640	0.31	2021-07-15
15	CCTV 今日说法官方频道	11.1	3991	0.85	2021-07-15
16	CCTV 走进科学官方频道	8.12	2003	0.28	2020-07
17	CCTV Русский	7.08	13313	0.2	2021-07-15
18	CCTV 热播剧场	5.43	1841	0.25	2021-07-15
19	CCTV 戏曲	4.96	19873	0.24	2021-07-15
20	CCTV Français	4.32	15805	0.09	2021-07-15
21	CCTV 한국어방송	2.72	7403	0.3	2021-05-15

此外，央视在账号内推荐功能也有不足，个别账号的链接性弱。比如，央视开通了 20 多个账号，但是相互之间推介的情况较少。CCTV 中文国际频道 YouTube 账号既不推荐 CCTV 原有外语频道，也不推荐 CGTN 频道和中国地方广播电视频道，而像 CCTV 挑战不可能官方频道、CCTV 百家讲坛官方频道这些具有一定订阅用户、个别节目观看量较高的 YouTube 账号也不推荐任何中国广播电视的频道。这种与其他中国广播电视账号割裂的情况比较严重。

网站与社交媒体运营领域也有一定的问题。随着互联网模式的发展，点赞、弹幕、评论等已经成为人们生活中的一个观影习惯。但是，央视网站各频道缺少点赞、弹幕、评论等互动模式；在 YouTube 的《新闻联播》板块以及部分电视剧板块，甚至直接关闭评论区。前者，缺少互动模式不仅不利于了解观众的观影感受，也影响了传播者与用户之间的交流；后者，直接关掉评论区，可能存在"武断"的问题，不利于"发声""和声"，甚至造成逆反心理。所谓"海纳百川，有容乃大"，这种情况，有待调整。

2. 内容运营能力欠佳导致"和声共振"能力较小，效果欠佳

央视与国际台内容运营最大的问题还是出在"对外宣传"上未展现"全球意识"。在电视频道方面，以 CCTV-4 中文国际频道播出的内容来看，"外宣意识"突出。CCTV-4 中文国际频道除《中国新闻》十分关注中国外，《深度国际》《今日关注》《今日亚洲》《今日环球》对中国的关注也较多，对其他地区的关注较少。除了新闻从外宣角度来制作，连广告都更加关注中国。如图 3-6 所示，2020 年 12 月至 2021 年 4 月的广告多以传承中华文化、铭记党的使命这类题材的公益广告为主。有研究者提到，传承类广告虽然可以提升国内外华人对祖国的自豪感，但是重复单一的广告资源会使受众逐渐丧失观看乐趣。CCTV-4 中文国际频道的观众超过 80% 都是 65 岁以及 65 岁以上的海外华人华侨，这个群体大部分有爱国意识、传承意识，过多的强调反而造成其逆反心理。同时，由于观众的定位，CCTV-4 中文国际频道的电视剧题材也十分单一，《解放》《东方》《换了人间》等红色题材剧约占 87%，尤其是制作年代相当久远的抗日题材电视剧占比较高。这与当今中国电视剧题材极其多元、丰富完全不匹配，也无法向这些群体展现中国的新变化，包括电视剧里面反映的中国城市、中国乡村、中国人民、中国科技、中国教育、中国医疗、中国环境、中国理念等越发先进的现实，包括影视拍摄技术、拍摄技巧、后期制作技术、制作理念等不断进步甚至在国际上较为先进的现实。

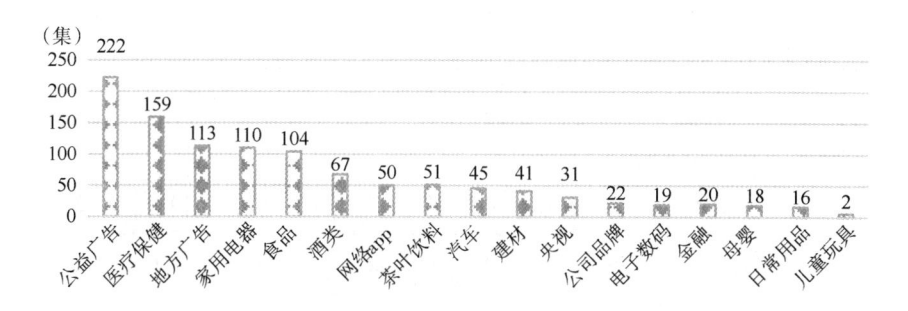

图 3-6 央视国际频道各广告类型数量

（集）222 公益广告；159 医疗保健；113 地方广告；110 家用电器；104 食品；67 酒类；50 网络app；51 茶叶饮料；45 汽车；41 建材；31 央视；22 公司品牌；19 电子数码；20 金融；18 母婴；16 日常用品；2 儿童玩具

红色题材电视剧过多的情况在 YouTube 上也存在。"CCTV 电视剧"账号的电视剧中，有《解放》《跨过鸭绿江》《热血军旗》等红色题材 21 部，剩下《西游记》《水浒传》等经典记忆电视剧 11 部，及《卧薪尝胆》《郑和下西洋》等其他题材电视剧 4 部，红色题材占了 58%。"CCTV 电视剧"账号也存在同类问题。电视频道的观众决定了其红色题材剧不得不占比较大，但 YouTube 用户本身年龄相对较轻，还是如此偏重红色题材就存在未考虑"全球用户"兴趣爱好的问题。根据表 3-17，这些电视剧的观看量、评论量、点赞量并不高，相对国内其他电视剧的效果来讲，欠佳；相对国际媒体播出电视剧的全球播放量来说，效果也欠佳。

表 3-17　CCTV 热播剧场 YouTube 排名观看量排前十的剧①

排名	剧名	首播时间	观看量（万）	评论量	点赞量	点踩量
1	《明天我们好好过》第 1 集	2021-04-05	44	40	1129	119
2	《跨过鸭绿江》第 1 集	2021-01-14	35	132	2196	209
3	《跨过鸭绿江》第 29 集	2021-01-28	34	134	1355	191

① 时间截至 2021 年 7 月 10 日。

续表

排名	剧名	首播时间	观看量（万）	评论量	点赞量	点踩量
4	《黑白禁区》第1集	2021-04-27	33	21	1028	120
5	《觉醒年代》第1集	2021-06-11	27	125	3400	109
6	《大决战》第1集	2021-06-28	22	3	1397	135
7	《有你才有家》第1集	2021-04-29	21	关闭评论区	403	73
8	《最美的乡村》第1集	2021-06-08	20	关闭评论区	503	67
9	《跨过鸭绿江》第4集	2021-01-15	20	112	794	86
10	《跨过鸭绿江》第30集	2021-01-28	20	76	733	82

在利用传统收音设备收听广播节目面临下降趋势的今天，国际台也重视社交内容运营，但是微博账号、微信账号以及国际社交媒体账号的内容效果欠佳。国际台新闻中心2014年开办了两个微信公众号，分别是环球锐评和第一资讯。第一资讯使用中文传播，以热点、内幕、军情、历史、思想、情调为主，希望通过深度的内容区别于时事新闻。运营到2018年1月15日，该公众号虽然有几百篇文章，但是，从其公布的信息来看仅有55篇原创内容，并且，这些内容的传播效果欠佳，以该账号2018年5月31日发布的文章《"大朋友"习近平与中外小朋友的9个暖心故事》为例，阅读量仅为592，点赞量仅为3。该公众号于2018年1月16日迁移至环球资讯公众号，但该公众号也只运营至2019年11月10日。环球资讯公众号依然以中文为主，传播效果欠佳。以该账号于2019年11月10日发布的文章《尽在进博！未来已来，好物可待……》为例，阅读量仅有3962，点赞量只有1。中国广播电视频繁更换社交媒体账号地址，无法深入运营，也就不利

于发声与和声。

三 "N"个主体复调能力："奇"与"异"

"N"一方面指中国有能力进行国际传播的省级广播电视台和市、县级融媒体，另一方面指有能力进行国际传播的以视频为主的主体，如"爱优腾"、搜狐视频、"两微一抖"、自媒体以及华为、华策等出海平台与机构。这些主体与CGTN、央视和国际台不同，更多倾向于依托社交渠道、打造平台和利用终端设备传播电视综艺、电视剧等长视频和社交化短视频内容，出奇制胜，与主流"声音"形成了一个统一的整体，但又有一定的差异。

（一）"N"个主体出奇制胜与主流"声音"和谐发展

"N"个主体在国际传播渠道建设和内容建设方面与CGTN、央视和国际台有异曲同工之妙；但是在个性化方面又比较突出，传播了更加多样化的中国，对主流声音，起到了一定的辅助作用。

1. 省级广电和市县级融媒体机构出奇招

根据表3-18，包括湖南台、浙江台等在内的省级广播电视台开通了国际频道，播放本台能够反映地方特色的节目。除了浙江台、江苏台等有多个节目使用英语传播之外，云南台的国际频道也比较有特色。该频道于2019年9月6日改名为"云南澜沧江湄公河国际卫星电视频道"（云南澜湄国际卫视），专注于老挝、缅甸、柬埔寨、越南、泰国等东南亚地区传播，服务于"一带一路"倡议建设及澜湄地区经济发展，促进了中国人民与这些国家人民之间的沟通交流，云南台也是第一个在泰国整频率落地的广播电视台。在"台网联动，网站优先"的今天，部分省级台打造了专门的网站来播出电视节目，如浙江台"中国蓝"、湖南台"芒果TV"，在全球都可以通过网站观看电视台的情况下，促进了电视台的国际传播能力建设，其转播的央视《新闻联播》等重要节目，也让全球民众能够通过更加多元的渠道看到该节目。

表 3–18　　　　　　　全国开设了国际频道的电视台

序号	名称	序号	名称
1	湖南台	8	四川台
2	浙江台	9	北京台
3	上海台	10	天津台
4	江苏台	11	安徽台
5	重庆台	12	广西台
6	福建台	13	云南台
7	河南台	14	广东台

在社交媒体传播电视台节目更具有优势的今天，在国际社会都可以观看国内社交媒体的今天，省级广电非常重视开通抖音、B 站的账号，利用其平台传播电视台的节目。根据表 3–19，全国省级卫视均开通了抖音账号，并且东方卫视、湖南卫视、浙江卫视三台的视频数、粉丝数、获赞数、更新情况都非常好。这三个台传播的节目基本能与主流声音一致，又独具特色。

表 3–19　　　　　全国省级卫视开设抖音账号的情况[①]

序号	名称	视频数（万）	粉丝数（万）	获赞数（亿）	更新情况
1	东方卫视	1.0	2140.5	7.1	即时
2	芒果 TV	1.5	2047.1	8.0	即时

---

① 表 3–19、表 3–20，时间截至 2021 年 6 月 15 日；表 3–20 只针对粉丝数量超过一千的卫视。

续表

序号	名称	视频数（万）	粉丝数（万）	获赞数（亿）	更新情况
3	浙江卫视	1.7	1916.2	8.0	即时
4	江苏卫视	8302	972.7	2.0	即时
5	辽宁卫视	1466	643.4	2722.8	即时
6	天津卫视	2812	524.2	4624.6	即时
7	湖北卫视	7794	487.6	5765.3	即时
8	吉林卫视	3462	404.3	2087.8	即时
9	安徽卫视	6109	311.7	5997.8	即时
10	河北卫视	1319	299.1	3133.9	2021-06-09
11	山西卫视	2967	239.4	4876.5	即时
12	东南卫视	1401	223.6	690.1	即时
13	北京卫视	4851	179.3	1675.9	即时
14	河南卫视	1459	162.6	2805.9	即时
15	陕西卫视	1466	147.2	1929.4	即时
16	重庆卫视	1820	139.1	2443.4	即时
17	贵州卫视	888	138.4	2275.9	2021-06-12
18	四川卫视	1370	134.3	557.9	即时
19	内蒙古卫视	2623	122.6	6634.3	即时
20	黑龙江卫视	2045	114.3	2330.2	即时
21	山东卫视	2307	84.6	1449.6	即时
22	江西卫视	1231	66.5	1127.3	即时

续表

序号	名称	视频数（万）	粉丝数（万）	获赞数（亿）	更新情况
23	广西卫视	5244	58	287.5	即时
24	广东卫视	676	41.1	240.4	即时
25	新疆卫视	432	40	275.2	即时
26	海南卫视	566	37.8	72.1	即时
27	宁夏卫视	1599	20.9	157.9	2021-06-09
28	西藏广播电视台	333	11.3	77.3	即时
29	青海卫视	466	10.2	140.1	2021-06-07
30	云南卫视	111	8.6	13.7	2021-06-02
31	甘肃卫视	82	2985	3.1	2021-05-17

由于B站平台与抖音平台的定位差异，个别台也开设B站账号，湖南台做得最好，这与其重视年轻群体"Z世代"的喜好有直接的关系。这种重视年轻群体喜好的习惯也同样运用在国际渠道，帮助其更好地经营国际平台。而国内、国际平台的链接，又辅助其更好地"复调传播"。

除了广东台、西藏台、青海台、内蒙古台、甘肃台没有开通YouTube账号之外，中国21个省级广播电视在2011年之后都开设了YouTube账号。其中上海台开设得最早，其次是在国内发展较好、竞争意识较强、国际意识较高的江苏台、湖南台。2013年，中国提出"一带一路"倡议，对构建"人类命运共同体"起到重要作用，随后中国各省级台纷纷以"传播中国"为己任，入驻YouTube，开设账号，传播新闻、评论、纪录片、综艺、电视剧等，内容十分丰富。省级广播电视台反应十分迅速,"八仙过海,各显神通","和声共振"意识和"复调传播"意识都很强,部分电视台已经走出了比较新奇的道路。根据表 3-20 和表 3-21,湖南台和浙江台大量发展分账号,其中外语账号和垂类账号最为突出。各台的外语账号主要以传播翻译为当地语言的电视剧、综艺节目为主,涉及的语言主要包括英语、阿拉伯语、越南语、印度尼西亚语和泰语。这两个台在当地的受欢迎程度都较高。在垂类账号方面,"青春""欢乐""侦探""音乐"等主题是两个台的共同主题,其内容本身和拍摄技巧、配音技巧以及后期剪辑技巧等均反映了中国年轻人朝气蓬勃的形象,传播了中国年轻人的声音,与主流声音形成"和声"。

表 3-20　　　　　　　　湖南台芒果 TV YouTube 账号①

序号	名称	注册时间	订阅用户(万)	总观看量(亿)	备注
1	芒果 TV 青春剧场 MGTV Drama	2015-02-15	229	12	中文,电视剧
2	芒果 TV 音乐 MGTV Music	2015-11-23	172	18	中文,音乐
3	MGTV Vietnam	2020-01-02	131	7.9	中文,越南语
4	芒果 TV 心动 MGTV Sparkle	2014-09-28	63.8	4.4	中文,电视剧
5	明星大侦探官方频道 Who's the Murderer Official Channel	2015-01-19	39.6	1.8	中、英文主播《密室大逃脱》

---

① 表 3-20、表 3-21,时间截至 2021 年 6 月 11 日。

续表

序号	名称	注册时间	订阅用户（万）	总观看量（亿）	备注
6	Xoài TV – TV Show Vietsub(越共电视)	2015-01-19	46.2	1.6	中文,综艺节目,配越南语
7	芒果TV纪录片 MGTV Documentary	2016-05-15	27	0.5	中文,纪录片
8	芒果TV爱豆 MGTV Idol	2016-11-03	24.1	1.1	中文,综艺
9	MGTV Thailand	2015-02-15	19	0.1	泰语
10	芒果TV饭团 MGTV Fans	2017-09-22	16.8	1.1	中文
11	MGTV Drama English	2019-12-13	15.2	0.5	电视剧,英文字幕
12	芒果TV热播综艺 MGTV Variety	2019-12-13	7.91	0.4	中、英文
13	MGTV Arabic	2021-02-08	6.73	0.1	中、阿拉伯语
14	MGTV Indonesia	2020-01-03	7570	0.01	中文,综合频道
15	MGTV US	2021-04-16	1340	0.01	电视剧,中、英语

表3-21　　　　浙江台在YouTube账号上的传播表现

序号	内嵌推介频道名称	注册时间	订阅用户（万）	总观看量（亿）	备注
1	浙江卫视【奔跑吧】官方频道	2015-09-29	194	13	中文
2	浙江卫视音乐频道 ZJSTV Music Channel	2016-07-16	145	21	中文

续表

序号	内嵌推介频道名称	注册时间	订阅用户（万）	总观看量（亿）	备注
3	浙江卫视【王牌对王牌】官方频道 Ace VS Ace Channel	2020-03-20	7.61	0.3	中文
4	Keep Running kênh Viêtnam	2020-07-08	4.07	0.07	中、越南语
5	浙江美好中国纪录片频道 ZJSTV Documentary	2021-03-15	409	5655	中文
6	CCTV 中国中央电视台	2014-01-03	123	6.3	中文

省级广电 YouTube 账号会主动传播央视的新闻，比如，上海台 SMG"东方卫视环球交叉点"频道的新闻，发布了 15 个外交部王文斌在新闻发布会上的视频，这些视频与央视所播视频一致。省级台也在自己的账号内推荐了其他省级台以及央视，根据表 3-21，浙江台专门推荐了"CCTV 中国中央电视台"账号，便于将自己平台的用户引流到央视平台。这样的复调传播，可帮助中国声音，尤其是更加多元的声音，能够更多地被听到。

省级广电也重视内容本身的建设。以上海台为例，2019 年推出的思想政论节目《这就是中国》，创新性地采用了"演讲+真人秀"的模式，传达了中国精神。节目中，主讲人从当下国内外老百姓关心的一个个热点、难点时政问题切入讨论，以自己的政治观和视角，通过演讲的方式为观众答疑解惑，讲清楚中国制度、中国理论、中国道路、中国文化的优势和先进性。从 2019 年 1 月 7 日播出至今，该节目已经制作播出 106 期，这 106 期均被上传到 YouTube 上，每期最少能获得 20 万的播放量。

此外，市、县级融媒体机构相对省级电视台在国际传播能力建设方面，因为重心在服务当地所以相对较弱，但也重视微博、微信的建设，尤其是融媒体的社交化建设。这种社交化建设主要是将本地的经济发展、文化教育、趣闻逸事等通过文字、图片、视频、动画等融媒体呈现，并非常重视与用户之间的互动，解答用户的疑问，鼓励用户对家乡的支持，对保持出身本地但旅居国外的华人、华侨的黏性有一定的帮助，强化了他们对家乡的认知。

2."爱优腾"、搜狐与"两微一抖"出奇招

正常情况下，"爱优腾"和搜狐视频在国内外均可观看。对2010年以后旅居海外的华人、华侨而言，这些平台对他们观看国内优秀节目，对他们孩子学习汉语均有一定的帮助。根据表3-22，几大平台共同的特点就是偏向于电影、电视剧、综艺节目、纪录片，但是腾讯视频倾向于将央视的《新闻联播》《新闻1+1》《朝闻天下》《午夜新闻》《新闻直播间》等多个新闻节目的节选及各省级台的新闻节目节选传播出去。除了播出自制节目之外，这些平台也播出各电视台影响力较大的节目，同时"网台联动"直播或者播出节目。这样的方式，就扩大了电视频道的声音。另外，腾讯视频也针对国外用户的需求打造了"We TV"这样的平台。这种渠道的开拓有利于央视节目、省级台节目的传播。

表 3-22 中国四大在线视频平台的情况

名称	创立或重新上线时间	母公司	特色
腾讯视频	2011 年	腾讯	腾讯视频聚合了热播影视、综艺娱乐、体育赛事、新闻资讯等海量内容资源，并通过PC端、移动端以及客厅产品等为用户提供内容更丰富、观看更高清流畅的视频娱乐体验

续表

名称	创立或重新上线时间	母公司	特色
爱奇艺视频	2010 年	百度	拥有海量、优质、高清的网络视频的大型视频网站,专业的网络视频播放平台。爱奇艺影视内容丰富多元,涵盖电影、电视剧、动漫、综艺、生活、音乐、搞笑、财经、军事、体育、片花……
搜狐视频	2009 年	搜狐	综合类视频,提供正版高清电影、电视剧、综艺、纪录片、动漫等。网罗最新、最热新闻和娱乐咨询,同时提供免费视频空间和视频分享服务
优酷视频	2014 年	阿里巴巴	以"这世界很酷"为品牌主张,优酷致力于为爱情、为梦想、为时代、为情怀、为英雄,拍摄出更多的优质影视作品,并打造从看到玩的一站式文娱酷体验,让年轻人的快乐更阳光

"两微一抖"除了努力发展国内版本,更重要的是大力发展国际版本。微博的国际版"WeiBO",微信的国际版"WeChat",抖音的国际版"Tiktok"发展良好,有一定数量的国际用户全球社交媒体统计数据显示,WeChat、Tiktok 的用户呈现增长状态。2021 年 4 月比 1 月,WeChat用户增长了 400 万,Tiktok 用户增长了 430 万,分列世界社交媒体的第 6 名和第 7 名。这些平台的成熟和用户的增长为中国声音的传播起到了重要的推动作用。此外,WeChat 的视频号功能、直播功能推动了各广电已有节目和直播节目的全球传播。

3. 自媒体与电视台联合播出

UGC 模式逐步兴起,自媒体成为显著现象。电视台要进行推广与自媒体领袖进行合作已经是非常成熟的模式。如 2020 年 6 月 25 日,央视新闻对端午节进行的推广宣传,就是和李子柒等知名自媒体进行合作、开启直播的。当天的直播获得了接近100万的观看数量。而后，李子柒个人账号对央视的传播，也加强了央视的声音。此外，2020年疫情期间，央视主持人朱广权与自媒体达人李佳琦合作推出的"小朱配琦"公益带货直播突破4000万，也是一次成功的双向融合范例。

4. 华为、华策等企业直接出海

华为利用在云计算领域领先的技术优势，帮助电视台构建全媒体云平台系统，也使用终端电视平台在国外直接植入了央视、湖南台等电视台的电视节目，直接让这些电视的声音有了新的传播渠道。华策作为影视内容制作与传播的公司，重视出海。2016年，华策将建党95周年献礼片《解密》送进了美国市场，通过与美国GETV（环球东方卫视）签署协议，实现中国主旋律剧首次在美国电视台播出。

（二）"N"个主体复调传播与"主流"有差异

"N"个主体积极传播主流声音，弥补了主流声音过于严肃的问题，让全球受众看到了不一样的平台和内容，但是"N"个主体差异化的运营理念导致其内容和形成的"拟态环境"与主流声音也有一定的差异。

1. "N"个主体传播的内容本身有差异

"N"个主体尤其相对优秀的湖南台、上海台、浙江台传播的内容主要以自己播出的娱乐节目和古装剧、都市时尚剧为主。"N"个主体这样的传播在与主流声音形成互补的同时，也存在一定的差异。比如，SMG（上海广播电视台）YouTube账号的新闻栏目主要来自《看看新闻》、东方卫视新闻栏目《今晚Tonight》、东方卫视深度国际时评节目《环球交叉点》，播出的电视剧《若你安好便是晴天》《亲爱的、热爱的》；芒果TV的YouTube账号播出的综艺节目主要是《密室大逃脱》《我是歌手》等，播出的电视剧主要是《我们都要好好的》《一夜新娘》《身为一个胖子》等，浙江台的YouTube账号也主要播出自己的

《王牌对王牌》《奔跑吧兄弟》等节目和独播电视剧。这样的播出，内容和账号本身让全球看到了不一样的中国，但是这种差异对加强主流声音的帮助不太显著。此外，虽然腾讯视频、搜狐视频设置了新闻板块，但作为一个正常情况下可以全球观看的平台，推荐的新闻主要是社会负面新闻，也与主流声音有较大的差异。

2. 推荐传播"1"的声音少，与"2"的差异也较大

因为央视、CGTN、国际台有平台长期传播新闻、评论、电视剧、纪录片，也因为"爱优腾"视频、搜狐视频等视频平台的定位，导致其推荐央视、CGTN、国际台的新闻、评论的机会少，尤其是推荐CGTN的机会相当少。这些视频平台偶尔推送的新闻也主要以社会新闻为主，不利于主流声音的传播。同时，腾讯视频推选的央视新闻节目并不是完整地将一个节目呈现，而是节选某些片段，这种片段性新闻不能完整地表达央视传播的整体思想，尤其是大量节选负面性的新闻，形成了比较负面的"拟态环境"。央视、国际台、CGTN均有微信账号、微博账号、抖音账号，但是"两微一抖"平台主要是基于算法推荐，追逐资本的思路强于其他，导致其只推荐在央视、国际台、CGTN有一定观看量的视频，对选题价值高但前期观看量和完播率不高的视频未及时推荐。

第二节 传播渠道竞合能力建设的现状与问题

广播电视的国际传播渠道主要指开拓和运营频率（频道）或节目在境外的播出渠道或者内容分发渠道等。[①] 合作主要指与国际媒体机构

[①] 李宇：《数字时代的电视国际传播：路径与策略》，中国广播影视出版社2015年版，第28—30页。

或者非媒体机构开展业务合作、人员交流等。中国广播电视国际传播渠道建设主要有开辟专栏、广播频率（频道/网络广播电视台）落地以及新兴渠道分发等方法。经过多年的发展，中国广播电视频率（频道）落地数量增多，新兴渠道分发更加频繁。在这一过程中，中国广播电视国际传播渠道的竞争能力和合作能力也随之加强，但是与国际主要媒体相比，还是存在不足。

一 传统渠道竞合能力："硬"与"软"

传统渠道主要指广播电视频率（频道）在海外落地，以及广播电视发挥"台网联动""网络广播电视"的形式在全球分发。目前，中国广播电视传统渠道竞争和合作能力随着落地频率（频道）、节目数量的增多而有一定的增强，但也存在与国际媒体相比整体实力较"软"的问题。

（一）传统渠道竞争能力的"硬"与"软"

通过在境外开拓和运营频率（频道）或节目播出以及通过建设网络广播电视台促进全球分发这种相对传统的渠道建设，中国广播电视国际传播渠道明显增多，竞争能力有所增强。但是个别频率（频道）或节目运营能力欠佳，导致传统渠道的整体实力较"软"。

1. 传统渠道竞争能力的"硬"

广播电视频道落地方式促进传统渠道竞争能力比较"硬"。央视、CGTN、国际台以及省级广电通过卫星、长城平台与国外机构合作等方式在全球大多数国家落地入户，拓展传播渠道，竞争能力明显增强。经过63年的发展，央视的电视频道分类比较齐全、内容丰富多样，CCTV-综合和CCTV-4中文国际频道通过前述方式可以在全球大多数国家的电视机上收看。2018年，央视就已经拥有6个国际电视频道，建有70个海外记者站点（包括3个海外分台、7个中心记者站），设有

1个视频通讯社、1个移动新闻网和1座收纳约130万小时视音频资料的音像资料馆,成为全球唯一一个每天用6种联合国工作语言不间断从事国际报道的电视媒体。其视频素材被九十多个国家和地区的近2000家电视机构采用,节目在一百七十多个国家和地区落地播出。旗下中国国际电视总公司在印尼、柬埔寨开设有影视、娱乐、纪录3个频道。①

国际台的落地能力明显增强,并且能实现使用除中国方言之外的六十多种语言播出,是全球使用语种最多的国际传播机构,在多个国家的首都或重要城市开办了全频落地的海外分台。截至2018年,国际台二十多家海外分台跻身当地主流电台;拥有33个驻外记者站、8个地区总站、30个海外节目制作室、13家广播孔子课堂和众多海外听众俱乐部,这比BBC的建设还要稍微先进,因为BBC到2020年才完成二战以来最大规模的世界服务扩展,即42种语言播出。渠道的建设,促进了CGTN、央视、国际台的新闻首发率的提高。以2021年3月2日为例,"王毅出席中巴建交70周年庆祝活动"报道是CGTN国内首发的。

有能力开拓国际传播渠道的省市级广电通过代理落地等方式,在当地落地参与国际竞争。如新疆台的维吾尔语、柯尔克孜语广播节目《中国之声》分别在乌兹别克斯坦、吉尔吉斯斯坦和土耳其落地;黑龙江台的《你好,俄罗斯》电视节目实现在俄罗斯亚洲地区及部分欧洲地区落地传播;广西台定位"民族、东盟、时尚",在东盟十国设立记者站,节目在越南、老挝、柬埔寨部分城市落地;四川康巴卫视的节目在印度部分区域和尼泊尔落地;厦门卫视在马来西亚设立东南亚演播室及工作站,把闽南话节目输送、传播到东南亚一带;江苏广播电

---

① 张君昌:《新中国七十年广播电视国际传播发展成就、经验与启示》,《国际传播》2019年第5期。

视总台在纳米比亚开办《中国时段》项目，播出中国影视剧。①

网络广播电视渠道的建设促进传统渠道竞争能力比较"硬"。"央视网"直播渠道的建设让央视开辟的每个频道能通过网络全球观看。CGTN 网站的建设也具有同样的作用。在 2007 年 12 月，央视 CCTV – News（英语频道）、CCTV – 4（中文国际频道）、CCTV – E&F（西法频道）② 只能在 127 个国家和地区落地和入户播出，整频道落户数只有 8380 万户，其中英语频道占据了 75% 的份额，约为 6285 万户；中文国际频道占据了 18% 的份额，约为 1508 万户；法语频道占 4%，约为 335 万户；西语频道占 3%，约为 251 万户。③ 2016 年 12 月 31 日，前述外语频道重组为 CGTN 不同频道，通过 CGTN 网站提升了全球落地能力。截至 2021 年 7 月，CGTN 不同频道实现了全球一百六十多个国家观看。

网络广播电视渠道建设实现了通过网站直接收听广播和观看电视的功能，这样的设计直接促进了广播频率和电视频道内容传播渠道更多、范围更广。以 CGTN 为例，如图 3 – 7 所示，除了没有弹幕、评论等互动功能设计，网站切入电视频道比较先进，并且实现了暂停功能，能更好地满足观众暂停细看的需求。

浙江台、湖南台、四川台、广东台、陕西台、安徽台等省级广电也通过开设中文网络广播电视台来传播本地广播节目和电视节目。省级广电的中文网络广播电视传播渠道建设，促进其在当地有一定的竞争力，比如湖南台芒果 TV 在越南、云南台在泰国、广西台在老挝等。相

---

① 张君昌：《新中国七十年广播电视国际传播发展成就、经验与启示》，《国际传播》2019 年第 5 期。
② 中央电视台 CCTV – News（英语频道）是今天的 CGTN English，CCTV – E&F（西法频道）是今天的 CGTN – Español 和 CGTN – Français 两个频道。
③ 刘笑盈、吴燕：《CCTV 电视国际传播及其对世界传播格局的影响》，《现代传播》2008 年第 5 期。

第三章 观照现实：中国广播电视国际传播能力建设的现状与问题

图 3-7 CGTN 网站观看 CGTN English 频道节目

比其他省级广播电视台，湖南台更重视不同语言版本的网络电视台建设，如图 3-8 所示，芒果 TV 国际版针对国际观众已经拥有简体中文、繁体中文、英语、泰语、马来西亚语、越南语、印度尼西亚语 7 个版本。每个版本可自由切换，观看已经翻译成当地语言的各类电影、电视剧、网剧、综艺、UGC 等内容，包括最新制作的内容。这个国际版每个版本能实现暂停、快进、重播等功能，已经拥有稳定的观众，并

图 3-8 湖南台芒果 TV 网络广播电视的不同版本

· 171 ·

且形成了会员收费制模式。

2. 传统渠道竞争能力的"软"

传统渠道的运营能力欠佳，整体实力较"软"。这主要体现在电视频道和网络广播电视两个方面。电视频道方面又体现为以下三点。

第一，部分中文国际频道运营不力，直接停用。比如中国黄河电视台，该台成立于 1991 年 7 月，是中国第一家对美播出的专业电视台。成立当年，该台通过美国 SCOLA 卫星教育电视网的三个频道每天播出节目 27 小时，节目进入北美和中南美地区 400 多所大学、7000 多所中、小学和四十多家城市有线教育电视网，覆盖受众达到 1500 多万。同时，全部节目还通过流媒体技术在美国 INTNET2 网上播出。2004 年 10 月 1 日，该台教育文化频道和 CCTV－4 中文国际、凤凰卫视等 17 个进入长城（北美平台），通过全美第二大直播卫星电视运营商——Echo Star 在北美地区播出，是当时北美地区最大的中文电视平台。2007 年 2 月该台又在加拿大落地。此后该台又陆续在拉丁美洲、东南亚地区、欧洲和澳大利亚等地区和国家落地，播出了《古瓷寻根路》《玉河春秋》《老舍传》。① 但该台因为运营不佳于 2020 年 8 月 29 日停播。与中国黄河电视台情况相同的还有山东电视台国际频道。该频道于 2006 年 1 月 1 日开播，播出时称"泰山电视台"，英文呼号为"TAISHAN TV"。② 该台也通过长城平台实现了在全球大多数地区落地，播出了《五洲四海山东人》《有朋自远方来》《这里是山东》等节目，但该台因为运营不佳于 2021 年 4 月 28

---

① 《中国黄河电视台介绍》，山西网络广播电视台，http：//www.sxrtv.com/special/ch_hhdst/index.shtml。

② 《泰山电视台——山东广播电视台国际频道频道介绍》，齐鲁网，http：//www.iqilu.com/html/haiwai/news/2016/0725/2924826.shtml。

日停播。

第二，现有播出的中文国际频道运营的内容与观众需求有差异，影响力有限。目前还在播出的中文国际频道对观众性别、年龄、职业、教育程度、所在区域、喜好等的调研有限、认知不足，"全球意识"欠佳导致播出内容相对陈旧、传统，加之全球传统电视开机率下滑，电视频道的影响也有限。以湖南台国际频道为例，就新闻来讲，以本地新闻为主；就播出的电影、电视剧来讲，《蚂蚱》等抗日题材较多；就播出的综艺节目来讲，《天天向上》这类相对陈旧一点的节目较多；就播出的广告来讲，推销老年人药物较多，推销在国内才能方便购买的酒类、衣服、鞋子等产品较多。如果针对海外华人、华侨，无论哪个层面的定位都与观众存在差异。

第三，现有播出外语频道运营能力欠佳，在欧美地区的竞争能力有限。一方面是以中国事务为主，缺少对当地的关注，本土化运营、播出时长、制作模式等与当地还有差异，引起欧美观众的关注较少。另一方面广播电视内容的表现形式、人物语言、发音方式与当地存在差异，导致竞争力较差。此外，外语频道品牌在当地的推广度、认知度、知名度有限，也使得外语频道竞争能力有限。

网络广播电视方面，清晰度和方便程度相对较弱。以 CGTN 为例，其清晰度相对 BBC、CNN、RT 等国际媒体来说，比较低；也无法像其他国际媒体一样，即便未在主页面也能正常收听声音，不方便用户边听边做事，让观众观看和收听较费力。另外，在观众已经习惯暂停、回放、快进、倍速、评论、发弹幕等互动方式的情况下，央视、CGTN、芒果 TV 的国际版本在这些互动方式的设计上都较弱，与国际媒体的网络电视或者 Netflix、Amazon Prime 等国际视频播放平台相比，也较弱。

(二) 传统渠道合作能力的"硬"与"软"

渠道的建设使中国广播电视国际合作能力增强。国际合作本就是国际传播的一种,通过双方业务层面的合作,中国广播电视将发生在中国的新闻准确地、客观地、以当地媒体和受众能够接受的方式传播出去,也将中国风景之美、文化之美、科技之美等通过国外媒体在当地播出。

1. 传统渠道合作能力的"硬"

中国广播电视与国际媒体和非媒体机构合作已经成为常态,整体合作能力有所增强。2007 年,央视在重大事件报道中先后与 100 个国家和地区的三百多个电视媒体进行过合作。[①] 而今,交换新闻(评论、专题)素材、交换节目、版权合作、联合拍摄、联合制作、联合转播、联合直播、联合举办活动以及人员互访也成了常态。以总台为例,根据表 3-23,2020 年 3 月 6—8 日,1693 家海外合作媒体(含 1295 家 G20 国家媒体)刊发总台专题稿件 2.8 万篇。省级广电在与国际媒体或机构合作时,则主要采用版权合作、联合开办节目、联合举办活动方式。此外,"丝路电视国际合作共同体"引导"一带一路"沿线国家广播电视合作的作用也凸显出来。

表 3-23　央视疫情防控新闻海外合作落地情况(2020 年 3 月 6—8 日)

机构	海外刊发媒体数(个)	G7/G20 刊发媒体数(个)	海外媒体刊发量(次)
汇总	1693	1295	28435
英语中心	147	83	309

[①] 刘笑盈、吴燕:《CCTV 电视国际传播及其对世界传播格局的影响》,《现代传播》2008 年第 5 期。

续表

机构	海外刊发媒体数（个）	G7/G20 刊发媒体数（个）	海外媒体刊发量（次）
亚非中心	46	15	376
欧拉中心	25	12	102
国际视频通讯社	1405	G7：1077；G20：1163	27385
海外总站总计	70	22	263
北美总站	0	0	0
拉美总站	7	5	7
非洲总站	14	6	22
中东总站	11	0	15
欧洲总站	4	1	5
亚欧总站	9	8	9
亚太总站	25	2	205

CGTN 则注重与境外机构和媒体合作，如英语频道与美国库恩基金会合办《走近中国》，与澳大利亚、韩国、印度、德国、希腊等国的电视台陆续联合制作《对话世界》。2018 年 5—10 月，《旅游指南》栏目与欧洲新闻台达成合作，在双方平台上互推 6 期 30 分钟旅游节目，频次为每月 1 期。[①] 同时 CGTN 也重视与国外境外机构和媒体的人员交流和技术合作。一些省、市级台积极参与合作，比如湖南台与美国好莱坞合作，成都台与俄罗斯金砖国际电视、英国普罗派乐卫视、尼泊尔 ABC NEWS 等海外媒体合作传播"好看成都"节目。

---

① 李雪琼：《CGTN 英语频道发展现状和优化建议》，《国际传播》2019 年第 3 期。

在联合拍摄纪录片方面，中国广播电视国际合作也有一定的发展。央视纪录频道和BBC联合拍摄了《美丽中国》《生命的奇迹》，和美国国家地理频道联合拍摄了《秘境中国·天坑》，和英国广播公司、美国探索频道、法国国家电视集团联合拍摄了《非洲》，和澳大利亚野熊公司联合拍摄了《改变世界的战争》等纪录片；国际台和以色列电视二台合拍了5集纪录片《中国制造》；上海广播电视台纪录片中心与英国雄狮电视制作公司联合摄制了纪录片《行进中的中国》；江苏省广播电视总台与A+E美国电视网络合作拍摄了纪录片《南京之殇》；北京纪实频道与法国合拍了《GPS-星际大战》。这些纪录片在各地播出，均受好评。

2. 传统渠道合作能力的"软"

中国广播电视的国际合作频次增多、合作类型多样、合作水平有一定的提高，但是，合作能力整体实力还是比较"软"。在新闻方面，由于中国广播电视提供的新闻选题与国际媒体的新闻价值倾向有一定的差距，提供的新闻表现形式与国际媒体表现形式有一定的差距，导致中国向外提供的新闻偶尔被错误地放置、被偏见性的引用和解读，未实现理想的传播效果。在纪录片方面，以《美丽中国》的合拍为例，为了成片，中方十多个工作人员以及动植物学专家，主要承担了前期调研、修订脚本和台词、协助拍摄、维护现场秩序、提供后方工作空间以及中国区的销售和播映等工作，具体工种包括制片人、制片经理或项目经理、调研员、摄影、司机、设备管理员等，但是英文版《美丽中国》片尾字幕中，除了制片人之外，中方所有参与人员全部被归入Fixer（场务）名单。这说明尽管是中国CCTV旗下最强影视制作公司在与BBC合作，真正意义上的主动权仍由英方掌握，除了双方的资金所占比重悬殊是一个原因之外，最关键的是我们与BBC相比，无论在技术条件、人员的专业素质、操作程序的规范化和专业化、队伍的稳定性，还是摄制经验、对大自然的科学认识等方面都有着很大的差距。①

二 新兴渠道竞合能力："巧"与"拙"

全球广播电视的开机率和开机时长呈现下降趋势，中国广播电视的国际传播顺势而为，迅速抢占 App、在线视频平台、社交媒体平台等新兴渠道，积极运营。经过几年的运营，中国广播电视在新兴渠道的竞争能力和合作能力都有一定的提高，但也存在不足。

（一）新兴渠道竞争能力的"巧"与"拙"

App、在线视频平台 YouTube 和 Facebook、Twitter 等社交媒体渠道是中国广播电视国际传播的主要新兴渠道。央视、CGTN 以及各省级广电等根据自身资源选择性发展这些媒体，并各有成绩，但也存在不足。

1. 新兴渠道竞争能力的"巧"

随着移动通信网络容量和速度的改进，App 在播出传统直播电视频道方面的能力和效果大幅提升。② 在这样的情况下，中国广播电视充分利用 App 进行传播，包括央视新闻、央视体育、央视频、电视直播 TV - 央视卫视大全、芒果 TV、浙江中国蓝 TV（浙江卫视）等。App 的打造实现了电视台节目通过手机、pad 等移动端随时随地地观看，促进了其国际传播能力的提升。App 的推送功能也对突发新闻的国际传播产生了助力作用。以 2021 年 3 月 2 日为例，"马来西亚附条件批准中国新冠疫苗注册申请""首批中国援助伊拉克新冠疫苗抵达巴格达""摩洛哥外交部决定暂停与德国使馆的一切联系"报道，是央视客户端首发的。

---

① 冯欣：《〈美丽中国〉全案研究》，《中国电视（纪录）》2012 年第 8 期。
② 李宇：《CGTN 与 BBC 国际频道新闻 App 对比分析》，《南方电视学刊》2017 年第 3 期。

在线视频平台 YouTube 方面，央视、CGTN 的用户呈现增加趋势，CGTN 不同语种频道保有比较稳定的用户群体。全国省级广电，根据表3-24，除了青海台、甘肃台、内蒙古台、西藏台、广东台没有开通 YouTube 账号之外，其他 26 个台均开通了。

表3-24　　全国省级广播电视台开设 YouTube 账号情况①

序号	名称	注册日期	订阅者（万）	视频总量	观看量最高节目	观看量（亿）
1	芒果TV	2013-01-29	431	51958	我是歌手3	3379
2	浙江台	2015-09-11	199	20279	王牌对王牌	1.39
3	上海台	2011-12-12	166	53555	天籁之站	4685
4	江苏台	2012-04-24	122	13258	香蜜沉沉烬如霜	1340
5	江西台	2015-06-05	19.3	16424	超级歌单	2002
6	重庆台	2017-02-26	14.3	4603	大声说出来	196
7	福建台	2013-05-26	12.8	21181	海峡夜航	158
8	河南台	2016-01-05	9.21	1543	武林风	487
9	黑龙江台	2016-11-01	4.49	1471	大叔养东北虎	122
10	四川台	2013-05-26	3.51	5083	明星家族的2天1夜	236
11	陕西台	—	3.15	0	其他频道节目	—
12	山西台	2019-08-13	6170	375	歌从黄河来	42
13	宁夏台	2017-03-15	712	444	解码一带一路	7
14	新疆台	2020-03-27	345	255	抖音新疆	8
15	北京台	2017-04-09	—	2649	生命缘	374

① 截至2021年6月12日。

续表

序号	名称	注册日期	订阅者（万）	视频总量	观看量最高节目	观看量（亿）
16	天津台	2013-05-26		6501	水下分娩	1482
17	安徽台	2018-01-30		2250	势不可挡	44
18	广西台	2019-12-23		3849	家的故事	49
19	海南台	2018-12-04		1392	金三角十年 EP1	11
20	湖北台	2013-07-16		31381	我为喜剧狂	151
21	山东台	2017-07-14		2744	2021 山东春晚	77
22	辽宁台	2016-11-01	18.3	73628	2016 辽视春晚	558
23	吉林台	2016-12-01		10342	家事	19
24	河北台	2016-10-16		18183	向天再借五百年	289
25	贵州台	2013-11-22		48631	真相	322
26	云南台	2013-07-16		5302	经典人文地理	377

经过几年的发展，湖南芒果 TV 运营 YouTube 账号的效果最好，开通账号最多，订阅用户达到 431 万，比 CGTN YouTube 账号的 248 万订阅用户、央视 YouTube 账号的 126 万订阅用户多。芒果 TV YouTube 账号的视频总量最多、板块设置最多。另外，根据表 3-25，芒果 TV 的外语账号和垂类账号都具有一定的竞争力，用户呈现明显的增长趋势。该台的 MGTV Vietnam 账号的订阅用户超过央视的 YouTube 账号订阅用户和 22 个中国省级广电 YouTube 账号的订阅用户，也超过部分国际媒体。若再加上 Xoài TV - TV Show Vietsub（越共电视台）的订阅用户，湖南台与其他媒体相比，在越南的影响较大，有一定的竞争力。

表3-25　　湖南台 MGTV YouTube 账号订阅用户情况

名称	2021-06-18（万）	2021-07-18（万）	2021-08-18（万）	2021-09-18（万）
湖南卫视芒果 TV 官方频道	431	435	438	444
芒果 TV 青春剧场 MGTV Drama	229	238	253	267
芒果 TV 音乐 MGTV Music	172	175	178	181
MGTV Vietnam	131	141	150	160
芒果 TV 心动 MGTV Sparkle	63.8	65.9	68.9	71.3
明星大侦探官方频道 Who's the Murderer Official Channel	39.6	42.1	43.4	44
Xoài TV - TV Show Vietsub（越共电视）	46.2	47.3	48.6	49.4
芒果 TV 纪录片 MGTV Documentary	27	27.5	28	28.4
芒果 TV 爱豆 MGTV Idol	24.1	25.1	26.6	27.5
MGTV Thailand	19	19.1	19.4	19.6
芒果 TV 饭团 MGTV Fans	16.7	16.8	16.9	17
MGTV Drama English	15.2	16.9	18.6	19.9
芒果 TV 热播综艺 MGTV Variety	7.91	8.51	9.47	9.96
MGTV Arabic	6.73	11.8	14.6	24.2
MGTV Indonesia	7570	9410	2.29	4.75
MGTV US	1340	1940	4250	6440

"巧"还体现在社交媒体渠道。以 CGTN 为例，积极运用社交媒体是其融媒体发展的一个重要思路。在中国注册社交账号比 CNN、BBC、RT 都晚的情况下，CGTN 在 Facebook 上拥有 1.2 亿粉丝，在 Twitter 上有 1350 万粉丝，已经展现了 CGTN 的运营能力。仅在 Twitter 上，截至 2021 年 7 月 20 日，CGTN 发布的文字、图片、视频等的数量就达到 178900 条，超过 CNN Breaking News 的 75600 条，BBC Breaking News 的 37300 条。在运营社交媒体上，2018 年以来，CGTN 设置话题的频率增加，CGTN Facebook 账户上的 #XiVisit、#XiJinping、#WhiteHouse、# DonaldTrump、# BRICS2018，推特上的 # ChinaAfrica、#G20Summit、#APEC 等在报道标题中出现，鼓励用户参与讨论、扩大点评和转发量，实现用户裂变，有利于突出新闻主题和内容，拓宽新闻在平台上的知悉渠道，进一步增加了内容有效传播的可能性。标签语言的使用增加了新闻曝光度和转载量，提升了新闻热度。① 截至目前，使用标签、超链接是 CGTN 运营社交媒体的主要方式。

2. 新兴渠道竞争能力的"拙"

中国广播电视虽然在国际社交媒体平台开通了账号，根据表 3-26，除了芒果 TV、浙江台、上海台、江苏台四个省级台的 YouTube 账号目前运营较好，在及时更新电视频道播出的同时，还能保持与用户之间的黏性；其他省级台的订阅用户较少，甚至没有订阅用户，及时更新节目的只有几百次的观看量，无法达到传播中国及中国各省、市信息的目的。这与其节目制作能力不强有一定的关系。即便是 CCTV 和 CGTN 在 YouTube 上的竞争能力也不足，根据表 3-26，CCTV 和 CGTN 与其他国际媒体上更新视频的速度无较大差异，但是视频的观

---

① 何国平、伍思懿：《CGTN 融媒体国际传播效果评估与效果提升研究》，《电视研究》2019 年第 9 期。

看数量、点赞数量、评论数量等都较低。这在一定程度上说明，中国广播电视的选题习惯、视频制作模式、YouTube 标题的制作模式等与国际用户的喜好有一定的差距，在引起受众共鸣方面相对较弱，而这也难以保持用户的互动率，难以保持用户的黏性。这样的情况同样出现在 Facebook 和 Twitter 等社交媒体平台上。同时，CCTV 和 CGTN 与国际媒体相比，在用户的互动率上表现仍然不佳。即便这两个台的互动率与湖南台相比，也欠佳。另外，国际媒体视频的清晰度相对较高，而中国的视频清晰度较低，尤其是在社交媒体平台上。比如 CGTN 在 Facebook 上传播的关于中国汉服的视频，视频清晰度明显低于其他媒体。

表 3-26 中国广电与国际媒体 YouTube 账号的最新视频对比[①]

账号名称	最近一次更新时间	新闻标题	观看	点赞	点踩	评论
CCTV	1 小时	《瞬间中国》满	170	17	0	1
CGTN	1 小时	The Story behind Composing "Kangding Love Song"	250	24	1	6
CNN	15 小时	See Who Was arrested after Haiti's President Was Assassinated	218776	2323	435	2007
BBC News	3 小时	Will Fans Get a Eurovision Turkish Delight?	8849	287	58	123
RT	19 分钟	Post-Brexit Tensions｜Loyalists Burn MONSTER BONFIRE Ahead of 11th Night	315	27	18	13
AJ-E	半小时	Thailand: Public Confidence in China's Sinovac Vaccine Declines	1064	115	18	133

---

① 表 3-27 和表 3-28 时间截至 2021 年 7 月 10 日。

(二) 新兴渠道合作能力的"巧"与"拙"

中国广播电视国际合作意识整体上较强,在"媒体融合"意识已经深入展开的情况下,利用国内、国际在线视频平台和社交媒体,使用融媒体形式来传播就成为常态。在这些领域合作,也就呈现出"巧"与"拙"的特点。

1. 新兴渠道合作能力的"巧"

以 CGTN 为例,自 2018 年起,CGTN 俄罗斯频道加强了对社交平台渠道运营的管理,广泛接触了主流新媒体机构,专程赴俄罗斯洽谈新媒体合作,分别与俄新社、RT、全俄国家广播电视公司的新媒体部门和 Mail.ru 集团、本地最大的社交平台接触网进行了充分探讨,并初步达成合作。这些合作包括在日常新闻报道中,俄语频道充分利用境外合作电视台资源和欧亚地区俄语新闻共享交换平台(CGTN 俄语频道建立的用于俄语地区新闻共享的合作平台),加强俄语频道新闻报道素材共享及成片植入播出,向俄罗斯、哈萨克斯坦、吉尔吉斯斯坦等国家及地方电视台积极推送播出自制融媒体产品。[①]

中国广播电视在新兴渠道的国际合作也展现出一定的"巧"劲。在 YouTube 领域,一方面中国广播电视的账号基本形成相互推荐、链接的习惯。如陕西台甚至没有传播任何自制节目,反而专门推荐其他台已经播出的节目。央视、湖南台、浙江台等一定会推荐自己的各外语频道和垂类账号;比如天津台在推自己的垂类账号基础上,还推荐了湖北台、广西台、黑龙江台、河北台、辽宁台等,而湖北台又推荐了广西都市频道、捷成华视—偶像剧场账号等。这样不停地循环链接,促进国际用户只要能打开一个中国账号就能无限链接其他账号。另一

---

① 王晓博:《融媒体发展助力国际传播力建设——以 CGTN 俄语频道为例》,《中国报业》2019 年第 23 期。

方面，中国广播电视与国际媒体合作也基本形成了相互推荐的模式。比如，RT YouTube 账号推荐 New China TV（2012 年 5 月 17 日开播，已经有 117 万订阅用户）。该频道是 RT 在账号内推荐的第一个频道，及时更新中国的信息，比如 2021 年 7 月连续两次推荐的"独竹漂"视频讲述中国非遗传承人杨柳传承"独竹漂"这种中国技艺的故事。这样"巧妙"的合作对传播中国信息有一定的推动作用。

2. 新兴渠道合作能力的"拙"

YouTube 方面，中国广播电视自己的合作还存在没有形成整体氛围的问题。一是央视不推荐做得较好的省级广电账号；二是个别省级台也不推荐其他台，比如江苏卫视官方频道、CBG 重庆广播电视集团官方频道、广西卫视官方频道、中国江西网络广播电视台、海南卫视官方频道、山西卫视官方频道、黑龙江网络广播电视台、吉视网官方频道、新疆卫视官方频道、贵州卫视官方频道等在 YouTube 上没有推荐其他频道。这样各自为政的情况不利于彼此的链接与合作。

社交媒体方面，CGTN 在 Facebook 和 Twitter 这样需要大量使用#、@ 等标签语言才能更好地与国际媒体和自己的不同频道合作。CGTN 使用标签语言还存在结构性不平衡等现象。如官网、官方账号、外籍主持人使用#、@ 等标签语言虽然比较熟练，但是@ CCTV、@ CGTN 各台的情况又比较少；CGTN 国内主持人使用频次低、手段不够娴熟，基本上不具有发起讨论话题的共情能力，导致他们的"涨粉"能力与"涨粉"途径受限，[①] 导致 CGTN 使用@ 的功能来推荐自己不同频道的效果欠佳。此外，与国外本土媒体的业务合作、人员合作以及资本合作等也还亟待改善。

[①] 何国平、伍思懿：《CGTN 融媒体国际传播效果评估与效果提升研究》，《电视研究》2019 年第 9 期。

第三节　传播内容制作能力建设的现状与问题

中国广播电视国际传播的主体不同、渠道不同，内容也非常丰富多样，但是新闻内容最能体现中国广播电视的及时发声能力，电视综艺、电视纪录片、电视剧（下文称为影视类内容）等既是中国广播电视产业国际化发展的基本依仗，更是潜移默化传播中国理念、中国科技、中国文化、中国城市、中国风景等的重要内容，而社交化的短视频内容将中国前述内容精致化传播也能营造良好的氛围。中国广播电视国际传播中未偏废某一内容，而是全面发展，只是每一类内容的制作能力，有强、有弱，有高、有低。

一　新闻类内容制作能力："强"与"弱"

新闻最能体现中国广播电视国际传播的议程设置能力（发声能力）。随着全球媒体融合趋势明显，广播电视与新媒体更加融合，因此，新闻内容中既有广播电视时事新闻、新闻评论，也有针对"不同语种、不同渠道"的融合新闻。央视、CGTN、国际台是新闻制作的主要力量，在其加强分站、分台以及融媒体中心建设之后，新闻的制作能力明显增强，但也存在短板弱项。

（一）广播电视新闻制作能力的"*强*"与"*弱*"

广播电视新闻这里主要指通过传统广播电视频道播出，但也可以通过网络广播电视渠道准点收听、收看的时事新闻和评论（深度访谈）。这种新闻多以栏目、专题的形式，板块式地呈现。央视、CGTN、国际台的传统渠道是这方面的主要力量，整体制作能力在增强，但也存在个别较弱的地方。

1. 时事新闻制作能力的"强"与"弱"

时事新闻对时效性、准确性、客观性等的要求比较高，也最能反映中国广播电视制作时事新闻的能力。央视、国际台、CGTN基本能保证将国际、国内重要的事件及时、真实、准确地播出，选题能力、制作能力和播出能力明显提高。以CGTN为例，因为北京总台制作和播出中心以及非洲分台、美洲分台、欧洲分台、记者分站和分布全球七十多个国家或地区的一百五十多个海外报道员，CGTN的时事新闻实现了24小时滚动播出。根据表3-27，CGTN的节目分类详细，《今日世界》（The world Today）、《中国24小时》（China 24）、《今日亚洲》（Asia Today）、《非洲直播室》（Africa Live）等新闻类节目的设置既涵盖全球又重点突出中国、亚洲和非洲地区的政治、经济、社会、医疗健康、军事、科技、文化、生态环境等多个方面，内容丰富，热点汇集，报道客观，选题尽量"球土化"。由于CGTN在时事新闻制作方面的努力，2019年1月11日，CGTN选送的新闻作品《中国青年"佛"了?》和《战后摩苏尔》分获亚洲电视大奖"最佳新闻报道"和"最佳时事专题节目"奖。[①]

表3-27　CGTN英语频道节目表（2021年7月20日）

序号	播出时间	节目名称	序号	播出时间	节目名称
1	00:00	Global Business	22	13:00	The World Today
2	01:00	Africa Live	23	13:15	Sports Scene
3	02:00	Global Business	24	13:30	Culture Express
4	03:00	The World Today	25	14:00	Making A New China

[①] 《CGTN喜提亚洲电视大奖两大奖项，八项作品强势入围》，搜狐新闻，https://www.sohu.com/a/288564026_613537。

续表

序号	播出时间	节目名称	序号	播出时间	节目名称
5	03:30	Dialogue	26	14:30	The Heat
6	04:00	The World Today	27	15:00	The World Today
7	04:15	World Insight with Tian Wei	28	15:30	Sports Scene
8	05:00	Global Business	29	16:00	Global Business
9	05:30	The Point With Liuxin	30	17:00	The World Today
10	06:00	The World Today	31	17:30	Culture Express
11	06:30	Icon	32	18:00	Africa Live
12	07:00	The World Today	33	19:00	Asia Today
13	08:00	Global Business	34	19:30	Dialogue
14	09:00	The World Today	35	20:00	The World Today
15	09:30	China 24	36	20:15	China 24
16	10:00	The World Today	37	21:00	Global Business
17	10:30	The Point With Liuxin	38	21:30	The Point With Liuxin
18	11:00	The World Today	39	22:00	The World Today
19	11:15	Sports Scene	40	22:15	World Insight with Tian Wei
20	11:30	Dialogue	41	23:00	The Link
21	12:00	Global Watch	42	23:30	Making A New China

央视、CGTN时事新闻制作的直播能力、全球连线能力、现场报道能力明显增强。仍以CGTN为例，该台专门开设了《非洲直播室》《亚洲直播室》《链接天下》等直播节目，新闻播出方式也从单纯的"主

持人在演播室播报新闻＋画面呈现"转为"主持人演播室播报＋连线现场记者直播"等方式，连线方式也从电话连线转为现场记者出境连线。这种方式的转换反映出CGTN在不断提高记者的到达现场的能力，增加新闻的现场感。以2021年7月CGTN围绕东京奥运会的现场报道为例，在现场报道的记者既有中国记者也有外籍记者，既报道东京现场发布会、疫情防控、各国运动员的情况，也报道中国参赛队员的准备情况、参赛项目、获奖情况等。此外，时事新闻直播连线时，对于一些失误的处理十分迅速，反应能力很强。2021年7月20日23时的《链接天下》直播时段，CGTN演播室主持人连线河南水灾现场记者王梦洁（音译）时，王梦洁一直在现场介绍水灾情况，但是演播室差不多半分钟完全无法听到记者的声音，鉴于这样的情况，演播室迅速反应切换到北京现场乔纳森方便其进入下一个新闻的播报，北京播完又准时无误地切入纽约分台。这当中，纽约分台主持人并未因提前切入而表现出一丝慌乱。

尽管中国广播电视时事新闻制作能力整体增强，但短板弱项依然明显。一方面，其选题、报道速度、持续报道能力等低于国际媒体，尤其是在国际事务上，比如在海地总统被刺杀、德国水灾、印度尼西亚疫情等CNN、BBC等都进行过详细报道和持续报道的选题上，央视和CGTN都表现欠佳。另一方面，视频连线能力、现场采访能力以及素材采集能力还是较弱。以CGTN为例，2021年7月21日15时10分，*The World Today*演播室主持人连线河南水灾现场记者，但是连线记者时，采用的是电话连线方式，没有记者现场出境，只有记者的声音，现场的情况重复使用上一个节目中现场采访的镜头，同时，这些镜头也以突发新闻的形式出现在16：00播出的*Global Business*节目之中。15：00 *The World Today*中关于欧洲水灾的镜头也出现在16：00的*Global Business*节目之中。17：00的*The World Today*的

第一条新闻是关于河南洪灾的消息，没有现场记者出境，缺少现场采访镜头。如果说国际事务由于疫情中国记者不便到现场，那么河南水灾出现到现场能力欠佳或者说到现场采访能力和素材采集能力欠佳就需要反思。

2. 深度访谈新闻制作能力的"强"与"弱"

中国广播电视深度访谈新闻能够就时事中比较有争议的话题连线全球专家分享观点，在反映中国的立场的同时，也能让全球观众看到世界其他国家不同的观点。中国广播电视深度访谈新闻的制作能力主要表现在选题能力、现场连线能力以及特殊时期的发声能力等方面。以CGTN为例，为了强化新闻评论的力度和锐度，重点打造了《对话》《世界观察》《视点》《热点》《非洲面孔》等深度访谈栏目；加强了评论员和智库建设，建立了"外脑策划机制"，已建立约2000人的嘉宾资源库，常驻嘉宾超过200人。[1] 就选题能力而言，这些节目选择了"中巴关系""美国和丹麦间谍丑闻""巴以冲突""为什么拜登的发言里面会提及中国""新疆棉农谈其工作""战后的阿富汗的未来"等近万个选题，足见眼界之宽、内容之丰富、条理之清晰；就现场连线能力而言，如图3-9所示，这些节目既连线政治家、商界奇才、学术研究专家，也连线媒体从业人员，并且这种连线访谈已经成为常态。

在特殊时期的发声能力方面，2020年新冠疫情期间，CGTN刘欣工作室相继推出《点到为止》系列评论《蓬佩奥先生——那个"丢了斧头"的人》《不要对中国落井下石》《为何我对美近期举措而愤怒？》《莫因推诿指责，贻误全球抗疫》《该给谁道歉》等评论类短视频12篇。同时，刘欣工作室团队赴武汉进行特别报道，实地关注疫情热点

---

[1] 李雪琼：《CGTN英语频道发展现状和优化建议》，《国际传播》2019年第3期。

图 3-9　2021 年 7 月 14 日 CGTN《视点》正在连线专家

话题，制作《武汉"欣"声》系列节目。田薇工作室充分发挥主持人田薇的优势，疫情期间专访高级别医疗专家和公共卫生专家三十多人，在舆论引导方面发出权威声音。王冠工作室《冠察天下》推出十多期评论视频，针对外界对中国的不实报道，用数据、事实等进行有力反驳，累计获得全球阅读量近亿次，总互动七百多万次，视频观看量八千九百多万次，视频被香港电视广播有限公司（TVB）、美国消费者新闻与商业频道（CNBC）、西班牙电视台等数十家国际媒体下载播发。邹悦工作室评论产品《悦辩悦明》推出的评论视频《武汉能，中国能，世界也能》被包括《印度快报》《经济时报》《雅加达邮报》等海外媒体报道，并被翻译成不同语种在多个社交平台蹿红，引发数百万观众共鸣。①

深度访谈新闻虽然做得好，但也有较弱的地方。一是访谈的深度还不够深；二是对连线嘉宾出境时所处背景的选择以及语言能力的要求还不太重视；三是演播室与专家连线时还有一定的时差，偶尔无法

---

① 毕建录、刘新清、钟新：《试析 CGTN 新冠疫情国际舆论传播特点》，《电视研究》2020 年第 7 期。

实现无缝衔接。同时，相对国际媒体，主持人的服装颜色选择、演播室背景色选择相对素雅，色彩搭配亮点不够突出，色别、明度、饱和度等的运用也欠佳。

(二) 融合新闻制作能力的"强"与"弱"

通常情况下，融合新闻是与传播平台融合相对应的新闻传播方式，主要是指利用多媒体手段进行新闻传播活动，包括多媒体采集、统一平台加工、多媒体发布和受众互动等过程。[①] 融合新闻相对传统广电新闻，板块性没有那么强，呈现方式也更加多样，传播渠道也更加丰富。融合新闻制作能力充分考验了中国广播电视在不同平台的议程设置能力。在受众已经实现电视屏、电脑屏、pad屏、手机屏随时切换成为"屏端受众"的今天，在受众已经习惯视频化、移动化、碎片化、社交化、浅阅读的今天，中国广播电视融合新闻制作能力的"强"与"弱"，对其加强国际传播能力建设起到关键作用。

1. 融合方法运用能力的"强"与"弱"

中国广播电视与新媒体的融合已经完全实现，多媒体采集、统一平台加工、多媒体发布和受众互动已经完全开展。多媒体采集，指针对同一条新闻，同时使用文字、图像、音频、视频、Flash等多种媒体技术手段来采集；统一平台加工，指由一个统一的多媒体编辑部对采集到的新闻进行多媒体整合和深度加工；多媒体发布，指针对同一条新闻同时发布文本的、音频的和视频的等多媒体文本。[②] 中国广播电视依靠智能录音设备、录像设备或者智能采集系统，实现了多媒体采集；依靠融媒体中心、中央厨房等实现了统一平台加工；依靠智能分发系统实现了客户端（App）、网站、社交媒体（"两微一抖"、YouTube、

[①] 石长顺：《融合新闻学导论》，北京大学出版社2013年版，第13页。
[②] 石长顺：《融合新闻学导论》，北京大学出版社2013年版，第13页。

Twitter、Facebook、Instagram 等）的统一分发；依靠评论功能及时与受众互动。

为了实现融合新闻，央视采用智能化的前台、中台和后台；CGTN 采用"多形式采集，多平台共享，多渠道、多终端、多语种分发"的环球融媒体中心；省级台采用融媒体中心、中央厨房。以 CGTN 为例，在央视新址大楼 10 层和 26 层，完成稿件撰写、稿件修改、节目剪辑制作、节目包装、演播、导播等环节。在环球融媒体中心，CGTN 各个频道、各个栏目的策划以及"Super Desk（超级工作桌）"指挥中心人员都会合署办公。记者、编辑设计人员和技术人员共享办公空间。[①] 其中，"Super Desk"为决策层提供战略和战术参考，为记者提供中观策划和信息保障，为后期提供编辑思路和评价反馈，让整个新闻系统高质量高效率地运转。[②] 基于这些，CGTN 制作的融合新闻相比传统电视新闻，更重视新闻的呈现形式，诸如文字+图片，文字+视频，动画新闻，数据新闻，VR 新闻，H5 新闻、互动新闻等成为主要方式；更重视标签#、@，超链接、地理位置定位等技巧以及 LIVE（直播）和 Pic（图片）等标识的运用。这些融合方法的恰当运用对国际新闻的传播起到裂变的作用。

在 CGTN 融合新闻的表现形式中，数据新闻、动画新闻、互动新闻出现频率相对较高，甚至出现在重大国际新闻中。以动画新闻为例，中美贸易战期间，CGTN 原创动画《一颗大豆的独白》以生动的动画故事讲述了大豆产业所遭受的损失，表明美国发动的贸易战对任何人都没有好处。[③] 该视频一发布就被路透社网站以及路透社社交媒体的 8 个

[①] 孙璐：《全球化新格局下 CGTN 的国际传播研究》，光明日报出版社 2021 年版，第 55 页。

[②] 孙璐：《全球化新格局下 CGTN 的国际传播研究》，光明日报出版社 2021 年版，第 54 页。

[③] 江和平：《做大做强新时代的国际传播》，《浙江传媒学院学报》2018 年第 5 期。

账号、《纽约时报》《华盛顿邮报》、美国之音、《美国新闻与世界报道》杂志、澳大利亚广播公司、欧洲新闻台、新加坡亚洲新闻台、《日本时报》、雅虎网等近20家海外主流媒体转引报道。① 再以互动新闻为例,2018年11月30日,CGTN在官方及社交媒体发布互动新闻《G20:全球媒体蓄势待发》,充分体现了多媒体与传统新闻稿件的相互融合——在文字稿顶端展示视频画面,文中插入现场图片,文末嵌入交互式可操作的高德地图插件,从视觉上加强用户对布宜诺斯艾利斯及其周边地域的了解,受众与新闻的互动得以体现。②

CGTN也重视"多渠道、多终端、多语种"分发。重要的新闻一次采集,同时分发到CGTN App、网站以及社交媒体。以Facebook为例,加上电视频道、网站分发的内容以及专门针对Facebook的内容,在2020年的365个日夜,CGTN融媒体团队共在Facebook平台发布超过33000篇帖文,不仅仅覆盖国内外疫情、全球重点新闻事件,也包含发生在普通人身边的暖心故事;多样的呈现形式,让粉丝量更是突破1亿大关。其中,"武汉已有11家方舱医院休舱,大批患者康复出院"这条新闻的评论量最大,近万条。③ 目前,CGTN的Facebook粉丝已经达到1.2亿,成为该平台上粉丝最多的一个全球媒体。

虽然中国广播电视重视融合新闻,但是除了"央视新闻"在中文的几大端口做得较好,包括CGTN、国际台在内的两大媒体在国际、国内的社交媒体上的评论量和互动率都不太高。比如CGTN虽然在Facebook上拥有1.2亿的粉丝,但是2021年前半年大量新闻的评

---

① 毕建录、梅焰:《新时代如何做好新闻评论对外传播——以CGTN新媒体评论传播实践为例》,《电视研究》2019年第4期。
② 何国平、伍思懿:《CGTN融媒体国际传播效果评估与效果提升研究》,《电视研究》2019年第9期。
③ 《CGTN脸书盘点|艰难的一年 我们与1亿粉丝勇敢拼搏》,新浪网,http://k.sina.com.cn/article_6235447924_173a96274019011hek.html。

论量都未超过 500，作者回复评论的情况也少。这样的情况在微信、微博上也存在。在 2021 年两会召开期间，CGTN 微信账号 3 月 12 日发布了《HipHop"十四五"你不想听听嘛?》，阅读量为 8776，评论量为 26，3 次回复评论；CGTN 西班牙语频道微信账号 3 月 11 日发布了《Hora de Hablar | 问中国，政府工作报告都说了啥?》，阅读量为 997，评论量为 1，未与评论者互动；CGTN 阿拉伯语频道 3 月 12 日发布了《世界看两会 | 多国人士表示：中国注重高质量发展，是全球发展的希望》，阅读量为 264，评论量为零，也就是无互动；CGTN 俄语频道公众号在这期间无新闻。① 到 2021 年 7 月 22 日，这些文章的这些数据有所增长，但相对"人民日报"账号和"央视新闻"账号来讲，差距较大。

2. 新闻叙事方法运用能力的"强"与"弱"

"倒金字塔""沙漏式"是传统新闻叙事的常用方法，而融合新闻叙事常用"超文本叙事""互文叙事""专业叙事""草根叙事"等方式。每一种叙事方式既可以单独使用，也可以同时使用，实现 1 + 1 > 2 的效果。

超文本叙事是指建立在网络超链的基础上，突破传统媒体单一叙述层面的限制，以超链接的形式进行多层面的叙述。② 超文本叙事的特点是将价值最大的信息放在第一层构成整个信息的骨架。融合新闻采用这种超文本的超链接、标签#的形式引导受众进入相关事件或者深入事件的深层背景。互文叙事移动互联网时代更强调通过一系列相互关联的文字报道、图片、视频和 Flash 动画来实现文字报道、图片、视频和 Flash 动画互为文本，为文本意义的阐释和深化提供了相互理解的条

---

① 所有数据截至 2021 年 3 月 13 日。
② 聂志腾：《刍议网络新闻的叙述模式》，《新闻爱好者》2012 年第 5 期。

件。这两种叙事方式是中国广播电视统一分发信息在网站、社交媒体常用的叙事方式，目前来说，央视、国际台、CGTN、省级广电的网站都运用得比较娴熟。

专业叙事与草根叙事是一个相对概念。专业叙事指专业的媒体、组织、机构或人员从事非常专业的选题、专业的录音、专业的录像、专业的后期制作、专业的分发，可以简单地理解为"专业生产内容（PGC）"；而草根叙事则与之相对，强调民众的作用，也可以简单地理解为UGC。目前来说，中国广播电视在制作融合新闻时，通常采用PUGC的方式，即广泛使用在社交媒体有一定影响力的"网红"及其内容，针对全球用户再次加工制作更加亲民的内容。此外，专业叙事的思维转向，也比较明显，让遥不可及的主持人树立社交化转向也是一个方法。截至2021年3月17日，康辉央视频号"康辉说"发布了62个视频，共收获743.8万的播放量；撒贝宁央视频号"撒点儿料"发布了8个视频，共收获148.9万的播放量。这表明逐渐下沉的专业叙事能激发受众的情感共鸣。

中国广播电视制作融合新闻时常采用这些叙事方式"讲故事"，将普通人的故事广泛传播引起共鸣。以CGTN-Africa为例，CGTN非洲面孔（The Faces of Africa）讲述一个正在崛起的大陆的故事，就是让非洲人民讲述他们自己的故事。2019年2月25日，3个年轻的黑人男性讲述了自己如何在一个充斥着"白人精英"的领域——芭蕾舞中留下自己的痕迹。他们成功地用自己的曲调编舞并将其搬上了舞台。这条新闻也引起了观众的广泛关注。[1]

中国广播电视在进行国际传播时非常娴熟地使用前述叙事方式讲故事，制作的内容也丰富多样，但标题制作能力、话语体系建构能力、

---

[1] 杜奕霏：《CGTN的品牌推广策略研究》，《科技传播》2020年第12期。

篇章结构构建能力、语言表达能力、内容持续创作能力等有滞后性，导致存在受众难以"共情"的问题。这也是为什么中国广播电视国际传播难以取得良好互动率的原因之一。

二 影视类内容制作能力："高"与"低"

中国纪录片、电视综艺、电视剧等是中国广播电视国际传播的内容。前述包括 CGTN、央视、省级广电等在内的主体是传播这方面内容的主要力量。在制播分离的情况下，这些主体制作并不会制作所有内容，但是从现有传播的情况来看，大部分内容还是由各台的节目制作中心在制作。另外，即便是与合作单位制作的这些内容，这些主体依然有指导权、选择权，因此也可算作其参与了制作。就目前传播的电视纪录片、电视综艺、电视剧来看，在选题、翻译、台词制作、表达以及后期制作等方面有一定的共性。

（一）选题能力的"高"与"低"

选题与观众的契合度直接决定了影视内容被关注的程度。海外华人、华侨与当地本土受众对影视内容的选题需求不同，中国广播电视在国际传播时充分注意到二者的区别，并进行了针对性选题，有较强的选题差异意识，但是选择切实能够受到当地本土受众高度关注题材的能力还比较低。

1. 针对海外华人、华侨的选题能力的"高"与"低"

海外华人、华侨拥有中国血缘，骨子里对中国的思念和热爱使其关心中国事务，关心家乡的点点滴滴，中国广播电视针对其传播在于强化其对中国的认知。除了新闻，多样化的纪录片也具有真实性、可信性，可以让广大海外华人、华侨深入地了解中国的方方面面。中国广播电视重视将反映中国文化之进步、政治之变革、经济之发展、科技之先进、社会之变化等的选题制作成《创新中国》《大国重器》

《超级工程》《中国队长》《我们这五年》等纪录片。在国际传播过程中，中国广播电视重视选择前述纪录片在电视频道、网络广播电视台以及 YouTube 等渠道播出，以便加强海外华人、华侨对中国的认知。

中国电视剧同样反映着中国历史、文化、政治、经济、科技、军事、教育、家庭、娱乐等方面，选好题材，在国际传播中有事半功倍的效果。从宏观上来看，电视剧选题非常多样。既有抗战类红色题材剧、经典历史剧、现代军旅剧，如 CCTV-4 中文国际频道、CCTV 电视剧 YouTube 账号、CCTV 热播剧场 YouTube 账号播出的《解放》《跨过鸭绿江》（红色题材）、《雍正王朝》《郑和下西洋》（经典历史）、《突击再突击》（现代军旅）等大量电视剧；也有都市情感类题材，如上海台、浙江台的电视频道和 YouTube 账号播出的《三十而已》《恋爱先生》《欢乐颂》《我是真的爱你》；更有青春题材剧、古装偶像剧、悬疑剧，如湖南芒果 TV 电视频道、国际版网站以及 YouTube 账号播出的《最好的我们》《别打扰我学习》（青春题材）、《一夜新娘》《漂亮书生》（古装偶像剧）、《法医秦明》（悬疑）等。电视剧的题材丰富多样，既让海外华人、华侨看到中国不同朝代的过往、看到新中国成立之不容易，又看到当今中国繁荣发达的城市、科技、军事、医疗以及丰富多元的文化。

长期播出与及时更新的中国电视综艺，拥有先进的制作理念、场景布置、外景呈现、人物故事等，能充分展现中国当下的新发展；新文化现象、新思想理念，能换个角度讲好中国故事，传播中国声音。选好题材，在国际传播中有明显的助力作用。目前，中国广播电视选择的电视综艺题材，主要有促进年轻人积极向上的题材，如央视各渠道播出的《开讲啦》等；有展现中华民族公德礼仪、自力更生、自立向上的题材，如湖南台各个渠道都在播出的《天天向上》《向往的生活》《元气满满的哥哥》《乘风破浪的姐姐》《歌手》等；有游戏娱乐的题材，如浙江台各渠道均在播出的《奔跑吧》《王牌对王牌》等。这些题材的节目在各渠道收到较好的评价，仅在 YouTube，《歌手》就达到 3000 多万的播放量，并收到各种语言的评论，赞美歌手的声音。《奔跑吧》《王牌对王牌》也分别获得 1811 万、1403 万的观看量，超过大多数电视剧、综艺节目。

针对华人、华侨的纪录片、综艺的选题，总体效果比较好，但是电视剧题材的选择各有问题。比如央视，正如前面提到 CCTV-4 中文国际电视频道从 2018 年 1 月到 2021 年 4 月播出的红色题材电视剧占到整个电视剧选题的 87%，而其他题材只占到 13%，即便是 CCTV 电视剧和热播剧 YouTube 账号的选题也存在这样的情况，因此，央视的选题可能过于单一。再从表 3-28 显示的数据来看，在 YouTube 上的播放量，央视选择的题材远不如湖南芒果 TV 播出的题材。但是，即便播放量惊人，湖南芒果 TV 播出电视剧的选题主要偏向爱情，并且这些剧相比韩剧讲述爱情故事时大量穿插韩国的爱国主义、传统文化、饮食文化、现代思潮，对于家国情怀以及中国新思潮、新观念的反映还不足，需要继续深化主题。

表 3-28　　CCTV 电视剧和湖南芒果 TV YouTube 账号播出量排名前十的电视剧[①]

排名	CCTV 电视剧播出剧名	观看量（万）	排名	湖南芒果 TV 播出剧名	观看量（万）
1	《西游记》(86 版) 第 1 集	719	1	《身为一个胖子》第 1 集	966
2	《御姐归来》第 1 集	552	2	《韫色过浓》第 1 集	706

---

① 数据截至 2021 年 7 月 23 日。

续表

排名	CCTV电视剧播出剧名	观看量（万）	排名	湖南芒果TV播出剧名	观看量（万）
3	《雍正王朝》第1集	327	3	《奈何Boss又如何》第1集	686
4	《西游记》(86版)第3集	319	4	《谢谢让我遇见你》第1集	619
5	《西游记》(86版)第8集	311	5	《从结婚开始恋爱》第1集	592
6	《西游记》(86版)第2集	296	6	《山寨小盟主》第1集	589
7	《突击再突击》第1集	280	7	《可惜不是你》第1集	578
8	《雍正王朝》第41集	277	8	《心动的瞬间》第1集	552
9	《雍正王朝》第20集	269	9	《我的奇妙男友2》第1集	533
10	《妈祖》第1集	234	10	《相爱穿梭千年》第1集	532

2. 针对世界各国本土民众的选题能力的"高"与"低"

中国广播电视针对各国本土民众进行国际传播，主要采用将中国电视纪录片、电视剧、电视综艺翻译成当地语言的形式。电视纪录片方面，中国广播电视在众多纪录片中，选择将《超级工程》《武汉战疫纪》等翻译成多种语言，在各电视频道和YouTube账号进行传播。截至目前，《超级工程》翻译成西班牙语在CGTN en Español YouTube账号上播出，已经获得203万的观看量和9006个赞。该片于2017年12月9日上传，直到2021年5月依然引起广大观众的讨论，广大观众认为中国这样团结协作的方式是促进这种大工程能够顺利完成的根本原因。另外，《武汉战疫纪》被翻译为西班牙语、阿拉伯语在

CGTN en Español YouTube 账号和 CGTN Arabic YouTube 账号播出，分别获得 269 万和 88 万的播放量、2.3 万和 9029 个赞、1638 和 691 个评论。在 CGTN Arabic YouTube 账号，第一条评论用阿拉伯语写道"除了所有的宗教之外，我还要感谢无私的医务人员，他们在如此困难的条件下为人类工作；他们是一个强大的民族，有战胜和控制逆境的坚强意志，不像世界其他地方"。该条评论也获得 433 个赞。数量不多，但纪录片相对其他内容形式来讲，能有这么高的观看量、点赞和评论已经不错了，说明中国广电在"命运共同体"方向的选题能力较强。

电视剧方面，中国广播电视在全国制作的数万部电视剧中选择适宜于传播的电视剧题材来翻译、配音、重新制作字幕，包括《浪漫的事》《激情燃烧的岁月》《守望幸福》《第五空间》《香樟树》《不能没有你》《爱有多深》《不如跳舞》《初恋》《一个慈悲的医生》等。在众多翻译制作的电视剧中，中国 CCTV Arabic、CCTV Español、CGTN Arabic、CGTN en Español 以及 MangoTV 各分账号播出的《李小龙传奇》《恋爱先生》等 7 部电视剧的播放量较高，见表 3 – 29。这其中，CCTV Arabic 实际上只有 34 万订阅用户，但是 2018 年 2 月 2 日上传的《李小龙传奇》却在三年内获得 1321 万观看量、5.4 万个赞，可见该剧的影响力。另外，MangoTV Arabic 也只有 12 万订阅用户，但是 2021 年 5 月 27 日上传的《身为一个胖子》在一个月之内就获得 139 万的播放量和 2.3 万的赞。该剧在 MangoTV Vietnam 也获得 752 万的播放量和 4 万的赞，可见该剧在选题、拍摄、后期制作、翻译、配音、宣传等方面均有一定的优点。另外，湖南台芒果 TV 国际版上播放的数百部电视剧在泰国、越南、马来西亚、印度尼西亚和阿拉伯比较受欢迎。可见，主打"天生青春"的湖南台选题能力较强，善于针对当地观众选题始终打好"青春牌"。

表 3-29　中国广电 YouTube 主要外语账号播出的电视剧情况①

序号	账号名称	播放量最高电视剧名称	播放量（万）	点赞量（万）	评论量
1	CCTV Arabic	李小龙传奇	1321	5.4	关闭评论区
2	CCTV Español	初恋	39	2904	119
3	CGTN Arabic	《恋爱先生》第 2 集	27	2331	142
4	CGTN en Español	《恋爱先生》第 1 集	83	5936	317
5	MangoTV Vietnam	《身为一个胖子》第 1 集	752	4	2038
6	MangoTV Thailand	《彗星来的那一夜》	96	1.3	376
7	MangoTV Drama English	《韫色过浓》	197	2.5	188
8	MangoTV Arabic	《身为一个胖子》第 1 集	139	2.3	792
10	Xoài TV – TV Show Vietsub	《一夜新娘》	236	1.5	1396

电视综艺方面，湖南台和浙江台最强。两台综艺节目较多，相对其他台做得也较好，但在专门的对外频道播出翻译版本时，并未将所有节目都翻译，而是根据当地的情况选择性翻译。仅以浙江台为例，专门开设了 Keep Running kênh Viêtnam 频道，然后将各期制作的《奔跑吧》翻译为越南语。该频道实际上只有 5.76 万订阅用户，但是 2021 年 5 月 1 日上传的《奔跑吧》在两个月之内就获得 59.9 万的播放量、7483 个赞和 668 个评论。湖南台也选择了《元气满满的哥哥》《密室大逃脱》这样的选题来针对性翻译，并获得较好的效果。

虽然央视、CGTN、湖南台和浙江台在纪录片、综艺和电视剧方面

---

① 数据截至 2021 年 7 月 23 日。

表现突出，但是从前面的分析可以看到，这些台充分利用了"文化相近"的原则来选题，重点倾向东南亚地区，充分利用"青春""爱情"主题来针对阿拉伯地区，但是从这些台在欧美地区和非洲地区的表现来看，这两个原则并不适用，所以针对欧美地区和非洲地区的选题能力还有不足，难以切实选好针对性选题。这不仅仅是涉及选题的问题，而是未能切实理解这些地区观众的喜好，未能切实启用符合当地观众的审美，包括演员外形选择、服装搭配、画面呈现、节奏把控等方面的审美，未能通过对这些细节的改进来让当地观众产生共情。

（二）翻译制作能力和创意创新能力的"高"与"低"

中国广播电视期待将电影、电视剧、纪录片、综艺等多种多样的内容进行翻译、重新配音制作再传播出去，所以致力于翻译成各种语言。个别台也重视创意创新，针对性制作能适应当地受众需求的影视内容。这些年，在各种语言人才和文化创意人才越来越多的情况下，中国广播电视的翻译制作能力和创意创新能力整体有所提高，但是也存在个别较低的情况。

1. 翻译制作能力的"高"与"低"

CGTN 播出的电视剧、纪录片翻译制作水平都比较高。电视剧《恋爱先生》实现了针对阿拉伯和西班牙语地区，专门重新制作，凡是男性出场即用男性配音，凡是女性出场则用女性配音，翻译相当流畅，配音表达方式比较符合当地习惯，翻译字幕、配音与画面呈现和配乐完美契合。这样的翻译、配音、镜头画面、富有节奏感的配乐，使得该剧比较受欢迎。在 CGTN en Español YouTube 账号只有 27.9 万订阅用户的情况下，该剧获得了 83 万的播放量，而在《恋爱先生》第 1 集下面的第一条评论中观众用西班牙语写道"我来自哥斯达黎加，谢谢你把它带给我们讲西班牙语的公众"。纪录片《武汉战疫纪》的翻译、配音、字幕制作也很专业，因为在 CGTN 西班牙语频道和阿拉语频道播出，所以配音分别使用西班牙语和阿拉伯语以及对应的字幕，现场声音/民众的声音则保留了原有的声音，再配上中文字幕和西班牙语、阿拉伯语字幕，在时间有限的情况下，这样的处理方式既反映了CGTN语言人才的储备能力，也反映了CGTN的反应能力，同时，这样的处理方式也还原了现场，让不同国家看到真实的中国，积极负责的中国。

中国广播影视国际传播时，翻译欠准确，比如《香蜜沉沉烬如霜》翻译为"Ashes of Love(爱的灰烬)"，比如《韫色过浓》翻译为"Intensive Love（强烈的爱）"，比如《傲骨贤妻》翻译为"The Good Wife（一个好妻子）"。即便是意译，这样的处理方式既没有意境也不太符合当地的收视习惯。如果连题目都不能吸引人，如何吸引观众往下看。除了题目，有些台词的翻译也不准确，不符合当地的语言习惯。比如有些电视剧反映专业的医护人员在抢救流血不止的外国人，希望外国人能坚持下去时，用的词是"Hold on"这与当地习惯的"Stay with me"差太远，因为"Hold on"指"抓紧、抓住"或者"接电话需要别人等一下"。此外，就前面的梳理来看，与CGTN相比，湖南台和浙江台稍显不足，体现以下两点。一是制作标准不统一。比如字幕，湖南台MGTV US频道播放的电视剧《我们都要好好的》字幕中文在下、英文在上，而《一夜新娘》的字幕又是中文在上、英文在下，英文频道、泰语频道和印度尼西亚频道又大量播出未翻译的中文节目。二是翻译习惯不同。比如MangoTV Vietnam播出的《丘比特的甜美公主》实际上是芒果TV青春剧场播出的《身为一个胖子》，但是整个翻译配音都是一个女声，不分画面展现人物是男性还是女性，都是先播出普通话声音，再播出越南语。翻译，其实就是表达。表达不只是简单将思想、将话题传播，本质上取决于制作者如何认识外部世界和自己，能否站到观众和用户的角度去思考，想给观众或用户带去什么价值，所以，将中国的影视内容传播出去，进行准确的翻译，符合当地习惯的翻译，是未来的一个重要方向。

2. 创意创新能力的"高"与"低"

创新创意能力体现在三个方面。一是最开始制作纪录片、电视剧、综艺的时候是否考虑过本片要在不同国家进行传播。二是翻译、配音、重制的时候是否能考虑当地观众的习惯。三是针对已经出现的情况，在接下来的制作中是否能弥补。就目前来看，CGTN在影视内容的制作上着实具有一定的创意创新能力，这与其天生的国际传播思维有极大的关系。湖南台在最开始制作的时候没有考虑这么多，所以在翻译时出现了差异，但是在其芒果TV国际版App和网站上，其"天生青春"的创意创新能力就体现出来了，因为该台集中使用先进技术，让用户自主选择语种字幕，保证字幕制作的统一性，这也就在一定程度上说明其能就已经出现的问题进行创新创意的改进。这些年，湖南台一直以"敢于创新、勇于创新"这样的思想指导自己创新，率先开通国际版，率先采用英语、泰语、马来西亚语、印度尼西亚语、越南语五个外语语种，传播其旗下自制的各种电视剧、纪录片、综艺甚至短视频。

相比CGTN、湖南台的创意创新能力，大多数广播电视在国际传播过程中思想还是比较僵化。就电视剧方面来说，即便是CGTN、湖南台，在打破欧美地区的限制，切实制作符合他们喜爱的影视内容方面还存在问题，创意创新能力还是不强。这是因为相比韩国、日本、美国影视，中国影视的整体制作比较简单。比如选题单一，红色题材、爱情题材较多；比如情节简单，看了开头就知道结尾，多点交叉还难以实现；比如演员选择，如果剧中有外国人，那么戏份也不多，这与《基本演绎法》《致命女人》作为美剧但直接采用华裔演员做主角并在中国获得较高收视率相比，相差甚远。

三 社交类内容制作能力："智"与"治"

相比传统广播电视内容制作的精细化，发布到社交平台的广播电视内容对制作的要求更强调"短""频""快"。这就更依赖智能化的生产，更依赖"人机交互"的制作模式，基于此形成的"人机交互"在讲述"中国故事""命运共同体故事"时智能化明显，但也需要进一步调整。

（一）"人机交互"采制的"智"与"治"

传播的核心在于内容。基于中央厨房、融媒体中心的运用，中国广播电视实现了前端记者到现场和人工智能采集数据相结合，人工剪辑和 AI 剪辑相结合，智能审核和人工审核相结合以及智能分发的模式。

1. 数据采集的"智"与"治"

2017 年 6 月，英国牛津大学互联网研究所计算宣传研究项目小组发布报告，分析了中国、美国、俄罗斯、德国、加拿大、巴西、波兰、乌克兰等国家的社交媒体中与政治相关的文章，指出机器人水军的舆论影响力，将这些信息操控行为定义为"计算宣传"（Computational Propaganda）。[1] 这种计算宣传集中体现在网络空间。同时，广播电视领域的融媒体建设已经完成。面对这种计算宣传，中国广播电视反应迅速，利用融媒体中心的信息采集能力，强化其在社交网络领域的针对性传播。比如央视在强化 AI 剪辑设备智能采集每个摄像机的画面内容的基础之上，还建成了集数据采集、数据计算、数据萃取、数据交换以及算法能力为一体的大数据平台——数据中台。[2] 该平台每天能够采

---

[1] 徐培喜：《数字时代中国国际传播领域面临的五个挑战》，《现代传播》2021 年第 6 期。

[2] 钱蔚：《央视网：智能互联网时代的独特发展之路》，《传媒》2019 年第 14 期。

集用户画像数据、故事语料数据、用户内容创作数据以及效果监测数据等几十亿条。① CGTN 的环球融媒体中心大屏每天呈现全球媒体的最新信息。这样的数据采集利于内容制作的针对性，也利于深度挖掘和分析信息形成深度新闻、数据新闻、动画新闻等。

央视和 CGTN 依靠人工智能不断提高数据采集能力在很大程度上实现了与受众之间的"连接"。但是，智慧化数据采集并非万能，因为大数据采集的是大多数、显性的情况，但恰好忽视了大量的"沉默者""不适者"。比如 2021 年 7 月 23 日 CGTN 在 Facebook 报道美国第一例得克萨斯州一男子感染猴子病毒事件时，配上了感染者全身被感染的图片。该配图，实在是不宜使用，因为密集爆发的感染症状引起了用户的严重不适。从新闻伦理的角度来说，需要治理。此外，比起智能采集，现场到达能力非常重要，尤其是突发事件，这是保持内容真实性、准确性、深入性的前提。

2. AI 剪辑的"智"与"治"

2019 年，央视全面开展了"人工智能编辑部"平台建设，依托人工智能技术去"盘活"海量历史视频资源，用 AI 赋能实际的业务工作场景，逐渐形成集智能创作、智能分析、智能搜索、智能推荐、智能审核"五智"于一体的人工智能集成服务平台，构建全媒体传播体系的"智慧中枢"，为用户和编辑人员提供智能化的多场景服务。② 与人工剪辑相比，AI 剪辑速度明显提高，也就提高了信息传播的速度，比如拆条机器人的使用，能够将像《新闻联播》这样半小时的新闻节目迅速拆成数条新闻短视频。在新中国成立 70 周年阅兵庆典中，央视首

---

① 周翔、仲建琴：《智能化背景下"中国故事"叙事模式创新研究》，《新闻大学》2020 年第 9 期。

② 李英斌：《央视网人工智能实践探索——访央视网副总经理赵磊》，《现代电视技术》2019 年第 9 期。

次采用了 AI 剪辑技术，承担此次阅兵短视频部分的剪辑任务，并即刻发布至央视网、央视新闻 App 以及各社交账号。从央视发布首条视频《AI 剪辑 丨 解放军仪仗方队》至结束，共计生成成品 82 个，其中徒步方阵 15 个，装备方队 32 个，群众游行方队 35 个，每个视频约为 1 分钟，视频发布间隔平均约 2~3 分钟。① 远远快于人工剪辑。此外，AI 剪辑在制作标题、横屏转竖屏、字幕、配乐等方面具有较大的优势。在配乐方面，AI 可以自动识别目前社交网络上最流行的音乐、节奏，并适配画面，生成新的视频，这样的处理方式既加快了视频剪辑的速度，又缩短了与用户之间距离。

AI 剪辑智能化确实便利，但是与人工剪辑相比，AI 剪辑可能过于倾向满足用户的需求，而忽视了"主流价值"的引导。2021 年端午节期间，河南卫视花了几十个小时拍摄制作了《洛神水赋》（原名《祈》）。由于该片被诸多媒体转发，迅速火爆全球网络，但是该片被各家媒体使用 AI 识别了当下社交网络中最新的音乐，再智能识别重组画面制作了不同的版本。这些不同版本在社交网络广泛传播，拓展了该片的知名度，但是原始音乐、原始镜头所要传达的意义已经难以在新版本中找到。同时，这种便捷的剪辑方式，在某种程度上来说，也是对原始版本版权的侵害。

3. 审核与分发的"智"与"治"

在审核方面，关键词过滤、数据纠偏等功能使得智能审核速度大大加快，而基于此的人工审核能够更好地减少失误，形成真正的"人机交互审核"。广播电视各大融媒体中心的建设最大的便利还在于智能分发。基于前面的大数据采集，智能分发能够实现将制作完备的视频

---

① 万青：《人工智能时代下新闻生产流程再造研究——以央视 AI 剪辑国庆 70 周年阅兵为例》，《新闻研究导刊》2019 年第 23 期。

同一时间之内进行传统渠道以及抖音、微博、微信、Facebook、Twitter 等多平台的传输和推送，大大缩小了原始分发的时间，大大增强了分发的精准性。央视、国际台、CGTN 等在国际社交媒体上的传播基本实现了"人机交互"，大大提高了其工作效率及其在社交媒体传播的频率，这也是为什么这些媒体的社交媒体内容要比电视频道内容更丰富和多元的原因。在抢国际新闻首发率的过程中，这样的智能审核和分发是比较有必要的。

尽管智能翻译、智能审核、智能分发已经成为常用的方式，但是强化"人机交互"当中"人"的主动性和能动性是十分必要的。这一方面是针对中国广播电视这些主体，因为即便是一直在"数据喂养"和"自我学习"的智能机器人，可能对中国想传播的主流价值观的认知还是不足，还需要专业的广播电视人来引导。另一方面也针对一些对中国主流价值观认知不深的 UGC 以及"爱优腾"这样的视频媒体平台。因为他们传播的中国广播电视制作的短视频社会性的新闻较多。此外，这种智能分发依靠国内社交平台分发比较顺畅，但在国际社交媒体上偶遇障碍，还需要尽快解决。

（二）"故事化"创作的"智"与"治"

与传统广播电视统一讲述一个相对完整的故事相比，广播电视在社交媒体传播的内容相对更短，能满足其快速了解故事的需求，但是，物联网、大数据、云计算加持的社交媒体平台在受众定位方面更精准，依据其兴趣爱好推荐的"定制故事"可能导致其陷入"信息茧房"，不利于展现故事的全貌。

1. "微故事"的"智"与"治"

中国广播电视国际传播的主要目标在于讲述好中国故事，传播好中国声音。以往我们所讲的中国故事强调中国道路、中国道理、中国形象、中国价值等，透显着强烈的国家和民族叙事倾向，而西方人则更喜欢接受日常化、个人化、自然流淌的故事。①这样的差异，存在不是一天两天，如何更好地讲好观众喜欢的故事，如何将"日常化的中国故事""个人化的中国故事""自然流淌的中国故事"更好地传播出去是中国广播一直在思考的事情，而利用社交媒体采用短视频的形式讲述"微故事"似乎是一种解决办法。央视、国际台、CGTN 以及省级广电等积极采用"微故事"来勾连与用户之间的情感，并利用智能化的音乐和画面，利用智能识别到的用户场景，产生共情。疫情期间，这样彼此连接的情感触发起到了一定的共情作用，前述传播主体在社交领域的粉丝明显增长。

社交媒体的"微故事"向世界传播了中国的方方面面，让更多的国际用户看到了不一样的中国。但是"微"做不到"全"，做不到"大"，无法让国际用户看到故事的全貌，深入了解故事的前因后果；甚至"微故事"被曲解，而被曲解的确不是预先想要的效果，这也说明并未与用户真正"共情"。说明人工智能无法做到真正的深挖数据，因为智能技术作为辅助可以识别故事要素、情感模式并辅助人类优化创作流程，评估故事叙事；因为随着智能算法设计的发展，具备智能化故事生成能力的程序越来越灵活独立；②因为 AI 的介入将传统的"故事选题、故事主题、故事角色、故事元素、故事情节、故事包装"的创作过程，转为了"语料库—初级自然语言算法—叙事"再转升级为"规模数据—多模态算法—叙事"③，基于规模的数据而创作的故事相对传统的故事更能引起用户的"共情"。

---

① 周翔、仲建琴：《智能化背景下"中国故事"叙事模式创新研究》，《新闻大学》2020 年第 9 期。
② 周飞：《人工智能叙事在影视和游戏行业的应用模式》，《湖北经济学院学报》（人文社会科学版）2019 年第 6 期。
③ 段弘毅：《数据驱动的机器智能叙事——以 Narrative Science 为例》，《科技与出版》2017 年第 11 期。

2. "定制故事"的"智"与"治"

人工智能和算法推荐的运用帮助广电在社交媒体平台传播内容能根据用户所处地区、所处环境、当前信息需求来推送短视频新闻、纪录片、影视内容片段，帮助用户实现"定制故事"。精准推送、社交过滤算法、遥感卫星、LBS、算法等的不断进化破除了故事传播的物理壁垒，打破了故事与阅听人之间固化、定向的传播链接，散布于社会生活的各个角落的分众化、个性化故事需求也得以涌现。① 包括央视、国际台、CGTN 以及各省级广电在内的中国广播电视凭借各社交媒体平台已经拥有的大量稳定粉丝，积极传播"中国故事""中国声音""命运共同体"等定制故事，也取得了一定的成绩。比如丝路电视国际合作共同体的作用更加突出。此外，由于 2020 年的新冠疫情，中国积极应对，大多数人对中国的评价比美国更积极，因为中国在处理冠状病毒大流行方面更积极。根据 PEW 中心的调查，在被调查的 14 个国家中，除了美国之外，意大利（51%）、西班牙（49%）、法国（44%）等其余 13 个国家都认为中国对待疫情，处理及时。其中，在意大利的差距最大，51% 的人认为中国做得很好，这与 18% 的人认为美国做得好，相差 33 个百分点。

人工智能和算法推荐不仅让传播从遥远模糊的"他者"转变为可感、可知的"我们"，② 更让"定制故事"逐渐成为常态。但长期的"定制故事"会形成"一叶障目""以偏概全"的情况。当"定制故事"发展过猛，或者被别有用心地采集，就成为非常负面的"信息茧房"或者"群个茧房"，负面效应也就不言而喻，而这种情况亟须治理。

---

① 周翔、仲建琴：《智能化背景下"中国故事"叙事模式创新研究》，《新闻大学》2020 年第 9 期。

② 周翔、仲建琴：《智能化背景下"中国故事"叙事模式创新研究》，《新闻大学》2020 年第 9 期。

第四节　传播受众定位能力建设的现状与问题

国际受众存在明显的广泛性、复杂性、多样性等特点，十分考验中国广播电视的定位能力。按照"受众＝市场"理论，定位好国际受众就能定位好国际传播的主要"市场"。国际传播智库的建设、人工智能的运用帮助中国广播电视提高了国际受众定位能力，包括受众类别定位能力、受众心理定位能力以及受众需求定位能力。这些能力的高与低直接与国际传播战略目标相关，即是服务于政治还是服务于经济。中国广播电视的政治属性和经济属性决定了其进行国际传播时，既要服务于政治也要服务于经济，因此，只有提高受众定位能力，才能更好地服务。

一　受众类别定位能力："细"与"粗"

从受众对传播者的重要程度出发，可以将国际传播的受众划分为重点受众、次重点受众和一般受众。从传播的目标来说可以分为目标受众和潜在受众。重点受众和目标受众有一定的联系，但又有一定的差别。定位好两类受众，能起到培养好中国国际舆论氛围的作用。

（一）重点受众定位能力的"细"与"粗"

重点受众或者是与传播主体国有着合作关系的"战略伙伴"，或者是传播主体国在某项政治、外交活动或军事行动中的盟友。他们的理解与支持，有助于形成良好的国际舆论氛围，使传播主体国的目标能够顺利实现；他们的不理解与不作为，则有可能使传播主体国孤掌难鸣，陷入被动的境地。[①] 中国广播电视的重点受众定位越细越能进行针

---

① 程曼丽：《国际传播学教程》，北京大学出版社2006年版，第179页。

对性传播，获得他们积极的支持，形成良好的舆论氛围，促进中国在国际上的政治主张与观念能获得更多的支持。

1. 重点受众定位能力的"细"

央视、CGTN 和国际台的重点在于定位国际受众中的重点受众，因为这三者一直重视强化新闻内容、主旋律影视内容。以央视为例，不但单独开辟了 24 小时新闻频道，也在综合频道、中文国际频道加强了新闻节目。著名的新闻节目包括 CCTV13 - 新闻频道的《午夜新闻》《面对面》《新闻直播间》《世界周刊》《焦点访谈》《共同关注》《东方时空》《新闻 1+1》《环球视线》《24 小时》，CCTV1 - 综合的《新闻联播》《朝闻天下》《新闻 30 分》，CCTV4 - 中文国际的《中国新闻》《今日关注》《深度国际》《中国舆论场》《今日亚洲》《今日环球》《海峡两岸》等。这些新闻节目的时间安排非常细致，直播、重播均有考虑，基本按照全球时间节点与差异恰当安排，能满足重点受众关注中国各个方面的需求。CGTN 和国际台则分别使用不同外语针对不同国家的重点受众，重点强化与本地相关的新闻。CGTN 非洲台、美洲台和欧洲台的建立，以及国际台的全球分站、分台的建立，也增强了新闻内容的多样性、广泛性，加强了诸如《非洲直播室》《美洲观察》《亚洲观察》《链接天下》等多个新闻节目的针对性。在央视、CGTN、国际台的新闻节目中，政治新闻占比又较高，反映了中国广播电视整体重点受众定位能力较强。就每次新闻排版顺序来看，政治新闻也排得比较靠前，"重要的放前面"这样的逻辑安排也反映了中国广播电视在单次传播时重视定位重点受众。

2. 重点受众定位能力的"粗"

央视、CGTN 以及国际台重视重点受众，所以在做新闻节目安排时，既考虑全球也考虑中国，既考虑美洲地区也考虑非洲地区，节目时间安排基本匹配重点受众的时间安排。但实际上还是比较粗的,以 CGTN 为例,如果以非洲地区的盟友作为重点对象,那么在时间安排方面,与 CNN 在非洲上午时间安排了《Africa Avant Garde(非洲先锋)》《Connecting Africa(连接非洲)》等节目相比,CGTN 电视频道在这个时间段却未安排节目;新闻节目本身,CGTN 电视频道的《非洲直播室》《非洲人物》《对话非洲》三档节目在中国时间凌晨 1 点到凌晨 3 点播出(非洲时间晚上 8 点到 10 点)、《非洲人物》在中国时间早上 6 点播出(非洲时间凌晨 1 点)、《非洲直播室》在中国时间下午 6 点播出(非洲时间下午 1 点),时间安排欠精准,对中国事务的强化欠充分。针对美洲地区的重要盟友,也存在同样的问题。

(二) 目标受众定位能力的"细"与"粗"

目标受众在某种意义上说包含了重点受众,但是此处的目标受众更强调目的性。中国广播电视的每个台的目标受众不一样,所以在国际传播时节目样态也有差异,产生的社会效益也有差异。有学者提到,国际传播面对的是千差万别的受众,不可能仅提供千篇一律的通稿,而要"对症下药"。[①] 因此目标受众定位越细,"对症下药"能力就越强。

1. 目标受众定位能力的"细"

中国广播电视国际传播过程中,目标受众定位有明显的差异,比如 CCTV-4 目标受众是海外华人、华侨,比如 CGTN、国际台、湖南台国际版、浙江台国际频道的目标受众是海外外国受众。湖南台对目标受众的定位能力是省级广电中最强的,这主要体现在三个方面。一是主动将电视频道网站分为中文版和国际版,并将国际版根据目标受

---

① 张君昌:《新中国七十年广播电视国际传播发展成就、经验与启示》,《国际传播》2019 年第 5 期。

众不同分为英语版、泰语版、越南语版、马来西亚语版、印度尼西亚语版。二是针对目标受众对短视频、时效性的期待，细化板块分类，重视更新时间安排。以其芒果TV国际版板块设置为例，该版本设置"热点短视频""当季热播·多语言字幕将在24小时内更新""向往5·蘑菇屋里欢乐多""经典好剧轮番上阵""甜宠好剧""正片番外""热门综艺""古装大剧""家庭剧场""奋斗百年路启航新征程""全球看中华""原创文化"等板块。三是针对年轻的目标受众，强化青春类影视、娱乐内容，以轻松娱乐的方式传播中华文化。

2. 目标受众定位能力的"粗"

央视、CGTN、国际台、湖南台国际版、浙江台国际频道在目标受众定位方面的"粗"表现在三个方面。一是对在华国际受众的关注度不够高。随着中国开放程度越来越大，来华外籍人士也越来越多，他们在中国的所见所闻，所获得的信息恰好成为其作为"舆论领袖"往母国传播中国的重要依据，但是前述广电对于这群人的认知还不足。二是对"一带一路"沿线国家目标受众的定位还不清晰。尽管湖南台开发了"一带一路"沿线国家的4个语种，但是沿线涉及的国家多、民众多、语种也多，目前的针对性还要继续加强。此外，"一带一路"倡议已经开展8年，但个别国家民众却还不知道什么是"一带一路"，也并不清楚这和他们有什么关系，能给他们带来什么，[①] 也在一定程度上说明，中国广播电视的目标受众定位还不够清晰，也就导致渠道、内容尤其是内容制作不细。

二　受众心理定位能力："进"与"退"

国际受众接触中国广播电视、接收中国广播电视信息的心理多种

[①] 张萌、赵永华：《新公共外交视域下国际受众成像与信息结构解析——基于"一带一路"议题的受众访谈和扎根分析》，《宁夏社会科学》2019年第5期。

多样,采用问卷调查、访谈、智能收集获取受众的信息,准确了解媒体接触心理和信息接收心理,利于制作符合其心理期待的内容。

(一)媒体接触心理定位能力的"进"与"退"

国际受众的慕名心理、自己人心理和从众心理是其接触中国广播电视的原因之一,而选择性心理又决定了其记住了中国方方面面的内容。中国广播电视真正开启国际传播,相对较晚,但是在调研国际受众方面一直未放松,尤其是在从"宣"到"传"的改变过程中,① 整个定位能力都有所进步。

1. 常规性心理定位能力的"进"与"退"

国际受众的常规性心理主要表现为慕名心理、自己人心理和从众心理。中国广播电视对国际受众的慕名心理和自己人心理的定位比较清晰,一直致力于通过采用业务合作、人员交流、广告宣传等方式来打开诸如央视、国际台和 CGTN 的知名度。从 CGTN 在 Facebook 上拥有 1.2 亿粉丝(2017 年 12 月只有 5450 万粉丝)并远远超过 CNN、BBC、RT、AJ – E 等国际媒体的粉丝来看,从 2021 年 3 月多名国际知名人士联名发表《反对英国通讯管理局对 CGTN 的禁令 捍卫言论自由》来看,从大量海外华人、华侨认为 CGTN 作为家乡媒体带给他们准确信息来看,中国广播电视是成功的。这也说明中国广播电视定位国际受众的常规性心理有显著进步。

充分利用好国际受众的常规性心理,对中国广播电视提高国际传播能力有重要作用。中国广电制作什么样的节目、传播什么样的内容、采用什么的样式、持有什么样的态度是维持国际受众黏性的关键。从 CGTN 在 Facebook 上拥有 1.2 亿粉丝但互动率却较低来看,国际传播的内容还难以切实让国际受众基于常规心理尤其是自己人心理作出有力

---

① 李宇:《从宣到传:电视对外传播研究》,北京大学出版社 2013 年版,第 1 页。

的支持。同时，国际媒体尤其是西方媒体的整体知名度较高、持续创新能力较强，也对中国广播电视提出了新的挑战，若无法利用好已经获得的粉丝资源、受众资源，就无法进一步提升定位常规性心理的能力，也就无法切实实现国际传播的战略目标。

2. 选择性心理定位能力的"进"与"退"

传播学集大成者威尔伯·施拉姆提出了著名的选择或然率概念，即受众的选择或然率＝报偿的保证/费力的程度。当中国广播电视传播的信息与国际媒体一致时，国际受众是否选择中国广播电视，关键就在于接触中国广播电视的费力程度，越是费力，那么就越将放弃。这也是中国广播电视这些年强化渠道建设的根本原因。随着"多屏"获取广电内容成为主流趋势，中国广播电视为了降低"费力程度"，强化了新媒体渠道建设。前面也强调了央视、国际台、CGTN以及省级广电均能及时开通国际、国内在线视频平台账号和社交媒体账号，使用户更快捷地获取信息，说明中国广播电视定位受众选择性心理的定位能力有显著的进步。同时，中国广播电视也加强了影视制作的清晰度、内容的完整度、切屏的便捷度建设，减少了国际用户的费力程度。当国际受众选择了中国广播电视之后，对于其传播的信息又是一种什么心理？克拉帕提出的选择性理论可以说明。这些心理包含选择性注意、选择性理解和选择性记忆。国际受众这种选择性心理不可避免，中国广播电视早已认识到这一问题，所以在国际传播内容上，基本选择相对正面的信息，尤其是关乎中国事务的信息。这同样说明，中国广播电视对于国际受众的选择性心理定位能力有明显的进步。

国际受众并非被动的受众，当从中国广播电视各种渠道获得的信息正面更多之后，也将通过更多的渠道了解中国，西方媒体也就成为其获得中国信息的另一个主要渠道，而西方媒体对关乎中国的信息多以"不闻"或者负面报道为主。长期经历这样选择的国际受众对中国的态度也难以有积极表现，而这种情况在 2019 和 2020 年中美贸易摩擦期间、中美和中澳关系紧张期间、新冠疫情溯源期间表现得又尤为突出，这不仅体现为他们对中国广播电视在国际在线视频平台和社交媒体内容下面的种种负面评论，也体现为他们对"国际网红"李子柒个人平台视频的评论。这说明中国广播电视受众定位能力的提高速度未能及时跟上受众选择性心理的变化，也未能弄清楚国际受众选择性注意、理解、记忆的内容到底是什么。

（二）信息接受心理定位能力的"进"与"退"

英国文化学派代表人物斯图亚特·霍尔（Stuart Hall）在《电视讨论的编码与译码》中提到，电视观众在解读电视上传播的内容时常有主导霸权式、协调式和对抗式三种情况。关世杰在《国际传播学》中根据这三种情况认为，国际受众在解读信息时存在喜欢式解读（Preferred Reading）、商讨式解读（Negotiated Reading）和反向式解读（Oppositional Reading）三种心理状态。中国广播电视在定位国际受众这三种心理时，基本能通过国际受众的收听率、收视率、观看量、点赞量、评论量（评论倾向）来判断，但是对每种心理的定位还要继续加强。

1. 喜欢式解读定位能力的"进"与"退"

喜欢式解读主要指受众按照电视上传播的信息来理解信息。中国广播电视国际传播最理想的状态就是获得国际受众的喜欢式解读。过去，中国广播电视主要依靠收听率高、收视率高、听众来信表扬、观众来信表扬来了解国际受众的喜欢式解读，而随着广播电视在在线视听平台和社交平台的发展，对受众喜欢式解读则依靠他们的观看量高、点赞量多、转发量大、正向评论多来判断。包括央视、国际台、CGTN以及省级广电在内的中国广播电视重视这些方面定位能力的建设，重视打造专门的团队分析国际受众的喜欢式解读表现，重视国际受众的访谈，了解其喜欢式解读心理体现在哪些内容、哪些时间段、哪些方式等，此外，也采用了人工智能积累国际受众这些数据。央视注意到国际观众喜欢《李小龙传奇》或者中华武术，也就广泛传播了关于这些方面的内容。同样注意到的还有湖南台，专门在《天天向上》节目中请到模仿李小龙的日本小明星来做节目，以满足国际用户喜欢李小龙的心理。

中国广播电视重视定位国际受众的喜欢式解读，希望做的电视节目、在线视频平台的视频都能尽量获得国际受众的喜欢式解读，但是国际受众的成长环境不同、受教育程度不同、职业不同，并不能对所有的内容进行喜欢式解读，这也就更加考验中国广播电视的定位能力。央视和CGTN在这一方面表现得稍微弱一点，这与其作为主流媒体，任务更重、精力有限有一定的关系。喜欢式解读定位能力是中国广播电视未来必须强化的能力。

2. 商讨式解读定位能力的"进"与"退"

商讨式解读主要指受众部分按照电视上传播的信息来解释信息，部分依照自身的成长背景、社会环境、思维习惯等作出与电视传播信息所要表达的意义基本一致的解释。中国广播电视国际传播第二理想的状态就是获得国际受众的"商讨式解读"，至少保证其所传播的信息，得到国际受众的部分认同，这从CGTN近年来个别电视节目、社交媒体视频获得国际受众良好的反馈，可观一二。

中国广播电视重视探讨国际受众商讨式解读的深层次原因，但是由于人力、物力、精力的不足，无法深挖原因，使得这种定位能力未明显增强，也导致其制作的节目、上传的视频相比自己个别受欢迎的节目和视频，相比国际媒体受欢迎的节目和视频，收听率、收视率、观看量、点赞量、转发量、正向评论量均一般，并且这样的节目和视频占了国际传播内容的绝大多数。换句话说，将国际受众商讨式解读转为喜欢式解读，是中国广播电视国际传播能力建设的重要方向。

3. 反向式解读定位能力的"进"与"退"

反向式解读指受众作出与电视上传播的信息所要表达意义完全相反的解释。受众的这种解读方式是中国广播电视国际传播最忌讳的状态。中国广播电视一直致力于减少乃至消除这种解读模式，尤其是在传播中国经济取得新成就、中国科技取得新突破、中国"一带一路"倡议取得新进展、中国研究取得新成果时。中国广播电视了解反向式解读主要通过国际受众对广播电视节目的负向评论。中国广播电视试图通过"转文化传播"的传播方式，通过联合制作、联合拍摄等方式避免反向式解读。

中国广播电视对反向式解读的处理，着力最多，但是从每次所播节目、所传视频的反向评论还是比较多来看，以及目前美国、澳大利亚、英国等国家对中国的态度来看，力度还不够，方法还不对。另外，再从央视在 YouTube 上传播央视《新闻联播》直接关掉评论区来看，中国广播电视解决反向式解读的能力还十分不足。将国际受众反向式解读转为商讨式解读和喜欢式解读，是中国广播电视国际传播能力建设必须要努力的方向。

此外，国际受众在接收信息时还有求新心理、求近心理、求异心理。中国广播电视定位受众求新心理主要表现为及时传播最新的新闻信息，及时更新最新制作的电视综艺、纪录片、电视剧等；定位受众的求近心理主要表现为积极开展本土化内容建设；定位受众的求异心理则表现为做与其他国际媒体不一样的节目并发表不同的观点，这正如 CGTN 的口号"看见不同"。此外，即便同为中国广播电视，央视、国际台、CGTN 与其他省级台以及在线视频平台的定位差异也较大，以便符合国际受众的求异心理。

三 受众需求定位能力："深"与"浅"

国际受众的需求决定了中国广播电视的内容供给。需求越强，供给越多。定位好认知需求、情感需求、疏解紧张情绪的需求，可以做出更好的新闻节目、纪录片、电视剧、综艺等。定位好需求的变化，可以利用更好的渠道传播更好、更新的节目。中国广播电视在这些方面的定位既有优点又还有很长的路要走。

（一）基本需求定位能力："深"与"浅"

有学者将受众的媒介消费行为背后的心理需求归纳为以下五个方面。一是认知的需求，即受众需要得到信息、知识和理解；二是情感的需求，即受众需求得到情感上的刺激和愉悦的美感体验；三是个体整合需求，即受众个体需要提高自己的自信心、安全感和自我价值；四是社会整合需求，即受众个体需要加强与家人和朋友的关系；五是疏解紧张情绪的需求，即受众对逃避现实问题的需求。① 中国广播电视定位国际受众的认知需求、情感需求和疏解紧张情绪需求比较深入，但是也有待改进。

1. 认知需求定位能力的"深"与"浅"

中国广播电视对国际受众的认知需求定位比较准确，主要通过新闻、纪录片、知识类节目等来满足其需求。在新闻方面，中国广播电视各台均准备了充足的节目，除了前面已经提过的央视和 CGTN 的新闻节目，还有 CGTN 各分频道的《非洲新闻联播》《每周财经》《美洲观察》《财经新闻》《拉美视点》等；在纪录片方面，CGTN 的纪录片频道设置非常详细，《人文地理》《时代写真》《特别呈现》《历史传奇》《精彩放送》《发现之路》等多样化的纪录片循环播放，其余各分频道也有专门的纪录片板块；在知识类节目方面，有 CGTN 英文频道的《文化报道》，CGTN 俄语频道的《生活百科》《问与答》《中国厨艺》《生财有道》，CGTN 西班牙语频道的《学汉语》《神州行》《学做

---

① 李宇：《从宣到传：电视对外传播研究》，北京大学出版社 2013 年版，第 204 页。

中国菜》《这就是中国》，CGTN 法语频道的《学功夫》《美食大搜索》《学汉语》《华夏行》，CGTN 阿语频道《跟我学》《话说中国》《中国之旅》《中国·中东》等。

中国广播电视通过前述内容来满足国际受众的基本需求，从节目的定位来看，主要是从中国饮食、中国武术、中国语言、中国旅游角度来回答国际受众的疑问。但是，就目前的节目内容来说，供给与需求之间存在不匹配的问题。比如西欧人关心中国经济；东欧人想借鉴中国房改、医改方法；拉美人追崇中国功夫、中华汉字；非洲人关注中国现代化进程；东南亚华裔较多，与中国历史、文化结缘较深，[①]但是相关节目与此需求的匹配度却有明显的差异。

2. 情感需求定位能力的"深"与"浅"

在情感需求定位方面，中国广播电视针对海外华人、华侨的情感需求专门制作了节目，也针对海外外国受众的情感需求专门制作节目。就前者而言，CCTV4－中文国际频道的《远方的家》《记住乡愁》《华人故事》均能满足海外华人、华侨的基本需求；就后者而言，中文国际频道的《中国缘》（缘聚中国，中外相逢），CGTN 俄语频道和 CGTN 西班牙语频道均播出的《生活在中国》（外国人在中国生活的点点滴滴），也能满足其基本需求。

海外华人、华侨是非常庞大的群体，其性别、年龄、职业、教育程度、所在地区、收入、喜好等均有不同。老一辈"心系故土，情系桑梓"关心"远方的家"，"新生代与家乡情感维系度相对较弱、商人意识较浓"[②]，关心中国新发展、新变化，但是因为对"新生代"的需

[①] 张君昌：《新中国七十年广播电视国际传播发展成就、经验与启示》，《国际传播》2019 年第 5 期。

[②] 泉州市政协港澳台侨和外事委：《做好华侨新生代工作　服务海丝先行区建设》，《政协天地》2019 年第 Z1 期。

求调研不足、分析欠佳，导致节目的安排与内容的差异比较小。外国人来中国的人数越来越多。他们来自的国家越来越多，既关心在中国如何吃、穿、住、用、行，如何办理各项业务，也关心母国的信息；同时，他们在中国日常的学习、生活、工作、玩乐等也发生较大变化，他们后代在中国的成长也有较大的差异。但是中国广播电视对这一群人的需求调研欠佳，导致节目安排和内容呈现欠佳。

3. 疏解紧张情绪需求定位能力的"深"与"浅"

疏解紧张情绪需求可以理解为娱乐需求，这种需求是人类重要的需求之一。中国广播电视定位国际受众的这种需求也比较深。央视的电视剧板块，CGTN 法语频道的《快乐嘉年华》《中国文艺》《动画片》，CGTN 俄语频道、CGTN 法语频道的《剧场》，CGTN 西班牙语频道的《影视看台》，CGTN 阿语频道的《电视剧》，湖南台的综艺（包括国际版的综艺）《密室大逃脱》《歌手》《中餐厅》《明星大侦探》《初入职场的我们》《乘风破浪的姐姐》《向往的生活》《全员加速中》《花儿与少年》《妻子的浪漫旅行》《新生日记》等，浙江台的综艺《王牌对王牌》《奔跑吧》等，上海台的综艺《极限挑战》《完美的夏天》《闪电咖啡馆》《我们的歌》（马来西亚、新加坡、中国台湾已全面开放）、《欢乐喜剧人》等，均满足了国内外受众疏解紧张情绪的需求（娱乐需求）。

在定位疏解紧张情绪需求方面，省级广电做得较好，分析受众的需求较深，制作的节目也非常多元化，能够满足国际受众相对多元的娱乐需求；但是央视和 CGTN 的定位主要在于年龄较大的受众需求，但这种定位也稍微欠缺了一些，选择红色题材、家庭伦理题材内容较多，满足受众疏解紧张情绪的需求有限。

(二) 需求变化定位能力的"深"与"浅"

"变才是唯一的不变"。国际受众的需求在不断变化。及时了解这些变化甚至引导变化，是中国广播电视一直在努力的事情，这些集中体现在积极探索国际受众对渠道和内容需求的变化。

1. 渠道需求变化定位能力的"深"与"浅"

电视终端依然是传媒欠发达国家的民众获取信息的主要渠道，但是开机率和收视时长，都有一定的下降。传媒发达国家、移动通信技术发达国家，受众获取信息的渠道明显多样化，利用 Pad、手机等移动端获取信息的需求日渐增长。央视最早注意到这种需求的变化，从 2009 年开始重视开通国际在线视频平台账号，然后又陆续进驻各社交媒体平台。经过十多年的发展，央视、CGTN 以及各省级广电的账号针对移动需求作出的调整比较深入细致，基本实现了能够从不同平台、不同渠道传播，满足国际受众的需求。随着 5G 的普及，国际受众对移动渠道直播、速度、画质、清晰度、竖屏等的要求更高。中国广播电视在满足这些要求方面都做了相当大的调整，以 CGTN 为例，在电视频道直播成为常态的情况下，针对移动端的直播也迅速发展起来，不仅在 YouTube 平台，在 Facebook 上直播已成为一种常态。

了解渠道需求变化，中国广播电视做得比较深，但是对国际受众喜欢在什么时间使用什么渠道的认知，还不太清晰。从 2018 年开始，央视在 20 个国家开展《CGTN 全球受众评价与需求调查》，调查涉及 20 个国家的 2000 个有效样本，主要针对 6 个月内收看过 CGTN 相关频道或使用过 CGTN 新媒体的被访者。[①] 但是，在只有 20 个国家，只有 2000 个样本的情况下，所获得的信息是否足够呈现 CGTN 在 160 个国家的情况，以及受众具体需求的变化？国际台也存在这样的问题。

---

① 李宇：《新形势下国际传播能力建设效果评估的挑战、策略与路径》，《现代视听》2021 年第 1 期。

2. 内容需求变化定位能力的"深"与"浅"

国际受众内容需求变化主要表现在获取内容的方式和内容的精细化方面。为了了解这些变化，央视期望通过海量的数据、先进的技术以及适合的应用场景来解决。经过多年积累，央视网拥有海量丰富的视频、图文内容，覆盖大、小屏全终端全渠道（IPTV、OTT、手机电视、PC 等）的用户超过 3 亿，已建成的大数据平台具备数据采集、萃取、算法等全套的数据能力，每天采集用户数据超过 20 亿条，并构建了全终端统一的用户画像、家庭画像和多维度的内容标签体系。① CGTN、国际台、各省级广电也重视海量数据的积累，诸如湖南台、上海台、浙江台也取得了一定的成绩，能够充分利用人工智能获取的数据，针对性制作国际受众喜好的内容。

随着 5G 时代移动媒体的普及，广电内容消费不再是基于收音机或电视设备的特定场景产物，但用户希望在何时何地接收到何种讯息这一问题，却仍然是目前广电媒体尚待探寻的盲区。而且流媒体服务塑造了年轻一代用户的内容消费习惯，用户更期待接收到他们感兴趣的，而不是媒体决定提供给他们的内容。虽然一些视频平台允许用户通过编辑播放列表或收集等模式进行内容遴选，但对于传统的广电媒体来说，类似的定制体验则十分有限。② 此外，在华国际受众对国际政治新闻的需求始终明显高于中国国内政治新闻，在华国际受众认为"增加英语媒体数量"最为重要。③ 但是，目前这些问题还未得到有效的解决。

国际受众对内容呈现形式的需求也发生了变化，比如希望网络空

---

① 李英斌：《央视网人工智能实践探索——访央视网副总经理赵磊》，《现代电视技术》2019 年第 9 期。
② 赵睿、喻国明：《5G 大视频时代广电媒体未来发展》，《新闻界》2020 年第 1 期。
③ 杨凯、唐佳梅：《精准对外传播视角下国际受众的历时性研究——基于对广州外国人媒介使用和信息需求的连续调查》，《现代传播》2018 年第 6 期。

间与现实空间的无缝衔接与转换，比如希望内容呈现本土民族价值观，比如希望获取信息的费力程度明显下降（比如希望竖屏体验，比如希望字幕符合其习惯，比如背景音乐符合其个人价值观），这些都是还要再继续细化解决的问题。

此外，国际受众的认知需求、情感需求、娱乐需求也发生了变化，中国广播电视在及时掌握这些变化方面还有比较长的路要走。以 CGTN 为例，由于海外受众调查难度较大等复杂因素，当前中国的国际传播对国际受众普遍缺乏科学、实证、全面的分析，对传播效果的整体把握不够，导致国际新闻报道更多立足于想象，反馈机制不健全。CGTN 目前仍没有广泛、系统、科学地进行全球受众调查，这是亟待解决的问题。[1]

第五节　传播效果测评能力建设的现状与问题

2017 年 5 月，《国家"十三五"时期文化发展改革规划纲要》明确提出要加强"舆论传播能力评估机制建设，科学设置绩效评价指标，引入第三方评价，搭建传播能力建设评估平台，建立全媒体传播效果评价体系"。测评短期传播效果利于广播电视了解内容传播的及时效果，调整接下来的内容制作思路；测评长期效果利于掌握整个广播电视的状态，调整国际传播能力建设的整体思路。中国广播电视重视传播效果测评，中央广播电视总台专门成立了海外评估核查处来考察其传播效果，在一定程度上提高了其国际传播效果测评的意识，但随着传播渠道的多元化、传播形式的多元化，其国际传播效果测评能力还要加强建设。

---

[1] 孙璐：《全球化新格局下 CGTN 的国际传播研究》，光明日报社 2021 年版，第 198 页。

一　短期效果测评能力："精"与"略"

基于日常业务运营的评估，服务于日常业务管理，属于短期评估。[①] 短期效果测评在此处主要指对短期的内容生产力、内容传播力、影响力和引导力的测评。中国广播电视重视这些测评能力，从考察海外收视率和增强效果考察团队建设等方面着手。

（一）内容生产力测评能力的"精"与"略"

内容受不受国际受众的欢迎与内容采集能力、内容加工能力以及内容竞争能力等生产力密切相关。中国广播电视重视强化这些能力建设并对这些能力建设的效果进行相应的测评。

1. 内容采集能力测评的"精"与"略"

内容的采集能力主要表现在采集网络覆盖能力和先进技术使用能力两个方面。采集能力的强大与否直接决定了内容是否具有时新性，是否能满足国际受众的求新、求近的心理和认知需求。中国广播电视重视海外分台、分社、分站、采编中心、编辑部、记者站等数量的建设以及大数据系统的建设，以增强其网络覆盖能力；重视研发和引进先进的摄像设备、舞台搭建设备、直播室设备、后期制作设备，重视培养先进人才使用这些设备，以增强使用先进技术的能力。同时，也重视对这些能力的测评。但是就单次内容的传播来说，并未专门去细化相关指标及考察内容采集能力的强与弱与内容传播效果的好与差之间的关系。

2. 内容加工能力测评的"精"与"略"

内容加工能力主要表现为编辑人员对采集回来的信息以分解、重

[①] 李宇：《新形势下国际传播能力建设效果评估的挑战、策略与路径》，《现代视听》2021年第1期。

组、伪装的方式进行编码的能力。[1] 可以表现为标题制作、音乐选配、声画匹配、节奏把控、字幕制作等业务层面的能力；可以表现为采编人员数量及其在总体员工中的占比、海外采编人员数量及其在总体员工中的占比、外籍雇员数量及其在采编人员中的占比等人员结构层面的能力；[2] 可以表现为采编人员知识结构、年龄结构、职称结构等。内容加工能力也表现为对国际受众的"画像能力"与对大量信息的"挖掘能力"。内容加工能力的强与弱直接决定内容的表现形式能否满足国际受众的喜好。中国广播电视重视以人才培养、培训、引进等方式来提高其内容加工能力，重视对这些能力的整体衡量与测评，但就单次内容的传播来说，并未制定详细指标去测评其内容加工能力与传播效果好与坏的关系。

3. 内容竞争能力测评的"精"与"略"

内容竞争能力主要表现在语种、品种、发稿量、首发率、原创率、被转发率等方面。[3] 内容竞争能力的大小直接决定了内容能否被国际受众关注。为了提高内容竞争能力，中国广播电视重视培养外语人才，重视采用先进的技术、内容采编系统和发稿系统。国际台一直致力于提高用外语语种播音的数量，增加节目品种数量，也取得了成效；CGTN 在现有 5 个语种基础上，也计划再增加 1 个语种，在现有稳定新闻节目、文化类节目、纪录片板块、剧场板块的基础上，再增加节目的品种，提高发稿量、首发率、原创率；湖南台已经实现使用 7 个语种进行传播，提高了大部分节目的原创率。中国广播电视也重视测评内容的竞争力，并重点测评突发事件的首发率、原创率、被转发率，但是测评比较重视新闻的传播，未考虑到电视剧、纪录片、电

---

[1] 这是英国文化学派斯图亚特·霍尔在《电视讨论中的编码与译码》书中的观点。
[2] 唐润华：《中国媒体国际传播能力建设战略》，新华出版社 2015 年版，第 150 页。
[3] 唐润华：《中国媒体国际传播能力建设战略》，新华出版社 2015 年版，第 150 页。

视综艺等的情况，也未考虑在融合传播情况下的新变化。同时，对内容质量及销售量、内容有效到达率、视频完播率等指标建构能力也待细化。

（二）传播力测评能力的"精"与"略"

传播力主要表现为传统电视渠道的收视率和市场份额，以及电视新兴渠道的阅读量、观看量、点赞量、转发量、评论量。这些数据越大越说明内容受关注，而正向评论数量越大越说明广播电视与国际受众之间对信息的相同认知度越一致。传播力的测评是中国广播电视考察短期效果的一个重要环节，是检验内容采集能力、加工能力和竞争能力的关键。中国广播电视重视以这些基本指标来测评内容的短期效果，但对这些指标所反映出的情况所进行的分析却有待强化。

1. 电视频道短期传播力测评的"精"与"略"

中国广播电视在国内的电视收视率、广播收听率、时移收视率、实时收视率、大屏跨平台互动收视、社交媒体测量、融合传播测量、视音频全媒体测量等由央视索福瑞来执行，但是在国际传播过程这些方面的考察却相对较难。关于电视渠道的传播效果，这些指标均需要细化。电视收视率、广播收听率等还是比较容易测评的。以央视为例，2012 年，原央视海传中心就与尼尔森公司合作，开展央视英语新闻频道在纽约地区收视率数据分析。到 2020 年，央视已经在 10 个国家开展电视收视率调查，在 4 个国家开展收听率调查。[①] 各省、市台也重视这方面的调查。以成都台为例，在与俄罗斯金砖国际电视、英国普罗派乐卫视等国际媒体合作时，成都台制作的节目在当地的收

---

① 李宇：《新形势下国际传播能力建设效果评估的挑战、策略与路径》，《现代视听》2021 年第 1 期。

视率主要由这些国际媒体提供相关报告。这样的方式利于中国广播电视制作更符合当地需求的节目,但中国广播电视或者第三方机构无法掌握主动权的测评,也无法深入细致地考察什么样的选题、色彩搭配、节奏把控、情绪表达等更能引起国际受众的关注。目前的调查无法覆盖更多的国家,也需要改善。

2. 在线视频平台和社交媒体短期传播力测评的"精"与"略"

在线视频平台的短期传播力主要通过单次视频的观看量(播放量)、点赞量、分享量、点踩量、点击质量、点击达标率、评论量、保存量以及所有视频的总观看量(播放量)来考察;在社交媒体上的传播,则还要增加对曝光次数、曝光人数、曝光质量、曝光达标率、阅读量、点"大爱"量、点"心碎"量、收藏量的考察。随着广播电视播出的渠道新增了在线视频平台和社交媒体,中国广播电视也重视考察前述相关指标,依靠这些数量的大小来考察单个视频以及所有视频的传播力。但是,在考察时,更偏向观看量(播放量),而未重点考察点击质量、点击达标率、曝光达标率、点踩量、点"心碎"量、负向评论量和转发时的负向评价。同时对首次传播力的考察比较到位,但是对二次传播、交叉传播的考察由于人工智能网络空间的受限制,造成搜集障碍,考察也没有办法深入。此外,关联性的评估也还有待加强,比如主题选择与传播效果的关联,表达方式与传播效果的关联,以及音效声画共振与传播效果之间的关联。

(三)影响力和引导力测评能力的"精"与"略"

国际传播的效果还要测评影响力和引导力。中国广播电视重视测评单次传播的影响力和引导力,也重视整体的情况,但是测评难度相对较大。

1. 影响力测评的"精"与"略"

影响力是对受众的思想或行动起作用的能力。媒体通过一定的内容、传播渠道和方式，来影响用户的认知、态度和行为。[①] 国际受众对中国广播电视的内容的认知、态度和行为，最常见的、可测量的就是收看电视频道，在电视机上搜索回看电视节目，在在线视频平台和社交媒体平台上点赞、点踩、点"大爱"、点"心碎"、评论等。比如国际受众在YouTube平台上看到一部中国电视剧《谢谢让我遇见你》，就在下面用英文评论道："我真的很想看这部电视剧，即便连英文字幕都没有。请加英文字幕。"该评论还获得401个赞以及42个表示同样希望有英文字幕的回复。这部剧是湖南台自制剧，湖南台看到类似评论就重视这方面的测评，强化了相关剧目英文字幕、泰语字幕、阿语字幕、马来西亚语字幕、越南语字幕的制作，以及人工智能在这些方面的运用。央视、国际台、CGTN也同样重视测评国际受众的这些认知、态度和行为，比如，CGTN "Super Desk"系统可以分析自采稿件的点击量、传播路径、传播效果等数据，并在大屏幕上实现快速的可视化呈现。[②] 但是，就中国广播电视整体而言，一方面是力度还不够，即对点赞、点"大爱"、正向评论的测评欠深入，对点踩、点"心碎"、负向评论的测评同样欠深入，未深入探讨背后的原因与生成机制；另一方面是因为大量节目在社交媒体传播时关闭评论区，导致测评的内容不够全面。

2. 引导力测评的"精"与"略"

新闻传播最能在短期内考察引导力。国际新闻的传播不只针对普通公众，还包括广大国际媒体。中国广播电视首先报道了某条新闻，

[①] 谢湖伟、朱单利、黎铠垚：《"四全媒体"传播效果评估体系研究》，《传媒》2020年第19期。

[②] 孙璐：《全球化新格局下CGTN的国际传播研究》，光明日报社2021年版，第55页。

国际受众能否按照该条新闻反映的核心意义来认知，并产生正向的转发和评论行为，国际媒体能否及时按照该条新闻反映的核心意义转发该条新闻，国际受众和媒体能否针对发生偏向的新闻与中国广播电视一起进行正向引导，抵制谬误思想传播，直接反映了中国广播电视的引导力。测评引导力需要大量考察国际受众的评论及其在现实生活中对中国的态度，考察新闻被国际媒体转发的数量或者在其新闻中正向引用的行为。央视、国际台、CGTN试图采用与国际媒体和第三方机构合作或者人工智能采集的方式来测评，但是国际传播效果测评涉及相对复杂的社会环境，也涉及网络空间治理等问题，所以测评难度较大，也给中国广播电视提出了新的挑战。

二 长期效果测评能力："易"与"难"

中国广播电视国际传播的长期效果除了体现为包含内容生产能力、传播力、影响力、引导力等在内的竞争力之外，更为重要的表现为媒体的品牌实力以及中国在世界上的影响力，而关于这些的测评看似容易实则困难。

（一）竞争力测评能力的"易"与"难"

中国广播电视的内容生产能力、传播力、影响力、引导力越强，竞争力也越强。测评内容生产能力主要表现为测评内容采集能力、内容加工能力、内容竞争能力；测评传播力主要表现为测评在电视频道长期的传播力、在在线视频平台和社交媒体平台的长期传播力；测评影响力主要表现为测评国际受众长期的认知、态度和行为；测评引导力则主要测评带领能力和指导能力。相对测评短期的这些能力，测评长期的竞争力需要投入更多的人力、物力、财力。因此，中国广播电视在测评时遇到的困难更多，执行起来也更难。

(二) 品牌实力测评能力的"易"与"难"

中国广播电视的品牌实力集中表现为品牌的国际知名度、美誉度、忠诚度，市场拓展能力，运营能力，发展潜力。中央广播电视总台国际传播规划局专门设置了海外品牌推广处便于打开中国广播电视的国际传播知名度，也取得了一定成就，但是测评的方法较为简单，导致无法针对性调整品牌推广方法。

1. "品牌三度"测评的"易"与"难"

中国广播电视品牌的国际知名度、美誉度、忠诚度均有一定的提升。测评品牌知名度主要考察包括创办历史和历史上的排名在内的历史知名度，包括国际传播历史和目前国际排名在内的国际知名度。测评美誉度主要考察广播电视品牌在国际受众的信任度、好感度、接纳度和受欢迎程度。测评忠诚度主要考察国际受众对中国广播电视的友好情感。从2013年开始，央视开始在重点国家进行品牌海外知晓度、接触率、满意度调查，当年首次调查覆盖海外10个国家（美国、英国、日本、韩国、俄罗斯、哈萨克斯坦、印度、澳大利亚、肯尼亚、南非）；2014年扩展到海外16个国家，以后每年都对这16国开展年度调查。该调查以互联网在线邀约方式，着重了解受众的媒体使用习惯、接触情况，对国际知名媒体以及中国国家级媒体的认知、接触情况以及美誉度，对中央广播电视总台及其子品牌的频道以及节目的收看收听情况、评价与期望进行调查分析。[①] 中国广播电视测评个别国家对中国广播电视的部分品牌的知晓度、美誉度、忠诚度，相对容易；但是要考察正在开展国际传播的所有广播电视在更多国家的情况，还是相对较难。

[①] 李宇：《新形势下国际传播能力建设效果评估的挑战、策略与路径》，《现代视听》2021年第1期。

2. 市场拓展能力测评的"易"与"难"

根据表3-30，市场拓展能力主要表现在经营规模、市场渗透力、营销能力等方面。中国广播电视的市场部主要负责考察这些数据，一年一统计，一年一考核。这种测评对传统渠道比较容易，但是就当前国际渠道已经完全多元化，尤其是针对移动收视情况更发达的国家来说，测评多种渠道相对更难。

表3-30　　　　　市场拓展能力的指标体系①

一级指标	二级指标	三级指标
市场拓展能力	经营规模	资产总量 年度经营额 海外收入占年度经营额的比例
	市场渗透力	用户总数及人口覆盖率 海外用户数及占用户总数的比例 地区覆盖率
	营销能力	营销人员数量及占员工总数的比例 海外营销人员数量及占营销人员总数的比例

3. 品牌运营能力测评的"易"与"难"

广播电视的品牌运营能力的重点是把广播电视品牌名称、符号、术语或者相互的组合等作为一种无形资产。通过品牌运营，广播电视既可以提供区别于其他品牌的内容、产品、服务，形成相对稳定的运营模式，供其他品牌模仿、跟进。在国际传播过程中，品牌运营能力越强，越能更好地进行国际传播，也更能实现战略目标。中国广播电

---

① 唐润华：《中国媒体国际传播能力建设战略》，新华出版社2015年版，第150页。

视的品牌运营能力相比国际媒体甚至中国华为、海尔、大疆等非媒体品牌的运营能力，还有很长一段路要走。测评现有广电在国际上的品牌运营能力，一般从其品牌在传媒领域方面的运营着手，也相对容易考察，但CGTN、央视、湖南台、浙江台等在非传媒领域提供的相关服务却极少纳入测评范畴。

此外，中央广播电视总台国际传播规划局李宇还专门就当前中国广播电视国际传播的效果评估做了如下归纳。第一，项目类型多样，评估缺乏标准化的体系和指标。国际传播的新业态、新模式和新路径必然要求创新评估体系和指标，在匹配原有评估体系的同时，还能有效适配未来发展的需要。第二，业务运行孤立，评估系统性、整体性存在不足。国际传播业务在规划和执行方面缺乏整体性，单个业务或项目的个性化特征显著，故而难以从整体上进行全局性的效果评估。第三，国际传播业务的执行周期多以年为单位，效果评估难以发挥长期导向作用。第四，评估缺乏强有力的海外数据支撑，多以案例代替整体，以高端反馈代替受众整体反应。实际上，评估网络平台的传播效果（如网红传播的效果）与重大事件在传播上的效果，都需要全平台的舆情数据的支持。①

第六节　传播环境建构能力建设的现状与问题

按照系统论观点，广播电视国际传播并不是独立于社会其他系统的单独个体，而是与全球政治系统、经济系统、文化系统以及每一个人密切相关，彼此相辅相成。中国广播电视国际传播既需要良好的国内环境，也需要更好的国际环境，因此两种环境的构建能力就显得较

---

① 李宇：《新形势下国际传播能力建设效果评估的挑战、策略与路径》，《现代视听》2021年第1期。

为重要。两种环境赋予中国广播电视开展国际传播更多的机会，同时，中国广播电视也能构建更好的两种环境。

一 国内环境建构能力："良"与"欠"

国内营造国际传播氛围越好越能培养国际传播人才生产更多优秀的内容，也就越利于广播电视国际传播。同时，就广播电视而言，单纯采用传统渠道的观念也在逐渐转为利用"全媒体"，但是"全球中国"的意识还要再提升。

（一）"全球中国"环境建构能力的"良"与"欠"

"全球中国"不仅是指中国经济迅猛发展、中国科技创新性发展、中国为世界发展提供"中国方案""中国智慧"，更重要的是中国对内、对外的思想"全新"。中国在构建"全球中国"环境方面做了很多努力，也影响着中国广播电视。中国广播电视在构建这一环境时，同样做了很多努力，但是力度都还不够。

1. "全球中国"环境建构能力的"良"

新中国成立之后，中国上下齐心，团结一致，发奋图强，取得了历史性成就。中国通过制度调整、传媒宣传、社区传播、实际行动等多种方式，促进中国理念从"世界是西方的世界，中国是中国的中国"转变为"中国是世界的中国"，再转变为"全球中国"。上海纽约大学推出的"全球中国研究"课程体系，从文化、社会和政治的全球视角切入对中国问题的教学研究。清华大学苏世民书院则从 2016 年建院开始，由清华大学史安斌领衔开设"全球媒体、传播与中国"课程，探讨媒介、文化全球化与"全球中国"之间的互动关系等议题。[①] 各大

---

① 史安斌、盛阳：《探究新时代国际传播的方法论创新：基于"全球中国"的概念透视》，《新闻与传播评论》2021 年第 3 期。

高校的努力，进一步推进构建"全球中国"环境。中国在重振全球经济、消除绝对贫困、建立创新型社会、全球突发公共卫生事件防控方面表现突出，也有能力在全球性的公共知识生产中提供有价值、值得大家尊重的产品。"全球中国"所提供的全球性治理方案有自己的价值、立场、观念，这些是国际传播理论和研究实践的理念基础，也是"国际传播概念和理论创新的一个有效切入点"①。认识到"全球中国"的人越来越多，清华大学教授史安斌认为，2009—2019年中国在建构中国形象时，主要围绕"全球中国"开展，"一带一路"倡议和"人类命运共同体"理念的推广，将带来由中国引领的"新全球化"时代。中国传媒大学教授张毓强认为，"'全球中国'是新时代中国国际传播的逻辑核心"。央视、CGTN、国际台、部分省级台乃至个别自媒体也重视营造"全球中国"氛围，在国际传播中展现"全球中国"风范。

2. "全球中国"环境建构能力的"欠"

从"红色中国"（1949—1978）到"开放中国"（1979—2008）再到"全球中国"（2009—2019）②，整个中国国内关于中国形象的认知和环境建构能力有一定的提升。但是，"全球中国"环境建构还有一些问题。部分广播电视还未加入建构这一环境的队伍。国内在线视频平台传播有关中国的电影、电视剧、截取广播电视播出的新闻或者截取UGC的新闻内容，未体现"全球中国"这一观念，过分的窄化内容造成国内用户停留在相对传统的"信息茧房"。国内社交媒体平台推送信息同样造成这样的现象。部分自媒体完全未形成"全球中国"意识，

---

① 张毓强、庞敏：《新时代中国国际传播：新基点、新逻辑与新路径》，《现代传播》2021年第7期。
② 史安斌、盛阳：《探究新时代国际传播的方法论创新：基于"全球中国"的概念透视》，《新闻与传播评论》2021年第3期。

一味迎合个别用户的低级趣味,从自制内容到截取中国广播电视内容,从内容到评论,皆存在这种情况。

(二)"全民国际传播"环境建构能力的"良"与"欠"

"全民国际传播"不仅能给中国广播电视储备充足的国际传播人才,还能为广电提供丰富的内容;不仅能营造良好的国内传播环境,还能为广电营造海外传播环境。"全民国际传播"并不单指"人人都是麦克风""人人都是传播者",更重要的是在网络与新媒体兴盛与"全球人口大流动"的今天,国际传播并无"内外有别"。因此,构建每个人都开展国际传播的大环境很有必要,但提高全民国际传播意识的任务还比较重。

1. "全民国际传播"环境建构能力的"良"

中国通信技术从3G到4G再到5G,进步的不仅是信息传播速度,还有越来越多的人从事国际传播工作。"人人都是记者""公民新闻""万物皆媒""广电MCN"成为常态。随之而变的还有新闻传播教育。到2011年,清华大学新闻学院就参与由中宣部、国务院新闻办、卫生部(现国家卫生和计划生育委员会)、教育部等中央部委和地方政府组织的实务培训工作,举办各类培训班五百多个,培训学员逾万名,为提升各级领导干部的媒体素养和媒体执政能力,强化外宣系统的管理人员和媒体从业人员、政府和企业新闻发言人的专业资质,做了应有的贡献。[1] 如今,清华大学、北京大学、人民大学、中国传媒大学、复旦大学、浙江大学、四川大学等中国高校为中央和地方培养国际传播人才,既开设相关课程,也专门召开各类国际性会议,开设专业的培训班;包括新华社、央视、国际台、CGTN以及各

---

[1] 史安斌:《全球·全民·全媒:国际新闻传播教育与研究的路径与前景——以新闻传播大变局中清华大学国际新闻传播教育与研究为例》,《新闻界》2012年第10期。

省市广电在内的媒体为做好国际传播工作，同样召开了多次国际性会议和各类培训班。此外，国家哲学社会科学办公室、国家广播电视局等单位也主动设置相关科研项目。而这些是促进"全民国际传播"的关键。

2. "全民国际传播"环境建构能力的"欠"

中国的"全民国际传播"环境建构能力还在强化中，也就还有比较"欠缺"的地方。2021年5月31日下午，中共中央政治局就加强我国国际传播能力建设进行了第三十次集体学习（以下简称"第三十次集体学习"），习近平总书记指出"各级党委（党组）要把加强国际传播能力建设纳入党委（党组）意识形态工作责任制，加强组织领导，加大财政投入，帮助推动实际工作、解决具体困难；各级领导干部主动做国际传播工作，主要负责同志既要亲自抓也要亲自做，加强对领导干部的国际传播知识培训；各级党校（行政学院）要把国际传播能力培养作为重要内容，加强高校学科建设和后备人才培养，提升国际传播理论研究水平；各地区各部门要发挥各自特色和优势开展工作，展示丰富多彩、生动立体的中国形象"[①]。由此可见，"全民国际传播"环境建构还有很长的路要走。此外，相比其他国家从国民青少年阶段就开始培养国际传播思维，中国在这方面的努力也还不够，在中、小学的"全民国际传播"思维和素养培养情况欠佳。

(三)"全媒体国际传播"环境建构能力的"良"与"欠"

与"全民国际传播"相应的是"全媒体国际传播"。"全媒体国际传播"强调在国际传播过程中使用的媒介种类以及媒体种类。报刊社、

---

① 《加强我国国际传播能力建设 习近平再作部署》，人民网，http://politics.people.com.cn/n1/2021/0602/c1001-32120815.html。

广播台、电视台、网站等媒体使用报纸、图书、杂志、广播、电视、电影、网络、手机等传统媒介和相应的新媒体平台来传播，也使用VR、AR、MR以及智能媒体来传播。新兴互联网科技公司和自媒体则使用更加普及的媒介来传播。"全媒体国际传播"在内容上也强调通过视觉、听觉、触觉等人们接收信息的全部感官体验，在传播时间上强调打破原有传播壁垒，实现"全时段"提供滚动内容。"全媒体国际传播"环境建构日渐成熟，但也有需要加强的地方。

1. "全媒体国际传播"环境建构能力的"良"

"全媒体国际传播"环境建构从21世纪网络大发展开始，就有比较好的开端；到2019年1月25日中共中央政治局在人民日报社就全媒体时代和媒体融合发展举行第十二次集体学习时，人民日报、央视、CGTN以及部分有能力开展国际传播的省级台已经能实现"全媒体国际传播"。而在这次集体学习期间，习近平总书记指出"要坚持移动优先策略，让主流媒体借助移动传播……要探索将人工智能运用在新闻采集、生产、分发、接收、反馈中，全面提高舆论引导能力。要统筹处理好传统媒体和新兴媒体、中央媒体和地方媒体、主流媒体和商业平台、大众化媒体和专业性媒体的关系，形成资源集约、结构合理、差异发展、协同高效的全媒体传播体系"[①]。这一指示为各类媒体提供了"全媒体国际传播"依据。比如，人民日报充分利用"中央厨房"打通"报、网、端、微、屏"各种资源，强化抖音号、微博号、微信视频号（人民日报国际版）等的作用，努力推进"全媒体国际传播"。新华社、China Daily等也同样强化各种媒介形式的作用与功能，提高"全媒体国际传播"的能力。由此，"全媒体国际传播"环境建构能力

[①] 《习近平主持中共中央政治局第十二次集体学习并发表重要讲话》，中华人民共和国中央人民政府，http：//www.gov.cn/xinwen/2019－01/25/content_ 5361197.htm。

明显增强。

2. "全媒体国际传播"环境建构能力的"欠"

"全媒体国际传播"环境建构的广度明显扩大，但是"全媒体国际传播"环境建构的深度却有所欠缺，也导致了个别不良现象。从使用媒介的种类来讲，个别媒体未提升对国际传播要充分利用国际和国内的媒介、渠道、平台的认知，认为国际传播只要使用专门的对外渠道即可，但在"内外无别"的情况下，这种认知显然不足；个别媒体认为国际传播是中央级媒体的工作，但在"全员媒体""全媒体国际传播"的情况下，这种认知显然不足。在"第三十次集体学习"时，习近平总书记指出"全面提升国际传播效能要掌握国际传播的规律，构建对外话语体系，提高传播艺术；采用贴近不同区域、不同国家、不同群体受众的精准传播方式，推进中国故事和中国声音的全球化表达、区域化表达、分众化表达，增强国际传播的亲和力和实效性"[①]。可见，中国在促进"全媒体国际传播"时要根据不同媒介的传播特点进行针对性传播方面，及在考究不同故事、重大议题、重大问题需要差异性传播方面，还比较欠缺。

二 国际环境建构能力："升"与"降"

中国广播电视作为全球系统的要素与国际社会的其他要素一起，相互连接、相互影响，因此要进行国际传播也需要其他要素的相对稳定。简言之，中国广播电视的国际传播需要良好的国际环境。在国际环境构建中，中国作为"全球中国"做了许多年努力，也增强了国际社会对中国的认知，增强了对中国广播电视相对良好的认知。但是，

---

① 《加强我国国际传播能力建设 习近平再作部署》，人民网，http://politics.people.com.cn/n1/2021/0602/c1001-32120815.html。

就目前中国广播电视在国际传播过程中遇到种种问题来看，国际环境建构能力显然还存在不足。

（一）系统环境建构能力的"升"与"降"

中国经济实力、军事实力、科技实力、国防实力、综合国力，整体提升，"日益走近世界舞台中央"，在全球事务中发挥了更大的作用，也同世界各国一起为解决全人类问题作出了较大贡献，提供了"中国方案"，为中国广播电视国际传播建构了良好的系统性环境，但是也有待提升的地方。

1. 系统环境建构能力的"升"

系统环境此处主要指各国作为系统要素相互连接形成更大的系统。在"百年未有之大变局"的今天，中国的前途命运与这些要素的连接更加紧密。中国 2013 年提出"一带一路"倡议时，大约涉及 64 个国家和地区，但截至 2020 年 12 月 23 日，中国已与 138 个国家、31 个国际组织签署了 203 份共建"一带一路"合作文件。[①] 中国重视发展与世界各国的友好关系，积极参与区域性、全球性国际组织的活动，对外缔结或参加了大量政治、经贸、文化、卫生、司法协助等领域的双边、多边条约，为深化中国与世界各国及国际组织的全方位合作，推进中国特色大国外交提供了坚实的法律保障。据不完全统计，2020 年中国对外缔结的国家间、政府间和政府部门间的双边条约、协定及其他具有条约、协定性质的文件共一百余项。[②] 这些合作文件、双边条约、多边协议等的签订表明中国与各国的交往越来越多。中国广播电视对于这些重大的事件的传播也比较到位，增强了系统环境构建能力。在中

[①] 《中国与乌克兰政府签署共建"一带一路"合作规划》，中华人民共和国国家发展和改革委员会，https：//www.ndrc.gov.cn/fzggw/wld/lnx/lddt/202012/t20201223_1260052.html。

[②] 《2020 年中国对外缔结条约情况》，中华人民共和国外交部，https：//www.fmprc.gov.cn/web/ziliao_674904/tytj_674911/tyfg_674913/t1866179.shtml。

国与世界各国相互合作、依存、共同发展的过程中，"新型国际关系""人类命运共同体""亚洲新安全观""中国国际秩序观""中国全球治理观"等观念也逐渐被认知，上海合作组织、亚太经合组织、亚投行等的作用日渐突出。

2. 系统环境建构能力的"降"

2018年和2019年升级的中美贸易摩擦问题，2020年以及2021年的新冠疫情溯源问题，导致中外关系陷入一定的僵局。就中美两国而言，美国利用"点—线—面"步步为营的方式来围剿华为公司和抖音国际版TikTok等中国明星高科技企业。在欧洲，美国利用爱沙尼亚、捷克、波兰等中东欧小国作为战略支点和突破口，签署联合声明，共同抵制中国5G企业，最终动摇了英国、法国等欧洲大国在5G领域的政策立场。在亚洲，美国利用日本和澳大利亚作为突破口，在印太战略的支撑下，将印度拉入了美、日、澳同盟圈，怂恿印度首先封禁59款中国App。美国以中国单个明星企业作为点，将更多中国企业拉入进来连成线，然后在更广泛的领域形成围堵中国的面，试图实现在全球范围内打压中国的最终目标。美国一方面广泛利用战略、政策、法律、外交工具封杀或限制中国企业，另一方面开动宣传机器，大肆对其进行污名化、妖魔化。[①] 陷入僵局的国际环境不利于中国广播电视的国际传播。同时，中国广播电视对国际外交环境、国际政策环境、国际人文环境等方面存在的问题还未能深入挖掘、分析，而这种能力的不足，或将影响国际传播内容的制作思路。

（二）传媒合作环境建构能力的"升"与"降"

"合则两利，斗则俱败"。中国一直秉持合作共赢精神与世界各

[①] 徐培喜：《数字时代中国国际传播领域面临的五个挑战》，《现代传播》2021年第6期。

国交往。中国广播电视同样也在与"一带一路"沿线国家的合作中取得了较好的成绩。但是，中国与西方国家的合作环境构建却有所下降。

1. 传媒合作环境建构能力的"升"

1978 年之后，中国与世界各国传媒合作较多。"人类命运共同体"从提出到实践之后，响应的国家越来越多，中国广播电视"充分发挥中国媒体的传播力、影响力，努力成为与世界各国沟通你我、互通有无的桥梁和纽带，让人类共同体理念在国际范围内产生广泛而深远的影响。"[①] 2016 年 8 月 26 日成立的"丝路电视国际合作共同体"，秉持"和平合作、开放包容、互学互鉴、互利共赢"的丝路精神，致力于搭建平等、开放、共享、商业化的制播一体合作平台，为成员单位在国际合拍、节目播出、项目评奖、丝路基金运营、合办频道、信息共享等方面提供交流机会。[②] 如今，该平台在促进中国广播电视与"一带一路"沿线国家的合作方面起到了重要的推动作用。

2. 传媒合作环境建构能力的"降"

在中国与"一带一路"沿线合作较为顺利时，中国与西方传媒的合作却遇到较大的挑战。西方以国家安全和意识形态为借口，遏制中国软实力的崛起，封锁中国的对外传播渠道。美国领导的西方保守政治力量对中国实行收紧记者签证、撤销官方媒介播出执照、官方媒介社交媒体账号加注标签、限制海底光缆投资、撤销电信运营商运营执照、封杀或限制中国私营明星企业等一系列激进措施。中国电信设备和信息服务等高科技企业占据全球科技创新、对外贸易、国际传播的

[①] 高晓虹、赵希婧：《中央广播电视总台如何用行动阐释"人类命运共同体"》，《中国广播杂志》2020 年 5 月 7 日。

[②] 《"丝路电视国际合作共同体"》，央视网，http：//news.cctv.com/special/sldsgjhzgtt/jianjie/index.shtml。

制高点，成为美西方安全利益集团的"眼中钉""肉中刺"，美国率领西方各国从欧洲和亚洲两个方向对中国发动数字冷战，围堵中国崛起。中国媒介制度、互联网治理模式、网信政策本身构成了美西方政客、强硬派智库、媒介以及社交平台抹黑的核心领域。数字时代的国际传播挑战比传统时代更加错综复杂。①

根据表3-31，各国利用《外国代理人登记法》《反宣传法案》等限制中国传媒。以CGTN为例，2018年9月，美国司法部要求新华社和CGTN等中国媒体驻美机构注册为"外国代理人"。2019年2月1日，CGTN北美分台向美国司法部提交了文件，披露了其与CGTN北京总部的关系，表示北美台"不从事政治活动"。时任CGTN美国分台的台长也进行了个人登记，披露了其22.1万美元的年收入。2019年2月，CGTN进行"外国代理人"登记后，不得不披露其预算和支出，并在包括社交媒体在内的所有平台上注明其是外国代理的免责声明。CGTN在提交更新的美国国会记者资格时遭到拒绝，因为按照美国相关规定，国会记者证不能颁发给"外国代理人"机构。2019年3月，据《纽约时报》报道，包括CGTN北美分台台长在内的几十名员工被召回中国。②此外，据路透社消息，2021年2月4日，英国通讯管理局在一份声明中表示，已吊销CGTN在英国开展广播的执照。2021年3月5日，澳大利亚SBS电视台以所谓"人权"为由，暂停播放CGTN和CCTV的节目内容。虽然后续又在部分地区恢复播出，但是这样的情况不利于中国广播电视更好地进行国际传播。

---

① 徐培喜：《数字时代中国国际传播领域面临的五个挑战》，《现代传播》2021年第6期。

② 孙璐：《全球化新格局下CGTN的国际传播研究》，光明日报社2021年版，第107—108页。

表3-31　　　　　　　　各国限制传媒的典型规定

国家	时间	名称	相关内容
美国	1938年	外国代理人登记法	"外国代理人"代表国外政府等实体在美国从事与政治相关的活动。"外国代理人"需要定期向美国方面报告与外国委托人的关系以及在美国的财务状况及活动。以"外国代理人"身份登记的媒体，在美国采访将受到限制①
	1948年	"史密斯—曼特"法案	不允许本国内存在针对本国民众的宣传活动②
	2016年	波特曼—墨菲反宣传法案	通过建立一个专业部门（反宣传中心）和机制，以加强对外国（法案中指明为俄罗斯、中国）和对美宣传的约束③
	2017年	制裁反击美国敌人法案	对相关行业进行行业制裁
法国	2019年	传媒法规	要求境外网络电视平台将营业收入的16%用于法国本土制作节目内容
英国	1990年	1990年广播法	在报道重大政治和商业争议事项以及与现行公共政策有关的重大事项时，必须在每档节目中，或系列节目中以适当比例播出各方面主要观点，并给予适当比重。不得歪曲观点和事实
	1996年	1996年广播法	
	2003年	2003年通信法	
土耳其	2020年	境外社交媒体平台新规定	要求在土耳其单日浏览量超10万次的外国社交媒体平台必须雇用当地代表，否则在认定违规后的第一个30天，平台会被处以1000万土耳其里拉罚款，带宽被削减50%；在第二个30天，则处以3000万土耳其里拉罚款，带宽被削减90%；在第三个30天，平台将禁止播出任何土耳其广告。而一旦雇用当地代表，社交媒体平台则会立刻享受75%的罚金减免，带宽也得以全面恢复④

---

① 孙璐：《全球化新格局下CGTN的国际传播研究》，光明日报社2021年版，第107页。
② 聂书江、崔艳燕：《美国对境外媒体管理路径分析——以其对"今日俄罗斯"监管为例》，《国际传播》2020年第1期。
③ 伊强：《美国"外国代理人"管理及对我国的启示》，《学理论》2017年第7期。
④ 李宇：《浅析中国广播电视国际传播的本土化探索》，《新闻春秋》2021年第2期。

第四章 他山之石：国外广播电视的国际传播能力建设经验

"他山之石，可以攻玉。"美国国际电视开创者有线电视新闻网（Cable News Network，CNN）、英国最大的广播电视台英国广播公司（British Broadcasting Corporation，BBC）、俄罗斯首个"向世界传播俄罗斯形象"的24小时英语新闻电视台今日俄罗斯（Russian Today，RT）、卡塔尔首个致力于打破国际传播垄断局面的半岛电视台（Al Jazeera，AJ）、印度首个私营电视公司Zee，在全球各国的分布以及受欢迎程度各有不同，在新闻、评论、纪录片、影视内容等国际传播方面各有所长，在国际传播能力建设方面有比较成熟的经验，可成为中国广播电视国际传播能力建设的参考。①

第一节 美国：CNN 的国际传播能力建设之路

1980年6月，基于"发生在世界任何一个角落的事情都会影响到其他地区"②，泰德·特纳（Ted Turner）基于最新的广播电视技术创

---

① 本节中，关于 CNN、BBC、RT、AJ、Zee，未做特别说明之处，有关数据、材料等均来自对其网站、App 的观察、翻译、提炼与总结。
② Eytan Gilboa, "The CNN Effect: The Search for a Communication Theory of International Relations", *Political Communication*, Taylor & Francis Inc., 2005, p. 27.

办了全球第一个国际新闻网络 CNN（现在也叫 CNN US）。创办之初，CNN 通过有线电视和卫星系统，全天 24 小时向全世界播出电视节目。1990—1991 年的海湾战争，使 CNN 成为国际关系的全球参与者，其成功的报道甚至激励了已经拥有世界广播电台网络的 BBC 努力去创建全球电视网络。① 苏联解体之后，美国成为世界上唯一的超级大国，在其快速发展国内经济、文化、军事的同时，努力将美式价值观通过公开的和隐蔽的方式推向世界。这当中，美国传媒功不可没。CNN 作为美国重要的传媒，更将世界市场作为重要支撑，发展国际传播事业，形成了影响地缘政治、国际关系、外交政策、政策制定、采编人员工作，乃至重新定义"全球范围"的"CNN 效应"。在转型改革过程中，CNN 的国际传播能力进一步得到提高。截至 2021 年 7 月，作为华纳媒体集团特纳公司的一分子，CNN 是新闻界最负盛名的品牌，在世界各地已经拥有 24 个子品牌，3000 多名员工，36 个编辑部门，通过 1000 多个分支机构的支持与补充，向全球二百多个国家和地区的二十多亿人提供新闻及相关服务。② 在全球范围内，CNN 国际频道是分布最广的新闻频道。为了不断加强其国际传播能力，CNN 在打造传统电视频道基础上，着重发展数字化渠道，准确定位全球受众，提供多元内容，发展多样化业务。

一 渠道：构建国际传播格局

CNN 创立之初就将业务全球化作为其目标，从仅在国内制作电视节目，通过卫星向世界传送，发展到深入各地发展分台，再到数字化

---

① Eytan Gilboa, "The CNN Effect: The Search for a Communication Theory of International Relations", *Political Communication*, Taylor & Francis Inc., 2005, p. 27.

② *CNN Worldwide Fact Sheet*, CNN, https: //web. archive. org/web/20210713081927/https: //cnnpressroom. blogs. cnn. com/cnn – fact – sheet/.

转型，发展新兴渠道实现"随时随地"传播。其渠道建设的"全球化""本土化"目标明确，成效显著。

（一）电视频道作为国际传播格局的基本渠道

为同时满足全球受众的共同需求和不同地区受众的不同信息需求，CNN 既开设了统一使用英语（为亚太地区的专题节目添加字幕）的国际性频道，又以合作、收购或兼并的形式针对葡萄牙语市场、西班牙语市场、捷克语市场、土耳其语市场开设了不同的频道，以便传播CNN 的内容，并为当地媒体提供培训以及相关服务。

1. 普适性的国际频道

CNN 国际频道（CNN International）主要使用英语，为全世界超过 3.7 亿个家庭和酒店客房提供服务，在美国之外有 27 个分部。1997 年 9 月以后，CNN 国际划分为五个独立频道，包括 CNN 国际欧洲/中东/非洲频道（CNN International Europe/Middle East/Africa）、CNN 国际亚太频道（CNN International Asia Pacific）、CNN 国际南亚频道（CNN International South Asia）、CNN 国际拉丁美洲频道（CNN International Latin America）和 CNN 国际北美频道（CNN International North America）。[①] 欧洲频道创立于 1985 年 9 月；亚太频道创立于 1989 年 8 月；拉丁美洲频道创立于 1991 年；南亚频道创立于 2000 年 7 月；北美频道创立于 2000 年 10 月。CNN 国际的内容制作中心分布于亚特兰大、阿布扎比、香港、伦敦和纽约。此外，CNN 还有 1982 年 1 月 1 日开播的头条新闻频道（Headline News，HLN），为美国和加拿大超过 9000 万户家庭和 60 万间酒店客房提供服务。

2. 针对性的区域频道

CNN 的国际传播渠道建设主要是以与当地媒体合作、品牌授权和

---

① *CNN Worldwide Fact Sheet*，CNN，https：//web.archive.org/web/20210705062229/https：//cnnpressroom.blogs.cnn.com/cnn-fact-sheet/.

收购频道的方式进行。通过这些方式，CNN 授权各地电视频道播出标志性突发新闻、时事新闻、专题节目和纪录片，以及广泛的商业、金融、政治和体育新闻节目，为各频道提供培训和相关服务。CNN 当前主要运行的区域性电视频道主要包括，CNN 西班牙语频道、CNN 土耳其频道、CNN 日本频道、CNN 印度频道、CNN 智利频道、CNN 菲律宾频道、CNN 印度尼西亚频道、CNN 巴西频道、CNN 普里马新闻—捷克新闻频道 9 个频道，见表 4-1。除了西班牙语频道是由 CNN 独立制作内容，其余各台均与其他机构合作。

表 4-1　　　　　　　　CNN 主要的电视频道[①]

序号	名称	开播时间	语言	分布情况	特　点
1	CNN en Español（西班牙语频道）	1997-03-17	西班牙语	拉丁美洲四千多万户，美国和波多黎各六百多万户	付费电视；西班牙全境播出，与加拿大联合电视台同步广播，CNN 唯一一个独立制作的、非英语言的 24 小时频道，拉丁美洲用户数第一，新闻团队的高水平是世界公认的
2	CNN Türk（土耳其频道）	1999-10-11	土耳其语	通过地面电视、有线电视和卫星，以及数字方式在 cnnturk.com 和 tv.cnnturk.com 超过 1300 万	土耳其德米伦（Demiroren）集团的全资子公司，授权使用 CNN 品牌，并获得 CNN 内容、培训和服务；24 小时播出包括 CNN 的标志性突发新闻以及广泛的商业、政治、体育等新闻；总部在伊斯坦布尔；由土耳其人为土耳其市场撰写、制作和呈现，在土耳其拥有广泛的新闻收集资源

---

① 整理自 CNN Worldwide Fact Sheet，CNN，https：//web.archive.org/web/20210705062229/https：//cnnpressroom.blogs.cnn.com/cnn-fact-sheet/.

续表

序号	名称	开播时间	语言	分布情况	特　点
3	CNNj（日本频道）	2003-03-01	英语日语	覆盖日本超过700万户家庭、酒店和政府办公室	与日本有线电视台（JCTV）合作；仅在日本播出；内容与CNN国际相同，JCTV从CNN获取内容，以提供其国际节目的翻译版（18个小时）
4	CNN-News18（印度频道）	2005-12-05	英语	覆盖印度全国4500万有线和卫星电视观众	印度TV18广播有限公司的全资子公司；总部设在诺伊达，为24小时英语新闻频道；CNN-News18通过自己的编辑团队，将CNN国际新闻与本地新闻相结合制作播出；获得CNN的内容、培训及相关服务
5	CNN CHILE（智利频道）	2008-12-04	西班牙语	暂未披露	智利付费电视新闻频道；2016年，特纳广播公司以收购的形式获得完全所有权；总部在智利圣地亚哥
6	CNNPhilippines（菲律宾频道）	2015-03-16	英语、他加禄语	通过免费电视和有线电视在菲律宾覆盖1700万观众	菲律宾九传媒公司的全资子公司；授权使用CNN品牌；可获得CNN内容、培训和服务；CNN国际时事新闻和本地时事、专题节目和纪录片
7	CNN Indonesia（印度尼西亚频道）	2015-08-17	印尼巴哈萨语	通过付费电视平台和印尼免费电视覆盖超过170万个家庭	印尼川斯媒体（PT Trans Media）的全资子公司；CNN授权品牌；每天24小时通过数字地面电视台和网络广播电视播出国内外新闻、时事、专题节目和纪录片；获得CNN内容、培训和服务

第四章　他山之石：国外广播电视的国际传播能力建设经验

续表

序号	名称	开播时间	语言	分布情况	特　点
8	CNN Brasil（巴西频道）	2020-03-15	葡萄牙语	通过付费电视和数字媒体覆盖超过6000万人	巴西付费电视新闻频道；总部在圣保罗，在里约热内卢和巴西利亚设有办事处；CNN巴西的内容是多平台的，分布在电视、数字和社交媒体平台上
9	CNN Prima NEWS（普里马新闻—捷克新闻频道）	2020-05-03	捷克语	暂未披露	与捷克Prima协议运营；捷克的地面电视和数字媒体，斯洛伐克的付费电视；CNN授权品牌；100名记者组成的专业团队制作，许多人是捷克新闻界的知名人物；播出部分原创节目、CNN国际旗舰节目商业大搜查等

从每个频道开播的时间来看，CNN从未停止频道在全球拓展的目标，并且在2015年以后开拓得相对密集。2021年5月24日，先驱新闻（Heraldnews）报道称CNN与葡萄牙Media Capital公司建立了合作关系，签订了开设CNN葡萄牙语频道（CNN Portugal）的备忘录。在备忘录中提到，CNN将向其提供内容、培训和服务，葡萄牙的公司提供葡萄牙本地信息。[①] 虽然至今，该频道还未运行，但也可以看到CNN开拓不同地区新闻频道构建全球传播渠道格局的决心。在推进这些频道发展的过程中，CNN国际商业（CNN International Commercial, CNNIC）的作用又比较突出，辅助CNN产业化发展和全球化运营。[②]

[①] *Portugal's Media Capital Company in Deal with CNN to Create CNN Portugal*, CNN, https：//www.heraldnews.com/story/news/local/ojornal/2021/05/24/portugals-media-capital-company-deal-cnn-create-cnn-portugal/7415954002/.

[②] *CNN Prima NEWS Launches in The Czech Republic*, CNN, https：//commercial.cnn.com/cnn-prima-news.

（二）数字化转型、在线视频与社交化发展作为国际传播新格局的重点方向

面对全球电视开机率下降的问题及互联网的迅速崛起，CNN 及时进行数字化转型，从最先开展 CNN 网站（CNN.com）到现在，CNN 的数字化发展较好，其数字世界（CNN Digital Worldwide）为用户提供最丰富、即时的新闻交互，无缝地融合文章、视频、图像和互动功能。CNN Digital 的全球运营主要包括 CNN.com、CNN Go 的视频（video）和移动服务（mobile）在内的 CNN Digital properties 的编辑和业务运营，以及超过 35 个离线平台的业务。①

1. 数字化转型形成多元渠道

CNN 的数字化转型主要体现为网站、CNN Go 的视频和移动服务。CNN 网站采用三栏式呈现，已经完全实现了美国版、国际版、阿拉伯语版和西班牙语版，24 小时更新新闻。CNN 在 1995 年 8 月 30 日就发布了新闻网站，如今，网站完全可以通过 PC 端口、移动端口随时游览，并且功能日渐完善。

CNN 网站搭载的 Live TV – CNN Go 帮助其实现电视直播功能以及影视内容观看功能，但与 RT、CGTN 的免费观看形式不同，CNN 的电视直播沿袭了其付费观看的风格。CNN Go 作为"电视无处不在"的新媒体产品，实现了 CNN 直播无处不在，也为全球观众提供了无处不在的新闻观看体验。它可以在 CNN.com、iOS 和安卓移动设备以及苹果电视、Roku、Chromecast、亚马逊 FireTV、安卓电视和三星电视上使用。② CNN 网站搭载的 CNN Go 只能播放 CNN、HLN、CNN

---

① *CNN Worldwide Fact Sheet*，CNN，https：//web.archive.org/web/20210705062229/https：//cnnpressroom.blogs.cnn.com/cnn–fact–sheet/.

② *CNN Worldwide Fact Sheet*，CNN，https：//web.archive.org/web/20210705062229/https：//cnnpressroom.blogs.cnn.com/cnn–fact–sheet/.

International 三个新闻频道，但是可以观看刺杀与悬疑电视剧、原创电影、经典回忆电视剧、CNN 的深度报道、新闻节目、周末新闻节目、HBO 的所有剧集。

CNN 网站还搭载了 CNN VR、CNN Films、Digital Studios 等功能，实现全球通过新的形式观看 CNN 的新闻、专题片、纪录片以及其他数字内容。其中，CNN VR 于 2017 年 3 月 7 日上线，与纽约、亚特兰大、伦敦、香港、旧金山、迪拜、约翰内斯堡、东京与北京的在线和数字新闻团队一起利用 VR 的形式报道重大新闻事件。CNN 网站的内容丰富，既考虑全球受众共同的需求，也考虑不同受众的需求，因此分类比较详细，既有突发新闻也有时事新闻；既有美国、世界、政治、商业、观点、科学、专题访谈以及评论等相对严肃话题的内容，也包含健康、娱乐、流行、旅行、运动、天气、视频等相对轻松的内容。

根据 ComScore 的数据，CNN Digital 在线新闻是用户获取新闻的首选，每月全球独立访问者超过 2 亿人次。CNN 在独立用户、视频、手机、政治和年轻成人用户方面超过了所有竞争对手。[1] 此外，根据表 4-1，各分台的网站也功能齐全，也都实现了电视直播功能，但与 CNN 的付费收看不同，诸如 CNN Indonesia 等采用免费模式，这也反映了 CNN 的国际传播战略的差异性，针对经济发展欠佳的国家主要通过免费模式引导其获取 CNN 的国际新闻信息。

通过执行"移动先行，数字第一""移动、视频、全球"理念的 CNN 移动服务，用户可以获得文+图和文+视频的即时新闻、观看直播、流媒体视频或最新的视频点播剪辑，并接收 CNN 的突发新闻提醒。CNN 的移动服务通过 App 向用户推送信息，而其

---

[1] *CNN Worldwide Fact Sheet*，CNN，https：//web.archive.org/web/20210705062229/https：//cnnpressroom.blogs.cnn.com/cnn-fact-sheet/.

"突发新闻"（Breaking News）发送速度、范围、频率是同类媒体中最好的。这与其全球视频新闻通讯社 News Resource 和数字新闻采集节目部、数字新闻编辑部、数字产品部三个 CNN 新媒体部门密不可分。

CNN 的数字化服务还包括通过电子邮件获取新闻，希望其用户成为第一个了解各种电子邮件新闻服务的人。电子邮件针对订阅用户，及时发送突发新闻，关注用户关心的政治、技术、健康等方面的最新消息。电子邮件新闻的服务定点发送、定位准确，能帮助订阅用户随时了解其最喜爱的 CNN 电视和头条新闻节目的内容。CNN 提供的电子邮件推送及时，数量众多，种类繁多。

2. 利用在线视频平台和社交媒体平台扩大国际传播渠道

为了更方便全球观众通过新媒体平台观看其电视节目，相比 BBC、FOX、RT、AJ，CNN 最早利用国际在线视频平台 YouTube 来传播其节目。根据表 4-2，CNN 从 2005 年 10 月 3 日开始陆续开通各类账号。CNN 账号的订阅用户数量最多，达到 1270 万，这不仅是 CNN 所有账号中用户最多的，也是同类国际媒体账号中最多的。同时，区域性账号中，CNN Indonesia 账号运营最好，注册时间短却拥有 882 万订阅用户和 41.2 亿的观看量，比 RT、AJ 的用户数量大。说明其满足了本土受众的需求。CNN 所有 YouTube 账号均会实时直播，以方便不便于使用电视观看直播的观众。直播时，CNN Türk、CNN-News18 等的观看量都比较高。与其他国际媒体同时强化不同分账号不同，CNN 重点打造 CNN 这个主账号，并陆续停止运营 CNN 政治（CNN Politics）、CNN 直播（CNN Livestreams）、CNN 商业（CNN Business）等账号，以集中精力满足主账号的受众需求。

表 4-2　　　　　CNN 在 YouTube 上的主要账号情况①

序号	名称	注册时间	订阅用户	视频总数	总观看量
1	CNN	2005-10-03	1270 万	151916	100 亿
2	HLN	2006-05-12	57.2 万	21215	6.2 亿
3	CNN Türk	2006-07-15	92 万	26930	7.1 亿
4	CNN-News18	2006-09-16	184 万	49296	2.8 亿
5	CNN CHILE	2006-10-22	50 万	60567	2.2 亿
6	CNN en Español	2013-09-26	258 万	6773	5.4 亿
7	CNN Indonesia	2014-02-20	882 万	59367	41.2 亿
8	CNN Philippines	2015-03-16	77.4 万	9535	1.8 亿
9	CNN Prima NEWS	2020-04-07	1.78 万	1393	0.1 亿

CNN 的社交化发展主要目的在于满足观众的社交需求、移动观看需求以及及时信息需求。CNN 集中力量运营 Facebook、Twitter、Instagram 三个社交媒体平台。截至 2021 年 7 月 13 日，CNN 在 Facebook 拥有 3838 万粉丝，在 Twitter 拥有 5400 万粉丝，在 Instagram 拥有 1526 万粉丝。从这些数据来看，CNN 运营 Twitter 相对较好，这与其受众定位相关。相比 Facebook，Twitter 的用户年龄较大、政治意识更强的男性中产阶级较多，因此，CNN 对这一部分人群的影响也相对较大。

二　定位：把握国际传播脉络

从创立之初，CNN 的定位便是每周 7 天、每天 24 小时播出国际新

---

① 数据截至 2021 年 8 月 11 日。

闻的电视频道，这样的定位直接决定 CNN 在自己的名字上未使用"美国"这样的词汇给自己设限。依据自己国际视野的定位，CNN 不断强化品牌定位、受众定位以及内容定位，这三种定位方式也是其区别于本土媒体以及其他国际媒体的关键之一。

（一）品牌定位

品牌定位可以通过理念识别（Mind Identity，MI），行为识别（Behavior Identity，BI）和视觉识别（Visual Identity，VI）来体现。CNN 的 MI、BI 以及 VI 有着明显的特色，这也是其能成为国际电视典范的一个原因。

1. CNN 的共情式 MI

1980 年 6 月 1 日 CNN 创立时，特纳称"CNN 针对突发事件，按照自己的信念报道，创造一种积极的力量；为了向人们提供以前未获知的信息，为了更好的生活，我们值得去冒险。"经过 41 年的发展，CNN 称自己是"求真者和故事讲述者"，自己是"记者、设计师和技术专家，团结一致，致力于向世界提供信息，参与和赋权这个世界"，自己的"产品和平台将把您带到世界上最远的角落，将世界带给您，提供丰富生活、家庭和社区需要的内容和服务"，自己的"收看渠道比任何一家新闻来源都多"，自己"支持自己的新闻和卓越的产品"，自己"致力于为您服务"。① 41 年来，电视摄像技术、制作技术、传播渠道在变，但是"为您服务"的 MI 从未改变，CNN 这样的 MI 设计脱离了地理限制，弥合了"你"和"我"之间的情感距离，引起其与核心观众之间一定的共鸣。

2. CNN 的冒险式 BI

为了践行其"向世界提供信息，参与和赋权这个世界""为您服

---

① See About CNN Digital, CNN, https://www.cnn.com/about.

务"的 MI，CNN 的记者、摄像师、编辑、主持人以及相关负责人，体现出了冲在新闻现场的"冒险"精神。41 年来，格雷格被枪杀、肯尼迪航天中心卫星发射、柏林墙倒塌、海湾战争、克林顿总统与莱温斯基丑闻、洛杉矶地震、俄克拉荷马城爆炸、黛安娜王妃下葬典礼、"9·11"事件、伊拉克战争、印尼海啸、奥巴马当选首位黑人总统、波士顿爆炸案、巴黎圣母院火灾、CNN 诉讼案、CNN 记者被逮捕及新冠疫情隔离区等国际重大新闻现场，都可以看到 CNN 记者的冒险式采访以及主持人的冒险式提问。CNN 冒险式 BI 是为了完成新闻报道，但出现在镜头前焦虑的记者、正在现场抢救伤员的记者、为了讲好新闻故事而被逮捕的记者，也让观众产生了情感共鸣。

3. CNN 的张扬式 VI

CNN 的 VI 主要体现在 Logo 设计、演播室色彩和装饰、新闻字幕设计以及主持人服装设计等方面。CNN Logo 的设计经过三次的调整，最初的 CNN 是黑色外框和白色线条，这种设计从 1980 年创立开始使用到 1984 年，1984 年开始改成了亮红色外框和白色线条，一直沿用到 2014 年，又将亮红色转为稍微暗一点的红色。网站的 Logo 设计却刚好相反，采用白色外框，红色线条。从黑白调整为红白，让外观显得更张扬，更能引起观众的关注。CNN 每个演播室的色彩和装饰、字幕设计用得非常大胆，主要是大量蓝色、白色、红色以及少量黑色，每个颜色相互碰撞，比较张扬。同时，演播室高度还原的场景设计，更彰显其张扬特色。

(二) 受众定位

CNN 能够成为世界新闻领导者，主要就在于其精准的受众定位。CNN 的主流受众是全球精英，同时，随着国际化发展势不可挡，为进一步实现本土化，影响更多的人，CNN 也准确定位地区受众。

1. 定位精英受众

定位精英受众是 CNN 扩大其影响力的重要方法。创立之初，CNN 深知要覆盖全球受众，扩大国际影响力，就必须先影响一批具有国际影响力的人，即"各国政府首脑""社会精英阶层""意见领袖"等。为此，CNN 首先免费为美国参议院各办公室安装卫星天线，使他们可以收看 CNN 节目，借此机会打开其国内精英市场；其次，为世界各国政府首脑政要提供免费的收视服务，进军海外市场；最后，低价为全球三星级及以上酒店安装节目信号接收器，这样便覆盖了大批经常出差的全球商界精英和政界领袖。[①] 这样的定位，成为 CNN 最终影响国际关系、各国外交政策、政策制定的关键。美国"CNN 效应"研究者的系列研究也充分证明了这一点。即便是在新媒体技术和数字化社会不断发展的当下，CNN 的精英受众定位依然明显。

2. 定位地区受众

CNN 对地区受众的定位促使其本土化策略进一步提升。不同地区不同受众的需求截然不同，这也是 CNN 进行地区受众定位的难点。为此，CNN 首先采用了节目制作本土化的方式。根据表 4-3，为了实现本土化制作，CNN 在全球 36 个城市开设了 36 个编辑部，其中，美国之外就有 27 个编辑部，这 27 个编辑部除了派遣自己的团队外，也大量聘请当地记者、编辑以及自由文字工作者来按照当地受众的需求采编节目。其次，与当地媒体、公司、集团等合作，结合 CNN 的国际新闻与当地新闻形成符合当地受众需求的节目，这些媒体、公司、集团包括日本有线电视台、印度 TV18、菲律宾九传媒公司、印尼 PT Trans Media、捷克 Prima 集团等。CNN 比较重视这些机构在当地的影响力，

---

① 刘娜：《中国广播电视对外传播力研究》，社会科学文献出版社 2017 年版，第 263—264 页。

比如 Prima 集团是捷克第一家商业电视台,是捷克最强大的媒体公司之一。该公司目前播放 8 个电视频道和 6 个广播电台,并拥有网站和印刷杂志。Prima 集团是混合广播宽带电视(HBBTV)捷克市场的领导者。2019 年,Prima 集团所有网站和在线平台月平均覆盖 100% 的经济活跃人口年龄(15—69 岁)的受众。2016—2020 年,Prima 集团已举办了 11 次公开活动。借助这些当地媒体,CNN 制作了满足当地受众需求的新闻、纪录片、专题片以及体育节目。此外,CNN 国际频道不同版本的划分、不同频道的开设也是为定位区域受众而准备。

表 4-3　　CNN 全球编辑部(分部)所在的主要城市[①]

序号	城市名称	序号	城市名称	序号	城市名称
1	亚特兰大(美国)	13	曼谷(泰国)	25	喀布尔(阿富汗)
2	芝加哥(美国)	14	北京(中国)	26	拉各斯(尼日利亚)
3	达拉斯(美国)	15	香港(中国)	27	伦敦(英国)
4	丹佛(美国)	16	贝鲁特(黎巴嫩)	28	墨西哥城(墨西哥)
5	洛杉矶(美国)	17	柏林(德国)	29	莫斯科(俄罗斯)
6	迈阿密(美国)	18	布宜诺斯艾利斯(阿根廷)	30	内罗毕(肯尼亚)
7	纽约市(美国)	19	开罗(埃及)	31	新德里、德里(印度)
8	旧金山(美国)	20	哈瓦那(古巴)	32	巴黎(法国)
9	华盛顿(美国)	21	伊斯兰堡(巴基斯坦)	33	罗马(意大利)
10	阿布扎比(阿联酋)	22	伊斯坦布尔(土耳其)	34	圣地亚哥(智利)
11	迪拜(阿联酋)	23	耶路撒冷(以色列)	35	首尔(韩国)
12	安曼(约旦)	24	约翰内斯堡(南非)	36	日本(东京)

---

① 整理自 *CNN Worldwide Fact Sheet*,CNN,https://web.archive.org/web/2021 0705062229/https://cnnpressroom.blogs.cnn.com/cnn-fact-sheet/.

3. 定位新媒体受众

作为走精英路线的 CNN，也强调定位在线视频平台、社交平台等的新媒体受众，以扩大其移动端的影响力。这一方面表现为在前述在线视频平台开设账号，精选电视频道个别时事新闻、观点类视频片段上传，形成诸如"*Must See Moments*"（必须看到的瞬间）、"*CNN business*"（CNN 商业）、"*The Point with Chris Cillizza*"（克里斯·西利扎的观点）、"*World News*"（世界新闻）、"*Politics News*"（政治新闻）几个板块，满足其用户需求。另一方面表现为在前述社交平台开设账号及时更新文＋图、文＋视频的新闻，并偶尔直播。此外，CNN 的各类 App 推送也充分考虑新媒体受众的需求，而 CNN 包括策划组、跨平台协调组、新闻推送组、社交组、新闻邮件组、热门趋势组、搜索引擎优化组、数据分析组等在内的数字新闻采集节目部，[①] 为此也做了充分的准备。

（三）内容定位

在品牌定位和受众定位之上，CNN 对自己的内容定位非常清晰，以时事新闻、评论、观点等国际性新闻类内容满足精英受众需求，以地区性的内容影响地区受众。此外，CNN 也制作纪录片、专题等内容，为制作新闻类内容专门开辟了 CNN 新闻资源（CNN Newsource）视频新闻通讯社。CNN Newsource 在全球拥有 40 家编辑业务和一千多家本地和国际新闻合作伙伴，提供业界最强大的新闻采集资源，为 CNN 的电视台附属公司（包括地面电台和国际电台）提供制作跨所有平台新闻产品所需的视频、文本和照片。此外，CNN Newsource 还提供 24 小时数字内容分发、11 个直播频道、CNN 记者的突发新闻直播以及政治

---

① 杜毓斌：《美国有线电视新闻网（CNN）的新媒体转型之路》，《南方电视学刊》2016 年第 4 期。

和金钱等关键话题的本地化直播报道。①

1. 时事新闻、评论、观点、深度报道等国际性新闻类内容

CNN 将新闻类内容作为核心内容，通过对国际重大事件的时事报道以及评论，展现其在国际政治关系、外交政策、政策制定等方面的作用。新闻节目包括周一到周五的《新的一天》（*New Day*）、《新闻编辑室》（*CNN Newsroom*）、《在这个时刻》（*At This Hour*）、《政治内幕》（*Inside Politics*）、《领导》（*The Lead*）、《安德森·库珀 360°》（*Anderson Cooper 360*）、《今晚唐·莱蒙》等，周末的《新的一天·周六》（*New Day Saturday*）、《新的一天·周天》（*New Day Sunday*）、《国情咨文》（*State of the Union*）、《可靠来源》（*Reliable Sources*）、《CNN 特别报道》（*CNN Spacial Report*）等。

2. 区域性的新闻内容

CNN 的新闻类内容也考虑满足地区受众。一方面是各分频道根据当地受众的习惯制作除了 CNN 提供的国际新闻之外的本地新闻。如 CNN 印度尼西亚频道的《印度尼西亚突发新闻》（*CNN Indonesia Breaking News*）、《印度尼西亚新闻联播》（*CNN Indonesia Newscast*）。另一方面是 CNN 周末制作诸如《非洲内幕》（*Inside Africa*）、《连接非洲》（*Connecting Africa*）、《非洲市场》（*Marketplace Africa*）等区域性的内容，满足地区受众的需求。

CNN 也有专题和纪录片，并深度剖析时事。2012 年 10 月，CNN 成立了一个名为 CNN 电影公司的电影部门，负责发行和制作为电视制作的纪录片和专题纪录片。诸如《艾比·菲利普的政治内幕》（*Inside Politics with Abby Phillip*）、《约翰·金的政治内幕》（*Inside Politics with*

---

① See CNN Worldwide Fact Sheet, CNN, https://cnnpressroom.blogs.cnn.com/cnn-fact-sheet/.

John King)、《假新闻之都》(*Inside the Capital of Fake News*)等两百部专题均可在 CNN Go 上观看。

三 内容：主导国际传播话语

CNN 的发展和多样化，包括 CNN 国际频道的创建，影响了全球传播和国际关系的许多方面。如技术、经济、文化、法律、舆论、政治和外交，以及战争、恐怖主义、人权、环境退化、难民和健康，形成了"CNN 效应"。研究"CNN 效应"的专家在 20 世纪 90 年代就指出，"CNN 效应"指"令人信服的电视图像，如人道主义危机的图像，会导致美国决策者干预可能不符合美国国家利益的情况"；指"突发新闻影响外交政策""实时电视新闻与政策制定之间存在的动态紧张关系，新闻在影响力方面占上风"。"CNN 效应"表明，当 CNN 在广播中充斥着外国危机的新闻时，决策者别无选择，只能将注意力转移到当前的危机上。它还表明，危机报道引发了公众的强烈抗议，要求对最近的事件"做点什么"，迫使政治领导人改弦易辙或冒着不受欢迎的风险。[1] 事实上，CNN 不仅影响外交政策，还影响到地缘政治变化、政策制定、西方偏见。

（一）主导各地媒体话语

CNN 凭借其在海湾战争、"9·11"恐怖袭击、伊拉克战争以及美国总统大选方面所积累的品牌优势，凭借其遍布全球的编辑部门和合作机构与 News Resource 在新闻信息方面的采集优势，凭借其 CNNIC 的国际营销优势，凭借其"好故事"部门（Great Big Story）善于讲故事的优势，凭借其新媒体部门的制作优势，凭借其新闻博物馆（News Collection）的储存资料优势，主导各地媒体话语。

---

[1] Eytan Gilboa, "The CNN Effect: The Search for a Communication Theory of International Relations", *Political Communication*, Taylor & Francis Inc., 2005, p. 27.

1. 主导西方媒体话语

CNN 与其他媒体一起主导了西方媒体话语，这就正如 RT 指出西方媒体的新闻为"同卵新闻"那样。西方世界尤其是欧美国家在人种、语言、宗教信仰、意识形态上的共通性，使得 CNN 与欧美国家媒体具有天然的亲近性。CNN 常与西方媒体开展合作，一方面，向与其合作的西方媒体提供 CNN 的国际新闻，而这种内容的提供直接影响到其他媒体播出新闻的话语；另一方面提供免费广播网络、培训及相关服务。CNN 的免费广播网络服务对象包括 BBC 世界新闻（BBC World News）、法国 24（France 24）、德国之声电视台（Deutsche Welle，DW）、日本广播协会（NHK）等，这些长期的服务，形成了一定的联盟，也使 CNN 更容易影响其报道。CNN 在提供业务技能培训的过程中的交流，也为其他媒体提供了构建与 CNN 相同话语的契机。这也是为什么 CNN 和与其合作媒体在涉华报道方面总是对中国环境、政治（人权）常持负面态度的原因。此外，新闻博物馆等也向其合作单位提供了几十年来的影像资料，便于其用于新闻报道、专题制作、纪录片乃至电影拍摄。

2. 主导非西方媒体话语

1996 年，为了打破西方媒体对卡塔尔及阿拉伯地区的偏见，AJ 创办。2005 年，为了打破西方媒体对俄罗斯形象的偏见，RT 创办。中国英语电视频道不断转型升级，最后与其他语种的频道一起调整为 CGTN，也是为了消解西方媒体对中国的偏见性传播。而在这类"西方媒体"中，CNN 所占的分量不可小觑。比如 CNN 指责"俄罗斯向克里米亚派兵""俄罗斯在克里米亚有军事基地"时，RT 就借日本漫画为克里米亚去神秘化，[1] 针对性地对其设置议题，还原俄罗斯在这件事情

---

[1] 赵晓航：《"今日俄罗斯"在国际冲突事件中的对外话语战略——以乌克兰事件中的舆论应对为例》，《河北大学学报》（哲学社会科学版）2016 年第 4 期。

上的真实形象。比如 CNN 关于中国"一带一路"倡议的报道,使得中国媒体不得不在报道该倡议时仔细又仔细地推敲用词、用语,仔细又仔细地考虑视觉修辞和听觉修辞乃至传播形式。事实上,不仅只有中国、俄罗斯、卡塔尔的媒体,CNN 在报道各国负面事件时,作为博弈的一方,该国媒体便不得不采取针对性的议程设置,并就此进行新的话语建构来避免不必要的冲突或者负面事件。

(二)构建偏见性话语

CNN 在构建全球不同地区话语时,简单地从意识形态将其划分为西方世界和非西方世界。于前者,CNN 呈现发达、自由、进步等偏向性话语,而于后者则刚好相反。这样的偏见,也是 CNN 能决定国际关系,构建报道话语的原因。

1. 构建西方世界的偏见性话语

在报道西方世界时,CNN 主要采用客观报道以及"小骂大帮忙"的方式。从 CNN 关于美国的"犯罪+公平""能量+环境""太空+科学"主题来看,其叙事话语基本指向美国制度先进、法制完善、科技先进等。关于西方发达国家的报道,同样呈现这样的偏向。此外,与报道非西方世界截然不同的是,CNN 关于西方世界的报道大量使用整洁明亮周边环境的照片和视频,衣着高级且专注的商务人士和政治人物的照片和视频,微笑和蔼普通人员的照片和视频,专注探索科技研究人物的照片和视频。在语言存在障碍时,这种非语言的话语建构方式比使用苍白无力的语言构建方式,还要具有冲击力。CNN 利用这种方式构建了西方文明发达的形象,同样也采用这种方式构建非西方世界野蛮落后的形象。

2. 构建非西方世界的偏见性话语

CNN 构建非西方世界的话语主要采用忽视以及关注负面事件的方法,并且在重点关注某地区时采用偏见性话语。在关于中东地区、在关于中国事务的报道上，CNN也将这两种构建话语的方式呈现得比较清楚。尽管CNN全球电视网络提供了专题报道，但这种报道还是通过西方偏见进行过滤，公众和决策者对报道的反应也是如此。当政治镇压是对民主运动的回应时，中国得到了CNN的大量关注，但当问题更加"地方化"时，中国获得的关注就更少。① 在CNN关注中国时，又使用一些比较负面的词汇来偏见性地传播。

在中东地区方面，CNN全球网络越来越多地使用他们所知甚少的海外视频资源；编辑们把记者推到广角的拍摄现场，即使他们不了解所有的事实，也可能不熟悉事件的背景；战争主义者通过即时判断和公开支持冲突一方来混淆报道和个人观点。② CNN这样的情况在报道由阿富汗、阿拉伯、叙利亚、以色列、巴勒斯坦等23个国家和地区组成的中东地区时同样存在，包括偏见性话语、刻板印象。在报道中东地区时，CNN的新闻、评论、观点常与"塔利班"（Taliban）、武装冲突（Armed Conflict）、暴力（Violence）、分裂（Divided）、战争（War）、恐怖主义（Terrorism）等词汇相关，常采用具有冲突性的、全副武装的、战火连天的、满目疮痍的图片和视频来进行视觉修辞。长期以来，形成这些地区与西方乃至世界对立的印象，而这实际上是"东西对立"叙事模式的延续。③

在中国方面，2019年，CNN对香港的报道使用比较负面的词汇和偏见性报道方式，即便是在新中国成立70周年纪念日的报道期间，CNN也采用交叉议程设置的方式以及述语策略、模糊数据、对比语义

---

① Eytan Gilboa, "The CNN Effect: The Search for a Communication Theory of International Relations", *Political Communication*, Taylor & Francis Inc., 2005, p. 27.

② Eytan Gilboa, "The CNN Effect: The Search for a Communication Theory of International Relations", *Political Communication*, Taylor & Francis Inc., 2005, p. 27.

③ 白云天:《"泛阿拉伯主义"在美国媒体的"帝国"意象》,《阿拉伯世界研究》2021年第2期。

等话语策略来建构其偏见性传播话语。在"一带一路"倡议方面，CNN 认为"中国的钢铁、水泥、铝等重工业产品存在产能过剩问题"。中国援助参与国的"交通设施""通信设施""能源设施"建设是希望借此"将产能过剩的产品运往海外"并"打开国外市场"来应对欧美国家逐渐下滑的需求。[①] CNN 也采用"马歇尔计划""债务外交""债务陷阱""能源掠夺"等词汇来阐释"一带一路"，这样的偏见性话语建构与中国提出"一带一路"倡议是"人类命运共同体"的实践平台截然相反，甚至引起国际社会的误会。

第二节　英国：BBC 的国际传播能力建设之路

成立于 1922 年的 BBC，是英国最大的新闻广播机构，也是世界最大的新闻广播机构之一。在近百年的发展过程中，在"把英国文化的精华向全国传播"提升为"把英国的文化精华向全球传播"的转变过程中，[②] BBC 不断拓展传播渠道，扩大传播范围，成为一家覆盖全球，在广播、电视、网络与新媒体上提供公共服务、全球新闻服务和商业服务的国际媒体公司。截至 2020 年，BBC 在国内播出 9 个全国性电视频道，10 个全国性广播频率，2 个地区性播频率和 40 个地方性广播电台，使用 42 种外语语言开展国际传播，通过网络和新媒体向全球传播，2020 年全球周均触达受众（Global Weekly Reach）规模为 4.68 亿人，相比 2019 年度增长了 11%。[③] BBC 预计到 2022 年将覆盖全球 5 亿人，并增强应对用户和消费转向社交媒体的问题的能力，解决在关键

[①] See Just What is This One Belt, One Road Thing Anyway? CNN, https://edition.cnn.com/2017/05/11/asia/china-one-belt-one-road-explainer/index.html.

[②] 李佳明：《我们应当如何面对 BBC 式报道》，《环球时报》2021 年 2 月 3 日第 015 版。

[③] 李宇：《媒体融合时代人才队伍建设策略及举措初探——以英国广播公司为例》，《电视研究》2020 年第 12 期。

地区分销受到限制的问题。BBC 在国际传播方面的努力，为中国广播电视提供了一定的经验，但毕竟其体制与中国国情差异巨大，因此"取其精华、去其糟粕"是必然之举。

一 渠道：拓展国际传播范围

BBC 从实施对外广播开始就重视拓展国际传播渠道。从 20 世纪以前的广播电视发展到 21 世纪的网站、iPlayer、BBC Sounds 及国际在线视频平台和社交媒体，BBC 重视投入精力开发新的渠道，但是内部机构臃肿让其不得不加快改革的步伐，应对可能的危机。

（一）广播电视、网站、iPlayer 及 BBC Sounds

广播电视是 BBC 最早使用的渠道，但是随着互联网的崛起，BBC 就尝试利用互联网的无限性来推动其渠道拓展。BBC 的电视频道主要通过康卡斯特和美国电话电报公司（American Telephone and Telegraph）以及 BBC 自己的分销公司等推行到目的国播出。2000 年，BBC 开始其新媒体业务的尝试，在后续的发展中制定和实施了一系列数字化转型规划，包括 BBC iPlayer 和 BBC Sounds 等。

1. 广播电视

1932 年，BBC 开始对外广播；1938 年，BBC 向中东地区播出阿拉伯语节目，这是 BBC 的第一个外语广播频道；[1] 1948 年 1 月，电视频道首次播出新闻。1962 年以后，BBC 通过 Telstar 从美国接收了卫星图片。1985 年 7 月，BBC 为埃塞俄比亚饥荒筹集救济金的现场援助节目，是当时规模最大的卫星连线和电视广播节目之一，约有来自全球 60 个国家的 4 亿观众在家收看直播。[2] 1991 年 3 月 11 日，BBC 开通了面向

---

[1] 毕佳/龙志超：《英国文化产业》，外语教学与研究出版社 2007 年版，第 107 页。
[2] See BBC History, BBC, https：//www.bbc.co.uk/historyofthebbc/timelines/1980s/.

欧洲以外的世界电视台（1995年1月16日改为BBC世界台，2008年4月21日改为BBC世界新闻台）；1997年开通了首个24小时新闻频道BBC News；1998年开通首个数字电视频道；2008年开通阿拉伯语和波斯语频道，阿拉伯语主要提供新闻服务、而波斯语则专注于青年和时事。2016年，英国政府向其提供了为期四年的2.91亿英镑的赠款，用于现代化和新语言服务项目，基于这一赠款，到2019年年底，BBC实现了使用四十多种语言播出节目。在众多频道中，英国广播公司世界新闻台（BBC world News）是商业资助的国际新闻和信息电视频道，覆盖世界二百多个国家和地区，约有3亿户家庭和180万间酒店客房。该频道每天24小时提供新闻、商业、体育和天气信息等，并播放最好的BBC时事、纪录片和生活方式节目。[①]

2. 网站建设

1997年BBC online开始建设，并于当年12月开通了网站bbc.co.uk（现为bbc.com）。为推进网站以更加丰富的功能影响世界，BBC先后于2004年11月推出播客节目，2005年推出后台（Backstage）服务。此后的每一年，BBC都强化其网站的功能，包括细分板块、细分受众，增加了42种外语版本、电视频道直播、博客、BBC历史介绍、年度报告下载、链接社交媒体平台等功能。发展至今，BBC成为全球性商业新闻网站，为包括世界最大媒体市场美国在内的广大国际观众提供新闻和特写。从细分受众而言，根据表4-4，BBC在线受众定位为35—54岁的社会中高级阶层，这与其他媒体渠道的定位有所差别。从语种而言，BBC将全球分为非洲（11种语言）、中亚（2种语言）、亚太（8种语言）、南亚（11种语言）、欧洲（8种语言）、拉丁美洲（2种

[①] See Global News Services, BBC, https://www.bbc.co.uk/aboutthebbc/whatwedo/world-service.

语言）、中东（2种语言）7个地区，针对每个地区的重点国家，采用当地语言版本制作新闻。

表4-4 每周使用BBC Online的每个受众群体的百分比①

年份	受众群体								
	男性(16岁及以上)	女性(16岁及以上)	社会中高阶层(ABC1)	社会劳动阶层及以下(C2DE)	16—34岁	35—54岁	55岁及以上	白色人种(16岁及以上)	其他族裔(16岁及以上)
2019—2020	60%	47%	63%	42%	55%	62%	45%	54%	53%

相比CNN、RT、AJ以及CGTN等国际媒体，BBC的网站建设内容丰富、功能更齐全。以仅搭载电视直播为例，相比其他国际媒体仅提供当日节目而言，BBC提供的服务相对丰富，既可回放前面一周的节目，也可提前知晓未来一周即将播出的节目。根据BBC的2020—2021年年度报告显示，2020年，bbc.com的受众范围不断扩大，同比增长了19%；在美国大选和新冠疫情持续报道的推动下，2020年11月达到了每月1.8亿独立用户的新高峰。在美国投票选出下一任总统后的第二天，每天访问bbc.com的浏览量达到3100万人次的新峰值，比前一峰值高出近50%。bbc.com专题网站（bbc future、bbc reel、bbc culture、bbc travel和bbc worklife）的年增长率为24%，最热门的故事包括"为什么Zoom聊天如此令人疲惫"和"世界失落大陆的最后秘密"等。

3. BBC iPlayer 和 BBC Sounds

2007年7月，BBC推出了免费的 iPlayer（原名 My BBC Player）

---

① 数据来源于BBC 2019—2020年的年度报告。

互动媒体播放器，以补充电视频道线性播出的缺陷，方便用户下载此前7天播出过的广播电视节目，帮助用户按需收看。2012年，BBC iPlayer可在PC、移动和平板电脑跨平台使用，可提供BBC的全部内容，用户可根据自己的喜好获得其最喜爱的BBC节目，能随时通过iPlayer进行点播、剪辑视频和下载内容。2015年，在"移动优先"政策的影响下，iPlayer进一步推进"多平台合作、跨平台推广、一体化发展"，以"发展优质原创内容"为目标，细分频道，增加用户的交互式体验，综合直播和点播功能，实现了"移动化""个性化""年轻化"，方便用户"随时随地收看"。BBC 2020—2021年年度报告显示，iPlayer的收视率创下了历史新高，继续打破纪录，在过去12个月中，从上一个年度48亿的节目流量增长到61亿，增长了28%。iPlayer总体用户从上一年度的920万增长到1070万，35岁以下的订阅用户每周平均登录到iPlayer账户的次数从上一年度的290万增长到320万，通过iPlayer播放的每周平均小时数从上一年的3220万小时增长到3970万小时。由于iPlayer作为流媒体业务在全球具有良好的发展态势，BBC的年度计划显示，iPlayer将作为其未来进一步拓展国际业务的重要平台。

  BBC Sounds是BBC应对广播收听率下滑的一个战略举措。截至2020年年底，BBC的电视1套、2套、4套、新闻频道以及苏格兰频道共计5个电视频道可在BBC Sounds收听；BBC广播1套、1+、2套、4套、4+、5套、6套、亚洲频道、苏格兰频道、威尔士频道、收藏频道、阿尔斯特和福伊尔频道均可在BBC Sounds上收听。同时，BBC Sounds与电视高度融合，已经实现了23个品牌在两千多种电视设备上播出，这意味着购买这些电视设备即可收听BBC Sounds的节目。BBC Sounds最大的优势在于打破了广播频率的局限，面向全球传播。

(二) 国际在线视频平台与社交媒体平台

与 CNN 一样，BBC 也重视在国际在线视频平台和社交媒体平台开设账号，满足用户随时随地获取信息的需求，在其新媒体中心和全球新闻部门的推动下，BBC 在这些平台上都获得一定的成绩。

1. 国际在线视频平台

BBC 重视依托国际在线视频平台 YouTube 的传播。2005 年 11 月 12 日，BBC 在 YouTube 上开通了 BBC 的总账号（现已拥有 1150 万订阅用户）。此后，根据表 4-5，从 2006 年开始，陆续开通了 BBC News 不同语种账号以及 BBC 其他业务的账号，这与 CNN、RT、AJ 以及 CGTN 的账号设置相比，更为丰富、多样。BBC News 的账号呈现增长趋势，2020 年其订阅用户不足 900 万，经过几个月的发展，现在已经拥有 1050 万订阅用户，成为 YouTube 上最大的新闻来源之一。在这些账号中，印地语运营得最好，订阅用户达到 1190 万，观看总量达到 37 亿，超过 BBC 总账号、BBC News 账号以及国际媒体的同类账号。另外，BBC 建立之初指其有教育、教化的作用，希望全球民众都能跟着其广播电视节目学习英语，因此对教育频道的投入比较多，这也体现在其 YouTube 账号，专门开设了 BBC Teach（教学）和 BBC Learning English（学英语）两个账号。

表 4-5 BBC 在 YouTube 的账号情况（截至 2021 年 8 月 16 日）

序号	名称	注册时间	订阅用户(万)	视频总数	总观看量(亿)
1	BBC news(新闻频道)	2006-04-08	1050	14253	27
2	BBC Persian(波斯语)	2006-06-22	61.3	8822	4.14
3	BBC Newsbeat(新闻节拍)	2006-10-31	9.72	224	0.3

续表

序号	名　称	注册时间	订阅用户(万)	视频总数	总观看量(亿)
4	BBC Studios(制片厂)	2007-02-08	321	5915	20
5	BBC News – Русская служба	2007-02-26	131	6002	4.56
6	BBC News Brasil(巴西台)	2007-07-07	228	5094	4.72
7	BBC News اردو(波斯语)	2007-09-05	118	8410	3.57
8	BBC News Mundo(西班牙)	2008-05-25	240	4227	5.03
9	BBC News Tiếng Việt(越南语)	2008-06-01	107	2732	5.08
10	BBC Learning English(学英语)	2008-06-18	364	2582	1.8
11	BBC Earth(地球)	2009-02-25	994	2061	35
12	BBC News عربي(阿拉伯语)	2009-04-07	871	33073	33
13	BBC America(美洲)	2009-04-28	117	4573	11
14	BBC News Africa(BBC新闻非洲)	2009-04-28	71.7	686	1.42
15	BBC News Hindi(印地语)	2009-09-22	1190	12104	37
16	BBC News Türkçe(土耳其语)	2009-10-22	76.2	4542	2.38
17	BBC Uzbek(乌兹别克)	2010-04-24	87.7	7290	3.34
18	BBC News Hausa(豪萨语)	2010-06-21	25.2	2365	0.52
19	BBC News(中文)	2010-08-24	89.8	3381	1.74
20	BBC Pashto(普什图语)	2011-01-07	35	5603	0.69
21	BBC News Indonesia(印尼语)	2011-02-07	89.6	1932	2.56
22	BBC News Україна(乌克兰)	2011-11-10	11.3	8879	0.34

续表

序号	名　称	注册时间	订阅用户(万)	视频总数	总观看量(亿)
23	BBC News Azərbaycanca(阿塞拜疆)	2012-03-23	19.2	3100	0.57
24	BBC News မြန်မာ(缅甸语)	2012-10-05	63.6	3742	1.19
25	BBC News Swahili(斯瓦希里语)	2013-03-01	43	3730	0.45
26	BBC News Japan(日语)	2013-09-02	23	4122	1.83
27	BBC News Кыргыз(鞑靼语)	2013-10-21	28.2	4023	0.45
28	BBC Trending(趋势)	2014-04-01	10.9	395	0.24
29	BBC News ไทย(泰语)	2014-08-13	40.3	2007	0.63
30	BBC News Tamil(泰米尔语)	2015-01-29	122	9162	2.84
31	BBC Afrique(BBC 非洲)	2015-12-29	30.9	1412	0.32
32	BBC Teach(教学)	2016-01-13	13.4	2528	0.55
33	BBC Sport(体育运动)	2016-05-14	50.5	1384	1.28
34	BBC Uzbek Afghanistan(阿富汗)	2016-06-30	4090	1415	0.05
35	BBC News Marathi(马拉地语)	2017-09-14	165	8447	4.71
36	BBC News Telugu(泰卢固语)	2017-09-14	77.6	5538	2.51
37	BBC News Punjabi(旁遮普语)	2017-09-14	27.9	6162	0.54
38	BBC News Gujarati(古吉拉特语)	2017-09-14	47.4	6883	1.34
39	BBC Documentary(纪录片)	2018-05-31	76.7	168	0.79
40	BBC News Somali(索马里)	2018-07-27	43.9	2263	0.66
41	BBC News 코리아(韩语)	2019-01-28	10.3	319	0.21

2. 社交媒体平台

BBC 主要在 Facebook、Twitter、Instagram 三个平台开通了不同语种的账号。BBC News 在 Facebook 上已经拥有 5706 万粉丝，成为 Facebook 上最受关注的新闻来源之一。2020—2021 年度，BBC 全球新闻第三次与 Facebook 续签协议，在其观看平台上提供每周一次的节目《消除噪音》。BBC News 在 Twitter 上的账号分类也比较细，比如，按照地区分为 BBC 世界新闻（BBC News World）、BBC 非洲新闻（BBC News Africa）、亚洲新闻（BBC News Asia）、北美新闻（BBC North America）、印度新闻（BBC News India）、澳大利亚新闻（BBC News Austria）等账号；按照新闻时效性分为时事新闻（BBC News）和突发新闻（BBC Breaking News）等账号；按照报道内容分为科技新闻（BBC News Technology）、健康新闻（BBC Health News）、科学新闻（BBC Science News）、娱乐新闻（BBC News Entertainment）等账号。此外，BBC 在 Instagram 也有 1900 万用户，比其他同类媒体的用户多很多。

此外，BBC 按照"移动优先"原则打造了 BBC News App，通过 Pad、智能手机等移动端口满足全球用户及时获取信息的需求。与 CNN 的移动推送规则不同的是，BBC 一般只有在有突发新闻的时候才以"Breaking News"的形式进行推送，帮助用户以最快的速度了解最新的、重大的突发事件以及影响，帮助他们从纷繁复杂的新闻当中解脱出来。

二 内容：打造国际传播品牌

在 BBC 的商业子公司 BBC 全球新闻（BBC Global News）和 BBC 制片厂（BBC Studios）的推动下，BBC 推向世界的内容非常丰富，其中新闻、纪录片以及教育类节目又比较利于打造其国际品牌。

(一) 利用新闻打造国际品牌

BBC 利用世界新闻和针对性的新闻（观点类节目）塑造其国际化品牌，但其世界新闻与 CNN 的新闻基本沆瀣一气，对各国指手画脚；针对性新闻尤其是带有偏见的新闻使 BBC 在国际上遇到公信力下降的问题。

1. 利用世界新闻打造国际品牌

BBC 的世界新闻频道由 BBC 全球新闻运营，也是该公司最具有竞争力的频道，其《世界新闻》（*BBC World News*）节目在该公司运营项目中享有全球最大的市场份额。一方面其世界新闻频道面向世界 24 小时播出新闻节目，包括《今日新闻》（*Newsday*）（一般在上午 6 点、7 点、8 点三个整点时段播出）、《BBC 世界新闻》（一般在上午 9 点以及以后的整点时段播出）、《世界商业报告》（*World Business Report*，一般在 12：30、14：45、18：30、21：30 播出）、《亚洲商业报告》（*Asia Business Report*，一般在半点时段播出）、《聚焦非洲》（*Focus on Africa*，一般在凌晨 1：30 播出）、《BBC 世界新闻之美洲新闻》（*BBC World News America*，一般在凌晨 5 点播出）。另一方面，BBC 本土广播电视频道以及各分台会播出世界新闻。

BBC 的世界新闻，在国际重大事件上，与 CNN 有相似之处，被 RT 称为"同卵新闻"。以 2021 年 8 月 16 日 BBC 和 CNN 报道阿富汗事件为例，CNN 的头条新闻《塔利班占领阿富汗首都导致喀布尔机场混乱》，BBC 的头条新闻《阿富汗人试图逃离塔利班，喀布尔机场陷入混乱》，均强调机场的混乱，关注点完全一致。这与半岛电视台报道关注"喀布尔机场发生踩踏事件，美军向空中开火，造成人员伤亡"[①] "塔

---

① Al Jazeera, ال في النار تطلق الأميركية والقوات كابل بمطار فوضى .التدافع جراء وجرحى قتلى, https://www.aljazeera.net.

利班官员说，阿富汗今天的局势平静，该组织的战士在控制首都喀布尔的第二天，没有在任何地区与即将离任的政府军或平民发生冲突"等，① 与RT关注"'西方已经做了它已经做过的事'：英国国防部长在解释一些人'不会从阿富汗回来'时崩溃了""未经证实的视频：据报道，阿富汗人在试图抓住从喀布尔起飞的美国军用飞机后坠楼身亡"，② 关注点不同。

2. 利用针对性新闻（观点类节目）打造国际品牌

BBC的针对性首先是世界新闻频道的《外部来源》（一般在凌晨2点到3点播出）、《伦敦最后期限》（一般在周末16：30播出）、《全球问题》（一般在周末16：30播出）以及每个语言台的当地新闻。其次是表4-5所列各语言台均针对本地区制作的本土新闻。BBC的新闻观点存在明显的偏见，比如其呈现的中东地区的不稳定性以及对世界的破坏性。BBC的这种偏见性主要通过偏见性话语和视觉修辞来体现，而视觉修辞又尤为巧妙。以其在线网站呈现的2021年8月10—16日阿富汗为例，BBC报道阿富汗时总配上阿富汗混乱的场面，而在其混乱照片和视频的周围又总配置英国繁华的街道、先进的高楼大厦、充满激情的年轻人、和蔼可亲的欧美面孔。

BBC涉华报道中对中国政治（人权）、环境等一直存在严重的偏见，2020年，又大量使用假新闻来报道中国对待疫情的态度。BBC世界新闻台这种行为的背后，是根深蒂固的意识形态偏见在作祟。就新冠疫情的报道而言，其一系列新闻报道，无视中国疫情防控成果，罔

---

① العاصمة على سيطرتها من يوم بعد . أفغا من في الأوضاع استقرار وتؤكد الأمن لتوفير خاصة وحدات تنشر طالبان نستان, Al Jazeera, https://www.aljazeera.net.

② "'West Has Done What It's Done': UK Defence Secretary Breaks Down as He Explains Some People 'Won't Get Back' from Afghanistan, *Unverified Video*: *Afghans Reportedly Plunge to Their Deaths After Trying to Cling to US Military Plane Taking off from Kabul*, RT, https://www.rt.com.

顾中国民族团结的事实，不仅试图以此扰乱其他国家对中国的认知，也给中英两国文化交流带来严重负面影响。① 但不得不承认的是 BBC 正是利用这种偏见性"意见"树立其国际品牌。

(二) 利用纪录片、儿童节目等打造国际品牌

纪录片是 BBC 重点发展产业，在近百年的发展过程中，BBC 利用纪录片、儿童节目等打造国际品牌。2020—2021 年度，BBC 通过高级 SVOD 服务 Discovery + 和 HBO Max 向世界分销自然历史和戏剧系列纪录片；与中国娱乐平台 B 站达成的一项新的多年联合制作和内容销售协议将把 BBC 内容带到中国，与华为视频（Huawei Video）的合作将为多个地区的智能手机用户带来 300 小时的戏剧、喜剧和实况节目，与字节跳动的西瓜视频就自然历史、儿童和戏剧节目达成了合作协议。

1. 利用纪录片打造国际品牌

BBC 的纪录片主要由 BBC Earth 来制作，其纪录片种类繁多、选题突出、制作精良、数量庞大，对树立其国际化形象有较大的帮助。过去，包括《地球脉动》《太阳的奇迹》《生命》《人类的星球》《海洋星球》《家园》《英雄列传》《奥斯曼帝国：欧洲的伊斯兰王室》《古罗马：一个帝国的兴起和衰亡》《二战全史》等 BBC 纪录片不仅在 BBC 自己的各种渠道播出，也远销美国、中国等展现其制作实力，树立其形象。2019—2020 年度，BBC 电视网的实况纪录片亮点包括《明日世界现场》《抓举》（八篇由女性撰写、独白，讲述女性赢得选举 100 年来的故事）《女王：她的联邦故事和导致 5000 万人死亡的流感》和《这种农耕生活》系列备受欢迎。同年，BBC 重新设计了《自然》系列纪录片，在 iPlayer 上以超高清方式播出，平均每集观众超过 750 万。

---

① 王鹏：《新华时评：BBC 世界新闻台罔顾事实，该禁!》，新华网，http://www.xinhuanet.com/2021-02/12/c_1127095967.htm。

BBC 也通过纪录片获得奖项来打造其品牌。仅 2020—2021 年度，《曾经在伊拉克》就斩获多个奖项，进一步推动 BBC 的品牌构建。该片由安迪·塞尔基斯（Andy Serkis）讲述，多次获奖导演詹姆斯·布鲁梅尔（James Bluemel）执导，从平民、士兵、记者等实际生活者典型的、前所未闻的角度，审视美国和英国入侵伊拉克时所进行的非凡赌博。该片获得了近乎全世界的赞誉，并赢得纪录片奖和著名的金玫瑰奖（颁发给本年度最杰出的节目）；获得英国电影电视学院最佳实景系列、广播奖最佳纪录片系列、英国皇家电视学会最佳纪录片系列奖以及 RTS 工艺和设计奖纪录片导演提名。该片还被《每日电讯报》誉为"年度纪录片系列"，被安德鲁·尼尔（Andrew Neil）称为"英国广播公司有史以来制作的最佳纪录片系列"。

2. 利用儿童节目、情景喜剧以及电视剧等打造国际品牌

BBC 关于儿童的电视台分为 CBBC（8 岁以上的儿童节目频道）和 CBeebies（8 岁下的幼儿节目频道），与此因应的便是不同年龄阶段的儿童节目。《蓝色小考拉》《粉红猪小妹》《小鸟三号》等 BBC 制作的儿童节目，不仅在这两个频道播出，也推向世界，并通过获奖来打造其国际品牌。2019 年 6 月，BBC 制片厂达成了一项全球广播协议，在澳大利亚、新西兰和中国以外的所有地区首播《小迪斯尼》和《迪斯尼+》两个儿童系列节目。此外，BBC 制片厂和澳大利亚广播公司（ABC）儿童电视台共同制作了《布鲁伊》（*Bluey*）这一系列儿童剧，该剧在 ABC 的 VOD 服务中获得了 4.8 亿的观看量。*Bluey* 现已在全球六十多个国家上市，并于 2021 年 4 月在 CBeebies 首次播出。该系列在 2019—2020 年财政年度获得了国际艾美奖，2021 年获得了四项 Kidscreen 奖，并证明其在消费品领域表现强劲，多次获得澳大利亚玩具奖，并在澳大利亚和美国的图书和音乐排行榜上名列前茅。*Bluey* 的 YouTube 频道已经累积了超过 800 万小时的观看时间和超过 2.58 亿次

的浏览量，并将继续增长。

除了儿童节目，BBC 也通过其环球公司向世界输出高质量的电视剧、情境喜剧、娱乐节目以及节目形式。电视剧如《东伦敦人》《纸牌屋》，情景喜剧《是，大臣》《是，首相》《米兰达》等，娱乐节目如《就在今夜》《BBC 歌手》《来跳舞吧》等，均在各地播出。电视剧《纸牌屋》直接成为美国版的原型，一经播出就在 Netflix 上引起轰动。其节目形式也输出各国，《谁想成为百万富翁》曾一度引起全球轰动。向全球输出节目，不仅提升了 BBC 的品牌效应，还输出其文化。

（三）利用教育类节目打造其国际品牌

因为全球化，学习英语的需求越来越大。BBC 看准这一市场，积极提供"学英语"系列节目。实际上，BBC 第一任总裁约翰·瑞斯就强调"在能够收到 BBC 节目的地方起到启蒙、提高和教化的作用"[1]，基于此，BBC 一直延续着制作学习类节目的习惯。一方面，BBC 制作教育和学习节目支持学生、教师和家长学习，为 5—15 岁的儿童提供的 Bitesize 日常、现场课程和广泛的资源帮助儿童赶上错过的课程和学习。另一方面通过专门的节目教授其他国家民众学习英语，其节目《BBC 学习英语》(*BBC Learning English*) 分类清晰，包括单词、语法、发音等。这些节目除了在广播电视上可以收听、收看之外，在 BBC 的 iPlyer、Sounds 上也可获得。此外，BBC 为方便全球不同地区用户学习英语，在 YouTube 上除了开设 BBC Learning English 账号之外，还单独开设了 BBC Learning English Thai（学习英语泰语账号）、BBC Learning English Telugu（学习英语泰卢固语账号）两个账号。三个账号分类详细、更新及时，分别有 365 万、4.25 万和 7760 个订阅用户。BBC 通过向全球推行教育类节目，不仅打造其国际品牌，还推行其文化，实现

---

[1] 李佳明：《我们应当如何面对 BBC 式报道》，《环球时报》2021 年 2 月 3 日第 015 版。

其教化目的。

BBC的每个平台、每种节目的推出都有一个共同点，就是采用统一的"BBC"标识，从封面到内容的相关字幕均会涉及其标识。这一固定的模式看似死板，但对其固化品牌，推广其品牌却起到关键性作用。

三 人才：提升国际传播效率

英国与美国一样都十分重视文化产业（也称为创意产业、内容产业、版权产业等）发展，在传播新闻、纪录片、电影、电视剧、游戏、动漫时，完全从市场、产业发展思维出发，这与俄罗斯、卡塔尔、中国思维有较大的区别。为促进创意产业发展，英国采用"一臂之距"的管理模式，向其提供政策资源和资金资源，而这些资源对BBC的创意人才和新闻传播专业类人才培养，起到了关键作用。

（一）创意人才帮助提升国际传播内容和形式

为了到2030年提高英国人民的生产力、收入能力和生活质量，改变整个全国的生产力和盈利能力，使英国成为世界上最具创新性的经济体及创业和发展业务的最佳场所，在全国范围内拥有升级的基础设施和繁荣的社区，英国2017年发布了《工业战略——建设适应未来的英国》白皮书。政府和产业界将联合投资1.5亿英镑，帮助英国文化和创意企业蓬勃发展。提高国民技能是英国现代工业战略的核心，为确保该行业拥有实现这一目标所需的技术工人，政府提供高达200万英镑的资金，以启动一项以产业为主导的技能计划，包括一项创造性职业计划，该计划将在两年内惠及至少2000所学校和60万名学生；一所新的伦敦银幕学院也于2019年开放，可容纳1000名学生。[1]

---

[1] See Creative Industries Sector Deal Launched——Making Britain The Best Place in The World for The Creative Industries to Thrive, Gov. UK, https：//www.gov.uk/government/news/creative - in-dustries - sector - deal - launched.

作为发展创意产业的国家，英国重视通过高等教育的方式来培养创意人才，曼彻斯特大学、伦敦国王学院、华威大学、格拉斯哥大学、谢菲尔德大学、利兹大学、诺丁汉大学等学校均开设有与创意产业相关的专业，而刚刚开办的伦敦银幕学院更将创意与传媒技术紧密结合。该学院聘请伦敦最好的教师和来自英国各地的电影电视业界精英，每周向16—19岁的学生提供15个小时关于电影和电视的课程、4—5小时附加资格（Ad Qual）课程。这15个小时包括了2小时讲故事，2小时电影电视脚本编写，2小时生产和屏幕业务，2小时摄像（照明＋音响），2小时艺术方向，1小时投资组合开发。此外，伦敦银幕学院还为学生提供2小时其他艺术方向，2小时服装（头发＋化妆），4小时后期制作（编辑、VFX＋动画），2小时额外摄像（照明＋音响）和2小时编辑的专业课程。①

英国高校以及专业技术学院对创意人才的培养，对BBC最大的辅助作用就在于为其培养了一代又一代的年轻记者、主持人、编导、导演、摄像师、后期编辑师、灯光照明师等以及各种各样的创意人员，而这些人思维活跃、创新能力强，能够帮助其不断地创新内容和形式。BBC也非常注重实习生和训练生，主动到大学中招聘在读学生参与相关工作，以此引入年轻思维，激发内部活力。②

（二）新闻传播专业类人才帮助提升国际传播能力

新闻传播专业技能型人才是具体制作新闻、评论的一线人员，他们如何深入一线采访、如何写稿子、如何表达、如何摄像、如何后期制作、如何直播，直接决定了国际传播的内容、形式以及传播方法，而新闻传播管理人员的多与寡、精简与臃肿直接决定了传播速度与效

---

① See Curriculum, https：//lsa.ac.uk/course.
② 李宇：《媒体融合时代人才队伍建设策略及举措初探——以英国广播公司为例》，《电视研究》2020年第12期。

率。因此，BBC面对全球技术、环境、用户需求的变革，相当重视这些人才的培养与优化。

1. 培养新闻传播技能型人才

为培养能应对媒体变化的新闻传播人才，BBC不断完善培训体系，创新培养方式，设立了英国广播公司学院、新闻学院和实验室等机构，致力于人才培训和业务研究。为适应媒体变革，新闻学院从2006年开始对一些记者进行全员培训，有效提升了业务人员的全媒体综合运用能力。2010年前后，该学院针对移动终端采编业务对记者进行大范围培训，教他们如何利用智能手机拍摄视频并进行编辑。2015年英国广播公司新闻学院面向全体编辑记者发布了《移动端新闻编辑黄金守则》，通过培训提升业务规范和编辑记者的新媒体业务技能。例如，该守则要求导语写作要短小精悍，用一句话将重要信息说清楚；篇幅尽量短小，故事一般不要多于500字，尽量运用小标题分割文章。BBC依托实验室为新兴媒体人才提供孵化服务，重点扶持虚拟现实、人工智能、直播视频动图捕捉等。[1]

2. 优化新闻传播管理人才

作为近百年的国际传媒，机构臃肿、管理层级复杂是阻碍BBC国际传播业务大发展的重大障碍。因此，BBC一直致力于大刀阔斧的机构改革。2010年起，BBC加大了改革力度。2018年BBC实施了为期两年的"岗位简化计划"，以优化管理架构，减少管理层级，同时有效调整媒体技术和数字业务发展对人才和管理架构的需求。到2019年，BBC 96%的业务管理体系中只有或少于7个层级，高级管理人员数量减少到267人，占员工总数的1.5%，一名经理平均管理

---

[1] 李宇：《媒体融合时代人才队伍建设策略及举措初探——以英国广播公司为例》，《电视研究》2020年第12期。

8.3 位员工。BBC 还通过实施《英国广播公司职业路径框架》以简化职务头衔和业务结构，调整后的职业头衔从五千多个减少到 619 个，分属于 27 个工种门类。2010—2018 年，BBC 将高级管理人员规模压减了 57%，从 614 名减少到 267 名。[1] 新闻管理层级的调整，在降低运营成本的基础上，更利于内容的制作、审核、传播，从而提高整个传播的效率。

（三）起用年轻人，保障国际传播变革升级，呈现活力

为吸引年轻受众群体，BBC 从内部人才管理入手，通过年轻队伍打造吸引年轻受众的内容和渠道。2017 年 BBC 设立了"下一代委员会"，负责向公司高层管理人员提供咨询服务，以确保管理层面迅速知晓年轻人的声音和观点。"下一代委员会"由 15 名年轻人组成，来自公司的不同部门，任期为 12~15 个月。2020 年度，"下一代委员会"着力推动 iPlayer 播放器变革，招募不同背景的年轻员工参加工作，就新闻节目制作分发和社交媒体业务如何进行变革、聚焦年轻受众等方面提出建议。[2] 前述 BBC 到大学招募年轻学生也是其启用年轻人的方法之一。BBC 这一做法的成效比较显著，2020—2021 年度的报告显示其新媒体业务的全球年轻受众群体呈现增长趋势。

第三节 俄罗斯：RT 的国际传播能力建设之路

苏联解体后，俄罗斯的媒体在世界失声，国家一度丧失媒体控制权。由于西方传媒垄断国际舆论，严重损害俄罗斯国家形象，俄罗斯

---

[1] 李宇：《媒体融合时代人才队伍建设策略及举措初探——以英国广播公司为例》，《电视研究》2020 年第 12 期。

[2] 李宇：《媒体融合时代人才队伍建设策略及举措初探——以英国广播公司为例》，《电视研究》2020 年第 12 期。

进一步丧失国际话语权。2005年，为了维护国家利益，"向世界呈现没有偏见的俄罗斯国家形象"，俄罗斯总统普京宣布斥资3.5亿美元组建全新的俄罗斯英语新闻电视台"今日俄罗斯"（Russia Today International，RT），这既是俄罗斯第一家全时段英语新闻频道，也是首家全数字化电视网，全天候播放新闻、时事和纪录片，并注册为非营利机构。①2021年，RT拥有8个新闻和纪录片频道、6种语言的在线信息门户以及全球视频新闻通讯社Ruptly，使其成为覆盖六大洲一百多个国家、拥有8亿受众的全天候播出的国际媒体，并"向世界展现了俄罗斯经济回升、政局稳定、追求多极化、国际上有发言权的世界大国形象"②。如今，在核心使命——"多一些质疑（Question More）"的引导下，RT"报道被主流媒体忽视的故事，为时事提供另一种视角，让国际受众了解俄罗斯对全球重大事件的看法"③，"打破美国人对英语媒介的垄断"④。2018年9月，《华盛顿邮报》称，RT对美国社交网络用户拥有绝对影响力，美国民众不相信美国媒体，但相信RT。⑤2019年，RT网站月访问量超过1.75亿人次。2020年，RT在47个国家/地区的每周观众总数达1亿；在YouTube上的浏览量超过100亿，订阅用户超过1600万。⑥ 由此可见，RT作为后起之秀，已经在国际上有一定的影响力，其国际传播能力建设的方法可为中国提高国际传播能力提供一定的经验。

---

① 郭金峰：《俄罗斯媒体国际传播策略研究——以RT电视台为例》，《国外社会科学》2020年第4期。
② 李可宝：《从"今日俄罗斯"看俄罗斯媒体国际传播策略》，《学术交流》2019年第8期。
③ See About RT, RT, https：//www.rt.com/about-us/.
④ 张超：《国际传播中的话语争夺策略——以俄罗斯RT电视台为例》，《传媒》2014年第7期。
⑤ 俄罗斯卫星通讯社：《〈华盛顿邮报〉称俄RT电视台对推特舆论具有绝对影响力》，http：//sputniknews.cn/politics/201809221026417496/。
⑥ See About RT, RT, https：//www.rt.com/about-us/.

第四章　他山之石：国外广播电视的国际传播能力建设经验

一　渠道：跻身当地的主流媒体

加强渠道建设是 RT 创立之初的重要任务。2005—2017 年，从最初只有英语频道到逐渐开播阿拉伯语、西班牙语、德语、法语等频道，RT 已经拥有 8 个新闻与纪录片频道。这些频道在当地落地，完全按照当地受众的需求制作节目，同时，RT 努力发展网站、在线视频平台以及社交媒体，深受当地受众欢迎。

（一）推进国际传播渠道的本土化建设

RT 成立的目的就在于加强国际社会对俄罗斯的认知，了解俄罗斯对重大政治事件的立场，同时报道被国际媒体忽略的重大事件。因此，切实加强其电视频道在全球的落地成为其重点任务。2005—2020 年，RT 先后在英国、阿拉伯、美国、法国等 47 个国家开设当地的附属机构。

1. 加快推进电视频道全球落地覆盖

在落地覆盖方面，RT 不计成本，力争进入当地主流电视播出平台。以 RT 西班牙语频道（RT en Español）在拉美地区落地播出为例，自 2009 年以来，该频道持续加大了在拉美地区的落地播出力度，先后进入哥斯达黎加有线提卡公司平台（Cabletica）、墨西哥伊兹电信公司平台（Izzi Telecom）和全面播放平台（Totalplay），以及智利、巴拉圭、玻利维亚、多米尼加等国的图维斯高清平台（TuVesHD）；2018 年 4 月进入秘鲁主要付费电视平台"动感星电视"平台（Movistar TV），同年 7 月进入墨西哥碟线电视公司（Dish Mexico）的卫星电视平台，由此，该台在拉丁美洲的电视订户总数增长了 4.5 倍。[①] RT 的努力最

[①] 李宇：《浅析"今日俄罗斯"电视台的内在问题与外在挑战》，《对外传播》2020 年第 11 期。

终使其拥有欧洲最大的区域观众群，每周在15个欧洲国家拥有4300万观众，在德国（6.82%）、法国（3.48%）、英国（2.20%）的收视率超过 CNN 在这些国家的收视率。① 在美国，RT 每周拥有1100万观众，收视率为6.82%，超过英国 BBC 在美国的收视率（2.65%）。在中东和北非15个国家，RT 每周拥有1100万电视观众。② 在拉丁美洲的10个国家中，RT 是最受欢迎的五大国际电视频道之一，观众人数达到1800万。③

2. 针对本土受众开播外语频道或分台

根据表4－6，2005—2017年，RT 根据英语地区受众、阿拉伯语地区受众、西班牙语地区受众、德语地区受众、法语地区受众，开播了五个外语语言频道。在开办这些频道或分台时，强调其独立性、非商业性。比如在开播 RT Deutsch 时，强调"乌克兰危机、叙利亚冲突等事件表明，既定的德语媒体格局的特点是片面的、操纵性的和简单化的观点，而自己是向大众展示'缺失的部分'——'被隐藏或切断的部分'"④，在创办 RT Arabic 时，强调其"隶属于独立的非商业性电视新闻机构"。同时，RT 强调对本土受众的准确定位，比如考虑主要针对美国的中产阶级、企业主、经理、政府代表和政府机构，针对35—49岁受过高等教育且20%以上拥有硕士或博士学位的男性，⑤ RT 创立 RT America 就强调制作具有深思、辩驳、启发的内容。此外，与中国 CGTN 在北京集中播出不同，RT 这些频道和分台均在当地进行广播，

---

① 数据截至2021年8月5日，来源于 similarwebcom.
② See About RT, RT, https://www.rt.com/about－us/.
③ О канале, RT, https://russian.rt.com/about.
④ Über uns, RT DE － Wer sind wir?, https://de.rt.com/uber－uns/.
⑤ опова А. Н., "Деятельность RT по формированию образа России за рубежом", В сборнике: Череповецкие научные чтения － 2017 Материалы Всероссийской научно－практической конференции, 2018, С. pp. 110－112.

比如 RT America 和 RT UK 从华盛顿和伦敦自己的工作室播出，RT France 从巴黎播出。

表 4-6　　　　　　　RT 及旗下频道及其开播时间

序号	频道	开播时间	使用语言
1	RT International(RT)	2005-12	英语
2	RT Arabic(RT 阿拉伯语频道)	2007-05	阿拉伯语
3	RT en Español(RT 西班牙语频道)	2009-12	西班牙语
4	RT America(RT 美洲频道)	2010-02	英语
5	RT Documentary(RT 纪录片频道)	2011-06	俄语和英语
6	RT UK(RT 英国频道)	2014-10	英语
7	RT Deutsch(RT 德语频道)	2014-11	德语
8	RT France(RT 法语频道)	2017-12	法语

3. 重视与本土媒体合作

RT 重视与本土媒体合作加快频道落地、节目落地。在中国，与总台合作，与中国凤凰卫视、《环球时报》《财经》杂志等媒体合作，共同开展相关新闻报道，通过中文版网站及微博、微信等媒体平台进行广泛传播；在美国，与《赫芬顿邮报》合作，彼此提供相关信息和服务。此外，RT 与澳大利亚网站 News.com.au 等知名媒体及国际事件解密网站 whatreallyhappened.com 开展合作。①

---

① 李可宝：《从"今日俄罗斯"看俄罗斯媒体国际传播策略》，《学术交流》2019 年第 8 期。

4. 抢占网站、国际在线视频和社交媒体高地

RT 高度重视打造其官方网站、国际在线视频平台和国际社交媒体平台。官方网站方面，RT 不断增加英语、阿拉伯语、西班牙语、德语、法语等不同语种版本。作为目标在于全球的媒体，RT 考虑到国际俄语用户以及俄罗斯本土用户的需求，于 2012 年首次推出俄语信息门户；重点完善网站（www.rt.com）的视频加载功能、图文链接功能、电视频道的搭载功能、社交媒体链接功能乃至电子邮件功能等，发挥新媒体在全球传播的时效性，24 小时全天候滚动更新最新消息；利用文图、动画、视频、直播等融合传播的方式，为全球网民呈现可视性程度强的产品，扩大自身影响力和传播力。2021 年 1—7 月，RT 网站的月访问量均超过 1.5 亿。RT Arabic 新闻电视频道网站的访问量和用户数量排名第一，领先于 Al Jazeera、CNN Arabic 和 Sky News Arabia。RT 西班牙语网站在线观众超过了 BBC、Euronews、France 24 等。①

国际在线视频平台方面，根据表 4-7，RT 从 2007 年开始陆续开通了 12 个主要的账号，每个账号功能不同，内容差异大，但基本根据本地用户的喜好来传播视频内容。其中，RT Arabic 的用户数量最多，增长量也较快，2021 年 7 月 11 日只有 581 万，但是同年 8 月 3 日就涨到 587 万，不到一个月增长 6 万，不仅是所有账号中订阅用户增长最快的，也是同类国际媒体账号中订阅用户增长最快的。同时当 RT 几个分频道都在进行新闻直播时，在 YouTube 频道观看 RT Arabic 的人数最多。与其他国际媒体单纯把电视频道内容放到 YouTube 相比，RT 更重视单独详细介绍每个节目的内容、与用户互动，更重视每个账号之间相互推荐、彼此链接。

---

① *О канале*, RT, https://russian.rt.com/about.

表4-7　　　　　　　RT 的 YouTube 账号情况①

序号	账号名称	注册时间	视频总量	订阅用户（万）	主要内容	总观看量（亿）
1	RT	2007-03-29	56300	436	新闻	34
2	RT Arabic（RT 阿拉伯语频道）	2008-07-05	9075	587	政治、经济、文化和体育新闻,纪录片、摄影调查	17
3	RT en Español（RT 西班牙语频道）	2009-12-17	80507	508	国际媒体忽视掉的俄罗斯、西班牙最新的新闻、纪录片、特别报道	36
4	RT America（RT 美洲频道）	2010-02-11	31267	118	新闻、评论、体育节目等	5.9
5	RT SportMMA（RT 体育频道）	2010-08-20	1913	13.2	体育新闻,体育人物专访等	0.77
6	RT на русском（RT 俄语频道）	2011-09-26	39635	182	俄罗斯和世界的主要新闻、独家新闻、现场直播	15
7	RT Documentary（RT 纪录片频道）	2011-10-10	2181	142	关乎社会和环境、令人震惊的传统、引人入胜的故事等深度纪录片	4.5
8	Ruptly（RT 国际视频通讯社）	2012-11-07	122861	197	新闻,数字视频内容	14

① 时间截至2021年08月03日。

中国广播电视国际传播能力建设研究

续表

序号	账号名称	注册时间	视频总量	订阅用户（万）	主要内容	总观看量（亿）
9	RT DE（RT 德语频道）	2014-06-11	26256	59	多样性和批判性新闻	4.9
10	RT France（RT 法语频道）	2014-09-26	40153	89	新闻	4.2
11	RT UK（RT 英国频道）	2014-10-30	16566	20.9	关注英国本土受众最关注的问题的新闻	1.07
12	RTД на русском（RT 俄语纪录片频道）	2014-11-05	3839	60	纪录片、电视连续剧、访谈、节目和关于最紧迫问题和事件的报道	1.8

根据表4-8，RT 抓住社交媒体快速发展的历史机遇，在 Facebook、Twitter 及 Instagram 平台开设多个账号。其中，Facebook 运营最好，每个账号的粉丝都呈现增长趋势。相比2014年4月11日，RT 增长553.3万，RT America 增长124.9万，RT Arabic 增长1725.3万，RT en Español 增长1793.1万，RT Documentary 增长119.9万，并且 RT Arabic 和 RT en Español 两个账号的粉丝数量和增长速度都超过 CNN 和 BBC。从三个社交平台来看，RT 的阿拉伯语和西班牙语频道最受欢迎，而根本原因就是其内容和内容呈现方式、表达方式、传播时间选择等均呈现明显的本土化。

表4-8   RT的社交媒体使用情况①

账号名称	Facebook 点赞用户数（万）	Facebook 粉丝数（万）	Twitter 推文数（万）	Twitter 粉丝数（万）	Instagram 推文数（万）	Instagram 粉丝数（万）
RT	610	707	39.5	296	1.1	75.4
RT America	112	128	12.5	35.9	0.06	7
RT Arabic	1611	1749	76.5	52.7	2.3	169.1
RT en Español	1690	1824	71.6	350	1.7	110.8
RT France	118	157	17.2	16.2	0.47	10.3
RT UK	55	83	5.6	9.3	0.24	4.1
RT DE	52	61	0.9	4.7	0.52	7.7
RT Documentary	55	120	0.6	2.1	0.28	3.4

（二）淡化官方背景提升品牌知名度

2009年，为了适应国际传播市场，RT全力淡化其俄罗斯官方背景，打造国际化传媒机构形象，"今日俄罗斯"电视台将其频道名称简化，开始着力打造和推广"RT"这个品牌和标识。② 经过十几年的打造，RT已经从最初"展现一个没有偏见的俄罗斯国家形象"的俄罗斯媒体转变为"展现任何一个故事都有可能是另一个故事并聚焦国际头条"③ 的国际媒体，在国际上具有一定的知名度。

---

① 数据截至时间为2021年8月5日。
② 郭金峰：《俄罗斯媒体国际传播策略研究——以RT电视台为例》，《国外社会科学》2020年第4期。
③ See Applications, RT, https://www.rt.com/applications/.

1. 利用广告宣传提升知名度

RT 一直重视广告宣传，2007 年就利用在纽约时报广场的新年直播进行品牌宣传；2014 年开始又在美国纽约和华盛顿等地开展大规模的宣传推广活动，在建筑物展示牌、路边广告牌和公交车车身等刊登广告。广告的作用是明显的，经过长期积累，RT 在美国成为除英国 BBC 之外，最受欢迎的外国媒体，甚至引起美国政府的紧张。此外，如图 4-1 所示，RT 成立之后，在美国的谷歌兴趣指数呈现上升趋势。2015 年 11 月达到顶峰 100，这说明广告宣传对提升 RT 在美国的知名度是有效的。此外，根据谷歌指数来看，在全球搜索 RT 的排名中，排名前五的国家分别是古巴（100）、尼加拉瓜（68）、委内瑞拉（34）、萨尔瓦多（25）、多米尼加共和国（25），这说明，RT 在拉美地区的知名度有所提升。

图 4-1　RT 在美国的谷歌搜索指数变化

2. 利用国际重大新闻事件提升知名度

RT 坚持走到国际重大事件的前沿，加强对国际事件的报道，并借此提升全球知名度。从 2008 年关于俄格冲突爆发的报道发出与欧美主流媒体完全不同的声音开始，到 2013 年报道乌克兰危机时主动设置议程抢占事件第一落点、针对性议程设置争取话语优势、调整议程议题灵活开展舆论应对,[1] RT 奠定了自己的国际媒体地位,提升了知名度,甚至成为美国、美国媒体以及国际媒体的劲敌。2014 年关于美国关塔那摩监狱(古巴)囚犯绝食的特别报道,2016 年关于第 70 届联合国大会的一系列广播节目,2018 年关于伊拉克摩苏尔的人道主义灾难(军队在西方联盟的支持下对武装分子进行特别行动)的报道,2019 年关于克麦罗沃冬季樱桃购物中心发生火灾的报道,2020 年关于谢列梅捷沃机场 SSJ - 100 飞机坠毁的系列报道,2021 年关于纪念苏联军队解放奥斯威辛——比克瑙最大纳粹死亡集中营 75 周年的报道,[2] 不仅使 RT 获得国际艾美奖提名,更让 RT 在国际上的知名度明显提高。

3. 利用"名人效应"提高知名度

RT 不惜重金与国际知名政治人物、主持人、记者等合作,提高其知名度。这些人包括厄瓜多尔前总统拉斐尔·科雷亚(Rafael Correa)、苏格兰前第一部长亚历克斯·萨尔蒙德(Alex Salmond)、明尼苏达州前州长杰西·文图拉(Jesse Ventura)、电视传奇人物前 CNN 主持人拉里·金(Larry King)、维基揭秘网站创始人朱利安·阿桑奇(Julian Assange)、艾美奖提名与普利策奖获得者记者克里斯·赫奇斯(Chris Hedges)、"最危险的金融记者"马克斯·凯瑟(Max Keiser)、美国顶级新闻人物里克·桑切斯(Rick Sanchez)、法国媒体名人弗雷德里克·塔德(Frédéric Taddeï)、名人堂律师迈克·帕潘托尼奥(Mike Papantonio)、传奇足球教练何塞·穆里尼奥(Jose Mourinho)以及著名足球运动员彼得·舒梅切尔(Peter Schmeichel)和卡洛斯·瓦尔德拉马(Carlos Valdrama)等。

---

[1] 赵晓航:《"今日俄罗斯"在国际冲突事件中的对外话语战略——以乌克兰事件中的舆论应对为例》,《河北大学学报》(哲学社会科学版)2016 年第 4 期。

[2] О канале, RT, https://russian.rt.com/about.

如图 4-2 所示，2005—2021 年，RT 在全球的搜索趋势基本呈现上升趋势，说明 RT 采取前述方法来提升知名度，是有效的。

图 4-2　RT 在全球的谷歌搜索指数变化

二　内容："多一些质疑"声音

RT 首先关注世界政治、经济、体育、文化、科技等国际媒体所忽略掉的话题，其次才关注俄罗斯的经济、政治、文化发展等问题。RT 的反美题材占据了相当分量，还有一些题材集中在中东、西亚、非洲等发展中国家弱势群体上，关注灾难、民生、宗教、种族和反恐等现实问题。[①] 这些内容基本按照本土受众的需求来制作，既呈现本土声音又充分展现俄罗斯对每个重大事件和 CNN、BBC 等国际媒体报道的"质疑"，更多呈现其与国际媒体不同的"怀疑态度""批判精神"。

（一）"多一些质疑"的新闻与谈话、评论等深度节目

RT 及各语言分频道，根据本土受众的需求不同来制作节目，因此差异化较大，此处以 RT 主频道为主。RT 的时事新闻节目、谈话、评

---

① 李可宝：《从"今日俄罗斯"看俄罗斯媒体国际传播策略》，《学术交流》2019 年第 8 期。

论等深度节目播出时间比较固定，但也根据时事需要，对除整点《新闻》之外的节目作出调整。RT 的这些节目基本能比较直接地反映俄罗斯的质疑声音、批判精神，并且表现出明显的"去俄罗斯化"。

1. "多一些质疑"的时事新闻

RT 作为 24 小时播出新闻的电视台，对新闻的安排较为密集，除凌晨 3 点和 4 点之外，在每个整点时段均安排滚动播出时事新闻节目 News（《新闻》）。该节目是 RT 与拉里·金和里克·桑切斯（Rick Sanchez）合作的黄金时段大片，实时播出每个时段的重要新闻，善于碰触敏感话题，展现俄罗斯对国际重大事件的怀疑态度与批判精神。比如，RT 报道了美国历史上最大的一次监狱罢工，但是 CNN、MSNBC、NPR 和 Rutenberg 的雇主《纽约时报》根本没有报道。比如，RT 最早广泛报道占领华尔街运动，而美国媒体鸦雀无声。RT 开播便定义为"反霸权主义"媒体，目的就在于充分调动自身的人力、物力，挖掘新闻的不同侧面，揭露 BBC、CNN 报道的新闻背后真相，甚至在国际重大事件中与其针锋相对，成为西方"同卵新闻"趋势中的一股逆流。

RT 为了强化其观点、声音，专门制作了观点类的节目——News·Views·Hughes（《新闻·观点·休斯》）。该节目一般在 RT 6：30、11：30、16：30 以及凌晨 1：30 播出，是由记者和政治评论员斯科蒂·内尔·休斯（Scottie Nell Hughes）主持的每日下午特别广播，重点关注客观性采访和编辑以及来自各个政治领域的分析。该节目最近关注"无人机攻击油轮：新战争时代""中情局官员为中国进行间谍活动后的模糊记忆""美国政客真的想惩罚中国还是想连任""2003 年伊拉克战争结束：完成了什么任务""为什么乌克兰要把美国拖入与俄罗斯的战争"，等等。

从 2020 年 1 月 28 日开始，RT 将新闻及相关节目中关于新冠疫情的新闻摘取出来，专门以 COVID – 19 Pandemic（《新冠大流行》）的形式上传至 YouTube，截至 2021 年 8 月 4 日，已经上传了 1215 个新闻视频，获得 282183 次观看。RT 看似简单的行为，实则充分表达了其对各国新冠疫情处理措施的种种观点，比如"大规模抗议席卷欧洲｜反对新冠病毒限制的集会在法国、德国和意大利继续""口罩后面是什么？美国公民对不断变化的戴口罩规则感到困惑""希腊警方部署催泪瓦斯对付新冠病毒政策抗议者""双标｜印度制造的阿斯利康疫苗接种旅行者被拒绝进入法国"等标题的制作，已经展现了俄罗斯对待美国、德国、希腊、印度等国家在新冠疫情控制方面的态度。

2. "多一些质疑"的谈话、评论等深度节目

RT 的谈话、评论等深度节目不仅只关心俄罗斯自己的事情，而是把眼光聚焦于全球各国，质疑或批判一些国际媒体忽略掉但是却非常重大的事件。因此，这些深度节目最能反映 RT 在国际重大事件中的立场。RT 的深度节目主要有 Cross Talk（《辩论》）、Going Underground（《深度挖掘》）、The Alex Salmond Show（《亚历克斯·萨尔蒙德秀》）等节目，这些节目在除整点之外的时间与财经类节目交替播出。

Cross Talk（《辩论》）由彼得·拉维尔（Peter Lavelle）主持，在 00：30、3：00、9：30、14：30、19：30、21：30 播出。该节目是 RT 的旗舰节目，主要围绕政治、商业、新闻人物、全球趋势、当今冲突以及世界面临的危险和挑战等话题展开讨论。该节目的嘉宾是政治家、记者、科学家和各种各样的决策者——任何影响改变我们世界的决策或在形成公众舆论方面发挥关键作用的人。主持人通常会向嘉宾提出尖锐且直截了当的问题，并要求其必须给出具体的回答，不逃避，不闪躲。该节目最近比较关注"中国与美国""冷战""俄罗斯与乌克兰""古巴的裁决""阿富汗战败""欧盟—俄罗斯僵局""中国与俄罗斯的拥抱""意识形态的不稳定性""英特尔崇拜"等问题。

Going Underground（《深度挖掘》）在 8：30、13：30、18：30 播出。主持人拉坦西·阿法申（Afshin Rattansi）和他的团队每周三次深入挖掘、报道，发现英国主流媒体没有报道的事件。从 GCHQ 到占领抗议活动以及其间的其他一切故事，《深度挖掘》是为了给英国各地的观众带来一个全新的视角。该节目最近比较关心"联合国官员：以色列今天对巴勒斯坦人使用的手段将在明天对世界使用""沙希·塔鲁尔谈印度飞马间谍软件丑闻和莫迪冠状病毒灾难""古巴大使：美国长达 60 年的禁运是一项种族灭绝政策""维基解密总编辑：Pegasus 泄密显示没有人能免于间谍活动""玻利维亚政治分析家：美国禁运是古巴困苦的主要原因""酒精工业对英国政府的控制""2021 年全球和平指数：和平恶化、军费开支和暴力上升"。

The Alex Salmond Show（《亚历克斯·萨尔蒙德秀》），由苏格兰前第一部长亚历克斯·萨尔蒙德（Alex Salmond）主持，一般在 6：30、12：30、17：30、22：30 播出。该节目是一档政治谈话节目，萨尔蒙德发誓要与主流媒体的叙事作斗争，并将新闻"带出威斯敏斯特关系"。该节目重在于关注北爱尔兰政府和威斯敏斯特，以吸引威尔士、爱尔兰和苏格兰议会的观众。该节目，最近比较关心"苏格兰的故事——事实与虚构""北爱尔兰的水源麻烦""分裂的英国""威斯敏斯特的动荡时期""小政党—大声音"。

SophieCo·Visionaries（《索菲·远见卓识者》），由索菲·谢瓦尔德纳泽（Sophie Shevardnadze）主持，一般在 2：00、7：30、13：30、19：30 播出。该节目邀请那些放眼未来的思想家、预见者、哲学家，分享他们对我们现在和未来的思考。该节目立足当下但也探索人类未来的发展，最近关注"实验室很快使生命成为可能""寒冷是一位伟大的老师""今天的阴谋就像古代的幽灵""我们天生就关心其他人""我们感知时间的能力既是礼物也是诅咒""压力会引起 DNA 的化学变

化""大脑无法区分虚假记忆和真实记忆"。

Dennis Miller + One（《丹尼斯·米勒+1》），由世界著名演员、喜剧演员和评论员丹尼斯·米勒（Dennis Miller）主持，一般在2：30、6：30、11：30、21：30播出。该节目邀请著名运动员、艺术家、艺人和作家等嘉宾，以便了解那些塑造我们文化，了解人们的恐惧、梦想、遗憾和最深刻的思想。该节目最近邀请到NFL橄榄球运动员、三届超级碗冠军迈克尔·欧文（Michael Irvin），回忆其不可思议的橄榄球生涯；CBS旅游记者兼广播节目主持人彼得·格林伯格（Peter Greenberg）讨论最新的旅游新闻以及产业发展；歌手兼作曲人吉米·艾伦（Jimmie Allen）谈论乡村音乐流行之景；电视真人秀明星凯特琳·布里斯托（Kaitlyn Bristowe）讨论她与《单身女子》（*The Bacelorette*）主创人员共同主持的新演唱会，以及她如何帮助本季选手度过一些艰难时期。

（二）"多一些质疑"的财经节目和纪录片

RT播出的财经节目和纪录片，各有所长，但基本围绕当时国际国内比较关切的重大事件或者被其他国际媒体所遗漏的新闻事实展开，以自己独有的角度、新颖的呈现方式以及多样化的渠道进行传播，展现俄罗斯"质疑""批判"的声音。

1. "多一些质疑"的财经节目

RT的每日财经节目*Boom Bust*（《繁荣与萧条》）在3：30、7：30、12：30、17：30、23：30播出。该节目认为经济、市场的繁荣或萧条周期与西方银行业本身一样古老。其主持人突破主流媒体的头条，寻找重要的故事，并为大家在繁荣和萧条的环境中提供导航。该节目最近比较关注"为什么房地产繁荣正在失去动力？""工厂产量下滑和美国BTC打击即将到来？""美国财政赤字增加意味着什么？""美国提出了亚洲新政策？""美国、德国同意反对特斯拉在比特币上翻牌？""欧盟权衡加密货币管制？""电影产业回来了？""美联储对通货膨胀的看法是否错误？""OPEC 达成石油生产妥协？"。

Keiser Report（《凯瑟报告》）由前股票经纪人、虚拟专家技术发明者和好莱坞证券交易所联合创始人马克斯·凯瑟（Max Keiser）主持，一般在 3：00、9：30、14：30、19：30、21：30 播出。该节目关心市场、金融和丑闻，从华尔街和国会的勾结到最近的银行犯罪浪潮，从伪造的政府经济统计数据到被操纵的股票市场，凯瑟毫无保留地审视了这些全球金融头条背后令人震惊的丑闻。在凯瑟的共同主持人斯泰西·赫伯特（Stacy Herbert）和来自世界各地的嘉宾的帮助下，《凯瑟报告》传播全球经济的真实情况。《凯瑟报告》最近比较关注"西方的文化大革命及其对未来经济的意义？""印钞和刺激支票鼓励美国人大量支付任何价格，将导致价格上涨'没有阻力'？""为什么左翼不担心通货膨胀？""美联储应该采取一切必要措施帮助经济复苏？"等。RT 还将该报告上传至 YouTube，希望更多的人通过 YouTube 这样的国际在线视频平台听到与众不同的声音。截至 2021 年 8 月 4 日，RT 已经上传了 129 个报告视频，获得 72870 次观看。《凯瑟报告》也引起用户思考，有 YouTube 用户提出"真正剩下的是一个由不同类型的敲诈勒索者组成的国家……""孩子对未来很难感受到希望"。

此外，讽刺式的 *Redacted Tonight*（《今晚编辑》）、辩论式的 *Worlds Apart*（《世界不同》）等周日播出节目也呈现明显的"质疑"态度。

2."多一些质疑"的纪录片

纪录片的播出平台是 RT 英文纪录片频道和俄语纪录片频道，以及各外语频道的纪录片板块。英文纪录片频道 24 小时播出纪录片，主要提供关于社会和环境问题、令人震惊的传统以及引人入胜的人物、历史、体育等的深度纪录片，希望让人不至于无动于衷。纪录片不仅是头版新闻和全球事件，而是超越头条的问题，包括《孤独地死去：Kodokushi，一位"孤独死亡"清洁工眼中的日本孤独流行病》《印度的水危机：对世界的警告》《库卢纳斯：在残酷的青年帮派世界里》等多部纪录片，都真实地反映了俄罗斯的批判精神。纪录片也被放到YouTube，并获得比较好的效果。截至 2021 年 8 月 4 日，纪录片《新生的俄罗斯》获得 4859 万次的播放量，《这就是中国》8 个系列在YouTube 上影响也较大。

RT 纪录片板块在每天 2：30、4：30、5：30、10：30、15：30、20：30、22：30 播出。RT 的纪录片对世界各地不同的生活给出不同而独特的观点，揭露过时的神话和陈规定型的观念，揭示有趣的历史和地理，展示各种野生动物和精美的菜肴，介绍充满活力的夜生活和奇怪的习俗。RT 的纪录片中历史事件的原始镜头及对当代政治的敏锐分析，让观众更深刻地理解是什么让历史发生了这样或那样的转变。RT的纪录片超越了赤裸裸的事实，彻底调查这些问题，并给观众一个从表面看深层次问题的机会。目前，RT 纪录片板块已经播出了《新冠病毒 vs 美国：为什么美国的死亡人数如此之高？》《ISIS 之后：带孩子回家》《美国的水危机》《致命的水》《童年的消逝》等数百部纪录片。最新播出的《金钱之石》《贝鲁特：收拾残局》两部纪录片也充分反映了俄罗斯的立场。

三　资源：助推国际传播能力建设

在俄罗斯联邦新闻主管机构注册为"非营利自治组织"以避免沾染浓厚官方色彩的 RT，看似拥有高度自主权，实际上并未脱离俄罗斯的影响，只是俄罗斯"内外有别"的管理措施给了 RT 比较宽松的环境。RT 也凭借政策、资金、技术、人才、"Ruptly"和"卫星"新闻通讯社等资源大胆发展，逐步扩大其影响力。

（一）政策、资金、技术、人才等资源

政策、资金、技术、人才是国际传播能力建设的基本资源。俄罗斯为了推动 RT 快速发展，给了一个比较宽松的政策环境，也筹备了足够的资金用于技术更新、设备更新换代、人才培养。

1. 政策资源

为了让 RT 能够在国际上及时发声，为了保证其独立自主权，俄罗斯给予了 RT "绝对放权"的政策环境，也有多样化的政策促进其成长与发展。其中，根据表 4-9，俄罗斯关于媒体的政策从报道任务到技术革新再到经费预算和未来规划均对 RT 有所涉及。RT 利用《俄罗斯联邦总统新闻和信息办公室条例》传播总统、外长、外交部官员针对涉及俄罗斯切身利益的重大国际事务的意见，利用《关于提高国家大众媒体效率的一些措施》高效整合打造全媒体"国际舆论航母"，利用《改进俄罗斯联邦的电视和无线电广播条例》升级改造广播电视设备与技术，利用《关于批准从联邦预算中向联邦国家统一企业提供补贴的规则》《2020 年联邦预算以及 2021 年和 2022 年规划》等免去经费顾虑，利用《信息社会》政策资源等强化信息化建设。

表 4-9　　　　　　　　RT 发展的政策资源

序号	年代	名称	有关内容
1	2010 年	《信息社会（2011—2020）》	促进大众传播的发展并确保媒体自由；提高电视和无线电广播的效率；将国家电视和无线电广播网络转移到数字技术；确保国际活动，维持外国通讯点
2	2011 年	《俄罗斯联邦总统新闻和信息办公室条例》	媒体可采访俄罗斯联邦总统，报道有国家元首参与的活动，传播新闻发布会和其他演讲

续表

序号	年代	名称	有关内容
3	2013年	《关于提高国家大众媒体效率的一些措施》	加强媒体整合；媒体要报道俄罗斯联邦的国家政策和俄罗斯联邦在国外的公共生活，重视国际新闻
4	2013年	《改进俄罗斯联邦的电视和无线电广播条例》	革新广播电视技术
5	2014年	《关于批准从联邦预算中向联邦国家统一企业提供补贴的规则》	禁止削减包括RT在内的任何国有新闻媒体的预算
6	2019年	《"信息社会"国家计划的修正草案》	增加资金，以便将RT电视频道的观众覆盖率从每年8亿人增加到9亿人；增加面向外国受众的播放量
7	2019年	《2020年联邦预算以及2021年和2022年规划》	增加RT经费预算，用于电视、广播和互联网频道的创建和发展，以及德语版本、莫斯科电视和技术综合体的更新
8	2020年	《修订俄罗斯联邦"信息社会"国家计划》	扩大俄罗斯联邦在全球信息空间中的权威参与和信息交流
9	2020年	《政府应对冠状病毒感染的措施》	俄罗斯媒体可以使用的支持措施包括所有税款(增值税除外)的支付延期六个月，以及使用国有、市政或私人财产、房地产时的租金支付
10	2020年	《2021年联邦预算以及2022年和2023年规划》	增加对RT的预算

2. 资金资源

RT 能够运用的资金资源比较丰富，包括俄罗斯政府资金、赠款以及部分自己赚取的资金，政府资金的支持力度又最大。2005 年成立之初，俄罗斯联邦通过新闻出版和大众传媒署的拨款用于创办该电视台；剩余部分创办经费应俄罗斯政府要求，由商业银行提供贷款。[①] 2008 年全球金融危机期间，俄罗斯成立专门金融委员会，将 RT 列入"国家战略企业"名单，当年拨款超过 1 亿美元。2013 年政府明文规定不得削减 RT 的预算。2019 年从预算中支出 3.04 亿美元运营 RT。2020 年，除 3.1 亿美元的主要补贴外，还拨款 0.19 亿美元用于更新莫斯科电视和技术综合体，以及 0.14 亿美元用于发展 RT 的德语电视频道。[②] 2021 年联邦政府对 RT 的预算计划为 3.73 亿美元。按照政府的计划，未来还会增加，因为希望其扩大影响力。[③] RT 通常会用这些资金来支付所有类型通信的信道和线路费用，包括单边和多边频率资源的租赁，以及与通信服务在技术上密不可分的服务，移动卫星站、便携式卫星站、卫星资源的租赁服务费用；支付通信服务费用，包括电视和广播节目的分发；支付员工和自由职业者的薪酬、缴纳土地税、财产税。这些资金也用于电视、广播和互联网频道的创建和发行。

3. 技术资源

RT 传统电视频道设计了一个新的高清格式综合体，包括用于制作新闻，完全以高清、4K 格式播放的信息显示系统、视听和多媒体综合

[①] 郭金峰：《俄罗斯媒体国际传播策略研究——以 RT 电视台为例》，《国外社会科学》2020 年第 4 期。

[②] Яндекс. Телеканал RT в2019 году израсходовал 22，3 млрд рублей, полученных избюджета. Эторекорд, https：//openmedia. io/news/n2/telekanal – rt – v – 2019 – godu – izrasx-odoval – 223 – mlrd – rublej – poluchennyx – iz – byudzheta – eto – rekord/.

[③] Правительство потратит 211 млрд руб. на содержание, RT, https：//newizv. ru/news/society/04 – 03 – 2021/pravitelstvo – potratit – 211 – mlrd – rubley – na – povyshenie – reytinga – rt.

体、扩声综合体等。RT 还在"直播"端发力，目前在 RT 的官方网站上，首页有当日重大事件的新闻直播现场。由记者现场采集，通过通信卫星信号与互联网设备的结合将实时新闻呈现给受众。同时，RT 也将直播运用到传统媒体中。RT 电视频道是世界上最早开始制作 360 度全景视频的电视频道之一。2016 年 11 月，作为"太空 360"项目的一部分，RT 与 Roscosmos 和 RSC Energia Corporation 合作，从国际空间站上观看了有史以来第一个从太空拍摄的地球全景视频。2017 年 10 月，RT 推出了有史以来第一部在开放空间拍摄的全景视频《太空漫步 360》。2020 年，RT 的虚拟现实（VR）电影《奥斯威辛的教训》在纪念红军解放纳粹集中营 75 周年之际，击败了德国之声的项目，赢得了 Epica 奖的银牌。[1]

4. 人才资源

除了前述名人，RT 打破了传统的"资深老干"用人模式，力求组建一支开明化、年轻化、多元化的采编制作队伍。2005 年 12 月 10 日，RT 开播时启用年仅 25 岁的玛格丽塔·西蒙尼扬为总编辑；聘请一批刚从新闻学院毕业的年轻英国记者来帮助编写程序并保持频道运行。今天，RT 的员工平均年龄也在 30 岁以下。[2] 同时，RT 高薪聘请高素质的主持人和编辑记者，重用英语水平、业务素质都较高的外国人和国外成长的俄罗斯人，[3] 以便满足具有批判能力的目标受众需求。RT 开播之初，有 300 名记者，其中包括来自其他国家的记者约 70 名，如今，已经有 3000 多名员工来自世界各地。不同年龄、不同背景、不同

---

[1] See RT Wins Gold A Tepica Awards. RT, https：//www.rt.com/about–us/press–releases/rt–wins–gold–epica–awards/

[2] 冯倩：《新兴大国如何提升对外传播力——"今日俄罗斯"的发展与启示》，《电视指南》2018 年第 7 期。

[3] 李可宝：《从"今日俄罗斯"看俄罗斯媒体国际传播策略》，《学术交流》2019 年第 8 期。

肤色的专业人才汇集在这里，铸造出 RT 的成名之作"南奥塞梯战争"，击败了彭博媒体赢得金奖之"法国黄色背心抗议活动"等优质的新闻报道。此外，2018 年 RT 设立了叙利亚记者哈立德·哈特布奖，奖励开朗、勇敢的战地记者以及那些试图揭露持续战争和武装冲突的严重性和后果的媒体和组织，因为他们的努力使人们更好地了解继续遭受苦难的地区的严酷现实。RT 希望设置该奖项，有助于恢复和平。[1]

（二）"Ruptly"和"卫星"新闻通讯社等资源

RT 能够提供全球各地的信息，能够提供非常犀利的观点，与"Ruptly"和"卫星"新闻通讯社各机构有密不可分的关系。Ruptly 是一家国际视频通讯社，总部位于德国柏林，2013 年 4 月全面投入运营。Ruptly 旨在为在线广播公司以及传统电视广播公司提供全面的数字视频内容，涵盖这个时代的所有重大问题，重点关注主流媒体普遍忽视的故事。"卫星"新闻通讯社（Sputnik）于 2014 年 10 月正式成立，它是以互联网为渠道，通过网站、广播、Apps、App、社交媒体网页、在线转播等直接面向受众，是 RT 的有益补充，在对外传播中实现无缝对接，形成传播合力。

1."Ruptly"的丰富性

Ruptly 的使命是提供更大胆、更深刻的观点；提供前瞻性的视野和不被遮蔽的新闻；提供高影响力的视频，全方位广播服务和定制化个人服务。Ruptly 通过不断扩大常设局和特约记者组成的快速增长的全球网络，提供世界上最危险的冲突地区的大量有冲击力的故事和最佳新闻故事；使用最新的广播和新闻采集技术，让受众更接近事实，更及时地了解全球最新的突发新闻；团队配备的设备使他们能够突破

---

[1] RT учредила премию имени сирийского журналиста Халеда Аль–Хатеба，https：//rossaprimavera.ru/news/81d97b32.

视频新闻的界限，无论是大胆地抗议无人机镜头、世界新闻事件的最高分辨率图片，还是通过智能手机捕捉的千载难逢的事件，强大的交互平台通过灵活的解决方案，将现场直播流直接传送到广播系统，满足受众在恰当的时间对内容的需求。Ruptly 提供实时和存档的突发新闻、特写、政治、科学、技术、体育、病毒式传播和娱乐内容，也提供广播、直播、来自全球的沉浸式 360 度视频、数字和移动平台服务。[①] 这些内容与服务为 RT 储备了丰富的资源。

2. "卫星"新闻通讯社的补充性

"卫星"通讯社在全球有 25 个站点，每个站点都设立了海外"多媒体中心"，拥有庞大的采编队伍和独立的新闻产品，在北京、华盛顿、开罗、伦敦、爱丁堡、蒙德维的亚、比什凯克等地区级编辑部实现了一周 7 天、每天 24 小时全球时区接力播发新闻。"卫星"通讯社的海外受众目标非常明确，主要分为三类。第一类是外国媒体，第二类是精英阶层，第三类是普通受众。这三类受众的重要程度依次递减。"卫星"通讯社强调新闻内容的时效性、多语言播出和多媒体渠道，在全球广泛布点并使用所在国母语发布新闻产品，坚持客观、有原则地报道世界和俄罗斯的新闻。[②] "卫星"通讯社的海外"多媒体中心"为 RT 提供了充足的内容资源，准确的定位帮助 RT 更好地把握传播趋势。

第四节　卡塔尔：Al Jazeera 的国际传播能力建设之路[③]

卡塔尔作为世界上十大富有国家之一，从 1970—2019 年，其国

---

① *See About Ruptly*, https://www.ruptly.tv/en/about-ruptly.
② 李可宝：《从"今日俄罗斯"看俄罗斯媒体国际传播策略》，《学术交流》2019 年第 8 期。
③ 该小节的部分内容已经发表于《电视研究》2021 年第 8 期。

内生产总值（GDP）整体呈现明显的增长之势。2020年，虽然疫情及全球经济下滑导致卡塔尔的GDP从2019年的1758亿美元[①]下滑到1491亿美元，但其人均GDP依然达到6.17万美元[②]，排在全球前十。卡塔尔主要依靠石油、天然气等作为经济支柱，也正是因为这一经济支柱以及历史原因，过去多年，卡塔尔成为世界各国的关注点。这也导致卡塔尔不得不面临西方媒体对自己和中东地区的偏见传播。为了打破这些偏见，为了从不同的角度报道世界各国，卡塔尔于1996年全力将半岛电视台（Al Jazeera，AJ）打造成阿拉伯国家的第一家独立新闻机构。

AJ是时任卡塔尔首相、国防大臣兼武装部队总司令的埃米尔哈马德·本·哈利法·阿勒萨尼（Sheikh Hamad Bin Khalifa Al–Thani）于1996年斥资1.37亿美元组建的电视台。该台24小时滚动播出阿拉伯语新闻节目。[③] 经过多年运营，AJ的新闻开拓了新局面，在美国入侵伊拉克期间，成为一个重要的信息和视角来源，[④] 备受全球关注，而这些关注直接形成了"人人都在看CNN，CNN却在看半岛电视台"的说法。如今，已经在全球有70个分支机构的AJ凭借不同渠道，致力于传播不同角度的新闻信息，提供具有吸引力和激发灵感的娱乐内容，成为全球新闻界和娱乐界的一支重要力量，打破了长期由一个或两个西方国家媒体主导的局面。[⑤] 同时，AJ全力打造研究中心、研究所等

[①] 全球GDP世界银行，https://data.worldbank.org.cn/indicator/NY.GDP.MKTP.CD?locations=QA.

[②] 《卡塔尔》，中华人民共和国外交部，https://www.fmprc.gov.cn/web/gjhdq_676201/gj_676203/yz_676205/1206_676596/1206x0_676598/.

[③] 《卡塔尔》，中华人民共和国外交部，https://www.fmprc.gov.cn/web/gjhdq_676201/gj_676203/yz_676205/1206_676596/1206x0_676598/.

[④] See A Social Justice Lens on A World Struggling for Change, https://www.ajplus.net/about.

[⑤] See A Social Justice Lens on A World Struggling for Change, https://www.ajplus.net/about.

研究机构，推动各传统电视频道和网络与新媒体转型升级。AJ 国际传播能力建设的具体做法可为中国广播电视提高国际传播能力建设提供经验与启示。

一 渠道：提升国际传播话语能力

截至 2021 年 3 月，AJ 已经打造了阿拉伯语频道（Al Jazeera Arabic，以下简称 AJ – A）、纪录片频道（Al Jazeera Documentary，以下简称 AJ – D）、穆巴舍尔频道（或称 AJ 公共事务频道）（Al Jazeera Mubasher，以下简称 AJ – M）、英语频道（Al Jazeera English，以下简称 AJ – E）、深度调查频道（Al Jazeera Investigative Unit，以下简称 AJ – IU）、巴尔干半岛频道（Al Jazeera Balkans，以下简称 AJ – B）、半岛电视频道 +（AJ +）、国际社交媒体账号及集群式客户端（App）等渠道。通过这种全方位、立体式的打造，AJ 已经完全能利用不同渠道向世界传播与西方媒体不同的声音，提升自己的国际话语能力。

（一）打造多语种传统渠道，减少时滞性、误读率，提升议程设置能力

1. 打造阿拉伯语频道，减少时滞性，提高议程设置能力

伊拉克战争的全球传播，对 AJ 的启示是，即便像 CNN 这样的媒体也得依靠阿拉伯语媒体提供最原始的信息。因此，使用母语阿拉伯语能够有效减少翻译带来的国际传播时滞性，提高议程设置的速度，增强自己的议程设置能力。AJ 重点打造了使用阿拉伯语传播的 AJ – A、AJ – D、AJ – M 三个频道。其中，AJ – A、AJ – M 主要以时事新闻为主，致力于以最快的速度、不一样的视角传播卡塔尔、中东地区以及其他国家的重大新闻事实；AJ – D 则基于半岛电视台纪录片大赛的影响力，向世界推介中东国家、世界其他国家优秀的纪录片以及这些优秀纪录片的诞生过程。AJ 认为，AJ – A、AJ – M 以新闻为主，AJ – D

以纪录片为主，分工有所不同，但不管是新闻还是纪录片，真实是其存在的根本，也正是这一点，才能让世界看到真实的自己。

2. 打造外语频道，减少误读率，提升国际话语力量

CNN、BBC等西方媒体报道中东地区时习惯塑造其动乱形象，给 AJ 的启示便是，若不能主动传播便会被西方媒体误读。因此，使用当地民众听得懂的语言、看得懂的文字来传播，以便减少误读率，就成为 AJ 提升国际传播能力一个重要方法。AJ 打造了以英语为主的 AJ – E 和 AJ – IU 两个主要频道。AJ – E 于 2006 年 11 月 15 日正式开通，是中东地区第一家全球性英语频道，而成立于 2011 年的 AJ – IU 则坚持使用英语播出深度调查节目。此外，AJ 考虑到在斯洛文尼亚、黑山、波斯尼亚、克罗地亚、塞尔维亚、马其顿等巴尔干半岛国家的影响，专门开辟了波斯尼亚语、克罗地亚语与塞尔维亚语等当地语言的 AJ – B 新闻频道，针对当地的需求传播信息，增强 AJ 在当地的话语力量。

（三）打造网络与新媒体，发挥台网联动、链接、社交等功能，增强影响力

1. 打造网站平台，发挥台网联动、链接等功能，增强传统媒体的影响力

AJ 致力于打造电视台的网站平台，规避电视渠道在国际上传播受阻以及电视渠道整体影响力下降的问题，利用网站自身的多元功能，提升其国际传播能力。AJ 网站使用阿拉伯语、英语、法语等不同语种传播，大量使用包括数据新闻、动画新闻在内的融合新闻和深度调查、纪录片等多种方式传播。AJ 网站充分发挥台网联动的功能，搭载传统电视节目，让电视节目能被全球网络用户使用互联网和移动互联网观看；充分利用网站的链接功能，链接到其他频道和社交媒体账号，以便多元化传播。此外，网站平台还利用链接功能，链接到每个事件的背景材料，以丰富、深入的背景材料增加其传播的深度及影响力。

2. 打造播客新媒体，发挥便携、音效等优势，增强新媒体的影响力

AJ 的新媒体发展计划不仅在于简单地将电视节目搬上网站，更重要的是，充分嵌入播客这一特殊的传播形式，发挥数字广播容易下载、携带方便、音效环绕、收听自由以及"人人都是播客"等优势，增加同一内容的不同侧面、不同视角，弥补传统广播电视的不足，满足不同受众的需求。以 AJ – IU 于 2021 年 2 月 1 日播出的最新调查《首相的男人们》为例，AJ 还有仅 60 分钟的深度报道视频和 42 秒钟的摘要式视频，还专门搭载了三个系列播客音频，分别为 25 分钟、31 分钟、34 分钟。相比视频，播客音频在音效的制作上更能调动用户的听觉感官，还原枪击现场，让用户身临其境。

3. 打造 AJ + 在线媒体和国际社交媒体账号，增强其在年轻群体中的影响力

AJ 专门打造了 AJ + 在线媒体（新媒体短视频服务），根据年轻人的偏好制作、传播富含社交基因的内容，增强其在年轻群体中的影响力。AJ 将 AJ + 阿拉伯语（AJ + Arabic）、AJ + 英语（AJ + English）、AJ 西班牙语（AJ + Español）、半岛电视台法语（AJ + Français）等打造为 AJ + 。通过这种集群式的、社交式的打造，运用不同语言，向阿拉伯语、英语、西班牙语、法语国家传播信息。AJ + 强调自己是"一个为世界变革而奋斗的社会正义镜头"[1]，倾向于吸引年轻一代。其中，AJ + Français 主要面向法国年轻人，并为世界相互联系和开放的一代人处理当代社会问题；[2] AJ + Español 则主要面向拉丁美洲年轻人，从地方和全人类的视角，选择全球性主题，报道传统媒体不报道的故事、挑战现状的声音以及那些为区域挑战找到解决办法的伟大英雄。[3] 此外，

---

[1] See A Social Justice Lens on A World Struggling for Change, https://www.ajplus.net/about.
[2] See Français, Ajplus, https://global.ajplus.net/francais.
[3] See Español, Ajplus, https://global.ajplus.net/espanol.

AJ还全力打造国际社交媒体账号，截止2021年3月，AJ已经开辟了YouTube、Facebook、Twitter and Instagram的账号，拥有数亿的粉丝。[1]

（三）打造App集群，提供多元信息、在线教育等服务，提升影响力

1. 打造以新闻为主的App，提供多元信息服务

AJ打造了App包括AJ Alpha、AI Jazeera English两个英语版本以及 الجزيرة（岛或半岛）和 قناة الجزيرة（半岛电视台）两个阿拉伯语版本。AJ Alpha致力于成为"让受众从各个频道、语言、格式获取半岛电视台报道的一站式目的地"，以"一个App带你了解全球新闻"为目标，让用户了解最新的全球新闻，搜索发生在世界各地的故事。截至2021年4月2日，AI Jazeera English App一共有九个特点，英语热点新闻推送和特别报道通知是其最大的特点，来自AJ的独有报道和头条新闻是其第二大特点，个性化快速接入保存好的新闻、观点以及节目是其第三大特点。此外，24小时接入直播视频流、音频流服务，分享内容到Facebook、Twitter、Whats App等社交媒体，都是其显著特点。由该App在苹果应用商店的评分达到4.8分（满分为5分）来看，该App提供的各项服务、内容，比较符合用户的需求。AJ的两个阿语App也向全球懂得阿语的用户提供新闻、音频、视频等服务。

2. 打造以媒体教育为主的App，以在线教育服务提高影响力。

AJ依靠半岛电视台媒体研究所（Aljazeera Media Institute，以下简称AJ-M-I）打造了AJM Institute这个专门的教育类App。该App分为英语版本和阿拉伯语版本，针对自媒体从业人员和非自媒体的人员，提供不同内容的课程，培训使用不同媒体的技能、技巧。英文版本的

---

[1] See A Social Justice Lens on A World Struggling for Change, https://www.ajplus.net/about.

· 311 ·

App有技术操作、广播电视新闻、数字媒体、摄影和创新技能、编辑和设计技能、传播与公共关系、媒体技能、青少年课程等共计10个培训大类。截至2021年4月2日，该App的英文版本，已经有118位来自AJ的国内外记者、编辑、管理人员等作为导师，在该App开设诸如多机位拍摄、灯光艺术、网络报道技巧、电视拍摄、电视记者报道、跨媒体叙事、移动新闻、摄影技能、后期效果、动画设计、媒体技能与公共关系等数百门非常具体、非常细致的课程。

二 内容：提高国际传播的影响力

AJ不同频道承担的作用不同，因此传播的内容也有所差异。半岛电视台诸如AJ-A、AJ-M、AJ-E等频道主要传播卡塔尔、中东地区以及世界各国的时事新闻，而AJ-D、AJ-IU等频道则主要传播具有深度的内容。丰富的时事新闻和深度的内涵内容，能满足世界各国受众及时获取信息的需求和深入研究的需求。

（一）丰富时事新闻频道的内容，提高新闻在观众、用户中的影响力

AJ-A、AJ-M、AJ-E主要以时事新闻为主，致力于以最快的速度、不一样的视角传播卡塔尔、中东地区以及其他国家的重大新闻事实。AJ-A和AJ-M主要通过电视、电视台网站和App以阿拉伯语向全球懂得阿拉伯语的观众和用户传播信息，AJ-M主要通过电视和网站传播信息。AJ-E传播渠道与AJ-A相同，但是内容更丰富、多元，更新速度更快。截至2021年3月，AJ-E已经有十几个频道和部门，一直坚持一致的价值观，利用先进的技术、多样化的人员、制作多元化的内容，向世界传播未被关注的地方的无声者的声音。① 来自南美洲

---

① See Abnot us. Al Jazeera, https：//www.aljazeera.com/about-us.

第四章　他山之石：国外广播电视的国际传播能力建设经验

的用户 Wparker Lin 三年前就在应用商店评论区针对 AJ 的新闻 App 写道"在南美几乎无法关注到中东地区的新闻，感谢 Al Jazeera 带来真实的新闻。通过这个 App，我几乎能掌握到当地的所有事务"。

（二）丰富纪录片频道的内容，提高不同题材内容的影响力

半岛电视台国际纪录片节作为世界上著名的纪录片节之一，虽不如西方纪录片节影响力大，但在中东地区及亚洲地区还是有一定影响力。AJ 依靠这一节事，充分吸引全球热爱纪录片的人士的关注，继而将一些优秀纪录片通过 AJ–D 进行广泛传播。与西方媒体播出的纪录片选题宏观、大气相比，AJ–D 播出的纪录片在选题上相对小众（也播出宏观、大气的纪录片）。这些纪录片既包括诸如《半岛》《"绿卡梦"阿拉伯青年通往梦想之地的旅程》等关注中东地区前途未来的纪录片，也包括《我母亲的角落》（摩洛哥）、《马提斯部落食人族》（秘鲁和巴西之间）、《缺席》（突尼斯）、《我们来自那里》（黎巴嫩）等关注世界其他地区教育、医疗、生活等方面的纪录片。在播出纪录片的间隙，AJ–D 也专门介绍每部纪录片完成背后不为人知的故事，以便补充纪录片未叙述完全的内容。此外，AJ 还以"2021 半岛电视台纪录片短片比赛"等赛事来吸引不同的影片，丰富纪录片频道的内容。

（三）丰富深度调查频道的内容，提高深度节目的影响力

AJ–IU 成立于 2011 年，这是因为 AJ 认识到，要"告诉权力者真相"就有必要建立一支专门的调查性新闻团队，而它必须要能够集中精力生成原创的、突破性的内容。[①] 基于此，AJ–IU 利用深度新闻调查团队深入世界各国，挖掘不同事件的背景、成因、最新进展，充分展现与每个事件相关的文件材料、视频材料、权威声音、底层呼声等，以不同的报道题材、范围、证据等揭示被其他媒体所忽略的重要信息，

---

① *See Speaking Truth To Power*，Al Jazeera，https：//www.ajiunit.com/about/.

引起重要变革。AJ–IU 关于"巴勒斯坦文件""肯尼亚敢死队""以色列驻伦敦大使馆高级官员""马尔代夫'偷天堂'的腐败案""美国体育的'黑暗面'"等的深度调查，令其在国际上声名大振，成为一种不可被忽视的话语力量。其调查结果已成为世界上最受尊敬的报纸的头版新闻，这些报纸包括英国的《卫报》《每日电讯报》，印度的《印度斯坦时报》，法国的《世界报》，西班牙的《国家报》，美国的《纽约时报》《华盛顿邮报》等；其调查工作也主导了南非、纳米比亚、马尔代夫和肯尼亚的政治报道。[①]

三 全民：保障国际传播能力建设

AJ 重视国际传播能力的持续提升，因此，从 2004 年开始，AJ 成立了 AJ–M–I。作为一个用理论和应用知识将实践和经验相结合的知识和培训中心，AJ–M–I 的培训课程涵盖了传播领域多种多样的训练，旨在与一些国际机构合作，促进阿拉伯和世界媒体产业的发展，为世界提供高标准的培训内容。[②] AJ 重视依靠 AJ–M–I 培养"全民国际传播"思维以及后备人才，对其提高国际传播能力起到了重要的促进和保障作用。

（一）设计媒体从业人员课程与研究，提高媒体从业人员国际竞争能力

为了让 AJ 记者的相关技能有所提升，AJ–M–I 专门开设了技能层次的课程以及在线学习、新闻与事件、成功的故事、媒体建议等专栏，但更为重要的是 AJ–M–I 针对从业人员开辟了新闻杂志、新闻评论、出版物等。而正是这些课程、专栏、杂志、评论、出版物，坚持

---

① See Impact, Al Jazeera, https://www.ajiunit.com/impact/.
② See Aljazeera Media Institute, Al Jazeera, https://institute.aljazeera.net/en/about–us.

第四章　他山之石：国外广播电视的国际传播能力建设经验

服务于半岛电视台"意见与其他意见"的使命，支持媒体从业人员追求真相，给从业人员，尤其是全球南部地区的媒体从业人员，开启了"全球讨论的大门"，让他们能够尽量解决全球南方记者面临的结构性挑战造成其提供的报道类型有限的问题，解决如何在几乎没有数据可用的情况下执行数据新闻的问题，解决在专制环境下工作依然要保持独立性的问题。[1] 媒体从业人员的这些素质的提高，也正是 AJ 能够保持国际竞争能力的根本原因。

（二）设计成年非媒体从业人员课程，提高普通民众国际传播能力

为了提高非媒体从业人员的媒体技能，AJ–M–I 在网站、App 等推出自己研发的各种课程。这些课程既包含与传统电视相关的课程，也包括项目开发与管理、社交媒体运用、手机拍摄、数字内容制作等相关课程。最新更新的课程包括项目管理（2021年4月4日）、社交媒体市场（2021年4月4日）、电视出镜介绍（2021年4月11日）、餐食的手机拍摄（2021年4月17日）、运动技巧分析（2021年4月18日）、剧本写作（2021年4月18日）、信息安全（2021年4月18日）、电视播音主持（2021年4月24日）、新闻认证（2021年4月25日）、社交媒体战略（2021年4月25日）等共计10个培训课程。通过这些课程，AJ 不仅能提高自己品牌的知名度，更重要的是，切实培养了大量实践人才，为专业生产内容（PGC）、用户生产内容（UGC）以及专业—用户生产内容（PUGC）以及国际传播等提供了良好的基础。

（三）设计青少年媒体素养课程，提高青少年媒体使用技能，培养后备人才

为了提高青少年的国际传播意识和能力，为 AJ 国际传播培养后备

---

[1] See Al Jazeera Journalism Review, Al Jazeera, https://institute.aljazeera.net/en/ajr/about.

人才，AJ-M-I通过AJM Institute这个媒体教育类App开发了专门针对青少年媒体素养的各类课程。这些课程包括手机摄影、青少年出镜主持人、静态摄影、青少年发言人等不同的课程。这些课程比较有系列性，一般在7、8月开设。每次课程大约持续两天，从上午9时开始到下午4时结束。AJM Institute认为手机已经是青少年的必备用品，而正确使用手机可以帮助青少年提高拍摄、制作、还原事实的能力，而如何有效、高效地表达自己的思想对青少年来说又尤为重要。基于此，AJM Institute开设手机摄影课程，帮助青少年利用手机处理最新照片和生产数字内容产品，开发其潜能；开设青少年发言人课程帮助青少年清晰地、有效地组织自己的思想，让他们变得更自信。

四 研究：促进国际传播能力升级

AJ于2006年成立了半岛电视台研究中心（Al Jazeera Centre for Studies，以下简称AJ-C-S）。AJ-C-S旨在平衡中东和MENA区域，特别是阿拉伯世界的地缘政治。其首要任务之一是提高研究技能和方法，通过媒体和传播技术打造相关专家和传播知识，丰富文化和媒体领域，培养区域战略思维。[①]AJ非常重视依靠AJ-C-S的研究工作，推动研究更好地指导实践

（一）依靠AJ-C-S推动出版著作、电子书，促进实践人员与研究人员交流

从2011年1月23首次出版《半岛电视台效应》到2021年2月1日出版《利比亚黎明行动：反革命的导论、背景与纪实》，AJ-C-S已经出版了约68本著作。这些著作一方面总结AJ的实践经验，另一方面也广泛关注全球媒体事务。此外，截至2021年4月4日，AJ-C-S

[①] See Al Jazeera Centre for Studies, Al Jazeera, https：//studies.aljazeera.net/en/about-us.

也出版诸如《社交媒体的力量与其影响》《政治转型中的媒体》等电子书 104 本。电子书相对其他著作，省去了出版流程，最大限度地减少了时滞，更方便研究者和实践人员掌握最新技术、政策、管理等方面的信息，从而提高整个媒体的国际传播能力。

(二) 依靠 AJ-C-S 的研究，开展多元化研究，提高整个媒体的专业水平

AJ-C-S 主要关注地缘政治与战略研究、经济和社会研究、媒体研究以及民意调查等方面。其主要目的在于将知识、文化等传播给最广大的受众，特别是研究人员、学者和知识分子；监测区域和国际动态，观察并深度研究和分析其对阿拉伯世界、中东和北非地区的影响；组织辩论和研究活动，如论坛、会议、研讨会和圆桌讨论会等；获取并开发认知工具和方法，以帮助监测战略转型并评估其影响；支持和鼓励研究，以便提高该区域的知识水平和巩固专业的知识；促进阿拉伯语的翻译，以便扩大不同文明和文化之间的交流领域；在有关国家和地区进行民意调查，了解趋势和未来发展。[①] 由此可见，AJ-C-S 的这些研究眼界比较开阔，对 AJ 的研究人员、从业人员提高整体水平有重要的推动作用，但也正是这种推动作用才让 AJ 的国际传播能力建设再上一个台阶。

(三) 依靠研究人员的国际性活动，扩大媒体知名度，提高媒体影响力

从 2012 年 3 月 24—25 日与伦敦巴勒斯坦回返中心合作在多哈召开"阿拉伯世界的巴勒斯坦难民：现实与前景"的研讨会到 2021 年 4 月 4 日与 AJ-M 主持网络研讨会探讨突尼斯当前治理危机的性质、原因以及结束危机的手段，AJ-C-S 的研究者以半岛电视台研究人

[①] See Al Jazeera Centre for Studies, Al Jazeera, https://studies.aljazeera.net/en/about-us.

员身份参与国际会议或者以 AJ-C-S 为主场组织国际性研讨会 105次。这些会议，AJ-C-S 既讨论中东地区媒体在国际传播中遇到的问题，也讨论思想智库对于减少政策制定和决策失误的重要性，既讨论"信息围攻的螺旋、假新闻和舆论建设"，也讨论"阿拉伯新闻界的挑战：新闻界的进步取决于民主过渡和数字发展""投资数字出版和内容多元化是克服新闻业危机的重要方法"。如此等等。AJ-C-S 的研究围绕 AJ、围绕中东地区媒体的国际化发展，起到了重要作用，AJ-C-S 研究人员的国际性活动又扩大了 AJ 的知名度，提高了其影响力，而这种影响力对其国际传播能力的提高起到了推动性作用。

第五节 印度：ZEE 的国际传播能力建设之路

在以发达国家为主导的国际传播秩序中，如何讲好本国故事，发出自己声音，传播本国文化，是处于国际传播秩序边缘的发展中国家不断研究的课题，为此它们进行了很多尝试，其中不乏成功的案例。[1] Zee 作为成功突破既有国际传播秩序、有效传播印度声音的案例，也值得提及。Zee 隶属于 Zee 娱乐事业有限公司（Zee Entertainment Enterprise Ltd），是印度第一家集电视制作与播放、音乐和电影制作、新闻、娱乐以及杂志出版等于一体的私营媒体集团，是印度最大的媒体内容提供商，也是印度最大的多渠道媒体流通平台。[2] 在与印度本国国营媒体和外国媒体的竞争的过程中，Zee 将铺陈全球化渠道并制作国际化新闻、电视、电影、音乐等内容进军全球市场作为其主要目标。同时，由于印度是世界第一大移民人口来源国，也是本国

---

[1] 龙小农、范佩：《印度 ZEE TV 本土化、全球化运营策略及启示》2018 年第 6 期。
[2] 国家广播电影电视总局培训中心：《南亚国家广播电视发展概况》，中国广播电视出版社 2010 年版，第 109 页。

人群生活在海外的人口最多的国家，仅 2020 年就有可记录的 1800 万印度人生活在世界其他国家，针对这种"离散市场"，ZEE 也重视印度本土内容。

一 渠道：铺陈全球化道路

与其他国际性媒体一样，Zee 同样重视推动传统电视渠道在全球落地，同样创办了国际性频道和不同语种的本土化频道，同样强调采用国际性媒体平台，但也强调自己打造新兴渠道。此外，与其他国际性媒体不同的是，Zee 十分重视"离散市场"的作用，对印度族裔不同语言渠道的打造相对较多。

（一）强化传统渠道

2021 年 1 月，印度有 6.24 亿互联网用户。2020—2021 年间，印度的互联网用户数量增加了 4700 万。[①] 即便这样，印度的互联网普及率依然低于世界平均水平。而与互联网普及率低不同的是，印度传统广播电视的发展较好。面对"离散市场"的需求以及宝莱坞电影全球出口较好的情况，进一步推进传统渠道在全球的普及也就较为重要。

1. 推进本土电视频道全球落地

印度有一百多个民族，其中印度斯坦族约占总人口的 46.3%，其他较大的民族包括马拉提族、孟加拉族、比哈尔族、泰卢固族、泰米尔族等。[②] 这样的情况导致 Zee 即便是本土频道也采用印地语、马拉地语、泰米尔语、旁遮普语、泰卢固语、卡纳达语以及英语等不同族裔的语言播出。针对不同印度族裔在全球流动形成的全球"离散市场"，

[①] See Digital in India: Au the Statistics You Need in 2021, https://datareportal.com/reports/digital-2021-india.

[②] 《印度国家概况》，中华人民共和国外交部，https://www.fmprc.gov.cn/web/gjhdq_676201/gj_676203/yz_676205/1206_677220/1206x0_677222/.

Zee重视推进本土电视频道在全球落地，满足不同印度族裔的多种需求。这些落地方法包括利用卫星技术推进电视频道落地，创建和收购国际子公司推进落地，与当地媒体公司和集团合作推进落地等方式。截至目前，Zee的一百二十多个电视频道可在亚太地区（APAC）、欧洲、中东和北非地区（MENA）、美洲地区、非洲地区一百七十多个国家收看。①

2. 开通专门性的国际电视频道

2016年8月15日，Zee开通了WION（World is One，一个世界）频道。该频道是印度第一个私有的迎合国际观众的英语新闻频道，在全球均可收看。它在南亚、中东、非洲和澳大利亚有大量的追随者。WION现已进入中东，在阿联酋和卡塔尔的Etisalat（中东最大的网络之一）上推出。这些国家的观众还可以在Du&Ooredoo上观看WION。除了中东，WION在尼日利亚、肯尼亚、赞比亚、津巴布韦、加纳、博茨瓦纳和卢旺达七个非洲国家推出。WION现在是印度发展最快的新闻网络之一，2018年之后，WION也开始对其他南亚国家产生影响，例如斯里兰卡和缅甸。

3. 针对本土受众开播外语频道和细分频道

根据表4-10，Zee根据英语地区受众、法语地区受众、德语地区受众、印度尼西亚语地区受众、西班牙地区受众、泰语地区受众、越南语地区受众、阿拉伯语地区等不同地区受众，开播了英语、法语、德语、印尼语、西班牙语、泰语、越南语和阿拉伯语等采用10种外语播出的34个频道。其中美洲有15个本土频道，欧洲有6个频道，中东和北非地区有4个本土频道，非洲有5个本土频道，亚太地区有6个频道。

---

① See On the Quest for extraordinary stories, Zee, https://www.zee.com/content-and-international-markets/?pageSection=international.

第四章 他山之石：国外广播电视的国际传播能力建设经验

表4-10　　Zee 最主要的外语频道

序号	频道名称	开播时间	语言	主要内容
1	Zee World	2015-02-03	英语	泛娱乐
2	Zee Smile	2004-09-11	英语	戏剧
3	Zee Bollynova	2017-02-01	英语	泛娱乐
4	Zee Bollywood	2015-07-10	英语	电影
5	Zee Magic	2015-10-01	法语	泛娱乐
6	Zee One	2016-07-28	德语	泛娱乐
7	Zee Bioskop	2013	印度尼西亚语	泛娱乐
8	Zee Mundo	2016-09-13	西班牙语	电影
9	Zee Alwan	2012-10-10	阿拉伯语、阿拉伯其他区域语言	泛娱乐
10	Zee Aflam	2008-10-06	阿拉伯语	电影
11	Zee Bing	2014	泰语	泛娱乐
12	Zee Nung	2014	泰语	电影
13	Zee Phim	2017-03-06	越南语	电影

2014年，Zee 在泰国开播的 Zee Nung 是一个全天候使用泰语包装节目的印度娱乐频道，是泰国观众能及时地看见最新印度喜剧系列、宝莱坞电影、瑜伽、烹饪和娱乐的一站式目的地。同时，作为拥有庞大的南亚文化粉丝群体的海外聚集地，Zee 重点瞄准了美国市场。其旗舰频道 Zee TV 的 Zee TV USA 在美国运营12个细分的频道，包括 Zee TV、Zee Cinema、Zee Cricket、Zee Bollywood、Zee Business、Zee Lamhe、Zing、Zee Smile、ETC Punjabi、Zee Marathi、Zee Telugu 和 Zee Kannada。[①] 其

[①] See Customer Care Representioe - Zee TV, Zee TV, https://jobs.smartrecruiters.com/ZEETVUSA/84088291-customer-care-representative.

中，Zee TV 作为美国推出的第一个印度语频道，一直是在美国南亚观众心目中排名第一的频道。此外，"为美国本地人制作本地内容"最好的频道是 Zee Living 频道，该频道播放 Zee 在印度以外制作的首个英语内容，专注于健康、保健、旅行和时尚，已覆盖 3000 万个家庭。

4. 利用宝莱坞的发展推进电视全球发展

作为印度电影的生产基地宝莱坞早在 20 世纪 30 年代就开始面向全世界出口电影；到 20 世纪 90 年代，宝莱坞电影已成为"全球流行文化"的一部分。宝莱坞电影在俄罗斯、日本、尼日利亚、德国、印度尼西亚等都比较受欢迎，电影的出口为电视业拓展全球市场提供了有效引导和持续动力。① 在宝莱坞电影发展的基础上，Zee 于 2017 年 3 月 7 日开通了专门的 Zee Bolly Movies 频道对英语地区受众播出宝莱坞电影，但由于经营不善而于 2019 年 2 月 28 日停止播出。Zee 在宝莱坞电影在阿拉伯世界日益流行的基础上推出了 Zee Alwan，该频道是 Zee 在阿拉伯开通的有线、卫星电视频道，也是阿拉伯世界的第一个阿拉伯语有线、卫星频道。Zee Alwan 标志着印度一些最受欢迎的电视连续剧首次以阿拉伯语被带到中东。Zee 推出的 Zee Mundo 也是基于宝莱坞而面向拉丁美洲的西班牙语宝莱坞电影频道。

（二）厚植新兴渠道

尽管印度本土的互联网普及率较低，但作为应对全球互联网高速发展的必要路径，Zee 也高度重视新兴渠道的发展。这就包括借力国际渠道和自办新兴渠道两方面。

1. 借力国际新兴渠道

根据表 4-11 和表 4-12，与其他国际媒体一样，Zee 也重视利用国际在线视频平台 YouTube 拓展电视频道的内容。Zee 发展 YouTube 账

---

① 李宇：《印度电视业发展现状研究（上）》，《现代视听》2019 年第 7 期。

号主要分为两种情况。一种是强化旗下有对外传播作用的频道的 YouTube 账号，根据表 4-11，ZeeTV 是主要账号。截至 2021 年 8 月 21 日，Zee TV 已拥有 5880 万订阅用户，总观看量达到 127 亿，超过大多数国际媒体的用户和总观看量。同时，WION 频道的 YouTube 订阅数自 2020 年 10 月以来激增了 83.3%，在全球城市拥有超过 35 个分社，并正在将其足迹扩展到非洲、欧洲、俄罗斯、美国、南美洲、亚太地区、中东和北非地区的 190 个国家，目前在全球有 40 亿台联网设备对其访问。①

表 4-11　ZEE 旗下主要电视频道的 YouTube 账号情况②

序号	账号名称	注册时间	视频总量	订阅用户（万）	总观看量（亿）
1	Zee TV	2005-12-11	58052	5880	127
2	WION	2016-05-19	61691	356	13.9
3	Zee Alwan	2016-04-28	7866	292	10.4
4	Zee Cinema	2011-07-12	746	254	2.2
5	Zee Bollywood	2018-08-13	269	187	0.37
6	Zee World	2015-02-05	1850	59.3	1.26
7	Zee Magic	2015-09-30	393	30.4	0.36
8	Zee Aflam	2008-10-06	3848	30.1	0.76
9	Zee Nung	2014	3577	21.7	1.3

① See WION——'World Is One News', India's Digital——First International News Channel Has Become The World's Number 1 English News Channel, https://indiaeducationdiary.in/wion-world-is-one-news-indias-digital-first-international-news-channel-has-become-the-worlds-number-1-english-news-channel/.

② 时间截至 2021 年 8 月 21 日。

续表

序号	账号名称	注册时间	视频总量	订阅用户（万）	总观看量（亿）
10	Zee Phim	2017-02-28	3372	20.9	1.2
11	Zee One	2017-02-22	141	13.6	0.31
12	Zee Bioskop	2013-12-14	1052	4.25	0.09
13	Zee Mundo	2016-09-30	378	3.36	0.09
15	Zindagi TV	2013-11-25	1481	1.32	0.01

另一种是重点发展旗下主要新闻频道的YouTube账号，既满足本土受众，又满足"离散市场"的印度族裔利用在线视频观看新闻的要求。根据表4-12，Zee News账号又是其重点打造的账号，已经拥有2040万的用户，这也同样超过一些国际性媒体。

表4-12　　ZEE旗下部分新闻频道的YouTube平台情况①

序号	账号名称	注册时间	视频数（万）	订阅用户（万）	总观看量（亿）
1	Zee News	2007-06-19	12.4	2040	65
3	Zee 24 Taas	2010-04-06	18.66	522	27
4	WION	2016-05-19	6	356	13.9
5	Zee Hindustan	2015-10-23	6.07	362	9.3
6	Zee 24 Ghanta	2013-11-13	3.71	310	8.1
7	ZeeBihar Jharkhand	2014-01-13	2.55	189	4.2

---

① 时间截至2021年8月21日。

第四章 他山之石：国外广播电视的国际传播能力建设经验

续表

序号	账号名称	注册时间	视频数（万）	订阅用户（万）	总观看量（亿）
8	Zee Business	2016-02-19	4.9	182	3.1
9	Zee Rajasthan	2013-08-14	3.8	166	3.09
10	Zee 24 Kalak	2017-05-08	6.8	96.2	2.7
11	ZeeMadhya PradeshChhattisgarh	2013-03-25	2.71	77.2	1.5
12	ZeUttarPradeshUttarakhand	2014-03-25	1.94	66.7	1.4
13	Zee Salaam	2017-06-29	1.08	32.6	0.36
14	Zee Punjab Haryana Himachal	2011-07-10	3.2	19.8	0.3
15	Zee Odisha	2020-05-26	0.37	1.65	0.01

除了在线视频平台，Zee 也充分借助国际社交媒体平台大发展。根据表4-13，Zee 旗下的1个国际新闻频道（Zee News）、4个全国性新闻频道和9个地区性新闻频道在 Facebook、Twitter、Instagram 等国际社交媒体平台上都开通了账号。其中 Zee News 频道账号打造得最好，已经拥有2067万 Facebook 粉丝、504万 Twitter 粉丝和283.4万 Instagram 粉丝。截至2021年7月21日，Zee News 近6个月的桌面和移动设备的访问量超过4000万，其中，6.71%的流量来自社交媒体。用户在使用过程中，Facebook 的使用频率最高，占比为68.84%；其次是 Twitter，占比为23.97%。[1] 同一时间段，BBC 的社交媒体使用流量为7.65%，CNN 为4.73%。可见，作为后起之秀，Zee 比较善于利用平台优势和全球印度族裔分布最广的优势，发展自己的国际传播业务，提升国际传播能力。

---

[1] 数据来源于 similarwebcom。

表 4-13　　ZEE 旗下新闻频道社交媒体平台数据统计①

序号	账号名称	Facebook 点赞数（万）	Facebook 粉丝数（万）	Twitter 推文数（万）	Twitter 粉丝数（万）	Instagram 推文数（万）	Instagram 粉丝数（万）
1	Zee News	1421	2067	30.4	540	0.984	283.4
2	Zee 24 Ghanta	715	960	6.6	29.6	0.03	4.2
3	Zee 24 Taas	298	334	19.1	53.7	0.28	22.7
4	Zee Rajasthan	106	224	55.1	94	0.43	13.2
5	Zee Business	154	215	16.6	42.6	0.281	8.6
6	ZeeBihar Jharkhand	87	190	14.3	52.9	0.02	0.326
7	Zee Hindustan	41	173	20.4	5.6	0.57	19.4
8	WION	69	117	18.9	36	0.659	23.2
9	Zee 24 Kalak	46	97	15.7	14.9	0.31	25.6

2. 自办新媒体渠道

Zee 自办的新媒体渠道包括网络电视、在线流媒体平台、App 等，其旗舰综合频道 Zee TV 又最为突出，涵盖了所有的渠道，且每个渠道都取得了良好的效果。2018 年 2 月 14 日，Zee 推出了其 Zee5 网络电视业务。Zee TV 拥有的所有节目都在 Zee5 上播出，该服务已在每个国家/地区推出，最后于 2021 年 6 月 22 日在美国推出。Zee5 移动应用程序可在 Web、Android、iOS、智能电视等设备上使用，2019 年 12 月据平台统计，每月有 5600 万活跃用户。2021 年 2 月 21 日至 7 月 21 日，Zee5 网络电视业务的独立访问者流量为 2629 万。其中访问流量

---

① 只统计了三种社交媒体都开通的情况。时间截至 2021 年 8 月 21 日。

主要来自五个国家，即印度（75.84%）、美国（4.44%）、孟加拉国（4.42%）、阿拉伯联合酋长国（2.2%）、巴基斯坦（1.99%）。据similarweb称，Zee TV的网站访问量高于同类娱乐频道Star TV、Sony TV。[①] 该平台搭载直播TV的功能，提供英语、印地语、孟加拉语、泰米尔语、泰卢固语、卡纳达语、马拉地语和旁遮普语等12种语言的服务，以及电视剧、电影、新闻、网络剧、音乐等多种内容。此外，Zee News也同样重视新媒体渠道，主要有20个数字新闻平台（个别还在筹建中），包括18个网站和2个应用程序。

二 内容：兼容严肃与轻松

相比CNN、BBC、RT、AJ以及CGTN等国际媒体，Zee的内容既有优点也又有缺点，但是由于"离散市场"的庞大、南亚地区的文化同源性、"全球市场"对内容的包容性以及Zee自身不断地更新，Zee的严肃新闻内容和轻松娱乐内容均在全球受到欢迎。

（一）严肃的新闻内容

重视"离散市场"，Zee通过在全球可收看的电视频道和新兴渠道向分散各地的广大印度裔提供大量本土新闻；重视"全球市场"，Zee通过WION这个国际性频道和其他外语频道向全球各地受众提供世界各地新闻。二者均充分展现了印度特有的价值观。

1. 本土新闻

印度的本土新闻将整个印度的经济、政治、文化、体育、财经、健康、科技、生活、科学与环境等的新情况、新发展全方位展现给全球印度裔观众。本土新闻中受众面积最广、收视率最高的是Zee News频道。该频道是国家声音的旗手，以其全面的和深度的报道，触及每

---

① 数据来源于similarwebcom.

个人的生活。该频道的王牌节目《每日新闻与分析》（*DNA*）是印度5年多来排名第一的黄金时段新闻节目，节目于周一至周六晚上9：00至晚上10：00在Zee News播出，主要对最新的时事和话题深度分析、阐述，表达印度的观点。根据2019年3月至2020年2月的收视率，全球排名第一的新闻节目*DNA*有大约1.8亿人观看，平均每个月有超过5000万人观看*DNA*，每周有超过2000万人观看这个印度的第一新闻节目。美国最著名的新闻节目《汉尼蒂》平均每晚只有330万观众，而排名第二的《今夜塔克·卡尔森》的观众人数仅为310万。① 可见，Zee News本土新闻在全球受欢迎的程度较高。此外，印度开创性的全天候本土商业新闻节目Zee Business，提供的金融市场和商业新闻也广受欢迎，因为其通过这些新闻提供防止经济损失的内容，增加了观众的财产保护意识。

2. 世界新闻

WION作为Zee的国际性电视新闻频道，利用其电视频道和网站、App等向全球各地传播来自南亚、印度、巴基斯坦、孟加拉国、尼泊尔、斯里兰卡和世界其他地区的最新事实和突发新闻。其播出的《黄金时段新闻》《全球领导力系列》《WION的世界秩序》《外交秀》《头条新闻》《WION突发新闻》等15个新闻节目，通过时事新闻播报、采访政府官员等方式，展现印度对全球问题的看法。其中，《黄金时段新闻》对重大国际事件综述并对这些事件进行相关分析，被公认为最好的影响印度、南亚和世界的新闻节目。WION通过对世界重大事件的回应、独家采访和连线许多全球领导者，这个频道在世界舞台上获得越来越多观众的认可。

---

① See World's Top News Show：DNA World's Number 1 News Show With Over 5 Crore Viewers Every Month, https://zeenews.india.com/world/worlds-top-news-show-dna-worlds-number-1-news-show-with-over-5-crore-viewers-every-month-2269860.html.

（二）轻松的娱乐内容

从技术上来说，Zee 各类新闻的清晰度、分辨率都较低；从影响力上来说，Zee 新闻的深度相比国际性媒体，还是有所欠缺。虽然新闻没有太多优势，但是 Zee 的电影、电视剧、音乐等娱乐内容却吸引了大批国际受众，其中电影和电视连续剧又较为突出。

1. 电影

1912 年以来，印度发展根深蒂固的电影产业，成为世界上拥有最多电影的国度。好莱坞的美国霸权从来没有困扰印度视听市场，印度电影业已经对其他媒体产生了很大的影响，收音机、电视和音乐产业严重依赖印度电影行业。Zee 有 18 个电视频道提供电影内容，如 Zee TV、Zee Talkies、Zee Cinemalu、Zee Biskope、Zee Thirai、Zee Bollywood、Zee Cinema、Zee Classic 等，涵盖 7 种语言，通过收购最新大片和热门电影，使频道成为印地语、马拉地语地区电影频道的领头羊。其中，Zee TV 拥有的电影种类丰富，有爱情片、喜剧片、恐怖片、悬疑片、励志片、戏剧片等，国内外订阅者不仅能够看见最新的宝莱坞电影，还能观看 Zee TV 通过邀请印度本土顶流明星参演所打造出的原创电影，使海外观众进一步了解南亚文化。让 Zee 能够在西方国家博得一席之位的原因还其拥有世界上最大的内容丰富的电影库。Zee 的电影库总共有 19 种语言，拥有超过 4800 部各种语言电影的版权，且所有电影都有英文字幕，这为 Zee 走向国际市场打破了语言差异壁垒。

2. 电视连续剧

Zee 的电视连续剧以原创、新颖、具有人情味的故事内容博取观众的眼球。Zee 向世界播放电视剧的频道多，流媒体平台也具有较大的优势，仅以 Zee TV 为例，Zee TV 有 94 部电视剧，与最有力的竞争对手 Star TV 的 96 部和 Sony TV 的 95 部在数量的优势上基本持平，但在节目播放的语言种类中，Zee TV 以印地语、马拉地语、泰米尔语、卡纳达语、古吉拉特语、旁遮普语、孟加拉语等 11 种本土语言和英语、法语、德语、印度尼西亚语、西班牙语、阿拉伯语、泰语、孟加拉语共 8 种外国语言播出，超过了 Star TV 的 8 种、Sony TV 的 5 种，占据较大的优势地位。不管使用何种语言，Zee 播出的电视剧都十分形象地反映了印度的音乐文化、饮食文化、家庭观念乃至政治理念等。随着全球观众对印度电视剧故事情节的厌倦，Zee 也重视转型发展，追求曲折新颖的剧情、紧凑的节奏以及普世的价值观，以满足全球受众的新需求。

三 资源：保障建设与发展

Zee 的发展离不开印度政策资源支撑其良性发展，成为本土最有竞争力的私有卫星电视。Zee 预计 2021 年国际总收入将突破 1.5 亿美元，其中，广告收入占 16.3%，订阅收入占 29.2%，[1] 具有如此成绩还要归功于 Zee 内部的建设性计划、人才、技术等资源。

（一）Zee 外部资源

Zee 的壮大发展离不开印度提供的政策资源以及宽松的媒体环境。从限制传媒发展到大力扶持媒体行业发展离不开印度 20 世纪 90 年代实行的开放经济政策，在一定程度上允许国外卫星电视频道进入印度，有力地促进了本土广播电视积极参与竞争。1990 年，印度出台了《广播电视公司法案》(Broadcasting Corporation of India Act)，明确规定了私人和国外资本可以在印度投资兴建广播电视公司，从此电视业格局逐渐出现较大的改变。1990 年，CNN 在印度播出，成为第一家进入印度的外国电视台。[2] 随着外国媒体的进入及其新颖的节目模式，印度媒体不得不调整思路参与竞争，而与国外媒体竞争的最终结果就是促进

---

[1] See Zee Entertainment——360° Entertainment Content Company, https://assets.zee.com/wp-content/uploads/2021/06/14140423/Corporate-Investor-Presentation-June-2021.pdf? zee.

[2] 李宇:《印度电视业发展现状研究（上）》,《现代视听》2019 年第 7 期。

本土媒体提高制作水平、传播水平和经营水平。此后，印度陆续出台了利于媒体发展的相关政策，其中，《2005年信息权法》的实施，扩大了印度媒体的自由度；《国家数字通信政策（2018）》则推动了印度媒体探索更加先进的数字化发展道路以应对全球数字化传播。系列政策的实施为 Zee 采用先进数字技术设备、产品出口、对外传播、参与国际竞争与合作并最终走上国际化道路奠定了基础。

此外，印度的税收政策调整，也利于媒体乘着东风大势发展。2019年印度将基本企业税率从30%下调至22%。印度的税率调控看似幅度不大，看似只是增加私营公司活力的助推器，实则是增强印度经济活跃度最为关键的一步。印度这一次的税收政策调整是促进印度媒体行业呈现欣欣向荣态势的关键外部动因，因为印度即便将媒体行业所有的税收和附加费的实际费率调整为25.17%，依然比过去的税率要低许多。Zee 董事总经理兼首席执行官 Punit Goenka 认为将公司税率降至25%确实是一项伟大的改革。这是政府的另一个积极推动，这一步对印度公司来说是一个很好的推动因素。① 尤其对 Zee 和 Sun TV 等娱乐公司来说，曾经的税率分别约37%和33%，但如果采用25.17%的新税率，税收节省导致的利润（税后）增长为11%~18%，收入也就随之显著增长。② 由此可见，印度的媒体娱乐行业确实是新税率的最大受益者，而这种受益直接推动以 Zee 为代表的媒体能集中更多的精力、资金、资源去制作满足国际受众的电影、电视剧、音乐、游戏等，发展国际传播事业，提升国际传播水平。

---

① See Media, *Companies Set to Benefit from Cut in Corporate Tax Rate*, https：//www. livemint. com/industry/media/media – companies – set – to – benefit – from – cut – in – corporate – tax – rate – 1568979265776. html.

② See Media, *Entertainment Companies to Benefit from Corporate Tax Cuts*, https：//www. thehindubusinessline. com/info – tech/media – entertainment – companies – to – benefit – from – corporate – tax – cuts/article29487404. ece.

（二）Zee 内部资源

将全球市场作为目标的 Zee 重视制定短期目标和长期规划，而正是这种"目标导向"才促进其不断突破自己。为了保障自己在国际竞争中获得一定的地位，除了不断利用世界先进技术资源来提升之外，Zee 还非常重视不断更新发展计划，强化人才培养以及不断地转型升级。

1. 制定和调整发展计划

Zee 是对市场反应较快的媒体公司。过去，Zee 将新闻短视频、电影、游戏、电视剧、播客、动画、音乐等作为其重点发展方向，而随着技术的发展、国际受众的需求变化以及内容消费已从被动观看转变为多层次参与的整体体验，Zee 又切实执行包括传统电视、OTT 等在内的电视和数字化渠道两条腿走路，重点发展 UGC、AR/VR、社交媒体、互动等。在数字化发展过程中，Zee 强调精准性广告以便更好地对话，强调有价值的数据和分析以便改善产品和市场战略，强调新的广告主以便采用数字广告的形式。从 1992 年成立至今，Zee 分别在 1995 年、1999 年、2010 年、2012 年、2014 年、2017 年以及 2018 年对自己要发展为全球 360°娱乐公司制定和调整重大发展计划，并在当年就取得了一定的成效。其中，"ZEE 1.0 计划"阶段，Zee 在 1992 年推出了印度第一个私人卫星电视频道，该国引发了一场娱乐革命。"ZEE 2.0 计划"的宗旨是挑战现状，探索新的格式。"ZEE 3.0 计划"的目标是扩大和重组业务，发现公司最能与观众产生共鸣的关键。2021 年，Zee 又提出了更加全面和现代的"ZEE 4.0 计划"，根据该计划，品牌员工打造、国际传播、文化发展、能力提升、合作共赢、领导力提升、多样性发展、获得国际奖项等将是其重要工作方向。

2. 强化人才培养

Zee 的员工集中在 30—40 岁这一阶段，占员工总人数比例的 52%，

第四章　他山之石：国外广播电视的国际传播能力建设经验

排名第二的是30岁以下年龄段，占比23%。为了保证这些中青年员工具备能力与活力，Zee 创建组织环境，提供令人满意的职业生涯的同时，最大限度地促进其发展并土为其员工提供晋升机会。Zee 每个月都有不同主题和计划活动，为员工提供个性化的体验。例如，2019年Zee 宣布了一项开创性计划"Embark"，以此提高其一线管理人员的能力，该计划的实施成为坚信一线经理是管理战略与实地执行之间协调运行的关键。Zee 共有450名一线经理，Embark 将全面提升整个组织的技能，并将提供两万五千多个小时的培训。基于行为、技术和数字技能，该计划将分四个关键阶段执行，这些阶段将授权创建一个制度化的学习旅程，以便员工无缝过渡到新的管理角色。在七个月的时间里，参与者将经历多种干预措施，包括案例研究、技能练习、角色扮演、网络研讨会和跨接触点的电子阅读，以帮助建立他们的管理能力。[1] 媒体和娱乐领域正在不断发展，Zee 为了确保员工跟上转型的步伐，通过世界知名大学的课程帮助他们提升技能。Zee 利用在线培训管理平台 Coursera 向员工提供来自普林斯顿、哈佛和欧洲工商管理学院等一流大学的三千多门课程的访问权限。2020年，Zee 参与培训的员工人数超过2200人，培训的总时长超过17000小时。[2]

Zee 为了确保公司有能力吸引、留住和激励合适的人才来实现公司管理层设定的预期增长的资源，为所有利益相关者创造长期价值，制定了非常优越的员工薪资政策及支持员工甚至他们家人的健康和福祉的政策。此外，Zee 维护职场女性的特殊权利，为她们创造工作与生活平衡的可能。

---

[1] See Zee launches Learning & Development Program for Frontline Managers, https://www.adgully.com/ZEE-launches-learning-development-program-for-front-line-managers-87611.html.

[2] See Zee Annual Reprot 2020, https://assets.zee.com/wp-content/uploads/2020/06/Zee_Annual_Report_2020_V2.pdf.

3. 重视转型升级

随着更多免费频道、Amazon Prime Video 和 Netflix 等新国际玩家的进入，电视行业的竞争加剧。为了应对这种竞争，顺应数字消费趋势，Zee 决定关闭部分电视网络，并将所有内容转向在线平台。Zee TV 的优质印地语娱乐频道 Zindagi 便采取了这一佳策。2017 年 6 月，Zee 宣布 Zindagi 的所有节目只能通过其视频点播（VOD）平台获得。Zee 的视频流媒体平台——Zee5 也是其转型升级的典型。2021 年 6 月，Zee 宣布任命 Nitin Mittal 为技术与数据的总裁。他会带领团队采取技术、数据、人工智能（AI）和机器学习（ML）方面的战略举措，推进整个公司的数字化，以支持 ZEE 4.0 转型。这一转型旨在创建一个数字化、数据优先的公司，该公司将成为印度所有线性和数字内容消费形式的领导者，为其打通主要的国际市场。

此外，为了应对数字视频消费的增长，2020 年 9 月，Zee 宣布推出"Zee Plex"——电视和数字平台上的"Cinema2Home"（C2H）服务，打造温馨家庭影院。Zee Plex 的主要亮点有"C2H 服务"将使消费者能够与他们的家人共同观看喜欢的电影大片；在电视上，该服务将主要在印度平台发行，并在各地建立内容库以便分发全球；同时该服务是全天候的，为消费者提供所需的灵活性；在发布日期之前，消费者还可以很好地预订他们的电影节目；C2H 服务还提供极具吸引力的价格影片服务。[①]

[①] See Zee Brings Movie Theatres to Consumers Homes, https://assets.zee.com/wp-content/uploads/2020/09/Zee-Plex-Press-Release-India-01092020.pdf.

第五章 奔向光明：中国广播电视国际传播能力建设的未来路径

2021年5月31日，习近平总书记在主持"第三十次集体学习"时强调，讲好中国故事，传播好中国声音，展示真实、立体、全面的中国，是加强我国国际传播能力建设的重要任务。要深刻认识新形势下加强和改进国际传播工作的重要性和必要性，下大气力加强国际传播能力建设，形成同我国综合国力和国际地位相匹配的国际话语权，为我国改革发展稳定营造有利的外部舆论环境，为推动构建人类命运共同体作出积极贡献。[①] 中国广播电视国际传播能力建设是中国提高国际传播能力建设的重要分支，切实提高主体发声能力、渠道竞合能力、内容制作能力、受众定位能力、效果测评能力和环境建构能力，对提升国际话语权、讲好中国故事、传播好中国声音有重要作用。

第一节 全员：传播主体发声能力建设的关键

习近平总书记强调，要高举人类命运共同体大旗，依托我国发展

---

① 《加强我国国际传播能力建设 习近平再作部署》，人民网，http://politics.people.com.cn/n1/2021/0602/c1001-32120815.html。

的生动实践，立足五千多年中华文明，全面阐述我国的发展观、文明观、安全观、人权观、生态观、国际秩序观和全球治理观。善于运用各种生动感人的事例，说明中国发展本身就是对世界的最大贡献，为解决人类问题贡献了智慧。更好发挥高层次专家的作用，利用重要国际会议论坛、外国主流媒体等平台和渠道发声。讲究舆论斗争的策略和艺术，提升重大问题对外发声能力。①中国广播电视继续向全球传播中国主张、中国智慧、中国方案，就还得发展"全员媒体"和多声部平台，切实球土化、链接化、产业化，"破圈"降低"文化折扣"，避免导致国际受众因"无知""误解"而产生刻板印象，提升国际交往能力，扩大人脉资源，熟悉游戏规则，抵御国际媒体的竞争压力。

一 "1"个主体：增强"球土化"

"球土化"作为强调将"全球化"和"本土化"相融合的概念，绝非新鲜词汇，甚至有点"老生常谈"。"球土化"强调"以全球观思考，以本地观行动"。在个别国家"逆全球化"而中国正向着"全球中国"发展的背景下，"球土化"思维值得进一步强化。CGTN这"1"个旗舰主体作为中国广播电视向世界传播新闻的排头兵，"球土化"一直是其重要目标，而"符号化""走进去"并切实提高全球运营能力是其未来继续努力的重要方向，也是提高发声能力的关键。

（一）符号化展现全球化

"球土化"具体到中国广播电视国际传播活动中，就是首先就要有全球视野，从媒体的全球布局和国际传播的总体趋势上做通盘考虑，以确定国际传播的整体基调和基本思路，②而符号化可以帮助实现"全

---

① 《加强我国国际传播能力建设 习近平再作部署》，人民网，http://politics.people.com.cn/n1/2021/0602/c1001-32120815.html。
② 唐润华：《中国媒体国际传播能力建设战略》，新华出版社2015年版，第141页。

球化"的整体基调和基本思路。此处所谓符号化指使用简单的文字、数字、色彩、图形、声音、画面等各种符号表达复杂内容和思想的过程。CGTN 从 2016 年 12 月 31 日组建开始就十分重视符号化建设，2018 年 12 月 31 日又对几个分台进行了统一包装。五年来，CGTN 的符号化建设取得了一定成绩，但也还有待加强。符号化一方面利于 CGTN 品牌宣传，另一方面也利于其针对性发声。

1. MI 符号化

CGTN 的 MI 是"以中国视角看世界，让世界'看见不同'"，简化为"看见不同"，该英文 MI 也在其电视频道、网站、App 中有专门的体现。未来，MI 的符号化还要继续强化。一是强化"看见不同"的真正意义，即在报道与评论时，尤其是在与国际媒体针锋相对时，对全球重大事务的关注与评论要让国际受众看到差异，对全球化语境下的中国事务报道与评论要让国际受众看到差异，切实避免"温和有余，锋芒罕见"的情况。二是可以录制"This is CGTN, see the difference"的声音，植入到凡是能够听到声音的渠道，而 App 的这种强化要更加突出，方便国际用户在打开 App 的瞬间就能听到这种声音。无论何种渠道的强化，都将最终促进 MI 符号化的发展，增强国际受众对 CGTN 的理解与认知。

2. VI 符号化

在 CGTN 历次强化品牌建设的过程中，都重视 CGTN 的 VI 设计，蓝色作为主基调，香槟色字母 logo 作为亮点，展现其沉稳与活跃并重的特色。在所有的 VI 设计中，CGTN 这一 Logo 的设计最能体现 VI，但是目前，VI 符号化还应加强几个方面。一是强化宣传语中 CGTN 字母的 VI 设计。因为在 CGTN 的自我介绍中强调 CGTN 是 "China Global Television Network" 的缩写，这一强调并无问题，但是从全球化的角度可以只强调 CGTN 这四个字母本身，甚至还可以赋予 CGTN 更加共识性的意义。就像国际传播做得较好的湖南台在对外传播时并不强调自己是湖南台而强调自己是芒果台（MGTV），强调自己"天生青春"（We Are Young），并将这些标志完全符号化呈现在每一个传播环节。在湖南台一系列操作中，可以看到其强调"青春"这一全球共识性的偏向。CGTN可参照提升符号化能力。二是强化电视节目中台标这一VI的作用。一方面是因为其节目中"CGTN"四个字母是白色甚至是透明度较高的白色，这在高光画面时根本无法看清楚，如何加强国际受众对其的认知？基于此，可以还原为香槟色且描边的CGTN，利于电视观众在迅速换台时记住并主动搜索该台。另一方面是因为在CGTN上传到YouTube渠道的视频中，存在大量无台标也未交代来自哪家合作媒体的视频，如果是CGTN的节目就应该强化CGTN这一标识。三是从拓展CGTN品牌的角度来说，凡是能让人看见的地方均可以考虑多设置该标志，比如在国内机场的国际口岸强化CGTN宣传，比如在国际友台的各种渠道采用"计算宣传"的方式强化CGTN这一符号。四是进一步强化演播室背景设计、话筒上的Logo设计、字幕做法、画质标准、横屏/竖屏制式等VI设计，形成统一的风格，提高辨识度。

3. BI符号化

CGTN的BI主要通过主持人、记者以及固定的连线专家来体现。CGTN为强化BI雇用了较多的外籍人士担任主持人、记者，也有固定的中国专家和其他国家的国际问题专家作为连线专家。但未来在BI的符号化方面还要再努力，一是通过多种培训方式提高前述人员的语言流利度，因为个别记者、连线专家的语言流畅度相对欠佳。二是进一步启用在各国留学并非常熟知当地语言、文化、历史等的中国人，启用中国人与其他国家的混血儿，这些熟悉当地信息的人员在行为上与当地受众比较亲近，也就容易通过BI影响受众。三是前述人员强化全球意识，选择全球共同关注的话题，深入现场，常用现场采访、现场连线的方式,做出获得全球关注的新闻(节目)竞争全球重大国际奖项。此外,也需要前述人员,形成固定的 BI 风格,提高辨识度。

(二)"走进去"增强"本土化"

"球土化"具体到中国广播电视国际传播活动中还要根据每个传播对象国或地区的具体情况,在内容采集、产品制作、经营方法、人才聘用等方面进行有针对性的调整,做到"入乡随俗",从而真正与本土市场实现对接。[①] 在"阵地前移"工作法的影响下,CGTN 通过"建立全球信息采集网络""与国际媒体合作落地"等渠道建设方式,已经覆盖了包括美国、英国在内的全球一百六十多个多家,逐步实现与本土市场对接,但进一步"走进去"这些国家,走到其精英阶层去,走进其普通百姓的心中去,对 CGTN 的国家传播的效果提升都是有极大帮助的。

1. 内容"采、制、传"的本土化

在采集新闻信息方面,CGTN 可促进海外分台和记者站记者以及临时邀请的报道员等进一步强化现场到达能力,采集丰富的本土信息,增强时效性、贴近性、针对性和差异性。即便采集的是本土信息,但重大事件全球媒体均会涉足,因此 CGTN 采集信息的速度和深入程度决定了报道时效、内容、意见、观点等与全球媒体的差异程度,越快速越能引起受众的关注,越有差异又越能被国际受众"选择性记忆"。在制作方面,CGTN 可从节目制作本土化着手,但要进一步增加内容产品的多样性、规模性以及专业性。这就包括提高画面清晰度,强化新闻连线时画面的现场感,加强真实性,增强国际受众的临场化体验,增加文娱和生活服务类信息与节目,增强各种语言报道表达的准确性、文字流畅性、趣味性、吸引力等。在传播方面,"分区域、分类别、分

[①] 唐润华:《中国媒体国际传播能力建设战略》,新华出版社 2015 年版,第 141 页。

层次"原则依然适用,也需要进一步强化。即便在全球电视开机率下降的情况下,诸如互联网普及率仅有 10.60% 的阿富汗、15.51% 的巴基斯坦、17.99% 的土库曼斯坦、18.25% 的孟加拉国、19.69% 的尼泊尔、29.55% 的印度(低于世界平均水平 45.91%)[①] 等网络欠发达的亚非拉地区依然大量依靠电视来获取信息,因此针对这种区域的传播还是要继续强化传统电视渠道的作用。相反,针对互联网普及率较高且网络与新媒体发展较发达的欧美地区,还要进一步强化"移动优先"策略,发挥 App、国际在线视频平台和社交媒体账号的作用。于此,CGTN 还要强化其 App 的宣传力度,提高其全球下载率;强化国际在线视频平台和社交媒体账号视频的更新频率,并重视针对用户反馈情况做出相应调整。

2. 市场推广与经营的本土化

市场推广的作用在于扩大 CGTN 在当地的市场占有份额,提高其内容产品的传播范围和知名度。CGTN 这些年的发展在这方面已经取得可观的成绩,但也还需要继续深化,而进一步深化也就是进一步实现本土化。并非在所有地区 CGTN 都需要做好市场经营,但在市场化程度较高的欧美地区,进一步与熟知当地经营规律的媒体和企业合作,或者进一步强化兼并和收购方式发展当地市场营销企业是有必要的。不管采用何种推广和经营方式,前提还在于利用有人脉、有特殊资源、有发展潜力的本土人才,深入调查了解舆论领袖的意见和当地受众的文化偏好、媒介接触偏好、信息选择偏好、闲暇时间等基本情况,以便针对性地制作与传播,以便刺激其接触 CGTN 媒介,消费 CGTN 内容,参与 CGTN 举办活动。换句话说,还要继续强化国际受众调研,

---

① 唐世鼎:《"一带一路"国家媒体指南》,中国传媒大学出版社 2018 年版,第 199、219、278、228、250 页。

积极与本土受众进行互动，是 CGTN 对不同类型新闻和节目进行精细化推广和专业化经营的关键，而这也十分利于 CGTN 增强在欧美地区的发声能力，提升在非洲地区的传播水平。

3. 人才起用或培养的本土化

CGTN 在主持人、编辑、记者等本土人才的起用方面一直比较积极，现在也有乔纳森·贝茨（Jonathan Betz）、比阿特丽斯·马歇尔（Beatrice Marshall）、佩尼娜·卡瑞比（Peninah Karibe）、约翰·古德里奇（John Goodrich）等多名比较固定的外籍主持人、编辑、记者。从未来发展的角度来讲，还要进一步强化这一类本土化人才的起用和培养。一是切实强调起用本地影响力较大且对中国非常有好感的记者、编辑、主持人和营销推广人才，尤其是欧美地区比较有影响力的外籍人士，他们自身的影响力也便于其通过社交媒体传播，形成聚力，传播 CGTN 品牌及相关内容。二是将现有人才打造成非常具有本土影响力的人才，促进其在本土积极传播 CGTN。这是基于这些已经在 CGTN 工作多年的外籍人士对中国的感情相对深厚，情感上、态度上、行为上更倾向于中国，对 CGTN 的核心目标、理念和工作模式更为熟悉，利于彼此沟通，但也着实要探讨一种人性化的沟通方式、管理模式、考核方式、激励机制利于其成长为为 CGTN 代言的优秀人才。不管采用何种方式，针对外籍人才，可进一步制定细化的体制机制，建设积极的媒体文化，消除其"打工心理""防备心态"，调动其积极心理，促进其找到归属感。

（三）提升全球运营能力、危机应对能力和社会交往能力，切实形成"球土化"

CGTN 作为已经覆盖全球一百六十多个国家的国际化媒体，未来还将随着"全球中国"发展而不断扩大覆盖范围，继续向世界展现中国智慧、中国方案、中国精神，因此进一步提升全球运营能力、危机应对能力和社会交往能力，是必然之路。

1. 提升全球运营能力

CGTN 的全球化运营致力于内容运营、产品运营、用户运营、活动运营等多个方面，涉及传统媒体和新兴渠道的不同运营方式，涉及分区域、分层次运营，总体来说，成绩显著。但是，未来，CGTN 的全球运营可围绕"通盘考虑、全盘梳理、定点提高"原则，继续提升全球运营能力。这当中，可重点考虑从新媒体运营着手，起用对国际网络、新媒体、社交媒体掌握较好的年轻人才，切实做好文章编辑、视频剪辑、推文更新等基础工作，切实做好新媒体直播和回看工作，切实做好社群运营工作以便维持用户黏性，切实做好在各个平台挖掘潜在客户、增加稳定用户的工作，切实做好 SEM（Search Engine Marketing，搜索引擎营销）优化和 SEO（Search Engine Optimization，搜索引擎优化）提升等工作。

2. 提升危机应对能力

此处所谓危机重点指 CGTN 覆盖的国家或地区提出其不符合当地法律法规、政策、风俗习惯等故意刁难导致的危机。这就如 2021 年 2 月份 CGTN 遇到英国通讯管理局吊销执照的危机，虽然同年 8 月 20 日 CGTN 英语新闻频道在英国覆盖广泛的 Freeview 数字地面电视平台第 264 号频道开始 24 小时整频道播出，但是这一事件也说明 CGTN 切实聘用懂得当地政策、法律法规、风俗习惯且善于国际交往和谈判的人才积极处理危机有多重要。这一事件也同样说明媒体的预警能力有多重要。处理这种危机，也是 CGTN 未来发展必须要重视的地方。此外，2021 年 CGTN 关于袁隆平院士因病去世的报道也引起了一小波舆情危机，这说明在当前舆论环境下审慎报道的重要性，提升专业报道能力的重要性以及危机传播的重要性。换句话说，未来，提升预警能力，重视现场核实信息、审慎报道，重视危机传播做好形象修复，是 CGTN

提升危机应对的重要工作。

3. 提升社会交往能力

中国广播电视从开展对外传播、国际合作开始，就对全球分站、分点的工作做了比较详细的规划，除了做好新闻传播这一本职工作之外，加强社会交往、广交朋友也是其工作之一。这些年 CGTN 能快速开展工作，与分台、分站工作人员的社会交往能力较强有密不可分的关系，未来这一能力还要进一步强化。当地华人、华侨以及对中国友好的政界要员、科技精英、商界名流、军界骁将、文坛巨擘、学术骄子以及普通群众都应该是 CGTN 分台、分站不同工作人员进一步交往的对象。事实上，在"第三十次集体学习"会议上，习近平总书记强调要"广交朋友、团结和争取大多数，不断扩大知华友华的国际舆论朋友圈"。由此，CGTN 可"通盘考虑、分步实施"鼓励从业人员采用"润物细无声"的方式积极开展社会交往工作。

二 "2"个主体：增强"链接化"

央视和国际台这"2"个主体与 CGTN 一样，同样是中国开展国际传播的重点媒体。这两个媒体也同样强化国际传播渠道和内容，但在未来，可以加强与 CGTN 和其他有能力进行国际传播的媒体和企业进行链接，形成更加融合的传媒航母。但不管何种链接，链接的关键在于思维，在于能主动思考，才能更好地传播。

（一）与"1"的链接

2018 年，国家进行机构改革时，加强了 CGTN、央视和国际台三者的融合，形成了统一的总台，这对三者的人员融合、内容融合、管理融合以及制度融合等起到了重要作用，只是，改善发声能力与和声能力较弱的问题还得继续增强彼此的渠道链接和内容链接。

1. 与"1"的渠道链接

CGTN、央视和国际台三者均重视渠道建设，CGTN 的传播渠道在海外更加丰富和完善，这更利于央视和国际台搭乘海外渠道的东风。在传统渠道方面，三者可采用业务合作、联合举办活动等方式，加强彼此链接；在网站方面，三者可以进一步强化超链接功能，包括强化"友情链接"，强化关键词链接、图片链接、视频链接等，扫描二维码功能，链接彼此；在 YouTube 渠道方面，三者可利用彼此的推荐功能，推荐彼此，增强彼此的链接作用；在 Facebook、Tiktok、Twitter、Instagram 等社交媒体方面，@功能、#话题建构功能、附上链接功能等多种功能进行链接。在国内渠道方面，同样要考虑彼此的链接，这是因为在如此开放的中国，前来留学、旅游、定居的外国人呈现明显的上升趋势。2021 年 5 月 11 日国家统计局公布的第七次全国人口普查公报显示，居住在 31 个省份的港澳台居民和外籍人员合计 143 万，相比十年前增加了近 3 倍。央视在国内的渠道做得又更好，在每个渠道强化与 CGTN 的链接，既进一步打开了 CGTN 的知名度，又提高了彼此渠道的融合度。

2. 与"1"的内容链接

CGTN 的内容整体偏向新闻，三者之间内容共享、人员链接相对较多，未来也还要继续强化。2021 年 8 月阿富汗局势混乱，CGTN 比 CCTV 和国际台相对较早、较全面地进行报道、分析。包括 CGTN 现场记者报道，主持人专访塔利班发言人了解其观点，现场连线国际问题专家了解其对阿富汗局势的看法等。央视总台的阿富汗报道员卡里姆·法耶兹在喀布尔街道的现场报道引起了中国网友的热议，很多中国网民只知道卡里姆·法耶兹是 CCTV 的记者，但该记者实际上也是 CGTN 的记者，向 CGTN 发回了多个报道。这一次，三者的通力配合，让央视总台在全球媒体撤出阿富汗的情况下，发出了权威的中国声音，展现了有担当的中国态度。截至 2021 年 9 月 5 日，央视总台连续 22 个昼夜，专访 12 次塔利班官员和 13 次前阿富汗官员，采用 44 种语言对外传播，触达 95 个国家和地区，其报道被 1599 家媒境外电视台引用播出，G7 国家媒体共有 1195 家，占比高达 75%，其中包括美国 1005 家电视频道，平均每天被 66 个国家和地区 536 家电视台引用播出 2770 次，总台各平台跨媒体总触达人次达 73.33 亿次。① 未来，三者还要继续强化"内外一体"这样的思想，在内容、人员上进一步强化链接，彼此共享，彼此互为资源提供者。

（二）与"N"的链接

与 CGTN 相比，包括浙江台、湖南台、上海台等有能力进行国际传播的省级广电和市、县级融媒体中心，包括"爱优腾"、搜狐视频、"两微一抖"、自媒体以及华为、华策等出海平台与机构，作为这"N"个国际传播主体，传播的渠道较为多元，传播内容也非常丰富。因此，央视和国际台与他们的链接可以促进自己在一定程度上拓展国际传播范围，提升国际传播效果。

1. 与"N"的渠道链接

央视和国际台与"N"的渠道链接方式比较多。在与湖南台、浙江台的渠道链接方面，一是可以加强与其 YouTube 平台账号的链接，推荐彼此；二是可以加强与其专门的国际版本、App 链接。在与"爱优腾"、搜狐视频和"两微一抖"等链接时，重在强化与其自主开发的 WeTV、Wechat、Weibo、Tiktok 等国际平台链接。在与自媒体链接，尤其是"国际网红"的渠道链接时，适当地采用#功能、@功能、绝对地址链接的功能比较关键。在与华为、华策等出海平台与机构链接时，则可重点采用智慧终端接入方式。渠道的链接主要是基于

---

① 数据来源于中央广播电视总台创新发展研究中心。

"N"的国际传播渠道，具有"下沉"的特点，若央视和国际台与其链接可更多地影响国际社会的普通受众。此外，多元化的渠道链接与发展，可以充分利用电视、电脑、移动设备、穿戴设备、家庭智能机器人、移动终端等各种渠道来传播，满足国际受众在早、中、晚等不同时间段的信息需求，在公共交通场景、自驾场景、上下班楼宇场景、街道场景、家庭场景、休假场景运动健身场景等不同场景下的信息需求，而传感器的应用、定位功能和场景识别设备的运用则能充分实现内容的精准投放。

2. 与"N"的内容链接

央视和国际台与"N"的内容的链接，可以从两个方面着手。一方面，央视和国际台主动为"N"提供精选内容，这是因为个别长视频平台在选择央视内容时缺乏客观性导致其传播存在偏颇，而主动提供相对均衡、客观的内容则可避免这样的情况；另一方面，全面形成PUGC模式，即央视和国际台作为专业的内容生产者，充分利用"N"的内容进行深度加工做成融合新闻或者新的节目形态，加上不断与"N"的渠道链接与融合，可帮助自己拓展新的国际受众。这是因为诸如湖南台、浙江台以及部分自媒体账号的内容呈现趣味性、娱乐性、行业性等特点，更能吸引网络原住民、"Z世代"，而这一类人作为新兴人群对中国态度友好也更便于未来的传播。换句话说，未来，中国广播电视进行国际传播时，彼此之间既是"内容共同体"共享内容，又各有特点，平分秋色。

三 "N"个主体：增强"产业化"

央视和国际台与"N"的内容链接，避免了"N"的传播内容与CGTN、央视、国际台的内容之间存在较大差异的问题。相对而言，"N"的产业化程度更高，而在国际传播过程中，建立在充分了解受众需求基础之上的产业化发展更能满足受众的需求,甚至可以刺激其需求。这可以进一步提高"N"的复调传播能力与和声能力。

(一)大力发展电视产业

电视剧反映着社会生活的方方面面,对输出一个国家的价值观有重要的作用。与美国、英国、土耳其、墨西哥等国家电视剧在全球出口量大相比,中国的电视剧出口数量虽然较小但也呈现增长趋势。同时,电视综艺在国际传播渠道上也有一定的发展。电视剧和电视综艺产业化发展不仅便于打开以电视作为接收终端的市场,也更利于潜移默化地传播中国价值观。

1. 大力发展电视剧

电视剧《甄嬛传》改编为6集美国版,经过前期宣传推介登陆美国Netflix网站,被贴上了"首部在美国主流媒体播出的中国电视剧"的标签。自2011年在国内开播到2015年初,该剧在海外发行到十余个国家和地区,外销额达400万美元。[①] 此后,东方卫视和北京卫视首播的《芈月传》(2015)、湖南卫视首播的《楚乔传》(2017)、东方卫视和浙江卫视首播的《三生三世十里桃花》(2017)、东方卫视和江苏卫视首播的《恋爱先生》(2018)、浙江卫视播出的《延禧攻略》(2018)、浙江卫视和江苏卫视首播的《都挺好》(2019)、东方卫视首播的《三十而已》(2020)、东方卫视和浙江卫视首播的《大江大河》(2020)、浙江卫视和东南卫视等五家卫视播出的《山海情》(2021)等口碑之作,不仅在国内获得了较高的收视率,也在海外传播平台获得了较好的评价。

在制播分离的情况下,这些电视剧已经不再由广播电视台制作,

[①] 程晔、曾添:《试论美国影视产业对中国电视剧"走出去"的启示》,《中国电视》2015年第9期。

但是广播电视台的播出要求依然引导华策、柠萌等制作公司的制作原则。由于中国文化与欧美文化的差异较大，中国电视剧在欧美地区播出也就遇到一定的障碍，又由于中国与亚太地区国家具有"文化同源"的特点，中国电视剧在东南亚、南亚地区都传播得较好，除了前述卫视播出的电视剧，湖南台自制的电视剧在其国际传播渠道都获得了很好的效果。影视剧的发展，也带动了"爱优腾"等长视频平台在国际上的发展。目前在国际传播渠道受到追捧的中国电视剧以"甜宠剧""古装剧"为主，其中，"甜宠剧"的情节设置和叙事结构等又相对简单，利于国际受众理解，但也存在无法深刻展示中国主流思想的问题。未来，在《关于支持电视剧繁荣发展若干政策的通知》推动下，以播出电视剧为主的电视平台和以制作电视剧为主的影视制作公司可通力合作，选择与本土演员合作的形式，探索既能深刻反映中国方案、中国精神和中国现代化发展主题又能满足国际受众需求的现代电视剧，激发共情，促进国际受众积极认知中国。而以华为、小米等发展"云"（智慧）电视终端的中国企业又还要精选这样主题的影视剧来设置其主页面。

2. 大力发展电视综艺

"音乐无国界""欢乐无国界"。国际受众也许难以听懂歌词的意思，但国际受众对情感的体验是基本一致的，因为欢快的旋律使人快乐，悲伤的旋律使人难过。基于这种思维，在有能力进行国际传播的湖南台、浙江台、上海台等国际传播渠道上，《歌手》《中国好声音》《我们的歌》等音乐选秀类综艺节目，《向往的生活》《奔跑吧》《极限挑战》等励志体验真人秀节目，传播效果都比较好。这当中，经过不断整改的《奔跑吧》比较具有特色，在反映中国乡村建设、脱贫攻坚、生态治理、城市建设、经济发展乃至国际合作方面做得比较深入，对"讲好中国故事"有一定的帮助。未来，可以继续发挥这些节目的优势，深入挖掘中国体制机制的重大改革、经济发展、社会变化等事件，联合中国各类外国语人才，做好前期规划、中期翻译、后期制作，形成更加具有针对性和贴近性的国际化产品，进一步满足和刺激不同地区受众的需求，促进其深入了解最新发展的中国。

此外，湖南台不仅将《快乐大本营》《天天向上》《汉语桥》《声临其境》等湖南广电的优质综艺翻译传播，还针对越南、泰国、阿拉伯等国家制作了《我的青春在丝路》《明星大侦探》《妻子的浪漫旅行》《功夫学徒》《野生厨房》《女儿们的恋爱》等自制"厂牌"综艺。这些综艺也在其国际传播渠道拥有一定的受众，但是其在选题的针对性、翻译的准确性方面还存在一定的问题。未来，还要继续发挥这些节目制作团队优势、与国外媒体合作优势、平台优势与受众优势，进一步挖掘中国文化、中国精神，制作主题鲜明、反映中国当代新发展的节目，也还要联合更加优秀的语言人才准确翻译，制作更加国际化的内容。"爱优腾"等长视频平台和以发展智慧终端为主的平台也还要继续坚守"家国情怀"，准确推送最新节目。

（二）大力发展网络视听产业

网络视听产业相对传统电视产业，利用互联网传播不仅利于打开以 PC 端、移动端作为接收终端的市场，利于吸引年轻的网络原住民和"Z 世代"人群，更利于传播新时代的中国故事。

1. 大力发展网络视听平台产业

在国际网络视听平台的版图里面，美国的 Netflix、Amazon Prime、YouTube、Hulu 以及 2019 年才上线的 Disney + 平台等占了较大的份额，法国的 Dailymotion、印度的 Hotstar 等视频平台也在迅猛发展，其他国家也都有自己的网络视听平台（表 1 - 3 已经对全球大多数国家的视频平台做了一定的梳理）。这些平台有的是新兴平台，有的传统广播电视转型而来的平台，但都抓住互联网发展的强大机遇积极拓展视听平台在国际上的版图。事实上，网络视听平台产业是大型公司争相进军的产业。2021年5月17日，美国电话电报公司（AT&T）宣布以430亿美元收购发现公司（Discovery），将该公司IP资源、国际娱乐和体育业务与自己旗下的华纳媒体集团优质娱乐、体育和新闻相结合，汇集媒体行业最强大的领导团队、内容创作者以及高质量的系列频道和电影库，打造电视频道、华纳兄弟电影，以及HBO Max和Discovery+两个平台，直接面向影视产业消费者（DTC），目的是创建一家"娱乐的全球领导者"和"全球流媒体的更强大竞争对手"。[1]

中国广播电视也重视打造这样的平台。湖南台是中国最早抓住互联网机遇、积极发展网络视听平台的媒体，其MGTV不仅将其国内版打造成广电融媒体发展的风向标，也将国际版覆盖到全球一百九十多个国家和地区，并取得不俗的成绩。此外，腾讯视频、爱奇艺视频、优酷视频、搜狐视频以及抖音等围绕"以文化匠心讲好中国故事""科技创新提升国际传播影响力"，基于"网络文学IP资源—网络视频—线下产品—创新研发"的闭环产业链，积极探索海外发展之路，并取得了一定的成绩。但是这些平台相对前述国外平台，在海外发展时也遇到当地的政策法律壁垒、文化差异瓶颈以及严重的"文化中心主义"。

面对优势与问题，未来，网络视听平台的产业化发展，在"家国情怀"引导下，要做到以下五点。一是要深入分析当地文化、政策、法律，避免"水土不服"；二是强调商业性，强调对当地的经济贡献，强调积极履行社会责任，避免商业意图被政治化；三是要创新体制机制，促进中外合作，推动这些已经有受众基础的平台扩大覆盖范围；

---

[1] See AT&T's WarnerMedia and Discovery, Inc. Creating Standalone Company by Combining Operations to Form New Global Leader in Entertainment, ATT, https://about.att.com/story/2021/warnermedia_discovery.html.

四是要增加原创性功能,增强国际受众的体验感和互动性;五是"内容为王",提供更加全面、丰富、多元、原创的内容产品矩阵,满足不同国际受众碎片化、垂直化、场景化、下沉化、智能化等不同的需求。网络视听平台的产业化发展也少不了基于"计算传播"的广告,因此,恰当承接国际广告也是提升其经济实力的重要途径。

2. 大力发展网络视听不同产业形态

网络视听形态可以简单分为传统网络视听形态和新兴网络视听形态。以网络剧、网络综艺、网络电影、网络动画片、网络纪录片、网络专题节目等为代表的传统网络视听形态是网络视听产业未来发展的基础;以短视频、中视频、网络直播、互动视频、VR 视频以及未来的全息化产品为代表的新兴网络视听形态是其未来发展的机遇。不同的视听产业形态也是大型公司所追逐的内容。2021 年 5 月 27 日,亚马逊以 84.5 亿美元收购米高梅公司(Metro Goldwyn Mayer),利用彼此优势,进一步强化亚马逊 Prime Video(尽管其 Prime Video 已经是全球除 Netflix 之外的第二大视频平台),进一步发展优质内容,进一步发展包括网络电影、电视节目等在内的视频流媒体业务,并于 Netflix 和 Discovery + 竞争。[①]

中国也重视发展不同的网络视听产业。2020 年,MGTV 自制网络综艺《乘风破浪的姐姐》不仅在国内获得较好口碑,在越南、泰国、日本、马来西亚等也获得较高关注,甚至一度挣脱了"中国综艺购买国外综艺版权"的桎梏,引起国外综艺争相模仿。该节目也荣获国家广播电视总局"2020 年度优秀海外传播作品",获评"作品主题鲜明、贴近现实、制作精良,海外传播效果突出,具有较好的示范引领作用"。

---

① *See Amazon to Buy Film Studio MGM for ＄8.45 Billion*, BS, https://www.cbsnews.com/news/amazon-metro-goldwyn-mayer-deal/.

2021年8月25日，国家广播电视总局正式发布了此前已经公示的广播电视和网络视听行业标准《网络视听节目视频格式命名及参数规范》。该规范指出网络视听节目的视频包括但不限于不同生产方式的视频，如PGC、UGC、OGC、MGC等；不同时长的视频，如短视频、中视频、长视频等；不同宽高比的视频，如横屏视频、竖屏视频等。此次，国家广播电视总局正式发布该规范，也正说明中国将继续加强网络视听产业发展的决心。中国传统广播电视、中国新兴网络视听平台以及更加多元的传播主体，均可抓住这一机遇，充分调研国际受众，借助科技之手，创新性地制作既反映中国主流价值观又切合国际受众需求的多元的内容产品。此外，5G的普及、6G的推动以及未来更加先进的ICT技术将给中国网络视听产业插上腾飞的双翼，因此强强联合先行布局，发展不同形态的网络视听产品，打造国际IP生态，探索新型商业模式，是增强中国广播电视国际竞争力、提升其国际传播影响力的关键。

第二节　联动：传播渠道竞合能力建设的重心

广播电视国际传播渠道从直播卫星广播电视、有线广播电视、地面广播、数字电视、IPTV和OTT等传统渠道到国际在线视频平台账号、社交媒体账号等新兴渠道均有涉及。促进品牌、互动功能、网络视频业务等的延伸，促进大屏与小屏跨屏联动，发展临场体验，重视社区打造，增加内容连接等，可在一定程度上解决不同地区不同渠道所呈现的竞合能力欠佳的问题。

一　延伸：快速提升传统渠道竞合能力

媒介理论家马歇尔·麦克卢汉（Marshall McLuhan）在其著作《理

解媒介》中提出了著名的"媒介是人（身体）的延伸"理论，其中，"广播电视是眼睛和耳朵的延伸"。中国广播电视国际传播既要考虑互联网相对欠发达地区的受众依然依靠传统广播电视来接收信息，又要考虑互联网发达地区的受众采用移动终端来获取广播电视传播的信息。这样，在相对欠发达地区，广播电视依然是人体的延伸，而在发达地区"人体成为媒介的延伸"[①]。延伸的相互作用促进中国广播电视重视渠道和内容的延伸发展，提高自己的竞争和合作能力。

（一）延伸：提升传统渠道的竞争能力

"广播电视是人体的延伸"促进中国广播电视在国际传播时传播更多、更丰富的内容，让国际受众听见不一样的声音，看见不一样的景象；"人体是广播电视的延伸"则促进中国广播电视针对国际受众所产生的种种数据进行针对性调整。通过这两种延伸，可在一定程度上提升中国广播电视在国际上的竞争力。

1. 以"广播电视是人体的延伸"提升竞争力

广播电视是互联网相对欠发达地区受众获取信息的主要渠道，这也是 CNN、BBC、RT、AJ 和 Zee 等国际媒体在新媒体国际传播较为强盛但依然大力经营传统渠道的原因。在互联网相对欠发达地区，国际媒体的广播电视频道同样落地，与同样在这些地区落地的中国广播电视形成了强烈的竞争关系，而与国际媒体相比，包括 CCTV－4、CGTN、部分省级台的外语频道等在内的中国广播电视，由于其品牌运营、内容运营、广告运营等欠佳导致其竞争力较弱。"广播电视是人体的延伸"强调的是让当地的受众听得更多、更远，看得更多、更远。因此，国际台、CCTV－4、CGTN 等中国广播电视进一步加强品牌运营，提高美誉度，延伸品牌，报道"中国事务"和"国际事务"，充

---

① 刘海龙：《网络化身体：病毒与补丁》，《新闻大学》2021 年第 5 期。

分呈现自己与国际媒体的"异见",选择相对时尚的、先进的、反映中国最新发展的电影电视剧、综艺,推销相对容易购买的广告产品,是改善目前问题的基本逻辑。同时,利用"一带一路"基础设施建设机遇,促进部分地区传统广播电视转型为智慧广电,进一步针对已经发展 IPTV 和 OTT 的地区完善点播服务,进一步强化暂停、回放、快进、倍速、评论、发弹幕等互动功能,便于更好地"延伸"。此外,中国广播电视能够根据当地网络发展情况延伸网络音频、视频、网络电视等业务,发展多屏业务,进一步发展传统与新兴相融合的模式,形成"泛在"的传播渠道与环境,更利于提升竞争力。

2. 以"人体是广播电视的延伸"提升竞争力

"人体是广播电视的延伸"意思是说人的身体能够生产数据、成为网络的义体,因此可以作为技术系统的"补丁"存在。[①] 人体不仅在以互联网为基础的移动终端、PC 端设备上会产生数据,在广播电视传统渠道上面同样产生大量数据。传统闭路电视观众开机的时间、观看的时长、更换频道的频率、更换频道时停留的主要位置以及时长等也是数据,OTT/智能电视/IPTV 的观众搜索、点播、暂停、回放、快进、倍速、评论、投屏、扫描二维码、增减音量等行为同样产生大量数据。这些数据不仅是技术的"补丁",也是内容的"补丁",对修正、迭代中国广播电视国际传播行为和内容有重要的推动作用。中国广播电视利用智慧广电的数据收集和分析功能,或者委托国际数据机构,掌握这些数据,利于掌握国际受众对电视内容的兴趣点。最为核心的是,要切实针对国际受众对这些数据所反映出的兴趣,对节目形式、内容本身、表述方式等,更新迭代。此外,委托国际数据机构,获得国际受众在其他国际媒体上的相关数据同样重要,"知己知彼""不打无准

---

① 刘海龙:《网络化身体:病毒与补丁》,《新闻大学》2021 年第 5 期。

备的仗"才能更好地与国际媒体竞争。

(二)延伸：提升传统渠道的合作能力

中国广播电视国际合作方式多样，但效果甚微，而国际合作本就是中国广播电视国际传播能力提升的形式与内容。因此，以"广播电视是人体的延伸""人体是广播电视的延伸"，延伸合作模式，利于提升中国广播电视的国际合作能力。

1. 以"广播电视是人体的延伸"提升合作能力

"广播电视是人耳朵和眼睛的延伸"，国际受众通过广播电视可以听得更多、更远，看得更多、更远。随着中国在国际上的地位逐渐上升，中国广播电视要让当地受众听到、看到更多中国信息，按照当地受众对内容的偏好、对形式的偏好、对时间的偏好，制作既相对符合其需求又能反映中国事务的新闻、电影、电视剧、纪录片、综艺，就需要进一步与本土媒体或者第三方媒体联合制作。同时，进一步增加联合转播和联合直播的频次让国际受众能更快地获取信息，更利于传播。

切实提升媒体品牌效应可强化自己与本土媒体合作时的主导作用，比如云南澜沧江湄公河国际卫星电视频道利用云南与老挝、缅甸、柬埔寨、越南、泰国等周边国家的地缘相近、人缘相亲、文缘相通、商缘相融的独特优势，与本地媒体合作，以丰富的澜湄资讯、鲜明的中国视角、广阔的世界眼光，让周边各国听到、看到不一样的中国故事、云南故事。这一点也可以从CNN的国际扩张之路看到成效，在与本土媒体合作时，品牌授权这一合作方式既让当地受众看到其品牌，又充分利用本土媒体传播其国际新闻。

2. 以"人体是广播电视的延伸"提升合作能力

国际受众手里的遥控器是耳朵和眼睛的延伸，这种延伸充分展现其"听"和"看"所关注的点。他们在何种声音和画面期间停留、快进、倍速均反映其对内容的兴趣点、情绪点，这些行为产生的大量数据流（Data Stream）是与本土媒体或者第三媒体乃至多方媒体进行联合制作、资本合作和人员合作的依据。正如 Netflix 充分掌握国际受众的数据，制作了与英国版《纸牌屋》同样的美国版《纸牌屋》，而美国版尤其是第一季在全球的收视率奇高，成为基于数据制作影视剧的典范。美国版虽然将美国的政党营私、参议院和众议院之间的斗争、选举暗箱操作、媒体竞争甚至对中国商人的偏激态度等较为负面的内容讲得清楚明白，但更重要的是将美国政体、经济发展、社会变革、制度推进、法案调整以及美国价值观等向全球传播，而该片所有细节的反映恰好是基于国际受众延伸出来的种种数据。可见，获取国际受众兴趣点、情绪点对于国际合作的重要性。

此外，过去中国广播电视国际合作总以交换新闻作为主要方式，但这种新闻又总被误读，原因无他，即国际受众对中国本身不了解。因此，中国广播电视国际合作的未来方向，在于不断强化联合制作影视剧这种有柔性又潜移默化传播中国城市、中国科技、中国文化、中国全球观的内容，合作产品就是国际传播的重要依托。不管以何种形式合作，具体事务均由每一个人去沟通和交流。因此，每一个人本身也是广电的延伸，每一个人就是国际传播者，人的一言一行就是在进行国际传播，国际合作过程就是国际传播过程。切实提高每个人的专业素养、表达能力、社交能力、身体符号化能力就是在提高国际传播能力。

二　跨屏：协同提高新兴渠道竞合能力

随着信息接收终端从收音机、电视机转为除二者之外的车载收音机、车载电视、电脑（台式和笔记本）、Pad、智能家居、智能手机、智能手表以及其他空间的接收终端，广播电视的屏幕介质发生了较大的变化，人们也进入了跨屏时代。跨屏时代因数字、网络和智能技术才变成现实，它不仅仅意味着屏幕增多，更重要的意义是视听产业生产模式、传播模式及运营模式的升级。这一过程中，通过后台的资源统一，中台的运营协同，前台的传播平台打通，从而构成资源跨屏配置，产品跨屏传播，服务跨屏协同，价值跨屏创造的新的视听跨屏生态。[①] 中国广播电视在国际传播过程中，考虑大屏与小屏跨屏联动与连接，促进视听跨屏生态迭代升级，有助于推动新兴渠道、提升竞合能力。大屏主要指影院屏幕、户外大型 LED、户外裸眼 3D 屏幕、PC 端屏幕、家庭智慧电视屏幕以及家庭影院屏幕等，小屏主要指车载收音机、车载电视、Pad、手机以及穿戴设备的小型屏幕。大屏与小屏的差异，并不只是介质的差异，而是整个产业链上、中、下游各部分的重组与建构。

（一）大屏与小屏跨屏联动，推动新兴渠道提升竞争能力

大屏与小屏联动强调的是利用大型屏幕的优势强化用户的临场体验，同时又利用小屏幕进行互动。广播电视尤其是在移动端作为主要接收终端的地区，强化广播电视终端大屏与移动端小屏的跨屏互动是提升新兴渠道竞争能力的重要方式，而增强社交传播和社区打造也是促进互动的方式之一。

1. 临场体验与社交传播

从 2021 年 5 月 17 日 AT&T 收购 Discovery 及 2021 年 5 月 27 日亚马逊收购米高梅来看，大型国际媒体既重视电影、电视给人带来的大屏临场体验，也重视移动端小屏给人带来的互动体验、个性化和私密化体验。大屏与小屏的联动促使国际大型媒体公司获得了全球大多数的受众。中国广播电视企业向全球销售智能大屏电视甚至超大屏电视，

---

① 胡正荣：《影视产业迭代：构建跨屏生态》，《传媒》2021 年第 11 期。

拥有了一定的用户基础。中国广播电视可加强现场直播，包括突发事件的直播，制作"临场化新闻"；包括采用4K/8K高清设备、360°全景视频技术、VR/AR/MR等技术直播中国春晚和节庆活动，直播中国大型体育赛事和歌舞赛事等相对能引起共情的内容，切实实现"全程媒体"全面、清晰的效果。可以加强反映"先进中国""全球中国""时尚中国"的电影、电视剧的播出频率。这些，都有赖于大屏以及未来真正的"全息媒体"，也正因为通过大屏和"全息媒体"，才能切实增强国际受众的临场体验。

另外，如图5-1所示，截至2021年7月，包括中国的微信、微博、抖音、快手等在内的全球视频社交媒体的使用频率较高。而Facebook一直遥遥领先，该公司目前拥有四个最大的社交媒体平台，Facebook（核心平台）、WhatsApp、Facebook信使和Instagram每个平台每月活跃用户超过10亿。2021年第一季度，Facebook每月报告的核心家庭产品用户超过35.1亿。[1]

在美国，PEW调查显示，YouTube和Facebook占据在线市场的主导地位，分别有81%和69%的美国人曾使用过这两个平台。18至29岁的年轻人中，使用Instagram的占71%，使用Snapchat的占65%，使用TikTok的占50%。这些传播图片和视频的平台带来的"图像社交"实践前所未有。[2] 这种实践使用户尤其是"Z世代"用户在搜索、标签化、点赞、转发、评论的过程中，自我认知，与全球用户群体互动增强情感体验。数据显示，到2022年社交网站预计将达到39.6亿用户，随着移动设备的使用和移动社交网络的牵引力，这些数字预计仍将

---

[1] See Most Popular Social Networks Worldwide as of July 2021, Ranked by Number of Active Users, https://www.statista.com/statistics/272014/global-social-networks-ranked-by-number-of-users/.

[2] 刘涛、李昕阳：《作为"技术化身"的标签：图像社交时代的连接文化及其视觉生成机制》，《新闻与写作》2021年第8期。

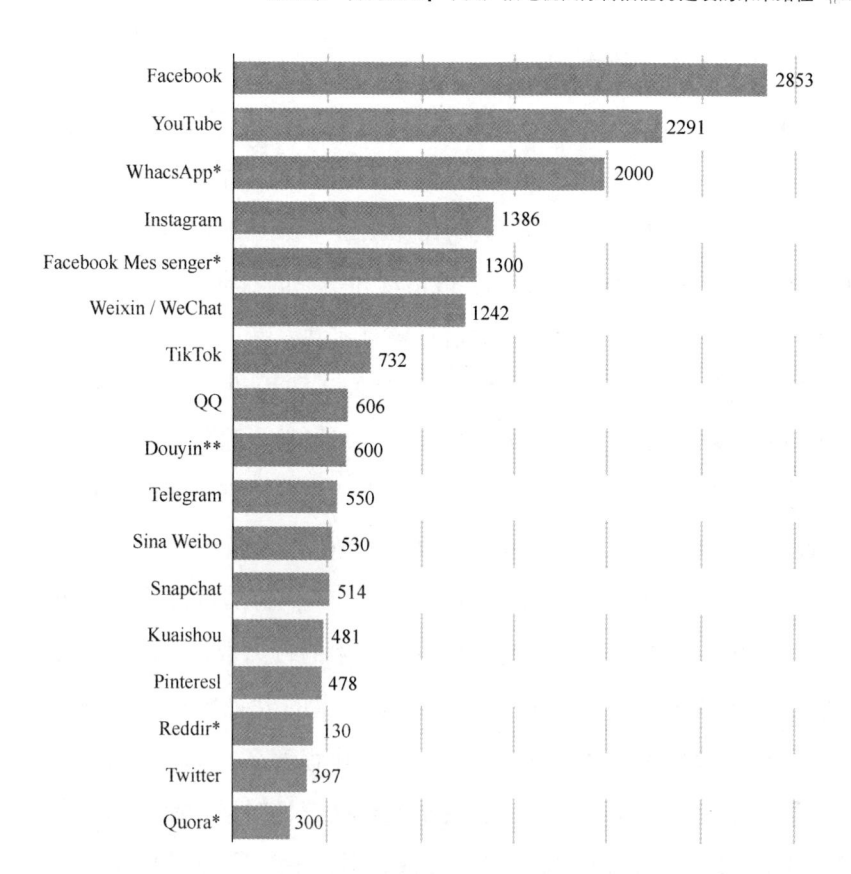

第五章　奔向光明：中国广播电视国际传播能力建设的未来路径

平台	用户数
Facebook	2853
YouTube	2291
WhacsApp*	2000
Instagram	1386
Facebook Messenger*	1300
Weixin / WeChat	1242
TikTok	732
QQ	606
Douyin**	600
Telegram	550
Sina Weibo	530
Snapchat	514
Kuaishou	481
Pinteresl	478
Reddir*	130
Twitter	397
Quora*	300

图 5-1　全球社交媒体使用情况（单位：百万）[1]

增长。[2] 这些平台，包括 CCTV、CGTN 以及各省级台在内的中国广播电视均有涉及，建立了多个账号。鉴于这些账号运营相对较弱的问题，中国广播电视可通过选择更具贴近性和针对性的内容，制作更具亲和力的标题，采用清晰度更高的视频，强化平台账号的社交属性，强化社交传播，保持用户的黏性和活跃度。

---

[1] *Most Popular Social Networks Worldwide as of July 2021, Ranked by Number of Active Users*, https://www.statista.com/statistics/272014/global-social-networks-ranked-by-number-of-users/.

[2] *Most Popular Social Networks Worldwide as of July 2021, Ranked by Number of Active Users*, https://www.statista.com/statistics/272014/global-social-networks-ranked-by-number-of-users/.

2. 数据驱动与社区打造

2018年5月25日欧盟《通用数据保护条例》（简称GDPR）正式执行，2019年针对网络技术Cookie的《欧盟Cookie指令》也出台，限制收集欧盟公民性别、年龄、上网浏览痕迹等数据，但是，考虑到新闻业的现实需求，GDPR在新闻实践活动和用户的数据保护之间设置了"例外情况"，为保证新闻调查的信息核查实践，新闻生产中的数据收集具有豁免权。这意味着新闻生产者在新闻实践活动时拥有数据采集、数据整理的特殊准入权利。例如，对以新闻报道为目的，且信息收集在基本权利范围以内的新闻调查活动，欧盟成员国都应对其工作予以配合。① 这样的"例外"，正好为中国广播电视的新媒体运营提供了保障，在设置数据保护部门、"数据保护官"，切实保护数据和新闻审核的前提下，对基于国际受众同意下产生的行为数据，对国际受众在社交媒体账号上点赞、转发、评论等产生的大量数据流，进行分析，制作以数据为驱动的精确性高、可视化程度高、交互性强、场景化明显、个性化突出的新闻，实现个性化推荐、对话式呈现和定制化信息生产，帮助国际受众能有更好的体验。这正如2020年，CGTN利用"全球化战略+数据"深入把握舆情动态，利用"数据+平台"策略精准把握用户画像，利用"数据+短视频"创新生活共处情境，利用"数据+人工智能"获得更优传播效果。② 同时，发展基于物联网数据的机器人写作新闻抢占国际新闻先机也很重要。此外，除了新闻，电视剧、综艺、纪录片等也应该基于数据驱动思维，才能取得更好的效果。

数据驱动的大屏与小屏联动有助于实现"全场景"的传播。纪录

---

① 赵如涵、袁玥：《平台驱动新闻业的新挑战：欧盟〈通用数据保护条例〉影响下的新闻生产》，《中国出版》2019年第22期。

② 蒋悦：《大数据技术下CGTN对外传播的实践创新》，《东南传播》2021年第3期。

片、电视剧、电影等时间较长的内容，主要以大屏为渠道。短视频新闻、微小内容依靠国际在线短视频平台和社交媒体平台，依靠华为、小米等科技公司提供的手机屏幕和穿戴设备屏幕等小屏渠道。大屏也好，小屏也罢，跨屏联动最重要的是要保证国际受众的黏性和活跃度，网络虚拟社区打造形成的社群化传播，从圈式结构转向链式结构实现破圈传播不失为一种好方法。网络虚拟社区中的趣缘群体有别于现实中的社会群体，他们在现代化进程中寻求身份的认同和共同体的重建，并以新媒介技术为依托构建起"小世界网络"，形成兼具传统社群凝聚力与现代社群自由度的趣缘共同体。[①] 打造好网络虚拟社区，培养好网络趣缘群体，是中国广播电视新兴渠道重点着力的方向。此外，经营好网络虚拟社区，可促进其关注小屏、回归大屏以及跨屏同频共振。中国广播电视社交账号要尽量避免关掉评论区这一行为，展现自己作为大国媒体的包容风范；主动围绕音频、视频有趣的点设置话题，巧妙回应网络趣缘群体关切的问题，积极与国际网络趣缘群体互动，通过"虚拟共在、情感共鸣"，实现传者与受者之间的有效沟通和意义共享；采用"标签功能""@功能""好友功能"来形成链式结构，利用成员关系网络的开放性与社区的动态性、松散性、灵活性实现链式传播，并采用"共同关注"促进成员之间从群体认同转向群体动力，打破圈层限制，实现破圈传播。

（二）大屏与小屏跨屏连接，推动新兴渠道提升合作能力

中国广播电视新兴渠道相互合作利于扩大品牌影响力、增加内容传播范围，中国新兴渠道与国际大型媒体和平台合作利于借助其平台扩大影响力，而与本土公司合作又利于了解本土受众的需求、开展线下活动。跨屏连接又将促进合作项目成果多样化，提升合作水平。

[①] 蔡骐：《网络虚拟社区中的趣缘文化传播》，《新闻与传播研究》2014年第9期。

1. 跨屏互联

跨屏互联对互联网的稳定性和终端设备的要求较高。ICT 技术高速发展的智能时代，互联网、移动互联网比较稳定，大屏设备和小屏设备功能齐全，未来还会有更加先进的技术，形成"人机一体"。手机投屏功能、扫一扫功能、摇一摇功能、全息感应功能及未来更加先进的功能，促进跨屏互联成为常态。在国际受众不主动断开连接的情况下，"万物皆媒"，连接又"无处不在、无时不在"。由此，中国广播电视可进一步与华为、小米、创维等中国智能企业，及与三星、索尼和夏普等国外智能电视企业合作，进一步发展跨屏互联功能，便于在强化国际受众跨屏体验时，接受反映先进中国的内容；也可以在中国广电媒体之间强化合作，渠道发展好的带动渠道相对滞后但内容先进的媒体，在电视屏幕上强化自己的国际社交媒体账号，帮助国际受众转移到手机屏幕上关注社交媒体账号的最新内容；也可以与本土媒体、企业、机构、组织等合作，利用其各类大屏推荐功能、扫描分享功能，利用电脑屏幕的超链接功能，利用手机屏幕的摇一摇功能、扫一扫功能和社交媒体的@功能、#功能，推荐渠道，跨屏互联，连接到中国广播电视渠道及内容。

2. 内容连接

RT 称英美两国的新闻为"同卵新闻"，以此来说明二者在内容层面的连接相对较多。事实上，RT 也经常使用新华社的内容，使得其在报道中国事务时态度相对友好；同时，也在自己的国际社交媒体账号中推荐新华社的电视内容，扩大了新华社内容的影响力。可见，广电媒体之间内容层面的连接与合作比较重要。在跨屏时代，内容的连接又尤为重要。为此，采用"链文本"作为合作模式，可提高合作能力，体现在以下几点。一是中国广播电视与国际友媒合作，适当将"CCTV""CGTN""CRI"作为符号嵌入国际媒体新闻内容并设置超链接，链接回这些媒体最原始的信息，帮助全球受众了解的媒体最新发展。二是与国际友媒协商在其内容中嵌入关键词超链接，链接回"CCTV""CGTN""CRI"等中国广播电视的原始新闻报道。三是进一步促进国际友媒正面引述"CCTV""CGTN""CRI"关于国际重大事件的"异见"。因为引述不同背景或意识形态的人对这一事件的看法会增加报道的真实性，但是一般情况下，具有与记者相近意识形态的人可能会最先被当作消息来源，[1]而通过在当地有较大影响力的国际友媒传播，有助于扩大中国广播电视内容在当地的影响力。四是进一步与国际媒体开展联合拍摄电影、电视剧、纪录片等工作，将中国的大好河山、先进科技、便利交通、友好态度等作为其内容在大屏、小屏传播。五是进一步与国际头部在线视频平台和社交媒体平台合作，提供充足内容，并利用其网络社区内容链接中国内容。

第三节 共情：传播内容制作能力建设的核心

在"无内外之别"的前提下，中国广播电视国际传播的内容整体还是比较充足的，但不管是新制内容，还是将原有素材进行重组、翻译，都应该注意在"全球意识""命运共同体意识"引导下，中国广播电视面对的是"全球受众"。共情"是一个人能够理解另一个人的独特经历，并对此做出反应的能力。共情能够让一个人对另一个人产生同情心理，并做出利他主义的行动"[2]。但，共情并非同情，而是接近

---

[1] ［荷］托伊恩·A. 梵·迪克：《作为话语的新闻》，曾庆香译，华夏出版社2003年版，第88页。
[2] ［美］亚瑟·乔位米卡利，《共情力：你压力大是因为没有共情能力》，耿沫译，北京联合出版公司2017年版，第3页。

于情感共振、情感共鸣，即产生了相同或相似的情感、情绪，这种"共同情绪、情感"，以"同感""共感""共鸣"为依据。[①] 共情是有意识地进行换位思考，来理解别人的思想和感受的过程，正所谓悲伤着你的悲伤，幸福着你的幸福。[②] 能够让全球受众产生共情的，始终是内容。因此，弥补因"内外有别""外外有别"导致新闻内容、影视内容以及社交内容等制作欠佳的问题，关键是要选择共情选题，设计共情弥母，采用共情语言，实现共情传播。

一 共情选题：提高内容的受关注率

1990年12月，著名社会学家费孝通先生总结出了"各美其美，美人之美，美美与共，天下大同"这一处理不同文化关系的十六字"箴言"。这十六字"箴言"同样说明了，提高中国广播电视国际传播内容制作能力需要掌握的核心——选题，应该是超越国界、超越意识形态、超越文化差异的。共情同样含有这个意思。共情强调的是站在他人立场上，将自我"客体化"，即以"第三者"的视角来表征、监控和调节自我和他人的关系，"抑制自我中心化偏差"，以促使其共情并摆脱自我中心的禁锢，逐渐指向他人。[③] 换句话说，中国广播电视国际传播的选题应尽量客体化，若做不到完全客体化，选择人性共同点、命运共同点，才能引起国际受众的普遍关注，产生共鸣。也只有基于国际受众普遍关注的选题，才能提高内容的关注率。长此以往也就能提高选题能力。

（一）选择具有人性共同点的选题

共情是人类根源于基因的一种天赋。共情不是一种情绪，也不是

[①] 赵建国：《论共情传播》，《现代传播》2021年第6期。
[②] 吴飞：《共情传播的理论基础与实践路径探索》，《新闻与传播研究》2019年第5期。
[③] 吴飞：《共情传播的理论基础与实践路径探索》，《新闻与传播研究》2019年第5期。

一种感受,而是人类与生俱来的一种能力。① 所以人类之初,基本都具有共情的能力。对"美"的事物、对"爱"的追求也是人类普遍关注的,因此,选择"美"的主题,选择"爱"的主题,选择人类普遍关注的主题,更利于全球传播。

1. 选择"美"的主题

根据表5-1,CGTN、CNN、BBC、RT等世界主要国际媒体发布在 YouTube 上的观看次数最多的视频,在内容上的共性就是都充分展现了人性之美,包括伊朗男孩的坚韧之美、奥巴马的礼让之美等。以伊朗男孩的坚韧之美为例,CGTN 于 2016 年 11 月 19 日在 YouTube 上传了 3 分 13 秒的《不可能的挑战:来自伊朗的体操男孩 Arat Hosseini》。

表5-1 中国 CCTV 与世界主要国际媒体在 YouTube 账号上观看量最高的视频 ②

序号	账号名称	观看量最高的视频	发布时间	观看次数(万)	点赞数量(万)	展现的共性
1	CGTN	不可能的挑战:来自伊朗的体操男孩 Arat Hosseini	2016-11-19	7500	18	人性之美
2	CNN	奥巴马忘了与护卫握手	2013-05-04	7198	68	人性之美
3	BBC News	法官认出被告席上的校友	2015-07-03	4838	75	人性之美
4	RT	"金嗓子"流浪汉找到工作	2011-01-06	4821	28	人性之美

---

① [美]亚瑟·乔位米卡利,《共情力:你压力大是因为没有共情能力》,耿沫译,北京联合出版公司 2017 年版,第 3 页。

② 数据统计截至 2021 年 7 月 10 日。

该视频介绍了来自伊朗的年仅2岁半的阿拉特连闯五项运动难关的情况，视频里面主持人使用中文介绍全过程，阿拉特父亲使用阿拉伯语鼓励阿拉特坚持下去。按照国际通用语来说，并不利于传播，但是相比CGTN其他类别视频仅有几十万的播放量来看，截至2021年6月3日，该视频的播放量，已经达到74980235次、点赞180000次、评论7055次，稳居CGTN热门视频榜首。这些评论，大量使用英语、阿拉伯语、韩语、日语以及其他语言赞扬小男孩勇敢、惊艳。没有花哨的镜头、没有花哨的语言，仅有小男孩在面对困难时坚定的眼神和行云流水的动作及父亲的鼓励，却让世界不同种族民众为之赞叹。可见，中国广播电视的内容制作者用心选择具有人性共同点的话题更利于传播。

从浙江卫视音乐频道、MGTV、SMG纪实人文官方频道等在YouTube账号上的观看量来看，排名较高的主要是关于音乐、关于饮食的视频；从李子柒既展现中国风景之美、餐食之美也展现人性之美的系列视频在国外受到良好评价来看，中国广播电视内容的制作可适当选择这样的内容。中国广播电视国际传播内容制作能力的提高核心就在于选择人类共通的美。换句话说，一切"美"的事物都该成为中国广播电视国际传播的重要内容。世界和中国的音乐之美、舞蹈之美、湖海山川之美、草原雪山之美、食物之美、人物外形之美、人性之美……都该成为中国广播电视国际传播新闻、电视剧、纪录片、综艺节目等内容时重点选择的主题。

2. 选择"爱"的主题

"爱"是共情的基础。儒家追求仁爱，《论语》要求人持有一种爱人的态度，所谓"仁者爱人"；韩愈的"博爱"、荀子的"兼爱"则强调"一体之仁"。西方哲学家彼得斯认为，唯有爱才能成就沟通和交流。休谟说："仁爱情感的价值，至少一部分来自其促进人类利益和造福人类社会的趋势……人类的幸福、社会的秩序、家庭的和睦、朋友间的相互支持,总是被看作这些德性无形性地统治了人们胸怀的结果。"① "爱"的表现多种多样,但常见的"爱"表现为对家庭的爱、对民族—国家的爱,父母与孩子之间的爱,朋友之间的爱,恋人之间的爱……

CGTN Arabic 在 YouTube 上播出的视频,排名前 6 的视频(均为 2020 年 1 月底 2 月初疫情较为严重时上传的视频),观看量、评论量、点赞量都非常高,而共同点都在于展现了"爱"的主题。截至 2021 年 6 月 3 日,该账号上观看量排名第二的是孩子迎接母亲抗疫回家的视频,排名第四的是孩子给在医院抗疫的母亲送饭的视频,两个视频展现了家庭成员之间的爱,观看量分别达到了 238 万和 166 万;排名第三的是教普通人如何正确佩戴口罩抗疫的视频,排名第六的是抗疫护士深夜前往医院值班的视频,两个视频展现了对普通人的爱,观看量分别达到 175 万和 112 万;排名第五的是中国专家组抵达意大利抗疫的新闻视频,展现了对其他民族—国家的大爱,观看量为 139 万。虽然相对国际媒体来讲,大部分的视频有数百万甚至上千万的观看量并不高,但就 CGTN 来讲,这些讲述"爱"的视频,明显高于其他话题的视频。说明选择"爱"这种主题的视频,是提升中国广播电视国际传播内容制作能力的一个方向,但如何呈现"爱"则在后面再去具体阐述。

(二)选择共同关注的选题

马克思曾言"衣食住行是人们最基本的物质生活需要"。马斯洛的需求层次理论提出食物、水分、空气、睡眠等生理需求是最根本的需求。经济发达地区受众也好,经济欠发达地区受众也罢,作为普通人对衣食住行等生理需求较为关注,这也就导致信息提供者要在保证这些信息的基础之上,再提供满足受众安全需求、归属需求、尊重需求、

---

① [英]休谟:《道德原则研究》,曾晓平译,商务印书馆 2001 年版,第 34 页。

自我实现需求的信息。一般而言，在今天大数据、人工智能、算法已经非常普及的基础上，中国广播电视国际传播可以基于规模数据和算法的结果，结合大多数人的需求以及共同关注来选题，但也可以稍微侧重"衣食住行""礼仪美德""环境保护""英雄主义"等选题。

1. 选择"衣食住行"的主题

CGTN各频道设置的《生活在中国》《中国厨艺》《学做中国菜》《美食训练营》《神州行》《华夏行》《中国之旅》等节目就是考虑全球受众关心在中国如何吃穿住行的问题，并重点倾向了"吃"和"行"（旅游）等问题，也取得了较好的效果。从这些节目的名称即可看出，即便是美食节目，也主要针对对中国菜感兴趣的国际受众。在《味道》这档看似非介绍中国美食的节目中，其实也还是重点介绍中国各地区的美食，但是，就"味道"本身而言，除了中国美食的味道，还有俄罗斯美食的味道、巴基斯坦美食的味道、土耳其美食的味道，如此等等，可以说，全球有多少国家，就有多少种美食的味道，或者说有多少个家庭，就有多少种美食的味道。既然取名为《味道》是否可以尝试把视野打开，既选择中国美食的味道，又选择全球各地的美食，既满足全球受众对中国美食的需求，又打开全球受众的眼界，延伸其听觉、视觉、味觉。如此，既展现了中国的大气与包容，又展现中国与全球各地的友好关系，还能强化与本土媒体的合作。

如图5-2所示，2020年全球短视频用户常看的垂类内容中，美食类的占比最高，而中国的"国际网红"李子柒对关于中华美食的影响力又最大，她每上传一次中华美食视频，观看量就能瞬间达到上百万甚至千万，这是其他媒体难以比拟的数据。这说明不管这个世界科技如何发达、社会如何进步、经济如何发展，全球受众对吃，包括吃什么、如何吃、如何更健康地吃、如何做都十分感兴趣。中国广播电视在技术、设备、人员都比较充足的情况下，可以优化、升级现有关于美食、穿衣、住宿、出行（旅游）的选题，既重视中国本土内容，也强化全球化选题，以获得全球受众更多的关注，提高内容的受关注率。

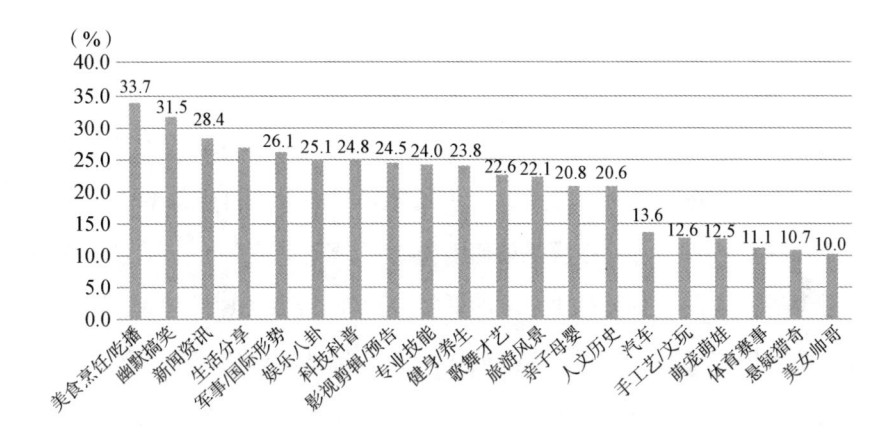

图 5-2　2020 年全球短视频用户常看的垂类内容分布①

类别	百分比(%)
美食烹饪/吃播	33.7
幽默搞笑	31.5
新闻资讯	28.4
生活分享	26.1
军事/国际形势	25.1
娱乐八卦	24.8
科技科普	24.5
影视剪辑/预告	24.0
专业技能	23.8
健身/养生	22.6
歌舞才艺	22.1
旅游风景	20.8
亲子母婴	20.6
人文历史	13.6
汽车	12.6
手工艺/文玩	12.5
萌宠萌娃	11.1
体育赛事	10.7
悬疑猎奇	10.0
美女帅哥	

2. 选择"礼仪美德"的主题

每个国家有自己的礼仪美德。有时两个国家有些礼仪动作相同，却表达了不同的意思。尽管不同，但是微笑、拥抱等动作所传递的友好之情却是相同的。因此，善于采用全球受众有共同意义空间的动作传递礼仪美德，能起到事半功倍的效果。以 CNN 于 2013 年 5 月 24 日在 YouTube 上发布的《奥巴马忘了与护卫握手》视频为例，截至 2021 年 6 月 3 日，该视频播放次数达到 71390164 次、点赞 660000 次、评论 54387 次，占据 CNN 热门播放视频的第一位。RT 同样制作了俄罗斯总统普京登机前与士兵擦肩而过但想起没有拥抱又倒回去拥抱士兵的视频，该视频也被播放数千万次。两位总统，作为政治人物，身居高位，在其他场合发言的视频观看量并不高，但这种具有亲和力的视频，恰好满足了普

---

① 赵晖：《短视频对中国文化海外形象的塑造与传播》，《中国电视》2020 年第 2 期。

通民众的共情需求。这也提醒中国广播电视的内容制作者需要充分考虑采用具有全球共识的礼仪选题，作为中国领导人形象建构的方式之一。此外，全球礼仪美德中，可选择尊老爱幼、无私奉献等。

3. 选择"环境保护"的主题

从 BBC、CNN、RT 以及 AJ 受关注度较高的视频来看，环境保护占到了一定的比例。再从表 5-2 所呈现的 CGTN 和几个分频道观看量最高的视频来看，除展现人性之美的"不可能的挑战：来自伊朗的体操男孩 Arat Hosseini"之外，"沙漠是如何消失的？""南非克鲁格国家公园面临偷猎者的挑战""未来驾驶变革的低排放汽车：RAZOR"三个选题均涉及环境保护。可见，全球大多数公民更关心自己所处的环境，包括气候变化、粮食安全、水体污染、过度开荒、土地退化、环境卫生、陆地生态系统、海洋资源保护、能源枯竭、自然灾害预警、低碳生活等众多子项。在全球绿色发展、循环发展、低碳发展的时代，前述环境问题以及更加细化的环境问题，均可作为中国广播电视未来的选题方向。中国一直在国际上参与环境保护众多事务，而站到全球命运的高度，以新闻、电视剧、纪录片等方式呈现这些选题，可引起较高的关注。

表 5-2　CGTN 及各分频道、分台在 YouTube 上播放量最高的视频①

账号名称	观看量最高的视频
CGTN	Impossible Challenge: Gymnastics Boy Arat Hosseini from Iran（不可能的挑战：来自伊朗的体操男孩 Arat Hosseini）
CGTN en Español	dosaños realizacinco trucos peligrosos de gimnasia con tanta facilidad,¡increíble！（不可能的挑战：来自伊朗的体操男孩 Arat Hosseini）

① 统计时间为 2021 年 7 月 11 日。

续表

账号名称	观看量最高的视频
CGTN Français	Kwame Nkrumah——Histoire tragique d'un visionnaire（夸梅·恩克鲁玛——一个有远见的人的悲惨故事）
CGTN Arabic	عسكرية بمعدات عسكري عرض بأكبر الصيني العسكري الاستعراض（国庆阅兵盛典）
CGTN на русском	Как исчезают пустыни?（沙漠是如何消失的?）
CGTN Documentary	Beijing Daxing International Airport: Airport For the Future——Part 1 Waiting in the Wings（北京大兴国际机场：未来的机场——第一候机楼）
CGTN Africa	South Africa's Kruger National Park Faces Challenges on Poachers（南非克鲁格国家公园面临偷猎者的挑战）
CGTN America	Cause of MH17 crash by Dutch Safety Board（荷兰安全委员会：MH17事故原因）
CGTN Europe	Low-emission cars of the future driving change: RAZOR（未来驾驶变革的低排放汽车：RAZOR）

4. 选择"英雄主义"的主题

美国电影电视产量虽然没有印度高，但质量却相对较高，其好莱坞每年的赢利占据世界第一，这当中少不了大量反映英雄主义的影片，包括《超人》《蝙蝠侠》《X-战警》《蜘蛛侠》《美国队长》《复仇者联盟》等多个英雄主义系列的影片。这些影片在全球影院、数字电视、IPTV、OTT 等不同终端播放，不仅收入不菲，也传递着美国英雄主义。这些影片在全球受欢迎，少不了每个人心中都有一个"英雄梦"这一因素的影响，而仗剑天涯、行侠仗义、拯救苍生，不仅是很好的选题，更是可以引起国际受众共同关注的点。即便是中国《战狼》《湄公河行动》《红海行动》等影片，受欢迎也因为展现了"中国的英雄主义精神"。此外，2021年7月7日，CGTN Arabic YouTube 账号上传了中国警校男生在公交上抓小偷的新闻。该新闻视频一上传，观看量就达到1.7万，是该账号三天内更新最快、观看量最高的新闻视频，国际受众用各种语言评价该男生的英勇，主要也是因为该新闻视频展现了中国人行侠仗义的精神。由此可见，选择建立在全球共识情况下的"英雄主义"选题，有利于引起共鸣，赢得更多关注。事实上，中国广播电视重视通过选择抗日题材的话题来呈现英雄主义，这对国人的历史教育毫无疑问非常好，但对国际受众则要充分考虑其接受度。由 CGTN 播出的新闻来看，站到全球高度选择新时代的中国新英雄，更能引起国际受众深入、长期的关注。

二 共情弥母：扩大内容的传播边界

1976年，英国演化生物学家理查德·道金斯（Richard Dawkins）在其著作《自私的基因》中，首次提出了一个新词——"meme"。该词被音译为"弥母""幂母""米姆""模因""弥因""敏因"等。meme 是一个隐喻，目的是阐明文化进化的理由。其涵义主要可以通过两个方面来理解。第一，meme 是文化的复制因子；第二，模仿是 meme 的主要传递方式。meme 是指"在诸如语言、观念、思想、信仰、行为方式等的传递过程中与基因在生物进化过程中所起的作用相类似的那个东西。"[1] 本研究采用"弥母"这一翻译来表示，在广播电视国际传播能力建设过程中，主动打造富含共情文化因子、更易共情模仿以及更快共情传播的数字"弥母"。此外，每一个传播的人又处在不同的社群中，他们跨社群的传播，又促进共情的弥母打破原有的传播圈

---

[1] 高梁：《关于 meme 的几个问题》，中国社会科学网，http://www.cssn.cn/yyx/yyx_gwyyx/201401/t20140108_938842.shtml，访问时间 2014年1月8日。

层,进入全新的圈层。这种破圈传播,直接推动内容打破原有的边界,扩大传播的边界。

(一)设计富含共情文化因子的"弥母"

霍尔认为,在传播阶段,虽然传媒工作人员的知识框架、生产关系、技术基础设施会存在差异,但会在制度结构等可感知的因素和自身技术水平、政治素养、知识结构等隐性因素的影响下,采用多种方式进行编码,形成有话语意义的节目。设计富含共情文化因子的"弥母"的方法至少要先强化编码能力,再形成共识性的模式。

1. 采用多种编码形式

霍尔认为传播者编码的方式主要包括"分解""重组""伪装"三种方式。所谓分解就是把想要表达的思想观念、文化观念乃至意识形态等拆解成不同的元素,可以不停地往下拆解,直到完全无法拆解为止,就像一个文章拆解成数个段落,数个段落拆解成数个句子,数个句子拆解成数个词语,数个词语拆解成数个字。拆解到无法分解时,便可将这些字重组或者伪装,形成新的结构,但又能表达传播者最原始的意义。分解是为了更好地重组。中国广播电视国际传播时,可采用这种方式,将原有要表达的意思不停地分解,以此适应最广大的国际受众的喜好或者刺激其需求。中国广播电视国际传播时,拿到任何一个话题和任何一种文化均可分解,但如何重组、如何伪装成为富含"框架""隐喻"的音频和视频,又更加考验从业人员的水平。换句话说,编码其实更需要从业人员了解国际受众的大致情况。因此,强化摄像师、编辑人员、记者、主持人等国际传播从业人员的编码能力建设,是未来的一个方向。未来,中国广播电视国际传播时,充分采用"分解""重组""伪装"方式将全球具有共性的"喜怒哀乐",快速制作成弥母,利于全球性地传播,同时,也应将具有本土性的文化制作成本土化弥母,促进本土受众范围内的传播。

2. 采用共识性的模式

模式其实与弥母有相似之处，均可快速复制。相比本土化的模式，共识性的模式更利于不同文化背景的受众快速复制。中国广播电视国际传播时，可采用共识性的文化模式，包括节庆文化、体育运动文化、音乐文化、舞蹈文化等在传播过程中形成的模式；采用共识性的视觉模式，包括色彩、图片、动态图示、花式字幕、经典镜头、4∶3/16∶9画面模式以及视觉修辞中的文化元素，如文字、服饰、首饰、静态物件等；采用共识性的听觉修辞模式，包括背景音乐、特制语言声音、模拟声响等；采用共识性的互动模式，包括扫描二维码、人脸识别、数字服装替换、触屏互动、问与答、互动小游戏等。特别要强调的是，富含文化因子的弥母，不仅包含中华文化，还应包括全球共识性文化和各国别具特色的本土文化。具体每次制作弥母采用何种文化，一是可以基于规模数据分析，二是可以基于广泛调研，三是快速模仿国际媒体操作模式，四是重点策划。相对来说，重点策划又较为重要，切实采用"属性列举、变更交合"[①]的创意方法，可在一定程度上刺激国际受众主动传播。

(二) 设计更易全球共情模仿的"弥母"

"弥母"是一种复制因子，关键就在于能够让人快速模仿。设计共情模仿弥母的关键又在于选择跨文化的而非小众的、全球普遍关心的而非个别关注的、民众感兴趣的而非个人爱好的话题。

1. 选择共情话题设计"弥母"

抖音2019年曾发起了中外皆模仿的"四世同堂"挑战，引起全球范围内不分国家、不分肤色、不分家庭的模仿。该挑战能够被传播的

---

① 蔡尚伟、车南林：《文化产业精要读本》，江苏人民出版社、江苏凤凰美术出版社2015年版，第98页。

内核是亲情,亲情是人类血脉传承的朴素情感和永恒的话题,它具有普世的情感价值,超越了文化和意识形态的障碍和藩篱,容易跨文化传播,引发海内外受传者的共鸣。① 不管东方还是西方,不管意识形态有多大的差异,不同国家、不同民族、不同肤色、不同家庭,都比较重视家庭,而亲情是人类朴素而美好的情感。因此,血脉相连的亲情可成为打造共情"弥母"的话题之一。综合而言,爱恨情仇、悲欢离合、喜怒哀乐、生离死别,这些基本情感往往可以跨越各种藩篱而在人际传播主体间引起共鸣。② 因此,中国广播电视选择反映这些基本情感的话题,更易让全球受众产生共情,这在2021年8月美国撤出阿富汗期间,CGTN展现出阿富汗广大民众的辛酸命运,引起国际受众关注当中也有所反映。

2. 利用共情文本设计"弥母"

当前传播环境下,"弥母"主要表现为文字文本、图像文本、音频文本和视频文本。未经修改的"弥母"文本被称为"原生弥母"。在传播过程中,根据自己的兴趣、爱好、文化特色等增添、修改、衍生之后再次生产和传播的文本,被称为"动态弥母"。将这些文本在跨媒体、跨领域、跨文化层面上的混合、重构和"破坏性创新"则被称为"混搭弥母"。采用具有共情文本的"混搭弥母",更符合移动互联网传播的习惯,在节点化、链接化、标签化的推动下,更容易病毒式传播,甚至称为全球性"奇观"。广播电视需要着手的就是跨越障碍,切实设计和使用共情文本"弥母",这就要培养从业人员设计共情文本的能力,而采用基于规模数据的结果作为设计文本的基础,采用智能化功能强化"人—机链接"与互动体验,嵌入全球共识性的知识,结合

---

① 孙璐:《全球化新格局下 CGTN 的国际传播研究》,光明日报社2021年版,第107页。
② 张勇锋:《共情:民心相通的传播机理》,《中国社会科学报》2020年11月19日第A03版。

"世界睡眠日""世界水日""国际新闻工作者日""世界青年节"等世界性节事等较为重要。

(三)设计更快共情传播的数字"弥母"

"弥母"对信息文化传播的作用在互联网高度发达的时代被充分表现在社交媒体平台上,用户不仅可以对已有信息和内容进行编辑和修改,还可以自由地生产和传播新的内容和信息。鉴于此,数字化"弥母"成为全球文化传播的重要手段。[①] 读图是人类最原始的习惯。在5G或者未来更先进的ICT技术支撑下,图像化、视频化是未来广播电视进一步强化的方向,情绪化、短小精悍的数字"弥母"是实现共情传播的路径之一。

1. 设计情绪主导的数字"弥母"

广播电视国际传播弥母可见的元素主要是文字、图片、视频,可听的元素包括音乐、人声、环境声、模拟声等音频,但实际上这些视听元素,包含着情感、情绪、态度、观念等。其中,富含情绪的数字"弥母"又比较能主导受众传播的积极性。情绪的范畴比较多,包括愉快的情绪、悲伤的情绪、愤怒的情绪、惊讶的情绪、思念的情绪、厌恶的情绪以及恐惧的情绪等多种多样的情绪。P. 埃克曼等人的研究表明,巴西、美国、阿根廷、智利和日本等国家的人对人类"愉快""厌恶""惊奇"等面部表情存在很高的一致性。视频中愉快的、厌恶的、惊奇的面部表情容易让人跟着产生愉快的情绪、厌恶的情绪和惊奇的情绪,而相关音频的配合更能推动情绪被认知和传递。中国广播电视国际传播时,可重点选择让人产生愉快情绪的"弥母",因为"弥母"具有选择性,即传播能力是不同的。如有些辨识度高、有趣的元素更

---

① 史安斌、满月:《"弥母"传播与数字化媒体奇观的兴起》,《青年记者》2015年第31期。

易于被传播,另一些则很难被广泛传播。[①]

2. 设计短小精悍的数字"弥母"

5G 时代或者未来更加先进的技术会促进中长音视频被广泛采用和传播,但是对数字弥母而言,还是建议采用短小精悍的音视频。这主要是因为中长音频和视频的音频采集、视频拍摄、画面和声音的匹配、情绪点的剪辑、节奏点的把控等对普通受众来说,难度相对较大。换句话说,中长弥母会导致国际受众的模仿难度增加,且"畏难情绪"会导致其放弃模仿,一旦其放弃,传播者想要依靠弥母扩大传播边界的期望也就难以实现了。这样,中国广播电视制作弥母,尤其是用于新兴渠道传播的弥母,可重点选择视觉修辞准确、节奏点良好、情绪点适宜、短小精悍的弥母,以促进内容病毒式传播、裂变式传播、裹挟式传播、碎片化传播、草根化传播、下沉化传播。

3. 选择好弥母传播的"时间节点"

"十年""百年""千年""万年"等自然年的时间节点,"国际消费者权益日""消除种族歧视国际日""世界地球日""国际劳动节""国际大学生节""世界艾滋病日"等世界性的节日,"巴西狂欢节""威尼斯狂欢节""柏林文化狂欢节""西班牙狂欢节""中国春节"等各国重要的节事,是选择传播弥母比较合适的时间,"生活的仪式感"容易形成"传播的仪式链",也更容易产生共情。此外,主动制造传播时间节点,并且切实以每周、每月、每年等为节点来执行,形成长期固定的传播时间模式也很重要。

三 共情语言:增大内容的影响力度

新闻传播内容中的不当选择——比如直接的暴力内容呈现,或者

[①] 高梁:《关于 meme 的几个问题》,中国社会科学网,http://www.cssn.cn/yyx/yyx_gwyyx/201401/t20140108_938842.shtml,访问时间:2014 年 1 月 8 日。

修辞中充满的战争隐喻（这一现象并非止于国际传播领域，但在国际传播领域尤甚）——强调人的自私本性，强调强者对弱者的剥夺以及强者之间的争夺（无论是物质财富，还是符号与话语空间），都会削弱人的共情力。[①] 采用共情语言尤其是非语言增强中国广播电视国际传播受众的共情力，是一种必要的方法。共情语言的最高境界就是无口头语言，包括刺激视觉的色彩、光线、画面构图、画面景别、画面背景、运动镜头以及画面人物的面部表情和肢体语言等非语言，包括刺激听觉的现场环境音效、后期配乐以及人物非对话声音等非语言。中国广播电视国际传播内容制作能力建设，可适当强化画面镜头语言，突出画面人物面部表情和肢体语言，常用环境音效、后期配乐以及人物非对话声音等非语言。

（一）精选共情画面镜头语言，突出面部表情和肢体语言等非语言

让人产生共情的语言表现方式很多，包括画面镜头语言、画面人物面部表情和肢体动作等刺激视觉的非语言。此处，共情画面镜头语言，包括画面构图、画面景别、画面背景、运动镜头等。中国广播电视在制作新闻、影视作品时，要使全球受众产生共情可充分使用这些非语言，强化"视觉修辞"。

1. 精选共情画面镜头语言

画面镜头语言作为新闻、影视作品的基本镜头，一直应用广泛。中国广播电视之所以出现"温和有余"，原因之一就在于镜头的拍摄和组接与国际媒体相比，比较中规中矩，但是在国际广播电视激烈的竞争中，适当的"打破陈规""出圈"是必要的。这当中具有情绪的运动镜头，在引起共情方面，作用更大。相对而言，采用无人机拍摄的

[①] 吴飞：《共情传播的理论基础与实践路径探索》，《新闻与传播研究》2019年第5期。

动态远景和全景要比传统设备拍摄静态远景和全景要更有吸引力，采用手持设备拍摄的动态中景和近景要比传统设备拍摄的静态中景和近景要更具吸引力，因为动态更能反映拍摄者的情绪和拍摄对象的情绪。以拍摄警察抓捕犯罪嫌疑人为例，传统的做法是用一个固定镜头呈现警察奔跑，另一个镜头呈现固定镜头抓到犯罪嫌疑人，但是中间警察奔跑几条街的、激烈的、紧张的部分却未呈现，也就无法调动观众的情绪。事实上，警察在奔跑，摄像师同样在奔跑，两者的奔跑形成的强烈情绪，在镜头中均会呈现，会让观众感受到现场的氛围，这也解释了为什么奥运会能引起全球关注，因为不是运动员在运动，就是摄像师的镜头在运动，当然更多的时候是二者均在动。已经处在"读图时代""读视频时代"的国际受众，更需要真实的、有情感的、有情绪的、有温度的视频。因此，未来，中国广播电视可进一步在新闻、影视作品中采用能够产生共情的情绪镜头，强调"动起来"。此外，特写镜头作为开篇也可适当强化。

2. 突出展现画面人物面部表情和肢体语言

人类不管肤色如何，不管发色如何，面部震惊的表情、不可思议的表情、难过的表情、哭泣的表情、伤感的表情、微笑的表情、悲伤的表情、快乐的表情、坚韧的表情等所传达的意思却是相似的；身体所呈现的孤单、落寞、雀跃等肢体语言所传达的意思也是相似的。CCTV Español YouTube 账号上播放量最高是的 2016 年 3 月 17 日上传的《在不可能的边缘——刘腾，中国最柔韧的女孩》，截至 2021 年 6 月 10 日，观看量达到 1976 万，点赞量达到 7.4 万。该视频采用中文配音和中文字幕，但从观看量和下面的评论来看，语言的障碍完全不影响观看，4753 条评论，西班牙语、俄语、阿拉伯语等清一色外语语种表示惊讶、厉害，没有用语言表示的评论，则使用惊讶、鼓掌等网络表情来表达对该女孩的赞赏以及对该视频的的喜爱。该视频之所以收到这么好的效果，原因就在于该视频充分展现了女孩坚韧的面部表情和柔软的身躯。CNN 在 YouTube 上观看量第二的新闻视频是特朗普支持者与两位 CNN 主持人对话的视频，该视频时长四五分钟，全程均是特朗普支持者在不断向主持人发问，其自信、丰富的面部表情以及一男一女主持人苦不堪言、焦头烂额的面部表情，成为该视频获得高收看量和高评论量的根本原因。视频的评论第一条就说男主持人被问得哑口无言的表情真有意思，而该条评论也获得数万点赞。此外，统计 CGTN、CCTV Español、CGTN 最高播放量时发现，在语言有障碍、文字阅读有障碍的情况下，不同的受众通过评论展现着"共情"，共同的惊喜、共同的惊讶、共同的悲伤，而这些"共情"均由画面里的人物面部表情和肢体语言所引发。所以，未来，中国广播电视还要强化这种非语言的作用。

此外，中国讲究"兵马未动，粮草先行"。中国广播电视国际传播的内容类似于"粮草"，只有内容数量和质量到位，才能保证渠道传播畅通、稳定。而内容的制作采用统一的标准，无疑会加快内容制作的速度。采用统一标准，包括采用统一制作标准或模板形成固定的模式，打造统一的翻译团队及时翻译国内最新作品，稳定更新时间及频率等。这些行为，看似无意实则是一种非语言传播，长期积累，给国际受众以稳定的形象。此外，整合优秀渠道与优秀内容，让受众看到新意也很重要。渠道先天的优势决定了其被随时关注，但是单凭自己渠道的内容生产不一定能赶上受众的刷新速度，也不一定能满足不同受众不同的需求。一些渠道不占优势而内容反而更加优秀的媒体就可以成为成熟和优秀渠道的内容提供者。不同媒体切实合作，中国广播电视可充分吸纳优秀的、多元的内容，从而做到分众化、精准化，形成不断创新创意的形象，形象本身就是一种非语言。

(二) 常用环境音效、后期配乐以及人物非对话声音等非语言

与刺激视觉的非语言不同，刺激听觉的非语言需要调动人的想象和思考，给受众更多的想象空间。在读视频时代，能强化人共情的并非单纯的声音和单纯的画面，而是更好的声画同步、声画对位，以及适时的声画分立。若画面和环境音效已经采集，那么良好的后期配乐及准确的"卡点"，能进一步强化"听觉修辞"，会促进受众情绪爆发及扩散传播。

1. 常用环境音效，激发共情

环境音效主要指音频、视频中出现了反映现场环境的声音。正如前面所述，AJ在报道一次枪击案时，除了视频报道，还专门采用播客的形式进行补充，而在这个音频安静的环境下现场枪声突然出现，让人身临其境、不寒而栗，感受到当时的危险。CGTN于2021年8月在连线阿富汗现场记者时，记者身后总会不断响起的枪声，让人感受到战争的残酷以及和平的重要性。由此可见，环境音效使用得当对激发共情有重要帮助。中国广播电视的内容还要继续强化环境音效的作用。就新闻而言，全球性新闻事件充分还原现场音效，既能反映事实的真实性，又能利用这种非语言的形式吸引更多的受众，而在未开始插入配音之前直接使用，更好。此外，采用Vlog形式的新闻，要更加重视环境音效，以便激起受众与Vlog新闻主体产生相同情感。

2. 常用后期配乐，引导共情

过去制作新闻一般不采用后期配乐，但是社交媒体的兴起促进其新闻常用后期配乐。同时新闻专题，也重视采用后期配乐。在CNN四十周年纪念性新闻专题中，后期制作者将CNN四十年来的重大新闻现场充分展现，但真正令受众动容的是其音乐高低起伏、强弱得当、起承转合与画面的配合紧密，虽然该新闻专题的大量批评都强调CNN已经失去了宗旨、没有了原则，但是也有个别人强调其制作精良。中国

广播电视在国际传播时也重视配乐，但未来还要继续加强。要强化音乐数据库的储备及人工智能选曲的运用，尤其是遇到全球新闻事件时，利用人工智能基于规模数据自动匹配全球共识性的音乐，可促进中国广播电视占主导权，引导国际受众产生共情；二是要强化中国音乐与国际事件的准确配合，因为2020年中国《一剪梅》在海外疯传在一定程度上说明中国音乐具有一定的普适性。这就需要强化中国音乐节目在全球的传播，事实上，截至2021年6月11日，在YouTube上，浙江台总观看次数为16亿，芒果TV总观看次数为38亿，播放量最高的都是音乐类节目，说明音乐这种形式在国际上传播相对通行，即便听不懂歌词表达的意思，但能在曲调中感受情感，引起共鸣。中国音乐国际化普及，而在新闻、影视作品编辑制作过程中采用这些音乐能更好地唤起受众的情绪，从而起到引导共情的作用。

3. 常用人物非对话声音，产生共情

虽然"未见其人，先闻其声"描述人说话的声音的重要性，但音频中、视频中人的哀叹声、尖叫声音、咳嗽声、哭喊声等先出现，就类似特写镜头作为开篇镜头对整个影片的影响的一样，同样重要。这类非语言在特殊的情况下使用，更容易引起共情。仅以尖叫声为例，虽同为尖叫，但实际上表达的情绪却有所不同，因为尖叫可表达愉悦、悲伤绝望、喜悦和兴高采烈、痛苦万分、愤怒以及恐惧等。如2021年8月，苏炳添在东京奥运会上所发出的表情和声音，被传播、感染到不同人群，他虽然没有夺冠，但是代表亚洲人在短跑项目上的超越，那种激动的心情、喜悦的心情难以言表但又令人感同身受。不同人种、不同民族对语言的理解稍有差异，但这些非语言的感知却基本相同。因此，未来中国广播电视可以强化这种非语言的使用，产生共情。

第四节　精准：传播受众定位能力建设的重点

在"第三十次集体学习"会议上，习近平总书记强调，要采用贴近不同区域、不同国家、不同群体受众的精准传播方式，推进中国故事和中国声音的全球化表达、区域化表达、分众化表达，增强国际传播的亲和力和实效性。[①] 中国广播电视要实现这一目标，进一步从"传统思维"转向"互联网＋思维"，切实实现"思维先行"，只有思维先行才能主动探索，采用更多、更新、效果更好的技术、工具，区隔全球不同受众的需求，提升国际传播受众的定位能力。

一　思维先行：引导国际传播定位实践

2015年3月5日，李克强总理在十二届全国人大三次会议上首次提出"互联网＋"行动计划之后，云计算、大数据、物联网等互联网技术与传统产业逐渐融合发展，而这种发展对中国广播电视的影响也是深刻的。"互联网＋"思维同样适用于国际传播，因为其包括的用户思维、迭代思维、极致思维、社会化思维、平台思维、开放生态思维、跨界思维以及大数据思维，[②] 均可指导国际传播受众的定位实践，而未来思维和合作思维同样能促进中国广播电视强化国际传播能力建设提档升级。

（一）用户思维先行

强调用户思维一方面是针对过于强烈的"外宣思维"。互联网在大

[①] 《加强我国国际传播能力建设 习近平再作部署》，人民网，http：//politics.people.com.cn/n1/2021/0602/c1001-32120815.html。

[②] 王艺、王克平、郭小芳等：《"互联网＋"思维下的小微企业风险识别与竞争情报预警研究》，《情报杂志》2021年第9期。

多数国家已经普及，中国广播电视针对这些国家搭建了多种网络平台，采用网络广播电视、国际在线视频平台、社交媒体、移动 App 等多种方式传播，但是仅仅搭建数字平台、采用新的技术手段还不够，更为重要的是思维和理念的革新。传统的"内外有别""外外有别"的对外传播理念正在被"内外一体"的新理念替代，而要真正实现"内外一体"传播，"互联网思维"必不可少，①而用户思维又尤其重要。另一方面是相对"受众思维"将受众作为说服的对象而言。在互联网和移动互联网已经普及的地区，国际媒体均已进入，而国际媒体增强用户体验已经养成用户的自主意识，中国广播电视再以传统的受众思维对其采用外宣式的说服，基本属于无效传播。改变这一现状的方法便是真正从"针对受众"转向为"面向用户"。由此，切实转向"用户思维"，并且做到用户思维先行，引领定位实践，才是关键。即便是在互联网欠发达地区采用传统广播电视传播，依然可以采用用户思维，因为只有切实站到对方角度去考虑问题才能吸引其兴趣，获取其反馈，与其建立良好信任感，培养其忠诚度，并最终对其产生影响。

　　用户思维先行，可视情况而定，以用户为中心，即以人为本，用户至上，全方位满足用户需求。以用户为中心，就必须努力寻找用户，吸引用户，粘住用户，着力分析用户，理解用户，关爱用户。为此，需要思考以下三个问题。一是研究分析到底谁是用户，通过什么渠道能够找到用户；二是了解用户的需求是什么，我们所提供的内容、产品或者服务是否是用户需要的；三是怎样吸引用户，采取什么办法和手段能够留住用户。②此外，可重点对国际用户的需求、动机、行为、

---

① 刘滢：《用"互联网思维"开启全球传播之门——2014 年对外传播新趋势》，《对外传播》2015 年第 1 期。
② 张玉启：《传统媒体对接互联网思维的要素分析》，《中国广播电视学刊》2018 年第 10 期。

品牌认知等进行分析与评估，强化目标用户定位，包括位置、环境、气候、交通、风俗等地理变量，年龄、性别、职业、收入、教育等人口变量，生活方式、风格与个性、态度等心理变量，使用时机（阅读时机、观看时机、搜索时机、下载时机、点赞时机、转发时机、评论时机等）、使用情景（阅读情景、观看情景、搜索情景、下载情景、点赞情景、转发情景、评论情景等）、使用频率（阅读频率、观看频率、搜索频率、下载频率、点赞频率、转发频率、评论频率）等行为变量。切实掌握国际用户这些变量，才能更好地做好用户画像，基于用户画像之上的内容制作又更具竞争力。未来，中国广播电视，尤其是以社交媒体为主要国际传播渠道的中国广播电视媒体，沿着用户思维可做出既传播中国元素又切实面向用户的内容和产品。

（二）平台思维和跨界思维先行

与过去线性思维和多点思维相比，平台思维和跨界思维更为包容、开放、交叉，也就更能促进定位者既能站得更高看得更深远，又能落到实处；既能整合更多资源，又能切实帮助定位。

1. 平台思维先行

平台展现出了一种多元化与垂直化共进的状态。一个大的平台可以提供非常多元的入口、机会，让更多垂类内容嵌入，而不同垂类内容又吸引着不同的受众聚集。一个小平台依然可以细分垂类。大平台也好，小平台也罢，所发展出的平台思维于中国广播电视国际传播更重要。这思维从用户定位的角度来看，包括开放、多元、包容、融合、互动、分享、便捷等，从媒体经营的角度来看，也包括资源整合、成本分摊、利益分享和效益倍增等。中国的云视听、央视频、"爱优腾"以及比较国际化的 MGTV 等也展现出了这些思维，但是相对世界较为发达的平台，未来，中国广播电视还要继续强化这些思维，既要考虑定位全球多元化的受众从而吸引更多 PGC、UGC，提供尽量多的内容及服务,又要考虑定位细分受众,以便提供相当深入细致的内容及服务。

2. 跨界思维先行

"打败相机生产商的并非同行,而是智能手机"。跨界已经成为常态。跨界让腾讯从社交运营商变成了最有人气的新闻传播者;小米跨界了,它不光卖手机,还卖电视盒子;万达跨界了,它不光做地产、商业,还到处开设电影院。[1] 这一方面说明中国广播电视国际传播的主体越来越多,但也说明这些非传统广播电视领域的跨界者在定位本领域客户需求并引领用户需求方面比较有优势。未来,这一跨界发展优势在海外落地时还要继续发挥。此外,中国广播电视还要进一步发展跨界思维,比如传统广播电视进一步跨界互联网领域,充分利用互联网、移动互联网的优势,定位"Z世代"的需求;比如进一步跨界美术、音乐、舞蹈等领域,定位希望轻松获取内容的受众需求;比如进一步跨界穿戴设备,定位体育爱好者的需求;比如进一步跨界家庭、车载、公共交通系统等的智能设备,定位一个受众不同场景的需求;比如进一步跨界社交媒体或者科技公司,定位越来越社交化、具身化传播的国际受众需求。

(三) 迭代思维和极致思维先行

施拉姆的"最后七分钟比喻"指出,因为传播的作用,人类发展速度迅速加快,而技术的推动起到了关键性的作用。技术的推动又让传播形式、传播内容、传播渠道等不断更新迭代。更新迭代成为常态。事实上,一直以来,"变才是唯一的不变"。未来,中国广播电视可采用"迭代思维"来指导受众定位,同时利用"极致思维"深入细致挖

---

[1] 张玉启:《传统媒体对接互联网思维的要素分析》,《中国广播电视学刊》2018年第10期。

掘国际受众便于做出面向用户的内容。

1. 迭代思维先行

在干涉规律和叠加规律的影响下，国际传播媒介不断融合传统媒体的格式和内容，并形成新的规则。这一过程中，"快速决策""立刻行动""推陈出新"成为常态，而这可简单总结为迭代思维下的必然表现。中国广播电视国际传播同样需要迭代思维，因为国际传播对象在不断成长、迭代，传播技术、传播渠道更是在不断更新迭代，但我们的传播观念、思维、内容却还处在相对保守的时代。就目前来说，进一步定位"Z世代"，定位其喜欢的国际社交平台、国际信息消费方式、国际信息传播模式等，可在一定程度上培养未来对中国有好感的人群。未来，还需要强化迭代思维，既定位那些已经成长的受众，又定位不断新生的受众，而这就需要不断地进行观念创新、思维创新、内容创新、形式创新、产品创新以及体制机制创新。此外，定位并满足新生代用户需求的前提是，有人熟悉他们获取信息的方式、信息解读方式、信息分享方式、信息再生产方式等，起用年轻从业人员，培养国际传播储备人才也就变得很关键。

2. 极致思维先行

"细节决定成败"。在极致思维的指引下调研国际受众时能考虑到所有细节，包括考虑前述地理变量、人口变量、心理变量、行为变量等，只有考虑得越细致才能调研到国际受众的方方面面，深挖并根据这些调研结果提炼出具有共性的结论，进而根据这些结论制作满足大多数国际受众共同需求的内容、作品，采取更好的传播方式，探索更好的盈利模式。同样是极致思维才能引导前期策划、中期拍摄或录制、后期制作做到精细化，经得住时间的考验。未来，中国广播电视还要继续强化极致思维，引导定位实践、传播实践。

(四) 未来思维与合作思维先行

未来思维是非常重要且需要长期坚持的思维。只有站在未来看当下，才能把当下的事情做得更开放、更包容、更极致。合作思维也是需要长期坚持的思维，凡事求合作、求发展，才能共赢。

1. 未来思维先行

未来思维包含的内容比较多，于定位而言，转变定位区域的受众思维是未来思维的一种表现，比如加大定位"一带一路"沿线国家受众的力度，因为沿线约占全球63%的人口总量以及其丰富的资源才是未来发展的潜力，这就有赖于继续采用"媒体互调小语种人才""小语种协作体联合小语种人才"等方式强化小语种建设，采用打造当地"汉语网红"促进汉语线上线下推广的方式，切实与当地媒体合作播出展现先进中国的新闻和影视作品。储备国际传播人才也是未来思维的一种表现，比如进一步培养既有高瞻远瞩之眼光又能切实利用技术反映中国的人才，进一步培养既懂语言又懂国际新闻传播规律与技术的人才。包括CCTV、CRI、CGTN进一步与高等院校合作培养国际化人才，地方媒体进一步与地方外语院校联合培养地域特色的国际传播人才。因为人才到位，尤其是具有未来思维的人才到位，才能更加准确地定位求新、求变的受众。

2. 合作思维先行

合作共赢思维先行，可以辅助受众定位的开放性与互补性，促进国际国内资源互补、相关产业升级与增效。好莱坞影片能够收割全球票房的原因，除了高精尖的拍摄制作技巧、良好的营销推广渠道，更重要的其实是前期的策划，全球化的选景和全球化的选角。而这种选景与选角就是因为定位好了国际受众的求近心理，因为没有人愿意看与自己完全不相关的人、事、物。同样的例子还有中国的《李小龙传奇》电视剧，在CGTN Arabic的观看量较高，尤其是有欧洲面孔演员出现的那几集又最明显。可见，切实开展合作，包括演员的合作、导演的合作以及与当地音乐、风景、文化元素的合作可在一定程度上满足国际受众的求近心理。这不仅体现在电影、电视剧上，新闻和纪录片也是如此。换句话说，保持合作思维可以更好地定位国际受众的求近心理，同时基于合作思维的创新又更能满足受众的求新、求变心理，也利于融合中华元素，传播中华文化。

社会化思维、开放生态思维以及大数据思维同样重要，因为社会化思维促进受众定位时考虑受众所处环境、关联因素、关系圈层等；开放生态思维促进受众定位时突破限制、跨越障碍、专注创新等；大数据思维促进受众定位要基于前述用户思维获取规模数据，做好用户画像，追踪轨迹，便于准确预测、精准推送乃至刺激需求；曲线获利思维则可以辅助定位既按照国际规则又跳出种种束缚。

二　技术加持：助力国际传播定位准确

全球个别传媒欠发达地区广播电视还采用传统的方式，中国基础设施建设的佼佼者已经与当地合作推动其不断发展，也就为后期利用技术锁定受众奠定了基础。在广播电视相对发达的地区，与当地企业、传媒集团、组织等合作，进一步推进智慧广电建设，采用智慧广电的定位技术，有利于定位居家用户的相关心理、兴趣、爱好、需求等。同时，移动网络视听是未来趋势，因此采用移动终端设备内置传感器定位现实地理位置，采用聚合技术定位虚拟网络位置，可更加精准地定位受众。

（一）智慧广电技术锁定居家用户

依托于自然语言处理技术、声音识别技术、图像识别技术、推荐算法为代表的人工智能技术，在媒体领域，媒体与用户的连接也从过去单纯的关联升级为利用智能洞察形成的数据关联，从而进一步强化媒体与用户的连接能力。① 这些技术在广电领域的应用利于定位居家用户。

1. 强化信息采集技术，采集多元化的信息提高定位的准确性

目前，TCL"雷鸟"人工智能电视、海信 VIDAA – AI 电视、微鲸智能语音电视 2.0、酷开 U3B 人工智能语音电视、风行 Q 系列人工智能量子点电视等，是智能电视终端的代表。智能电视的信息采集技术主要依靠电视机的内置芯片、传感器、大数据和云计算等基础应用和数据平台，依靠计算机视觉、语音识别、自然语言处理等技术平台，来识别用户的手势、肢体语言、面部表情、眼动情况等，依靠新型遥控设备（声纹识别遥控，或结合用户过去思维、行为的简约遥控器和多功能遥控器）和内置知识图谱等记录用户的思维习惯、喜好需求以及行为逻辑等。这些技术及其深度学习之后的提升，更便于精准定位居家用户，让用户能有及时的、更好的交互体验和个性化体验。因此，未来还要继续强化这种信息采集技术。这就需要中国广播电视与小米、华为等科技公司进一步合作，彼此协作制定需要锁定居家用户的具体指标。

2. 强化预测技术主动定位和引导居家用户

大数据的作用之一就在于预测相关关系，智慧广电建设大量采用了大数据的这种技术。智慧广电的大数据技术不仅能够广泛采集用户的种种数据进行用户画像、可视化以及智能匹配资源，还能进行事件分析、热点分析、评论监控。大数据技术一方面已经在终端设备制造商和电信领域运用，另一方面为媒体采用自主建设，如中央广播电视总台也强化相关建设。根据《中央广播电视总台技术局 5G 新媒体平台项目采购文件》显示，视频中台侧重于新媒体素材库、剪辑系统，以

---

① 赵子忠、郭好：《技术生态视域下的全媒体传播体系建设》，《新闻与写作》2021 年第 1 期。

及音视频文件、信号处理系统、内部内容审核等具体制作的操作系统的搭建；AI 中台侧重平台的算法规则的建立，包括引擎、模型的建立，内容的标注，以及算法的标注平台；数据中台则是包括大数据 BI、数据仓、媒体资产系统等数据储备和核心计算的部分。这当中，数据中台是收集数据、分析数据、提供报告的关键。充分利用数据，切实阐释数据，进行预测，锁定和引导国际用户是未来工作的重心。此外，风险预警系统的进一步建设和升级也利于准确定位和引导用户。

（二）现实与虚拟位置定位技术锁定移动终端用户

在移动互联网时代，移动终端是接收信息的主要工具。一个用户在不同地理位置的新闻接触兴趣截然不同，利用技术掌握用户接触新闻的位置，可以为用户提供个性化推荐服务。一个群组的用户和另一个群组的用户获取的信息同样存在差异，利用技术掌握群组用户在虚拟位置的信息需求，可以为群组用户提供更好的信息，从而打造良好的网络社区。

1. 锁定单个用户的现实位置，定位不同需求

全球定位系统（Global Positioning System，GPS）最大的作用就在于准确定位每个人所处的位置。一个人每天去的地方基本固定，所以其阅读新闻的地点也比较固定，阅读新闻多的地方，数据信息比较多，阅读新闻少的地方，数据信息比较少。基于密度的聚类算法 DBSCAN（Density – Based Spatial Clustering of Applications with Noise）可对 GPS 数据信息进行聚类分析，获取用户阅读新闻较多的地点，及其在相应地点阅读的新闻集。[①] 事实上 GPS 除了在手机、pad 等移动终端，也内置在车载电视、穿戴设备上，但不管在何种设备上，这些技术的作用

[①] 陶永才、李俊艳、石磊等：《基于地理位置的个性化新闻混合推荐研究》，《小型微型计算机系统》2016 年第 5 期。

都是一样的,都能获取用户所处的现实地理位置,这便是中国广播电视未来要重点依靠的技术,而采用聚类算法 DBSCAN 则可以掌握用户短期的、长期的信息及不同地点的混合需求,从而推送混合信息预防过去推送造成的"信息茧房"。此外,采用混合推送的方式,增加推荐结果的多样性,也可在一定程度上规避当地的信息监管。

2. 锁定群体用户的虚拟位置,定位共同需求

此处所说虚拟位置重点强调,网络用户集合成某种趣缘群体,形成某种趣缘社区。与个体用户不同的是,网络群体用户的群体动力作用更强,个体用户受到群体的影响也更大,但群体用户的兴趣点容易引起"爆点",形成群体效应,强化信息传播的效果。网络群体用户签到行为是反映群体兴趣爱好的方式,因此锁定群体用户的签到行为可以方便传播者为其提供针对性的信息。基于用户签到行为的群组兴趣点推荐模型(Group POI recommendation model based on the User Check – in behavior, GPUC)首先采用协同过滤的推荐算法挖掘组内成员可能感兴趣的项目,并基于 TF – IDF(Term Frequency – Inverse Document Frequency)的思想预测用户对项目的评分,生成个人推荐列表。[1] 这种推荐模型既能锁定群体用户的兴趣爱好,又能为群体用户推送信息能够更好地满足其共同的需求、偏好。中国广播电视尤其是在打造国际网络虚拟社区时,可采取类似方法。

Cookie 技术在收集用户网络游览记录方面有着先天优势,不仅能便捷地收集用户数据,还能自我更新。未来,"数据喂养"下发展起来的新技术,将会变得更加多元、智能,能更加准确地定位用户的需求,因此继续采用先进技术让用户有更好的体验,才能针对性地传播中国。

---

[1] 陶永才、李俊艳、石磊等:《基于用户签到行为的群组兴趣点推荐模型》,《小型微型计算机系统》2018 年第 10 期。

三 区隔需求：呈现国际传播定位个性

国际受众对中国的信息需求是其通过多种渠道获取信息的根本动力。在各种渠道的影响下，国际受众对中国的文化产生了不同的兴趣，也对相关信息产生了需求，但是也存在大量的信息盲区，这就需要在区隔国际受众对中国的原有信息种类需求的基础上，采用多种方式刺激其需求。在区隔与刺激的基础上才能更好地定位个性化需求，也才能更好地面向国际用户传播。

（一）区隔对中国的原有信息种类需求

国际媒体和中国媒体曾经向世界传播了中国政治、经济、文化等方面的信息，促进了国际受众对中国的基本了解。当前及未来很长的一段时间内，还要切实采用大数据调研团队和平台，依据国际受众人口变量、地理变量、心理变量、行为变量等来区隔国际受众对中国政治信息、经济信息和文化信息的临时需求和长期需求。

1. 区隔国际受众对中国政治信息的需求

国际受众对中国的政治信息需求包括了中国制定的政治政策、方针和采取的具体措施等国家原则与制度，中国的外交主张和国际贡献等外交思想，中国的政治治理理念和改革思想等治理方法，中国的民主、人权、人道主义贡献等社会政治生活，中国领导人政治活动和形象等政府信息。过去在西方媒体的偏见性塑造和国际受众对中国媒体传播的政治信息产生反向式解读的影响下，个别国际受众对中国的政治信息需求呈现了较为负面的倾向。此外，美国与中国在2020年新冠疫情的塑源问题上的分歧也导致国际受众对中国政治信息的需求进一步负面化。于此，需要切实对国际受众进行分析，包括分析到底哪一类人会产生负面倾向以及原因，包括分析哪一类人会产生正面的倾向以及原因，包括细化分析地区、性别、年龄、受教育程度、职业等人口变量，包括细化分析国际受众对中国媒体的哪一类政治信息更容易导致"反向式解读"，哪一类信息又容易产生"喜欢式解读"等。准确区隔负面倾向和正面倾向的国际受众，准确区隔人口变量，才能更好地定位其对哪类中国政治信息有什么样的需求，而这又有利于改进传播内容的选题方向、制作方式以及传播方式。

2. 区隔国际受众对中国经济信息的需求

国际受众对中国的经济信息需求包括了政府制定的经济政策、进行的制度建设、做出的民生改善等政策制度信息，国内重要经济活动和国际重要经济活动等国家经济活动信息，对外贸易、人力资源、企业和品牌建设等国家经济形象展示等，产业经济发展、科技创新发展等经济未来发展思路。全球经济格局的变化导致国际受众对中国经济信息需求有一定的变化。于此，需要进一步分析到底哪些地区的受众、哪些企业的受众更需要中国的经济信息，尤其是展示国际经济形象的信息。除了委托国际调研机构调研国际受众的方式，最为重要的是与中国外向发展的大型企业合作，掌握数据针对性传播相关信息。《中国国家形象全球调查报告2019》显示海外受访者对中国品牌熟悉度排名前三的仍然是华为、联想和阿里巴巴。与2018年相比，百度、腾讯等互联网企业排名上升明显。由此，可以进一步定位和细化国际受众对这些企业信息更加深入的需求。此外，该报告显示，海外受访者认为，中国企业能够给当地"带来新的资金技术"（37%）和"增加就业机会"（34%）的比例有所增加，这也就成为未来信息传播的一个偏向。

3. 区隔国际受众对中国文化信息的需求

国际受众对中国文化信息的需求包括文化类别、文化信仰、文化价值观、文化范式等。就文化类别而言，YouTube的视频观看数据表明，国际受众比较倾向于中国美食、中国功夫、中国熊猫、中国汉字、中国书法、中国筷子、中国袁隆平、中国姚明、中国李子柒等中国诸多文化符号。《中国国家形象全球调查报告2019》显示,海外受访者喜好"中餐（55%）、中医药（50%）、武术（46%）三个方面"。2020年,中医药在治疗新冠疫情的作用凸显之后,国际受众对中医药的信息需求也在增加。但是,国际受众对中国戏曲、中国演出的兴趣度较低。中国最畅销的古典文学《大学》《中庸》《论语》《孟子》等体现儒家道德、传统中国哲学观念,以及由外传播到中国的佛家文化,这些文化产品在对外传播过程中略显困难。① 采取社会网络分析法区隔国际受众前述文化需求,更利于针对性传播。其中,中国李子柒的作用可以进一步强化,这是因为其已经积累的大量国际受众,以及其视频本身以空灵的镜头记录巴蜀大地秀美的山间风光,将中国"采菊东篱下,悠然见南山"的不事张扬、寄情山水的传统隐逸情怀充分展现,实现了对中国传统文化符号的"创造性转换",② 同时也传达了"百善孝为先"的中华传统美德。

（二）区隔并刺激国际受众对中国信息的新需求

采用大数据、算法功能定位海外年轻人群尤其是"Z世代""国际网红"的新需求,切实调研海外技术人群、海外华人华侨和中国留学生人群、来华人群的信息需求,能更好地实现精众传播、圈层传播和场景传播,从而更好地制作和传播中国的政治信息、经济信息、文化信息,满足其需求。

1. 针对海外年轻人群刺激新需求

《中国国家形象全球调查报告2019》显示,海外18—35岁受访者

---

① 周婉：《微传播时代：创新推进中华优秀文化的国际传播》,《学习与实践》2020年第10期。
② 任孟山、李呈野：《新时代经验与可能路径——李子柒爆红海外给国际传播带来的思考》,《对外传播》2020年第1期。

对中国整体形象打分最高，为6.6分，较2018年提升0.1分；18—35岁群体来华意愿（37%）高于36—50岁群体（30%）和51—65岁群体（20%）。Pew的研究结果也基本类似。海外年轻受众本身思想开放，对一切新生事物充满好奇，对中国的刻板印象相对较少、整体态度相对友好，也愿意通过社交媒体了解中国的制度优势、经济发展以及文化特色。在李子柒视频下方的评论也可以看到海外年轻人群对中国风景、中国美食、中国生活的向往；在MGTV最新时尚电视剧、偶像电视剧以及相关综艺下面的评论也可以看到海外年轻人群对中国先进科技、中国智慧城市、中国高铁、中国地铁、中国现代化生活、中国爱情以及中国和平环境等的向往。由此，进一步强化这些方面的信息，可以进一步地刺激海外年轻人群尤其是"Z世代""国际网红"的需求，发挥其作为"网络舆论领袖"和现实生活中的"舆论领袖"作用，积极传播中国。

2. 针对海外技术性人群刺激新需求

几次科技革命带来人们对高精尖科技的向往。一些技术人群，对技术的追求已达到极致，成为极客，在科技领域甚至是政治领域发挥着积极的作用。对技术的热爱具有全球普遍性。在Instagram和YouTube等以视频内容为主的海外网络平台上，中国各种新奇的技术应用都是吸引用户关注的热点。中国在促进科学技术进步上展示出的强大包容性以及积极态度更容易吸引技术人员和技术爱好者跨越意识形态藩篱，形成开放、进步的中国形象；而移动技术的快速迭代与应用的花样翻新，都能成功引发海外普通民众接触中国、感受中国的兴趣。[①] 准确区隔海外技术性人才对中国5G移动通信技术、中国智造、

[①] 刘扬、杨梓煜：《中国国家形象对外传播的精细化发展》，《对外传播》2021年第3期。

"中国芯"、中国高铁建设技术等的需求，进一步传播中国6G、8G等移动通信技术、中国量子通信技术、中国卫星技术、中国反卫星技术、中国云计算技术等技术的信息，刺激其对中国科技和经济信息的需求，利于保持这些人群对中国信息的依赖，甚至转化为对政治信息、文化信息以及其他社会信息的需求。

3. 针对海外华人华侨、中国留学生刺激新需求

社会科学文献出版社出版的《2020年中国国际移民报告》援引2019年联合国经济和社会部全球国际移民存量数据，称中国大陆出口约1073万人，是世界第三大移民输出国。从目的地国分布来看，2019年中国大陆出口目的地国前三名分别是美国、日本和加拿大。在中国移民的前20个目的地中，13个是发达国家，7个是发展中国家。[①] 基于血缘、亲缘的关系，广大华人华侨对中国的信息需求较为旺盛，集中关注中国政治新风向、经济新发展、科技新进步、社会新动向。此外，在美国和英国留学的中国大陆学生是世界上最多的，中国是世界上最大的留学生来源国。"没有哪一个中国留学生不爱中国"。中国留学生作为中国形象传播的载体，越是从中国媒体获得更多反映先进中国的信息，越利于其正面传播中国。因此，针对海外华人华侨和中国留学生不断提供关于先进中国、全球中国、开放中国的信息，刺激其更新的需求，有利于其传播可信、可敬、可爱的中国形象。

4. 针对来华人群刺激新需求

来华人群主要分为三大类。一类是包括外国留学生、中国企业的外籍员工等在内的长期居住在中国的外籍人员，二类是临时来华

---

① 《2020年中国国际移民报告蓝皮书发布》，搜狐，https://www.sohu.com/a/441145757_120350443。

旅游的人群，三类是来华办公和交流的临时来访人群。第一类人群，对中国的态度基本友好，熟悉中国的生活方式，其对中国的信息需求集中体现在衣食住行、教育、医疗等方面，针对其需求做出迅速的反应，提供更先进、便捷的服务，便于其利用社交媒体向母国的亲朋好友传播中国。第二类人群，通过各种渠道对中国有良好的印象，但还需要通过景点、宾馆酒店、交通工具等进一步了解中国，中国广播电视在这些渠道的积极传播，就进一步加深了其对中国的认知并可能刺激其新的需求。第三类人群，临时来访时，除了日常通过其他渠道了解中国之外，企业及附近地区是其了解中国最好的渠道，因此，针对临时来访人群的传播，则需要中国广播电视与大型企业形成良好的合作机制，提高其视频制作水平或者向其提供先进中国的视频，促进临时来访的外籍人员进一步了解中国甚至产生多次来华的需求。

不管针对何种人群，还要重视采用智能技术区隔其认知需求、情感需求和疏解情绪需求，重视视听并行思维、短视频转向、社交化传播、圈层化传播、平台化传播、准确的信息定位，都是中国广播电视区隔需求的关键，也是提升国际传播能力最为直接的方法。

第五节 定量：传播效果测评能力建设的偏向

有研究者提出亟须构建一个大数据分析管理系统，全面覆盖音频、视频和文字等不同的内容符号形态，有效打通广播、电视、网站、应用程序和社交媒体平台，实时获取内容传播数据、反馈互动数据、转载转引数据、舆情反映数据等，并能实现效果数据的抓取、整理、存储、分析和呈现等多重功能，针对战略规划、业务管理、日常运行等需求构建相应的数据采集和应用模型，为国际传播能力建设的管理、评估工作提供快捷工具和有力抓手。① 要构建这样一个系统，还需要完整的指标以及相对均衡的权重，需要基于指标与权重的数据与分析，而基于这些的结论以及修正建议是促进国际传播能力提升的依据之一。

一 构建指标：测评的基本依据

本次指标制定的依据是媒体提供的材料、相关研究者的研究以及广播电视媒体在国际传播过程中的表现。这些指标仅从自身发展而言，但从长远来看，也要去与国际媒体相比，在比较的过程中看到自己的优势与劣势，并发挥优势弥补劣势。

（一）短期效果指标建构

中国广播电视的短期效果主要考虑某个信息在传播的当天、第二天、第三天一直到一个月左右的情况，但一般考虑前三天甚至当天的传播情况。考察短期效果有助于了解广播电视制作的内容满足受众需求的情况、引导受众的情况、引导话题的情况等，便于及时调整制作方法与传播策略。

1. 短期效果的指标阐述

短期效果的指标主要考察广播电视、网络广播电视、网站、App、在线视频平台、国内社交媒体、国际社交媒体的传播能力和传播效力两个层面。在传播能力层面，主要从传播强度、传播速度两方面考虑；传播效力则主要从传播热度和传播广度两方面考虑。本次指标的制定强调了网络广播电视、App、社交媒体等的相关情况，这是因为在广播电视已经融合发展的情况下，传播渠道已经发生了明显的变化，未来

---

① 李宇：《新形势下国际传播能力建设效果评估的挑战、策略与路径》，《现代视听》2021年第1期。

这些变化也还将升级，因此指标也会随之动态调整。其中，在社交媒体板块强调了国内社交媒体的情况，基于网络的无限性，基于翻译软件已经完全普及，这些平台上的内容可以随时被国外媒体采集、随时被在国内外的外国人所获得，所以必须考虑。此外，此次指标的制定不只是单纯地考察高收视率、高流量、高粉丝量，而是增加了回看率、搜索量、转发、评论、互动率等受众主动参与行为的指标，以考量和评估国际传播对象的参与度、黏度、忠诚度等。

2. 短期效果的具体指标

短期效果具体指标针对一个媒体的情况，具体统计时间节点为每天、第二天、第三天、每周。需要说明的是现场连线除了考虑次数，还要考虑现场连线对象的身份、现场连线对象所处的位置（主要是考虑现场记者是否在事发现场，考察媒体的到达现场的能力）。特别要指出的是，在表5-3当中，未对国际社交媒体的用户的互动情况进行细分，但是实际上，国际在线视频平台专门设计了"点踩"功能来表示其认为视频质量不高。此外，各社交媒体在点赞环节区别相当大，尤其是在Facebook上，将点赞分为了微笑着点赞、大哭着点赞、拥抱着点赞等展现国际用户点赞时内心状态的细节指标，而这些指标的设计更能将粉丝看到内容时的心情进行细分，从而利用这些细分的数据找到共性，并最终促进改进内容制作。

表5-3　　　　　　　　中国广播电视短期效果的具体指标

一级指标	二级指标	三级指标	四级指标
广播电视	传播能力	传播强度	日常新闻报道数及频率
			突发新闻报道数及频率
			直播次数及频率
			现场连线次数及频率

第五章 奔向光明：中国广播电视国际传播能力建设的未来路径

续表

一级指标	二级指标	三级指标	四级指标
广播电视	传播效力	传播速度	报道新闻与事件发生时间间隔
			插播突发新闻条数及频率
			临时直播次数及频率
		传播热度	收听率/收视率(针对传统广电)
			收听/收视时长
			回看率(针对机顶盒)
			搜索量(针对机顶盒)
			听众/观众来电、来信
		传播广度	被其他媒体引用量
			转引媒体分布
			转引媒体所在国家(地区)分布
			正面转引数量
网络广播电视	传播能力		与广播电视渠道相同指标
	传播效力	传播热度	收听量/观看量
			收听/观看时长
			重新观看次数
			暂停率
			回看率
			互动率
		传播广度	与广播电视渠道相同指标

续表

一级指标	二级指标	三级指标	四级指标
国际在线视频平台账号	传播能力	传播强度	日常视频上传数及频率
			最新视频上传数及频率
			直播次数及频率
			板块数及更新频率
		传播速度	上传视频与电视播出时间间隔
			直播时间与事发时间间隔
	传播效力	传播热度	观看量
			视频完播率
			视频收藏量
			点赞量
			评论量
			转发量
			互动率
		传播广度	与广播电视渠道相同指标
国内/国际社交媒体平台账号	传播能力	传播强度	报道(发文)数量及更新频率
			视频数量及更新频率
			直播次数及频率
			报道(发文/视频)与事发时间间隔
		传播速度	直播时间与事发时间间隔
			内容阅读量
	传播效力	传播热度	视频观看量
			视频完播率
			视频复播率
			视频保存率
			点赞量
			评论量
			转发量/分享量
		传播广度	与广播电视渠道相同指标

续表

一级指标	二级指标	三级指标	四级指标
网站	传播能力	传播强度	报道（发文）数量及更新频率
			头条数量及更新频率
			视频数量及更新频率
		传播速度	报道（发文/视频）与事发时间间隔
			头条更新时间与事发时间间隔
	传播效力	传播热度	网站独立用户浏览量
			同一时间在线用户量
			视频观看量
			视频完播率
			视频复播率
			点赞量
			转发量/分享量
		传播广度	与广播电视渠道相同指标
App	传播能力	传播强度	报道数量及更新频率
			推送报道数量及更新频率
		传播速度	推送报道与事发时间间隔
			直播时间与事发时间间隔
	传播效力		与前述社交媒体账号指标相同

除了表 5-3 所列的指标，还要考虑受众观看视频时的停留点、反复观看点，以便了解其兴趣点。在考虑受众的评论时，除了考虑正面舆论还要充分考虑负面舆论；在考虑受众的评价时，还要考虑评价与媒体观点是否一致，并适当考察不一致的原因；同时还要考虑评价是对内容的评价、对传播形式的评价还是对采编制等技术层面的评

价、个别国际受众的极端评价可忽略，但有益的评价、建议还是应该纳入后续改进的考察范围。不管何种舆论、评价，本身就是"舆情"，充分掌握这些舆情，也能促进广播电视对下一轮传播进行针对性议程设置。

（二）长期效果指标

中国广播电视的国际传播不仅只是某个内容短期传播的基本情况，更重要的是在不停地传播的过程中，给媒体本身、给国家带来的变化是什么？因此长期效果主要从媒体自身变化的角度和媒体带来影响的角度去考虑。

1. 长期效果的指标阐述

广播电视国际传播的长期效果将促进品牌建设、内容建设、渠道建设、市场拓展能力、影响力、未来规划能力等发生变化。广电媒体品牌建设方面，指标建构主要从认知度、美誉度、忠诚度、引导力方面考虑；内容建设方面，指标建构主要从内容生产能力、内容品质表现、内容竞争能力等考虑；渠道建设方面，指标建构主要从硬件设施、覆盖情况、从业人员等方面考虑；市场拓展能力方面，指标建构可以从经营能力、营销能力等方面考虑。广播电视的国际传播长期效果还表现为影响能力，包括受众对媒体的认知、态度、行为，专家对媒体的评价，同行对媒体的评价，国家影响力等。未来规划能力主要从各类规划制定以及目标完成率方面考虑。此外，媒体与中国发展的匹配度也是长期效果的体现，但这些指标未被具体指出，只是需要考虑，媒体的全球排名是否与中国经济在世界的排名匹配。

根据表5-4，本次指标的制定同样强调了网络广播电视、App、社交媒体等的相关情况，原因与制定短期指标相同，且指标也应随着渠道和技术的变化而动态调整，不断升级。本次指标制定还强调了中国广播电视通过争取获得国际重大奖项来提升美誉度，这是因为对

CGTN、国际在线以及湖南台、浙江台等进行考察时，发现这一块相对较弱，而根本原因也在于内容的选题、制作方式等与国际媒体还有一定的差距，也与受众需求有一定的差异。这就需要在日常工作中以此指标来作为一个标尺，引导从业人员重视国际传播内容选题、制作与传播。其他指标的制定也基本基于这样的思想。

2. 长期效果的具体指标

长期效果的具体指标在于考察单个媒体的情况，帮助每个广播电视媒体清楚自己在哪些地方是强项，哪些地方又存在短板弱项，并采取措施优化强项，补齐短板。长期效果统计的时间节点一般为每月、每季度、每年，具体指标见表5-4。

表5-4　　中国广播电视国际传播长期效果具体指标①

一级指标	二级指标	三级指标	指标描述
品牌建设能力	知名度	国际排名	当前国际排名，并对比历史排名
	美誉度	国内获奖	—
		国际获奖	—
	忠诚度	品牌选择率	获取信息时相比国际媒体首选其品牌的频率
	引导力	引导正向评价	引导受众正向评价的情况
		纠偏国际舆论	针对国际媒体/受众发生偏差的言论做出引导并促进其意见与媒体所倡导意见基本一致的情况

---

① 指标的制定依据唐润华《中国媒体国际传播能力建设战略》，第166—168页制定的相关指标，依据刘燕南老师在《国际传播效果评估指标体系建构：框架、方法与问题》（载于《现代传播》2018年第8期）制定的相关指标，并根据从事国际传播工作的媒体提供资料做了相应的调整、更新。

续表

一级指标	二级指标	三级指标	指标描述
内容建设能力	内容生产能力	语种数	广播电视播出语种数量，各渠道使用的语种数量
		品种数	广播电视播出的节目品种数量
		板块数及更新率	广播电视在国际在线视频平台细分板块数量及更新板块频率
		发稿数	广播电视发布新闻稿件的总体数量
		插播条数	广播电视突发新闻插播条数
		发稿平均时效	发稿时间离事件发生时间的平均时长
		音视频在国际在线视频平台上传数	广播电视国际在线视频平台账号上传音视频的总数以及各细分账号分别上传音视频的数量
		音视频在国内/国际社交媒体上传数	广播电视音视频在国内社交媒体/国际社交媒体的上传总数
		推文数量	广播电视国内社交账号、国际社交账号的不同数量
		更新频率	主要针对社交媒体、在线视频平台的更新频率
	内容品质表现	专业性	新闻所包含的新闻价值、宣传价值、技术含量等
		创新性	观点差异性次数、直播连线次数等
	内容竞争能力	首发率	首发新闻数量占全部发稿量的比例
		原创率	原创新闻数量占全部发稿数量的比例
		被转发率	被转发的新闻数量占全部发稿量的比例
		内容形态数量	不同内容形态的数量

续表

一级指标	二级指标	三级指标	指标描述
渠道建设能力	硬件设施建设能力	全球站点数	广播电视台在全球范围内的站点（包括采编中心、编辑部、记者站等分支机构）
		海外站点数	广播电视台在本土以外所拥有的站点的数量
		海外站点设备数	海外站点所拥有的采编播录的设备数量
		海外站点设备更新率	海外站点所拥有的采编播录的设备每年的更新情况
		境外传输网络先进性	广播电视的境外传输网络主要依靠卫星和互联网
		采编发设备先进性	如便携式采访设备、便携式摄制设备、移动发稿设备、多媒体数据库、人工智能设备等
		媒介类型数	广播电视台拥有的利于传播的媒介类型，包括报纸、广播、电视、网站、手机等移动终端
		频率数/频道数	广播电视台拥有的针对海外受众的频率/频道数量
		网站数	广播电视台所开设的网站数量
		App 数	广播电视台所拥有的客户端数量
		国内社交媒体账号数	广播电视台在抖音、微博、微信以及新兴的国内社交媒体平台上开设的账号数量
		国际社交媒体账号数	广播电视台在 Facebook、Twitter、Tiktok 以及新兴的国际社交媒体平台上开设的账号数量
		国际在线视频平台账号数	广播电视台在 YouTube 以及新兴的国际社交媒体平台上开设的账号数量

续表

一级指标	二级指标	三级指标	指标描述
渠道建设能力	覆盖能力	覆盖国家/地区数	广播电视台覆盖的国家和地区总数
		国家/地区覆盖率	广播电视台覆盖的国家和地区占世界上所有国家和地区的比例
		人口覆盖率	广播电视台实际用户总数占世界总人口数的比例
		海外站点覆盖国家/地区数	广播电视台所拥有的本土以外的站点覆盖的国家/地区数量
		电视端用户总数	广播电视台在全球范围内拥有的实际收视用户数
		电视端收视数	通过电视端口收看的数量,并考察增长情况、同期增长情况、增长率等
		网络广播电视用户总数	通过网络广播电视端订阅广播电视内容的用户总数
		网络广播电视收看量	通过网络广播电视端口收看的数量,并考察增长情况、同期增长情况、增长率等
		App 端用户总数	通过 App 端订阅广播电视内容的用户总数
		App 收看量	通过 App 端口收看广播电视的数量,并考察增长情况、同期增长情况、增长率等
		网站浏览量	考察基本情况、增长情况、同期增长情况、增长率
		国际在线视频平台用户数量	主要指订阅用户,并考察增长情况、同期增长情况、增长率等

第五章　奔向光明：中国广播电视国际传播能力建设的未来路径

续表

一级指标	二级指标	三级指标	指标描述
渠道建设能力	覆盖能力	国际在线视频平台观看数量	考察基本情况、增长情况、同期增长情况、增长率
		国内社交媒体平台用户数量	广播电视在每种国内社交媒体账号上的用户数量以及国内所有社交媒体平台的用户数量
		国内社交媒体平台用户活跃度	广播电视在每种国内社交媒体账号上的活跃用户及国内所有社交媒体平台账号上的活跃用户
		国际社交媒体平台用户数量	广播电视在每种国际社交媒体账号上的用户数量以及国际所有社交媒体平台的用户数量
		国际社交媒体平台用户活跃度	广播电视在每种国际社交媒体账号上的活跃用户及国际所有社交媒体平台账号上的活跃用户
	从业人员分配能力	总体从业人员数	包括在国内和海外所有的从业人员数量
		外籍雇员总数及占比	为广播电视台工作的非本国员工，包括在总部工作的外籍雇员和在海内外分支机构工作的外籍雇员
		国内派出人员总数及占比	包括国内派出的所有记者、编辑、摄像师、主持人等从业人员的数量及他们占总体员工数量的比例
		海外站点国内派出人员数	每个海外站点的国内派出员工，包括记者、编辑、摄像师、主持人等的数量
		海外站点外籍雇员数量及占比	每个海外站点的外籍雇员，包括记者、编辑、摄像师、主持人等的数量

续表

一级指标	二级指标	三级指标	指标描述
渠道建设能力	从业人员分配能力	年龄结构	国内外不同年龄从业人员的数量及占比
		学历结构	国内外本科学历、研究生学历从业人员数量及占比
		职称结构	国内外不同职称从业人员数量及占比
		培训次数	国外员工参加国际国内培训学习的次数
		平均工作年限	国内外员工参与国际传播工作的平均年限
市场经营能力	市场经营能力	资产总量	固定资产和流动资产
		年度经营额	一个财年实际的总收入
		预期收入	预计一个财年应该获得的总收入
		经营目标完成率	实际收入÷预期收入
		海外投入总额	技术、人才、设备等的投入造成的资金投入总额
		海外投入占年投入总额的比例	—
		海外收入总额	版权收入、广告收入、流量变现等获得的收益
		海外收入占年度经营额的比例	—
		实际收入	—
	营销能力	营销人员数量及占比	从事经营工作的广播电视媒体员工及占整体营销人员总数比例
		海外营销人员数量及占比	在本土以外从事经营工作的媒体员工及占整体营销人员总数比例

续表

一级指标	二级指标	三级指标	指标描述
影响能力	受众	认知	各渠道受众对内容的基本了解情况
		态度	受众对内容的满意度、偏好度、忠诚度
		行为	受众对内容传播的推荐度和参与度（来信、来电、点赞、转发、评论、参与线上线下活动）
	同行	引用次数	正面和负面引用内容次数
		评价次数	正面和负面评价内容次数
	专家	引用次数	在会议、论文、书籍中正面和负面引用内容次数
		评价次数	在会议、论文、书籍中正面和负面评价内容次数
	国际合作	业务合作次数	包括交换新闻、联合采访、联合拍摄、联合转播、联合直播、联合制作、联合发行、联合举办活动等
		人员交流次数	高层互访、从业人员业务交流、从业人员技术培训
		版权合作次数	媒体之间授予对方版权
		资本合作次数	媒体彼此出资共同完成有关事宜
		合作媒体全球排名	—
		合作媒体所在国家/地区	—
	国家影响力	覆盖国家综合国力排名	各种渠道所在的国家综合国力在世界上的排名
		覆盖国家人均GDP	—
		母语在国际上的使用率	各种渠道所在国家的母语在国际上的使用率

续表

一级指标	二级指标	三级指标	指标描述
未来规划能力	《规划》制定能力	整体发展规划	对自身未来发展定位、规划、思考等
		技术设备规划	研发采用先进技术、设备等
		人才培养规划	培养采编人才、专业技术人才、市场拓展人才等
		节目制作规划	研发新节目、新形式、新样态等
		科学研究规划	撰写书籍、报告、论文等总结经验教训、指导未来发展等
	完成率	目标完成事项数量	广电媒体各项规划中涉及的需要完成具体事项的总体数量
		实际完成事项数量	广电媒体完成各项规划中涉及的需要完成具体事项的总体数量

二 平衡权重：测评的必然考虑

指标的建立是为了解决测评需要考虑具体范畴的问题。测评时还要考虑权重的分配问题，哪些是当前国际传播能力建设最需要解决的，哪些又是需要不断提升的，这些指标具体是如何分配的都还需要进一步厘清。

（一）短期指标权重设计的基本原则与指标分配

短期指标的权重设计考虑到广播电视融合发展过程中，不同渠道传播的差异较大，也就设计了不同的指标，但实际上集中考察传播能力和传播效力两个方面，而这两个方面都应该放到与国际媒体同类传播相比较的语境中进行。

1. 短期指标权重设计的基本原则

广播电视融合发展对不同传播渠道的运营要求整体提高，目前来说，主要涉及广播电视渠道、网络广播电视渠道、国际在线视频平台渠道、国内社交媒体平台渠道、国际社交媒体平台渠道、网站、App几个方面，这种传播能力和效力的考察也就不能太单一，而是应该更全面且能够基本均衡。在这几个渠道的权重合计为100的情况下，各个渠道的权重还是有一定的差异，整体来说，在"移动优先"战略的影响下，广播电视渠道的权重低于其他所有渠道之和。此外，各项得分越高，说明其表现越好。具体权重分配见表5-5。

表5-5　　　　　　国际传播短期效果指标权重分配

一级指标	二级指标	三级指标	四级指标	
广播电视10%	传播能力50%	传播强度50%	日常新闻报道数及频率	25%
			突发新闻报道数及频率	25%
			直播次数及频率	25%
			现场连线次数及频率	25%
		传播速度50%	报道新闻与事件发生时间间隔	30%
			插播突发新闻条数及频率	30%
			临时直播次数及频率	30%
	传播效力50%	传播热度50%	收听率/收视率(针对传统广电)	20%
			收听/收视时长	20%
			回看率(针对机顶盒)	20%
			搜索量(针对机顶盒)	20%
			听众/观众来电、来信	20%
		传播广度50%	被其他媒体引用量	30%
			转引媒体分布	20%
			转引媒体所在国家(地区)分布	20%
			正面转引数量	30%

续表

一级指标	二级指标	三级指标	四级指标	
网络广播电视 10%	传播能力 50%	与广播电视渠道相同指标		
	传播效力 50%	传播热度 50%	收听量/观看量	10%
			收听/观看时长	20%
			重新观看次数	20%
			暂停率	10%
			回看率	20%
			互动率	20%
		传播广度 50%	与广播电视渠道相同指标	
国际在线视频平台账号 20%	传播能力 50%	传播强度 50%	日常视频上传数及频率	25%
			最新视频上传数及频率	25%
			直播次数及频率	25%
			板块数及更新频率	25%
		传播速度 50%	上传视频与电视播出时间间隔	50%
			直播时间与事发时间间隔	50%
	传播效力 50%	传播热度 50%	观看量	10%
			视频完播率	20%
			视频收藏量	20%
			点赞量	20%
			评论量	10%
			转发量	10%
			互动率	10%
		传播广度 50%	与广播电视指标相同	

续表

一级指标	二级指标	三级指标	四级指标	
国内/国际社交媒体平台账号（国内20%+国际20%）	传播能力50%	传播强度50%	报道（发文）数量及更新频率	30%
			视频数量及更新频率	30%
			直播次数及频率	40%
		传播速度50%	报道（发文/视频）与事发时间间隔	50%
			直播时间与事发时间间隔	50%
			内容阅读量	10%
			视频观看量	10%
	传播效力50%	传播热度50%	视频完播率	20%
			视频复播率	10%
			视频保存率	10%
			点赞量	20%
			评论量	10%
		传播广度50%	转发量/分享量	10%
			与广播电视渠道相同指标	
网站10%	传播能力50%	传播强度50%	报道（发文）数量及更新频率	30%
			头条数量及更新频率	30%
			视频数量及更新频率	40%
		传播速度50%	报道（发文/视频）与事发时间间隔	50%
			头条更新时间与事发时间间隔	50%
	传播效力50%	传播热度50%	网站独立用户浏览量	20%
			同一时间在线用户量	20%

续表

一级指标	二级指标	三级指标	四级指标	
网站 10%	传播效力 50%	传播热度 50%	视频观看量	10%
			视频完播率	20%
			视频复播率	10%
			点赞量	10%
			转发量/分享量	10%
		传播广度 50%	与广播电视渠道相同指标	
App 10%	传播能力 50%	传播强度 50%	报道数量及更新频率	50%
			推送报道数量及更新频率	50%
		传播速度 50%	推送报道与事发时间间隔	50%
			直播时间与事发时间间隔	50%
	传播效力 50%	传播效力 50%	与前述社交媒体账号指标相同	

2. 短期指标权重的具体分配

在短期指标权重分配环节中，重点倾向了国际在线视频平台、国内和国际社交媒体平台账号，分别占20%。一是基于当前全球广播电视的国际传播渠道基本倾向于基于国际互联网的平台，中国广播电视也在大力推动这些渠道；二是基于5G或者更高级的技术推动广播电视的跨屏化、社交化将更加突出，而考察其效果更利于形成倒逼机制，探索更加先进的渠道和内容建设方式。

（二）长期指标的权重设计原则与具体分配

长期指标的权重设计考虑到广播电视融合发展的长期过程，继承著名研究者过去的权重设计方法，并根据新兴媒体以及当前中国广播电视最明显的弱项做了相关调整，只是因为通盘考虑了所有的媒介形态显得稍微烦琐、复杂、欠佳。

1. 长期指标权重设计的基本原则

从前面几章的分析来看，中国广播电视国际传播能力整体提升较快，过去也有唐润华老师、刘燕南老师等做了相关指标与权重设计，非常细致且符合当时媒体发展状况。他们认为内容生产是国际传播能力建设首先要解决的问题，在权重设计环节也给予了较高的分数，这一点在本次的长期指标设计中，有充分考虑。同时，本研究也充分考虑到当前广播电视品牌建设能力较弱的问题，品牌建设和国际传播的核心在于内容建设要不断提升的现实，广播电视融合发展已经使得渠道建设非常多元的优势，市场拓展能力尤其是经营能力需要进一步提升的趋势，影响能力和未来规划能力都还需要提升这一必然，重新调整了指标的权重系数。

2. 长期指标权重的具体分配

在指标权重设计环节，将品牌建设能力放在第一个环节，主要是考虑，中国广播电视的品牌建设是未来的着力重点，品牌建设越好越利于在国际上开展品牌授权工作；国际排名作为知名度的核心指标，主要是因为考虑到要强化中国广播电视国际知名度的问题，知名度越高越利于加强国际合作，提升影响力。具体情况见表5-6。

表5-6　　　　　国际传播长期效果指标权重分配

一级指标	二级指标	三级指标	
品牌建设能力20%	知名度25%	国际排名	100%
	美誉度25%	国内获奖	50%
	忠诚度25%	国际获奖	50%
	引导力25%	品牌选择率	100%
		引导正向评价	50%
		纠偏国际舆论	50%

续表

一级指标	二级指标	三级指标	
内容建设能力 20%	内容生产能力 35%	语种数	10%
		品种数	10%
		板块数及更新率	10%
		发稿数	10%
		插播条数	10%
		发稿平均时效	10%
		音视频在国际在线视频平台上传数	10%
		音视频在国内/国际社交媒体上传数	10%
		推文数量	10%
		更新频率	10%
	内容品质表现 30%	专业性	50%
		创新性	50%
	内容竞争能力 35%	首发率	25%
		原创率	25%
		被转发率	25%
		内容形态数量	25%
渠道建设能力 20%	硬件设施建设能力 35%	全球站点数	5%
		海外站点数	10%
		海外站点设备数	10%
		海外站点设备更新率	5%
		境外传输网络先进性	5%
		采编发设备先进性	10%

续表

一级指标	二级指标	三级指标	
渠道建设能力 20%	硬件设施建设能力 35%	媒介类型数	10%
		频率数/频道数	5%
		网站数	5%
		App 数	5%
		国内社交媒体账号数	10%
		国际社交媒体账号数	10%
		国际在线视频平台账号数	10%
	覆盖能力 35%	覆盖国家/地区数	5%
		国家/地区覆盖率	5%
		人口覆盖率	5%
		海外站点覆盖国家/地区数	5%
		电视端用户总数	5%
		电视端收视数	5%
		网络广播电视用户总数	5%
		网络广播电视收看量	10%
		App 端用户总数	5%
		App 收看量	10%
		网站浏览量	5%
		国际在线视频平台用户数量	5%
		国际在线视频平台观看数量	10%
		国内社交媒体平台用户数量	5%
		国内社交媒体平台用户活跃度	5%

续表

一级指标	二级指标	三级指标	
渠道建设能力 20%	覆盖能力 35%	国际社交媒体平台用户数量	5%
		国际社交媒体平台用户活跃度	5%
	从业人员分配能力 30%	总体从业人员数	10%
		外籍雇员总数及占比	10%
		国内派出人员总数及占比	10%
		海外站点国内派出人员数	10%
		海外站点外籍雇员数量及占比	10%
		年龄结构	10%
		学历结构	10%
		职称结构	10%
		培训次数	10%
		平均工作年限	10%
市场拓展能力 20%	市场经营能力 50%	资产总量	10%
		年度经营额	15%
		预期收入	10%
		经营目标完成率	10%
		海外投入总额	10%
		海外投入占年投入总额的比例	10%
		海外收入总额	15%
		海外收入占年度经营额的比例	10%
		实际收入	10%
	营销能力 50%	营销人员数量及占比	50%
		海外营销人员数量及占比	50%

续表

一级指标	二级指标	三级指标	
影响能力 10%	受众 20%	认知	30%
		态度	35%
		行为	35%
	同行 20%	引用次数	50%
		评价次数	50%
	专家 20%	引用次数	50%
		评价次数	50%
	国际合作 20%	业务合作次数	20%
		人员交流次数	20%
		版权合作次数	10%
		资本合作次数	10%
		合作媒体全球排名	20%
		合作媒体所在国家/地区	20%
	国家影响力 20%	覆盖国家综合国力排名	35%
		覆盖国家人均GDP	35%
		母语在国际上的使用率	30%
未来规划能力 10%	《规划》制定能力 50%	整体发展规划	20%
		技术设备规划	20%
		人才培养规划	20%
		节目制作规划	20%
		科学研究规划	20%
	完成率 50%	目标完成事项数量	50%
		实际完成事项数量	50%

三　评估分析：测评的重要环节

评估需要多种资源的配合，充分利用监测系统，采用受众调查、收听率和收视率测量、网络监测等方法获取前述指标所需的数据，进而分析数据，了解国际传播存在的不足，并以此数据分析结果作为修正国际传播内容制作问题、渠道建设问题以及传播中存在的问题的重要依据。不断修正这些问题，最终会促进国际传播能力不断提高。

（一）多元方法采集数据

前述指标的设计，既针对不同渠道又针对内容传播效果，纷繁复杂。因此，要依据这些指标获得相关数据，需要借助不同的方法，并且有些数据的获取需要综合运用所有方法。通过这些方法获取的数据，为后面进行数据分析、了解问题所在提供了基本依据。

1. 受众调查

受众调查对掌握广播电视的覆盖情况，对深入了解受众喜好等有较大的帮助，具体方法包括线上线下的问卷调查、焦点小组访谈法、邮件或电话调查、入户调查等。这些方法可考察前述指标中的国家或地区数量、电视端用户总数情况，受众认知、态度、行为情况，受众的满意度、偏好度、忠诚度等。在大数据已经相当普及运用的情况下，受众调查，尤其是采用基于分层抽样开展的问卷调查法利于掌握国际受众的接触度和对传播内容的主题选择、板块设计、呈现形式、渠道建设的看法，掌握受众在日常点赞、转发时的具体心情，再配合焦点小组法，关于受众的数据就会比较深入。

2. 收听率和收视率测量

收听率和收视率测量主要针对广播电视渠道传播，对了解观众的性别、年龄、职业、教育程度、收入等人口统计学的相关指标有较大的帮助，传统方法如入户调查、日记法、人员测量仪记录等方法也在使用，但这些方法在针对海外用户时主要依靠委托当地调查机构来完成，并定时提供报告。收听率和收视率测量主要适用于前述指标中涉及的国家和地区数量、覆盖率、收视率、收听率。随着全球开机率和收视时长均下降，切实了解中国广播电视通过广播电视这种渠道去传播的整体有效性，了解在个别国家传播的有效性，利于其针对性调整传播渠道。而及时调整传播渠道，利于调整传播内容的制作方式，提高国际传播效果。

3. 智能网络监测

智能网络监测利用智能监测软件、网络舆情监测系统采集国际用户利用电脑端口和移动端口使用网站、国际在线视频平台、国际国内社交媒体平台和 App 获取信息的情况。网络监测既能监测短视频、图片又能监测用户评论内容，既能监测网站、网络在线平台又能监测社交媒体，既能过滤垃圾信息又能抓住情感问题，既能监测短期传播效果又能监测长期传播效果，大大节省了人力。这一方法主要适用于前述网络广播电视收看量、App 收看量、网站浏览量、国际在线视频用户数量、国际在线视频平台观看数量、国际国内社交媒体用户活跃度、内容形态数量以及受众的点赞、转发、评论等。这一方面有助于了解"移动优先"时代下广播电视内容在网络上的传播情况和用户反馈情况；另一方面有助于对比传统渠道与新兴渠道在国际传播方面的优势和劣势，也有助于了解不同地区对新兴渠道的接受度。目前来说，已经有广播电视台和研究团队采用智能网络监测的方式来了解关于"一带一路"倡议的传播情况。未来，新兴渠道会更加丰富，关于内容点赞分类会根据人的心情状态更加细化，评论区分会更加精准。因此，中国广播电视负责测评的部门、人员还要再充分利用好全球舆论信息监测系统、智能网络监测，不断提升国际传播的测评能力。

4. 其他方法

前述指标的设计,如海外站点数、海外站点设备数、总体从业人员数量、外籍雇员数量及占比、海外站点国内派出人员数量、海外站点外籍雇员数量及占比、资产总量、海外投入、实际收入、业务合作次数、规划制定数量等相关数据的获得,还得靠每个广播电视媒体提供,这就需要每个广播电视台人事部门、财务部门、国际合作部门等长期养成数据更新与积累的习惯,并提供准确、真实数据,避免误差,切实找到问题所在。同时,即便网络监测,也还需要充分发挥人的主观能动作用,一方面为了及时调整指标,另一方面也还需剔除无效数据。此外,国家影响能力、首发率、原创率等都还需要第三方机构来进行监测、评估,而对这第三方机构的监测、评估又还需要媒体专业人员的复核。因此,为了提高测评能力,需要结合先进技术的采用、第三方机构和媒体专业测评人员的人工复核等方法。

(二)数据分析

数据分析是对依据前述指标获取的各类数据进行统计分析,包括语义分析和情感判断、数据可视化等,帮助广播电视媒体实时分析舆情,掌握短期效果,清楚长期运行方案。数据分析当前主要采用软件系统分析,但人工介入也同样重要。分析与阐释最终是为了促进现有国际传播工作能及时调整,并做好未来规划。

1. 软件分析

软件分析分为以下几种情况。一种是对采用入户调查、问卷调查、焦点小组访谈等方法采集的数据,对每个媒体提供的数据,对人工采集的数据,利用传统的 Excel 和 Spss 软件等传统软件进行分析,或者利用斯迈特软件(Smartbi)和分析云(SAP Analytics Cloud)等新兴软件系统进行分析。另一种是对智能网络监测的数据,利用自己一体化的系统或者华西云数据中心、智媒云数据中心、"星云"智媒融合平台等集数据采集、分析、可视化于一体的系统进行分析。在广播电视不断融合发展的情况下，依靠前述软件、系统建设起来的融合媒体中心具备信息采集、语义分析、情感判断的功能，能办到实时分析和长期积累。但广电媒体运用这些系统的整体能力还需要提升。同时，个别媒体存在没有充分挖掘这些系统的深度功能的问题，比如分析评论只重视正面评论，但未重点考虑负面评论及其生成机制。这也就需要运用好系统的各项功能，切实掌握生产、制作、传播等方面存在的问题，只有"问题导向"才能切实推动国际传播工作各个环节的调整，解决问题。

2. 人工介入

"软件并非万能"。所有的软件在使用之前均需要人工输入指令，而软件设计者并非全部都是媒体从业者，对媒体工作的每个环节不一定完全熟悉，对媒体从业人员遇到的实际情况或者先进发展并不能及时掌握，所以软件设计并不能完全反映媒体的情况。这就需要广电媒体提前介入软件设计，或者自建数据采集和分析系统。对于无法提前介入的情况，在后期还需要大量人工辅助，包括剔除垃圾数据，无关信息等无效数据。此外，即便软件已经分析，也还需要人工进行分析与阐释，但"阐释比收集和分析数据更难"，这就需要广播电视媒体与相关院校联合培养相应的人才。

（三）提供结论以便修正问题

所有的指标制定、权重设计、数据采集与分析，最终目的都是为了修正国际传播工作过程中存在的问题。因此，充分运用技术，调动人的积极性，形成良好的互动，获得相对准确、完善的结论，以便修正国际传播工作中的问题才是关键。修正包括两个方面。一方面是指在现有数据采集和分析系统之上再进一步更新软件强化预警指标、增加修正建议设置；另一方面是指媒体从业人员仔细阅读前述数据分析结果，根据分析结果修正渠道建设、选题、制作、传播等环节的问题。

第六节　系统：传播环境建构能力建设的重塑

国际传播整体性的主要动因在于其结构的整体性。所有社会组织和社会成员构成一个国家的国际传播系统。系统内部各个单元或元素虽然各有特点和分工，但只有向着同一目标、遵循同样的价值规范和运行原则，才能正常高效地运行。一方面，系统可以通过采取各种协调机制来整合各个单元或元素的作用，形成协同效应，产生一加一大于二的效果；另一方面，系统内部各个单元或元素不仅互相之间有着各种关联，会产生相互作用和影响，而且都会对整个系统产生正面的或负面的影响。也就是说国际传播的整体性要求国际传播的组织者和实施者一定要有系统观念和整体性思维，把握好整体与个体、局部与全局的关系，通过有效的整合和协调机制最大限度地提升系统的综合效率，同时也要防范个体给整体带来的系统性风险。[1] 中国广播电视并不是这个社会的独立体，而是与其他要素一样作为社会要素之一存在，受到社会这一大系统的其他要素的影响，因此，国际传播能力建设也并不能独立于其他要素，还得充分考虑其他元素的影响。

一　理念：推进"三全"与"一体"

此处，"三全"主要指"全球""全民""全媒"。这"三全"并非新概念，但是在"百年未有之大变局"的今天，在中国走进国际舞台的今天，再次强调这一概念，有进一步强化和升级的含义。这"一体"主要指国际传播思想和行为需要从"内外有别"转向为"内外一

---

[1] 唐润华、刘昌华：《大变局背景下国际传播的整体性与差异化》，《现代传播》2021年第4期。

体"。这"三全"与"一体"的实施,既需要国家高屋建瓴的宏观设计又需要广播电视起到良好的衔接作用,更需要每个普通人的积极认知与参与。

(一)推进"三全"

随着中国向世界不断提出"中国方案",中国在世界政治格局、经济格局、传播格局中发挥着重要的作用。中国广播电视的国际传播,既需要这种大环境的支持,也需要成为推进构建中国会进一步提出更多"中国方案"的大环境的重要成员。要实现这一目标,"站到世界看中国""站到未来的中国看今天的中国",切实推进"全球中国"思维发展,推进"国际传播"升级为"全球传播",实现"全民国际传播""全媒体国际传播",方可取得"全面的效果"。

1. 推进"全球中国""全球传播"

"全球中国"不只是一句口号,更是中国在全球的不断融入的实践。"全球中国"不仅是一种日益形成的新型全球秩序,一套理解中国全球角色的创新方法论,也逐渐成为探索中国与世界未来格局的理论话语。[①]"全球中国"的进一步推进,不仅需要"一带一路"倡议作为"命运共同体"实践平台的继续推进与升级,需要国家机关部门与各行各业与世界各国继续加强联系、深入合作建构良好的国际环境,需要国家从上至下进一步建构"全球中国"的国际传播话语体系和联动机制,还需要中国媒体的切实介入,推进"国际传播"升级为"全球传播"。中国广播电视作为国家系统的一员,作为中国媒体系统的一员,在全球化语境中,还要切实执行"世界之中国""全球中国",优化与各类民间组织、智库、基金会等社会力量的联动机制,提升与国际

[①] 史安斌、盛阳:《探究新时代国际传播的方法论创新:基于"全球中国"的概念透视》,《新闻与传播评论》2021 年第 3 期。

"知华派"的合作水平，搭建更宽广、更深入的全球媒体网络，重新概念化中国与世界的发展逻辑，对全球新闻事件和即时现象进行历史性总结和梳理、结构性反思和身份置换，系统性报道、分析和诊断全球发展过程中和中国社会发展过程中出现的"疑难杂症"，为全球提供更多、更丰富、更多样化的"建设性新闻"，即"中国方案"。

2. 推进"全民国际传播"

AJ 的"全民国际传播"思维对其国际传播能力建设起到了关键性的作用。5G 技术、移动终端、专业摄像设备的平价化、移动互联网和社交媒体的普及，以及"无处不在的视频直播"把无所作为的"受众"（Audience）变为主动的"参与生产的消费者"（Prosumer），并积极参与国际传播。这样，国际传播就不仅是媒体的事情，而是与每一个来自各行各业的"产销者"同行并进、相互补充且不断循环的过程。要使这一过程正向发展，积极传播"全球中国"的可信、可爱、可敬的形象，还需要国家的顶层设计；需要推动幼儿、中小学校教育"从娃娃抓起"，培育国民对国情、国际的认知能力，养成"既开放自信又谦逊谦和"的国民心态，提升国际表达能力，增强高等教育中的国际新闻与传播专业教育，提升所有涉外专业学生的国际传播意识、国际沟通能力，提供对所有专业学生的国际传播、公共外交通识教育；需要优化党校面向各级领导干部的国际传播培训政策，优化国际传播专业媒体、涉外企业事业机构的相关培训政策，制定个人"网红"培训政策，制定鼓励主流媒体、重要网站开发国际传播大众普及教育产品的相关政策。[①]

就中国广播电视而言，可充分利用 Tiktok 等短视频平台已经打造

[①] 钟新、蒋贤成：《完善全民国际传播体系构建可信、可爱、可敬的中国形象》，《中国记者》2021 年第 38 期。

的"国际舆论领袖",补充国际传播人才;可利用中央级广电与北京大学、中国传媒大学、人民大学等原有人才培养协议,充分强化这些人才培养基地的作用,培养复合型的国际传播后备人才;可强化地方广电与地方院校、研究机构合作的人才培养基地的作用,培养地方特色国际传播后备人才。此外,鼓励广电优秀从业人员,在中、小学开设国际传播素养课程,设计对全民开放的国际传播 MOOC 课程,开展线上、线下的媒体见面会,储备国际传播全能人才。[①] 只有人人注意传播效果,才能构建良好的环境。

3. 推进"全媒体国际传播"

"万物皆媒"。"全媒体"不是指某一种媒体叫作"全媒体","全媒体国际传播"也不是说采用一种叫作"全媒体"的媒体进行国际传播,而是说充分发挥各级、各类媒体的作用,充分发挥"报、网、端、微、屏"多种资源的作用,充分发挥"全民皆是国际传播者"的作用,便于采取多种方式、多种渠道、多种形式进行国际传播。就中国广播电视媒体发挥多种媒体、多种资源作用而言,2021 年 8 月初,CGTN 英语环球广播旗下深受"Z 世代"年轻人喜爱的英文脱口秀节目《圆桌议事》,首次走出广播直播间,结合西藏的多个特色场景,推出 10 期实景体验脱口秀。14 天、16 场直播、100 多条融媒体产品,通过 CGTN 官网、App,以及 Facebook、Twitter、YouTube、微博、央视频、B 站、抖音、微信视频号等多个海内外社交媒体账号发布。截至 8 月底,相关产品全球阅览量已破 6000 万,独立用户访问量 1300 万,总互动量超 150 万,视频观看量超 1100 万。[②] 就各级媒体合作而言,中央级广电媒体、港澳台媒体以及已经发展较好的 MGTV、浙江台等媒体的

---

① 车南林、蔡尚伟:《半岛电视台国际传播能力建设方法与启示》,《电视研究》2021 年第 8 期。
② 数据来源于中央广播电视总台创新发展研究中心。

资源、平台、人才均占有一定的优势，但对其他地方事务不一定熟悉，因此各级、各类媒体相互合作形成良好的合作机制利于建构更加紧密的国际传播系统，比如进一步扩大"中央与地方广播电视国际传播联合体""边疆省区与港澳台广播电视国际传播协作体""中国与'一带一路'国家媒体合作体""丝路电视国际合作共同体"。同时，也需要进一步强化国际社交媒体平台、在线视频平台的作用，增加、强化、细化相关账号的作用。此外，"身体即媒体"，所以也可推进身体传播。中国广播电视与国际媒体的交流过程，本身也就是从业人员国际传播的过程，其一举一动都是国际传播的一个方面，也还需要强化。

（二）推进"内外一体"

所谓"内外一体"就是从国家战略的高度出发，遵循新闻传播和媒体发展的普遍规律，将国内传播和对外传作为一个有机整体统筹运营，形成协同效应，实现协调发展。"内外一体"是新媒体时代对外传播的战略选择。[①] 在互联网和移动互联网普及的今天，在"全民都是国际传播者"的今天，国际传播思维亟须进一步从"内外有别"转向为"内外一体"。

1. 国际传播思维"内外一体"

"内外有别"作为国际传播的一项基本理论和指导原则长期主导着中国国际传播思维，也导致多年来，媒体对外传播的内容、渠道、形式等方面呈现明显的"内外有别"。这虽然在一定程度上提高了国际传播的针对性，但是在今天显然有待商榷，因为在国外媒体、国际受众能够通过互联网和移动互联网随时查看中国媒体内容、每一个社交媒体内容的今天，在国内民众随时利用新媒体"直播"的今天，在大量在华和来华外籍人员随时向母国传播中国媒体信息的今天，"对内传

[①] 唐润华：《中国媒体国际传播能力建设战略》，新华出版社2015年版，第135页。

播"就是"对外传播",所以中国广播电视的国际传播应强化"内外一体",强化"国内传播与对外传播是一个有机体,不能截然分开"的思维。这不仅包括新闻选题,也包括电视剧、纪录片、电影的选题;不仅包括新闻的采访与制作,也包括电视剧、纪录片、电影的策划、拍摄与后期制作;这不仅包括通过网络广播电视、社交媒体账号渠道,也包括广播电视渠道传播。未来,随着ICT技术的发展,随着中国对外开放的大门继续打开,"内外一体"更应成为主导性的国际传播思维。也只有"内外一体"才能构建国际、国内良好的传播环境。

2. 国际传播管理"内外一体"

中国媒体的管理偏向政治内涵,也就导致一直存在"内宣化"色彩,较少关注文化内涵和市场内涵,也就是说较少关注文化软实力和市场竞争力。但是,根据迈克尔·波特的观点,一个国家的某种产业的国际竞争优势来源于产业生存的国家环境。而在国家环境中,提供良好的管理运行理念又较为重要。事实上 CCTV、CGTN、CRI 的调整为中央广播电视总台进行统一管理,除了进一步强化媒体融合的作用之外,更重要的是增强"内外一体"。但就目前的情况来看,还要继续强化,这不仅在于中央广播电视总台的管理方面,还在于整个中国媒体。只有管理上减少行政化,避免内宣化,强调全球化、市场化、专业化,做到"内外一体",才能更好地促进媒体做大做强媒体产业,按照国际传媒市场的特点切实提升自己的内容生产能力、渠道建设能力、运营管理能力、受众服务能力、资本运作能力、市场营销能力等,从而在国际上产生持久的竞争力、影响力。[①]

3. 国际传播实践"内外一体"

在"内外有别"思维的主导下,中国广播电视的国际传播,尤其

---

① 李宇:《对外传播工作切忌内宣化》,《对外传播》2021 年第 1 期。

是新闻传播工作长期存在某些新闻只能对内报道、不能对外报道或者只能对外报道、不能对内报道的现象；或者存在对国内外普遍关注的热点新闻根本不予报道或者只按照国内传播的要求去报道的现象。[①] 在新媒体已经完全消融新闻传播边界的今天，继续采取这样的国际传播实践显然会面临失灵的危险，因为即便是只对内传播也会面临"天下没有不透风的墙"的情况，即便只对外传播也会面临"出口转内销"的现实。此外，一直采用正面新闻和建设性新闻的叙事策略，而不是"小骂大帮忙"的叙事策略可能造成中国媒体公信力下降的问题。事实上，新闻不管是对内还是对外，"真实""准确""全面""客观""公正"才是基本原则与准则。在传播边界将继续消融的未来，在国际、国内受众自主意识不断提升的未来，强化每个媒体国际传播实践"内外一体"思维，尊重传播规律，提升专业化水平，切实"做好自己的事情"，才能更好地呈现"全球中国"，构建系统化环境。这不仅针对新闻传播工作，同样针对纪录片、电视剧、电影等的创意、制作与传播。

二 操作：执行"四大"与"两保"

中国作为全球系统的一员，与作为全球子系统的其他国家相处越好，直接促进中国广播电视国际传播渠道建设越顺，进而促进国际传播内容传播越广。同时，中国广播电视国际传播能力越高又决定着全球各子系统对中国产生了较为积极的态度。切实执行"四大""两保"，可在一定程度上推进环境建构能力的提升。

（一）执行"四大"

此处，"四大"主要指"大融合""大传播""大内容""大视频"。其中，"大融合"既从国家与国家层面的融合考虑，也从中国广

[①] 唐润华：《中国媒体国际传播能力建设战略》，新华出版社2015年版，第136页。

播电视作为子系统需要与其他子系统相互融合考虑。

1. 执行"大融合"

"大融合"主要从几个方面考虑。一是国家作为全球子系统之一与全球其他子系统之间的交融。换句话说，作为世界大国、强国的中国未来，还要继续加强与世界其他国家在经济、政治、文化、科技、体育、医疗等领域融合发展，在国际事务上继续合作。就如中国与"一带一路"沿线国家广泛开展合作，为中国广播电视在沿线落地奠定了良好的基础，就如中国与巴基斯坦是独一无二的全天候战略合作伙伴，因此中国广播电视在巴基斯坦的落地与合作相对顺畅。二是中国广播电视与国外媒体、企业、组织、机构深入交流与合作，构建良好的合作环境，产出多元化的成果并广泛传播成果形成下一次深入合作的良好环境。三是中国广播电视与中国其他子系统的大融合，包括与涉外企业、报刊及其新媒体平台、在线视频平台和社交媒体等的融合，与中国"国际网红"及其他优秀传播者的融合，包括与这些传播者的渠道和内容的大融合。

在涉外企业大融合方面，可与大疆、华为、联想、小米等合作，采用联合培养人才、联合制作节目的方式，帮助其打造更好的视频内容，通过其渠道传播更好的中国。此外，也可同那些已经在海外站稳脚跟的企业大融合。在报刊媒体大融合方面，可充分与《中国日报》《人民日报》海外版、《环球时报》英文版等以高端国际受众为根基的国际传播航母大合作，面向高端精英人群，提供高水平新闻资讯和评论等新闻产品。在线视频平台和社交媒体等大融合方面，则要充分利用"爱优腾"、搜狐视频、MGTV、微博、Tiktok等的资源，营造"下沉"的国际传播环境。在与其他优秀传播者大融合方面，中国广播电视与他们大合作，倾心打造、孵化个性化IP账号，以人格化、个性化的传播弥补机构性传播的局限。类似于"长安街知事""玉渊谭天"

"李子柒"等，都是未来国际传播整体布局中的"轻骑兵"，这样的个性化账号、人格化传播绕过了政治、文化的边界，在一个基本的、共识性、人文层面上进行直接、面对面的传播。同时，在当今全球传播形势收紧的背景下，这也是将国际传播队伍化整为零、各个突破的有效路径，会收获奇效。①

2. 大传播

中国广播电视势必要用"大传播"理念修正"大众传播"层面的认知误区，全面布局国际传播，因为任何信息在社会系统中扩散、交流、交换都是传播。在"大传播"的概念下，中国广播电视的国际传播实践就可以升级为全新的、联动发展的、交替进行的传播链条。这一链条至少包括"交通"（Communication）、"通信"（Tele - Communication）和"大众传播"（Mass Communication）三个方面。其中，交通层面，交通工具本身就是信息的载体，与交通相关的基础设施、人员、设备、管理等是信息传播的助力，二者结合将形成更大范围的传播。因此，中国广播电视可以基础设施的"中国制造"为龙头，构建大传播的基础，形成国际传播的新环境。通信方面，各种终端、技术设备同样是信息的重要载体与渠道，中国的中兴、华为、四达时代、联通、移动、电信等通信领域的大型企业，又是涉外传播的佼佼者。因此，中国广播电视可以"新基建"的"中国智造"为核心，构建大传播的路径，形成国际传播的新渠道、大渠道。

就交通而言，一方面是中国内部先进的高铁网络、地铁、航空、港口等交通系统，为在华和来华的外籍人群提供了相当便利的服务，以及直观的感受和体验，交通系统内部的音频、视频内容更是向外籍

---

① 姜飞：《与时俱进，守正创新：中国国际传播能力建设规划急需升级版》，《国际传播》2020年第1期。

人群展现中国的最佳平台。另一方面是中国对外援建的国际铁路、国际港口、国际公路、国际航空等交通系统本身就是展现中国大国风范的最好契机。就通信方面而言,仅华为就在全球铺陈数万5G基站,向世界售卖手机、笔记本、Pad、智慧屏等产品,这些产品本身内置的多种软件均为华为自主研发、多种应用均为中国智造,而这些均可扩大传播中国的范围,加上,华为的官网、小程序、视频号、国际国内社交媒体账号等渠道为中国媒体构建了良好的国际传播"云环境"。诸如传音、OPPO等中国其他通信领域的企业同样类似。整合交通、通信和大众传播的"大传播",将促进中国广播电视的国际传播渠道变得更丰富,内容也就随之变得更多元,形成更深、更广的国际传播环境。未来,会有更加先进的渠道、更加多元的技术、更加多样的传播者,而这些都将为中国建构更加厚实丰富的环境。

3. 大内容

正如过去的国际传播仅局限于"大众传播"一样,内容也局限于"大众传播内容",即便是广播电视国际传播,同样如此;但在"大传播"的今天,在某种意义上说"万物皆内容"。这样的情况下,国际传播的"大内容"包括传统的媒体内容,包括各行各业"产销者"制作的内容,包括自媒体制作的内容,也包括采用的种种传播形式,而形式即内容;包括新闻、评论等比较严肃的内容,也包括电影、电视剧(网络剧)、音乐等相对轻松的内容;包括"硬性"内容,也包括"柔性"内容。在某种程度上说,轻松的内容、"柔性"内容在潜移默化影响国际受众态度方面可能会有更加明显的作用。

诸如"李子柒""非洲十年"等非中国广播电视的优质内容往往存在选题丰富、导向正确、角度新颖、形式多样等特点,可作为中国广播电视国际传播内容的补充。但是,"大内容"也可能存在参差不齐的情况,不能全面反映中国的方方面面。未来,中国将面临更加变幻莫测的国际环境，劣质的内容可能造成比较负面的影响。相对而言，中国广播电视具有较强的选题能力、把关能力。基于此，中国广播电视可积极采用非中国广播电视的优质内容，吸引不同层面的国际受众。另外，"授人以鱼不如授人以渔"，可积极发挥专业素养，与各种传播者合作，培养其专业制作内容的能力，尤其是选择主题的能力，避免劣质内容影响中国发展的环境。

4. 大视频

5G 技术赋能下的"大视频"，不仅是对视频时长的定义，也不仅是对内容形态和技术层面的定义，而是指无论是短视频还是长视频、虚拟现实还是全息影像，未来的信息传播将更多地以视频为表达方式和表现形态；视频传播相关的行业和范围也将进一步扩大。全面的视频化、传播的无线化、流程的简便化，将是 5G 时代信息传播发展的必然趋势。[1] Pew 的一项调查就显示，年轻一代互联网用户更钟情于 YouTube、Instagram 和 Snapchat 等以视频为核心内容的社交平台。面对受众的偏好改变和迁移趋势，媒体内部也开始进行团队的结构调整。Facebook 的 CEO 扎克伯格在 2016 年就宣布，在未来五年内主打视频内容，并立足于直播和长视频来调整团队成员结构；网络媒体 Vice、Mashable 和 MTV News 陆续在 2017 年开始裁减文字内容团队员工数量，将重心放在短视频和社交媒体平台投放上。各家媒体内部的暗流涌动表明视频转向对于内容生产领域的潜在影响，媒体行业希望借助这一趋势吸引受众并获得商业突破。[2]

事实上，在中国，抖音、快手、B 站的快速崛起，微信开设视频号功能，国际台大力发展视频账号，普通民众在视频平台的日活跃度、

---

[1] 卢迪、邱子欣：《新闻"移动化"与直播"移动化"：5G 技术推动新闻与直播深度融合》，《现代传播》2020 年第 4 期。
[2] 王沛楠：《视频转向与国际传播理念创新》，《电视研究》2019 年第 7 期。

月活跃度大于在以文字为主的社交平台，也表明视频是未来的大趋势。未来的大视频，不仅仅只是中国广播电视的"专利"，而是更多平台、更多企业、更多 MCN、更多自媒体、更多普通用户等 OGC 和 UGC 拍摄、制作、传播的内容。这样的情况下，中国广播电视进行国际传播必然是要与这些 OGC、UGC 不断融合。这些融合表现为，一是中国广播电视将 OGC、UGC 所拍摄的视频嵌入自己的视频内容，二是 OGC 和 UGC 把中国广播电视的视频嵌入自己的内容，三是中国广播电视与 OGC 和 UGC 联合制作视频内容。不管是哪一种情况，在未来的国际传播过程中，"大视频"都是趋势，而采用具有共情作用的声音、画面才能引起国际用户的关注。

（二）推进"两保"

按照要素推动整体来说，要保证中国广播电视国际传播顺利开展并不断提高建设能力，市场资源、文化资源、人力资源、资本资源、文化科技资源、管理资源、政策制度资源等核心要素，均需要有充足的保障。其中，政策制度保障主要指国家进行体制机制改革、制定政策、发布文件等，而其他资源则可从媒体、企业、组织、学校等方面获得。基于此，此处的"两保"主要指"政策制度保障"和"其他资源保障"。

1. 推进"政策制度保障"

"政策制度保障"是未来中国广播电视放手提升国际传播能力的关键。为此，可以从下几个方面着手。一是，针对当前进行国际传播的广播电视还存在体制机制欠灵活的问题，还要进一步深化体制机制改革，突出"国际市场这双看不见的手"的作用。让市场机制在资源要素的配置中发挥基础性的、决定性的作用，真正形成全国统一开放的市场体系，鼓励支持广播电视机构跨行政区划、跨行业、跨所有制发展，建立面向国际市场、具有国际竞争力的新型传媒集团。① 二是，针对中国出海企业（大型跨国企业），以及海外发展较好的"爱优腾"和 MGTV 等在线视频平台和自媒体平台，制定必要的税收减免政策，制定国内实体所需的土地、场所等支持政策，制定利于其较快融资投资及资源转换的政策，制定与中国广播电视进行渠道合作与内容合作的支持政策，支持其更进一步拓展国际传播范围。三是，制定鼓励正在从事国际传播的中国广播电视媒体进一步"大融合"、积极从事"大传播"、发展"大视频"的政策，进一步细化鼓励其参与国际竞争的政策。此外，吸纳国际传播研究者、实践者的对策建议，针对在国际传播过程中出现某些特殊的现象，及时发布相关文件，引导中国广播电视及时调整内容、形式、考核方式等，也较为重要。

2. 推进"其他资源保障"

"其他资源保障"主要指市场、文化、人力、资本、文化科技、管理等资源。发挥市场的主导作用，能更好地促进中国广播电视及新媒体的创造力。市场资源，不仅指欧美市场，还包括广大的"一带一路"沿线市场以及愿意加入"一带一路"的相关市场，还包括在中国境内的针对在华、来华人群的市场。文化资源是中国广播电视国际传播能力提升的有力保障，这些文化资源既包括中国传统文化资源也包括不断与世界各国文化融合的现代文化资源；其来源既包括中国各地区历史传说、宗教寺庙、大河山川，也包括不断与世界接轨的"Z 世代"人群所提供的资源。人力资源除了各类"外语+技能"的保障性人才之外，还包括策划名家、谈判高手、法律人才、研究专家等；除了日常的人才补给之外，适时的人才培训与工资待遇体系要有合理的保障。

---

① 朱新梅：《统筹国内国际两个市场，加强国际传播能力建设》，《中国广播电视学刊》2021 年第 9 期。

第五章 奔向光明：中国广播电视国际传播能力建设的未来路径

资本资源则重点强调，在产业化发展过程中，大量的融资、投资都需要强有力的资本做支撑，而适当利用 IPO、私募股权、天使投资基金、文化产业基金等获取资金资源也是必要的。文化科技资源需要与大疆、华为、联想、小米等企业合作研发更新的广播电视新科技。管理资源主要指媒体内部的管理，既强调给予较为宽松的工作环境，也强调给予每一位从业人员较好的后勤保障。总的来说，中国广播电视国际传播能力建设并非一日之功，还需要推进前述多种资源配合，提供充足的保障。

结　　论

"当今世界处于百年未有之大变局"。2020年新冠疫情这一前所未有的危机让经济大变局、政治大变局、科技创新大变局、国际传播格局大变局进一步呈现。中国广播电视作为应对国际政治与经济大变局的方式，作为科技创新的体验者和依赖者，作为国际传播主体格局变化、传播渠道与终端格局变化、内容格局变化的成员，作为提升国际话语权的路径，作为参与国际传媒竞争与合作的排头兵，亟须加强国际传播能力建设。就提高国际话语权而言，亟须加强传统的和新兴的国际话语平台建设，亟须加强"硬性"和"柔性"话语内容建设，亟须通过新闻报道和全球舆论信息监测系统加强话语反馈建设；就加强与国际传媒竞合而言，亟须应对国际传媒在全球传统广电领域、在线视频领域和视听社交媒体领域的竞争，亟须在全球性特殊事件中共谋新闻传播合作之路，在全球传媒公信力受挑战时共谋重塑信任之路，在文化产业大发展时共谋合作盈利之路。

ICT新技术、视频摄制新技术、综合性技术对中国广播电视国际传播能力建设的赋能，新管理主体、参与国际传播的新主体、新研究主体对中国广播电视国际传播能力建设的赋智，国内外在线视频平台、社交媒体平台、智能终端内容分发平台对中国广播电视国际传播能力建设的赋权，以及各地文化产业基金、国际合作基金等新资金资源和各地辅助性政策资源等作为后劲力量，让中国广播电视国际传播能力建设可放开执行。而中国广播电视国际传播能力建设有助于提升中国形象、提升中国文化软实力、提升中国科技实力、提升中国经济实力。

事实上，对于中国广播电视国际传播能力建设，中国在创办第一座广播电台时就采取了种种措施。大致说来，可以分为逐渐形成期（1978年以前）、稳步发展期（1979—2008年）、战略机遇期（2009年至今）。在每一个时期，国家主要采用了组建专门的对外宣传领导机构、制定相关政策、提供资金帮助、开办专门的院校培养人才等方式，助力中国广播电视国际传播能力建设；报社、通讯社等媒体行业，广播电视技术行业，新兴技术行业，广播电视教育行业的共同发展，以及广播电视产业、互联网文化产业的产业化发展，辅助了中国广播电视国际传播主体建设、渠道建设、内容建设、人才培养。而广播电视自身的不断融合发展、不断升级转型，也推进国际传播能力建设更上一个台阶。

中国广播电视为了加强国际传播能力建设，重点推进提高主体共振能力、渠道竞合能力、内容制作能力、受众定位能力、效果测评能力以及环境建构能力。目前来说，在主体共振能力建设方面，已经形成"1+2+N"的立体传播格局。CGTN作为这"1"个主要平台，整体发声能力有所提升；在非洲地区发声能力又最强，突发事件发声能力有所上升；报道中国事务又最为突出，在线视频平台的发声能力有所提升。但是CGTN在发达国家或地区的发声能力待加强，对国际事务的发声能力待加强，到场报道能力欠佳，运营能力欠佳，甚至个别发声引起了误会。央视和国际台这"2"个国际传播的重要主体，虽然"分类账号"和"垂类账号"互相链接，形成了和声"大环境"，并且"台网联动，移动优先"，协同互补，形成了和声"大声音"，但是渠道运营能力欠佳导致整体"和声共振"能力不足，内容运营能力欠佳导致"和声共振"能力较小、效果欠佳。其余有能力和实力进行国际传播的广电媒体和"爱优腾"、"两微一抖"、自媒体以及华为、华策等出海平台与机构，作为"N"个主体，与"1""2"不同，更多倾向于依托社交渠道或打造平台和利用终端设备传播电视综艺、电视剧等长视频和社交化短视频内容，出奇制胜，进行"复调传播"，但与"主流"声音差异较大。

在渠道竞合能力建设方面，中国广播电视传统渠道竞争和合作能力随着落地频率（频道）、节目数量增多而有一定的增强，但也存在与国际媒体相比整体实力较弱的问题。为了应对全球广播电视的开机率和开机时长下降的趋势，中国广播电视的国际传播顺势而为，迅速抢占 App、在线视频平台、社交媒体平台等新兴渠道，积极运营。经过几年的运营，中国广播电视在新兴渠道的竞争能力和合作能力都有一定的提升，但也存在各自为政彼此不链接或不合作的问题，且与国外本土媒体的业务合作、人员合作以及资本合作等也还亟待改善。

在内容制作能力建设方面，新闻最能体现中国广播电视国际传播的议程设置能力（发声能力）。"1"和"2"基本能保证将国际、国内重要的事情及时、真实、准确地播出，时事新闻制作的直播能力、全球连线能力、现场报道能力明显增强；深度访谈新闻的选题能力、现场连线能力以及特殊时期的发声能力等明显增强；数据新闻、动画新闻、互动新闻等融合新闻的制作能力和不同文本的叙事能力明显增强。但是，也存在时事新闻的到场能力、现场采访能力和素材采集能力欠佳的问题；存在深度访谈新闻的访谈深度还不够、演播室与专家连线无法无缝衔接、演播室设计欠佳等问题；存在由于标题制作能力、话语体系建构能力、篇章结构构建能力、语言表达能力等滞后而与受众难以"共情"和互动的问题。同时，影视类内容的制作能力虽然有所提高，但也存在选题可能过于死板、对中国新思潮和新观念反映不足、细节处理不力导致难以共情的问题，存在翻译制作能力和创意创新能力欠佳等问题。此外，社交类内容的制作能力虽然也有所提高，但是还存在对原始版本版权的侵害、智能分发在国际上偶遇障碍导致的"信息茧房"或者"群体茧房"等问题。

在受众定位能力建设方面，中国广播电视的国际受众类别定位能力有所增强，但也存在定位不准导致节目播出时间不合适的问题；定位受众心理能力有所增强，但也存在定位其选择性心理、反向式解读心理不足的问题；定位受众需求能力有所增强，但也存在定位认知需求、情感需求、疏解紧张情绪需求等不足的问题。

在效果测评能力建设方面，中国广播电视重视传播效果测评，增强了国际传播效果测评的意识，但随着传播渠道的多元化、传播形式的多元化，还要加强对内容采集能力、内容加工能力、内容竞争能力等短期的内容生产能力的测评，加强对电视频道、在线视频平台和社交媒体的短期传播力、影响力和引导力的测评，加强对"品牌三度"、市场拓展能力、运营能力、发展潜力等长期传播力、影响力、引导力的测评。加强评估的系统性和整体性。

在环境建构能力建设方面，中国在构建"全球中国"环境方面做了很多努力，也影响着中国广播电视。但是，针对国内的"全球中国"环境建构能力、"全民国际传播"环境建构能力、"全媒体国际传播"环境建构能力，针对国外的系统环境建构能力、传媒合作环境建构能力，都还有不足。

为此，可以看看国际媒体的做法。美国 CNN、英国 BBC、俄罗斯 RT、卡塔尔的 AJ 以及印度的 Zee 各有优缺点，但它们都十分重视全球化渠道的建设；重视新闻的全球化选题、评论的"异见"以及轻松娱乐的内容；重视全民国际传播的方式，倾向打造社交媒体；重视共情式MI、BI、VI的建设；重视精准定位品牌、受众、内容，重视淡化官方背景，打造国际品牌，重视不同语种的建设，重视培养和起用年轻人才，营造良好的工作氛围，提供优渥的待遇和保障；重视采用"预印"平台和培养"理实一体"专家作为国际传播能力建设的保障。而这些，中国也重视，且亟须加强。

针对前述短板弱项，基于中国广播电视过去的优势和国际媒体的一些经验，中国广播电视的国际传播能力建设，可重点从以下几个方面着手。

一是，CGTN作为这"1"个主要的媒体，可继续增强"球土化"。具体来说，可继续通过MI、VI、BI的符号化增强"全球化"，切实走进去"采、制、传""市场推广与经营""起用或培养人才"，增强"本土化"；提升全球运营能力、危机应对能力和社会交往能力，切实形成"球土化"。央视和国际台作为这"2"个重要的媒体，可继续加强与"1"和"N"的渠道和内容链接，切实实现"链接化"。而"N"个主体作为国际传播的重要补充，可大力发展电视产业，大力发展网络视听平台产业和网络剧、网络综艺、网络电影、网络动画片、网络纪录片、网络专题等传统网络视听形态，大力发展中长视频、互动视频、VR视频以及全息产品等新兴网络视听形态；积极打造国际IP生态、探索新型商业模式。

二是，以"广播电视是人体的延伸""人体是广播电视的延伸"为重点原则，提升传统广播电视渠道的竞争力和合作能力；要重视大屏的临场体验，重视小屏的互动体验、个性化体验和私密化体验，推动社交传播、数据驱动、社区打造和内容连接等大发展，强化"大屏与小屏跨屏联动、连接"，增加新兴渠道，提升竞争能力和合作能力。

三是，强化"全球认知""全球意识"，通过选择关于"美""爱""英雄主义"等人性共同点的主题，通过选择"衣食住行""礼仪美德""环境保护"等人类共同关注的主题，提高内容的选题能力。采用"分解""重组""伪装"等编码形式设计富含共情文化因子的"弥母"，采用共情文本设计更易全球模仿的"弥母"，以情绪主导和短小精悍的形式设计更快传播的数字"弥母"，并依据"共识性节日""本土节日"等选择好共情"弥母"传播的"时间节点"，以提高内容的创新创意能力和制作能力。精选共情画面镜头语言，突出面部表情和肢体语言等非语言，强化视觉修辞，激发共情；常用环境音效、后期配乐以及人物非对话声音等非语言，强化听觉修辞，引导共情。深度培养"语言+技能"型翻译人才，强化"本土化"翻译，采用切换式翻译软件，提高翻译制作能力。此外，还要采用"技术对抗技术"和"技术管理技术"的方式来避免"茧房"的形成和发展，规避国际风险。

四是，切实注意用户思维先行，平台思维和跨界思维先行，迭代思维和极致思维先行，未来思维与合作思维先行；采用智慧广电技术锁定居家用户、现实与虚拟位置定位技术锁定移动终端用户；区隔国际受众对中国政治信息、经济信息和文化信息的需求，区隔国际用户的认知需求、情感需求、疏解情绪需求，针对海外"Z世代"、海外技术性人群、海外华人华侨、海外中国留学生、在华来华的外籍人群等刺激的新需求，提高受众的定位能力。

五是，制定反映传播能力、传播效力的传播强度、速度、热度、广度等短期效果指标，制定知名度、美誉度、引导力等反映品牌建设能力的指标，制定内容生产能力、内容品质表现、内容竞争能力等反映内容建设能力的指标，制定硬件设施建设能力、覆盖能力、从业人员分配能力等反映渠道建设能力的指标，市场经营能力、营销能力等反映市场拓展能力的指标，制定受众影响力、同行影响力、专家影响力、国际影响力等反映影响能力的指标，制定《规划》制定能力和完成率等反映未来规划能力以及发展的指标，制定更加细化的指标，设计合理的权重比例，采用智能软件、智能系统和人工介入分析等方式利于中国广播电视提高测评能力。

六是，"站到世界看中国""站到未来的中国看今天的中国"，切实推进"全球中国"思维发展，推进"国际传播"升级为"全球传播"，推进"全民国际传播""全媒体国际传播"，推进国际传播思维、管理、实践做到"内外一体"，切实执行"大融合""大传播""大内容""大视频"，做好政策制度保障，做好市场资源、文化资源、人力资源、资本资源、文化科技资源、管理资源的保障工作，才能切实构建更好的环境。

本课题组在完成本书时，虽然花了大量时间去翻查历史材料，花了大量时间去翻译国外媒体报告，花了大量时间去统计分析相关数据，花了大量时间去汇总资料，但是由于人力有限、时间有限、精力不足等原因，导致本报告还存在疏漏。在此，恳请各位专家、学者、媒体精英批评指正，提出宝贵意见。未来，课题组将与各位一道就广播电视国际传播的新进展，进一步修正、完善本报告，继续为中国广播电视国际传播实践和理论研究做出应有的贡献。

参考文献

毕佳、龙志超：《英国文化产业》，外语教学与研究出版社 2007 年版。

蔡尚伟、温洪泉：《文化产业导论》，复旦大学出版社 2012 年版。

蔡尚伟、车南林：《文化产业精要读本》，江苏人民出版社、江苏凤凰美术出版社 2015 年版。

程曼丽：《国际传播学教程》，北京大学出版社 2006 年版。

戴延年、陈日浓：《中国外文局五十年大事记2》，新星出版社 1999 年版。

方汉奇：《中国新闻传播史》，中国人民大学出版社 2009 年版。

郭镇之：《中国电视史》，中国人民大学出版社 1991 年版。

胡耀亭：《中国国际广播大事记》，中国国际广播出版社 1996 年版。

江和平：《CGTN 国际竞争力建设研究》，内部研究报告 2018 年版。

李舒东：《中国中央电视台对外传播史（1958—2012）》，人民出版社 2013 年版。

李宇：《从宣到传：电视对外传播研究》，北京大学出版社 2013 年版。

李宇：《海外华语电视研究》，《我国对外传播文化软实力研究丛书》，中国社会科学出版社 2011 年版。

李宇：《数字时代的电视国际传播：路径与策略》，中国广播影视出版社 2015 年版。

刘娜：《中国广播电视对外传播力研究》，社会科学文献出版社 2017 年版。

石长顺：《融合新闻学导论》，北京大学出版社 2013 年版。

孙璐：《全球化新格局下 CGTN 的国际传播研究》，光明日报出版社 2021 年版。

唐世鼎：《"一带一路"国家媒体指南》，中国传媒大学出版社 2018 年版。

唐润华：《中国媒体国际传播能力建设战略》，新华出版社 2015 年版。

王庚年：《中国国际广播电台发展史第二卷（2001—2011）》，中国国际广播出版社 2011 年版。

臧具林、卜伟才：《中国广播电视"走出去"战略研究》，中国国际广播出版社 2014 年版。

张国庆：《媒体话语权——美国媒体如何影响世界》，中国人民大学出版社 2012 年版。

赵化勇：《中央电视台发展史（1958—1997）》，中国广播电视出版社 2008 年版。

赵化勇：《中央电视台发展史（1998—2008）》，中国广播电视出版社 2008 年版。

中国广播电视年鉴编委会：《中国广播电视年鉴（1986）》，中国广播电视出版社 1987 年版。

文化产业司：《文化金融合作创新案例汇编》，文化艺术出版社 2014 年版。

[英] 休谟：《道德原则研究》，曾晓平译，商务印书馆 2001 年版。

[美] 约瑟夫·奈：《软力量——世界政坛成功之道》，吴晓辉等译，东方出版社 2005 年版。

[美] 亚瑟·乔位米卡利：《共情力：你压力大是因为没有共情能力》，

耿沫译，北京联合出版公司 2017 年版。

［荷］托伊恩·A. 梵·迪克：《作为话语的新闻》，曾庆香译，华夏出版社 2003 年版。

白河山：《中国国际广播电台境外落地创新初探》，《中国广播电视学刊》2009 年第 5 期。

白云天：《"泛阿拉伯主义"在美国媒体的"帝国"意象》，《阿拉伯世界研究》2021 年第 2 期。

卜彦芳：《2019 年广播电视产业经营回顾与前瞻》，《中国广播电视学刊》2020 年第 2 期。

毕建录、刘新清、钟新：《试析 CGTN 新冠疫情国际舆论传播特点》，《电视研究》2020 年第 7 期。

毕建录、梅焰：《新时代如何做好新闻评论对外传播——以 CGTN 新媒体评论传播实践为例》，《电视研究》2019 年第 4 期。

蔡骐：《网络虚拟社区中的趣缘文化传播》，《新闻与传播研究》2014 年第 9 期。

蔡尚伟：《媒体合作：媒体竞争的明智策略》，《新闻与传播研究》1999 年第 4 期。

车南林、蔡尚伟：《半岛电视台国际传播能力建设方法与启示》，《电视研究》2021 年第 8 期。

车南林、唐耕砚：《供需共振视域下中国与东南亚各国电视剧贸易合作路径探析》，《电视研究》2020 年第 4 期。

程曼丽：《国际传播能力建设的实践研究与意义——兼评〈新媒体跨文化传播的中国实践研究〉》，《新闻与传播评论》2019 年第 1 期。

程晔、曾添：《试论美国影视产业对中国电视剧"走出去"的启示》，《中国电视》2015 年第 9 期。

陈庆新：《广播电视技术的发展历程》，《广播电视信息》1998 年第 5 期。

陈少宇、王亮:《讲好中国故事　传播吉林声音　地方媒体加强国际传播能力建设初探——以吉林广播电视台为例》,《北方传媒研究》2019年第5期。

杜奕霏:《CGTN的品牌推广策略研究》,《科技传播》2020年第12期。

杜毓斌:《美国有线电视新闻网(CNN)的新媒体转型之路》,《南方电视学刊》2016年第4期。

段弘毅:《数据驱动的机器智能叙事——以Narrative Science为例》,《科技与出版》2017年第11期。

冯倩:《新兴大国如何提升对外传播力——"今日俄罗斯"的发展与启示》,《电视指南》2018年第7期。

冯欣:《〈美丽中国〉全案研究》,《中国电视(纪录)》2012年第8期。

谷雨:《中国国际广播电台驻外记者站的管理与运行》,《电视研究》2011年第12期。

郭金峰:《俄罗斯媒体国际传播策略研究——以RT电视台为例》,《国外社会科学》2020年第4期。

何国平、伍思懿:《CGTN融媒体国际传播效果评估与效果提升研究》,《电视研究》2019年第9期。

胡鞍钢:《中国经济改革:十年评估与十年展望》,《前线》2013年第11期。

胡锦涛:《顺应时代要求深化文化体制改革　推动社会主义文化大发展大繁荣》,《党建》2010年第9期。

胡正荣:《影视产业迭代:构建跨屏生态》,《传媒》2021年第11期。

姜飞、张楠:《中国对外传播的三次浪潮》,《全球传媒学刊》2019年第2期。

姜飞:《与时俱进,守正创新:中国国际传播能力建设规划急需升级版》,《国际传播》2020年第1期。

江和平：《做大做强新时代的国际传播》，《浙江传媒学院学报》2018年第5期。

蒋悦：《大数据技术下 CGTN 对外传播的实践创新》，《东南传播》2021年第3期。

李佳明：《我们应当如何面对 BBC 式报道》，《环球时报》2021年2月3日第015版。

李可宝：《从"今日俄罗斯"看俄罗斯媒体国际传播策略》，《学术交流》2019年第8期。

李雪琼：《CGTN 英语频道发展现状和优化建议》，《国际传播》2019年第3期。

李宇：《CGTN 与 BBC 国际频道新闻 App 对比分析》，《南方电视学刊》2017年第3期。

李宇：《印度电视业发展现状研究（上）》，《现代视听》2019年第7期。

李宇：《媒体融合时代人才队伍建设策略及举措初探——以英国广播公司为例》，《电视研究》2020年第12期。

李宇：《浅析"今日俄罗斯"电视台的内在问题与外在挑战》，《对外传播》2020年第11期。

李宇：《新形势下国际传播能力建设效果评估的挑战、策略与路径》，《现代视听》2021年第1期。

李宇：《对外传播工作切忌内宣化》，《对外传播》2021年第1期。

李宇：《浅析中国广播电视国际传播的本土化探索》，《新闻春秋》2021年第2期。

李英斌：《央视网人工智能实践探索——访央视网副总经理赵磊》，《现代电视技术》2019年第9期。

梁凯音：《论国际话语权与中国拓展国际话语权的新思路》，《当代世界与社会主义》2009 年第 3 期。

刘海龙：《网络化身体：病毒与补丁》，《新闻大学》2021 年第 5 期。

刘涛、李昕昕：《作为"技术化身"的标签：图像社交时代的连接文化及其视觉生成机制》，《新闻与写作》2021 年第 8 期。

刘笑盈：《国际电视的开创者：美国有线新闻网》，《对外传播》2009 年第 7 期。

刘笑盈、吴燕：《CCTV 电视国际传播及其对世界传播格局的影响》，《现代传播》2008 年第 5 期。

刘小燕：《关于传媒塑造国家形象的思考》，《国际新闻界》2002 年第 2 期。

刘燕南等：《国际传播效果评估指标体系建构：框架、方法与问题》，《现代传播》2018 年第 8 期。

刘扬、高春梅：《利用人工智能加强国际传播能力建设的三个维度》，《对外传播》2018 年第 10 期。

刘扬、杨梓煜：《中国国家形象对外传播的精细化发展》，《对外传播》2021 年第 3 期。

刘滢：《用"互联网思维"开启全球传播之门——2014 年对外传播新趋势》，《对外传播》2015 年第 1 期。

陆小华：《国际传媒竞争取向与中国的选择——增强国际传播能力与"中国电视网"开播》，《新闻与写作》2010 年第 2 期。

卢迪、邱子欣：《新闻"移动化"与直播"移动化"：5G 技术推动新闻与直播深度融合》，《现代传播》2020 年第 4 期。

龙小农、范佩：《印度 ZEE TV 本土化、全球化运营策略及启示》2018 年第 6 期。

聂书江、崔艳燕：《美国对境外媒体管理路径分析——以其对"今日俄罗斯"监管为例》，《国际传播》2020 年第 1 期。

聂志腾：《刍议网络新闻的叙述模式》，《新闻爱好者》2012 年第 5 期。

牛梦笛、储平如：《新媒体助力视听节目触达更多海外观众——专家学者畅谈媒体融合与国际传播能力建设》，https：//news.gmw.cn/2020-09/15/content_34185926.htm。

钱蔚：《央视网：智能互联网时代的独特发展之路》，《传媒》2019 年第 14 期。

任孟山、李呈野：《新时代经验与可能路径——李子柒爆红海外给国际传播带来的思考》，《对外传播》2020 年第 1 期。

史安斌：《全球·全民·全媒：国际新闻传播教育与研究的路径与前景——以新闻传播大变局中清华大学国际新闻传播教育与研究为例》，《新闻界》2012 年第 10 期。

史安斌、盛阳：《探究新时代国际传播的方法论创新：基于"全球中国"的概念透视》，《新闻与传播评论》2021 年第 3 期。

史安斌、满月：《"弥母"传播与数字化媒体奇观的兴起》，《青年记者》2015 年第 31 期。

宋晓阳、水伊诗：《如何成为一名出色的驻外记者——中央电视台驻外资深记者报道经验分享》，《电视研究》2016 年第 9 期。

孙伶俐：《中国国际广播电台驻外记者站事业发展与思考》，《青年记者》2015 年第 13 期。

孙吉胜：《中国国际话语权的塑造与提升路径——以党的十八大以来的中国外交实践为例》，《世界经济与政治》2019 年第 3 期。

陶永才、李俊艳、石磊等：《基于地理位置的个性化新闻混合推荐研究》，《小型微型计算机系统》2016 年第 5 期。

陶永才、李俊艳、石磊等：《基于用户签到行为的群组兴趣点推荐模型》，《小型微型计算机系统》2018 年第 10 期。

唐润华、刘昌华：《大变局背景下国际传播的整体性与差异化》，《现代传播》2021 年第 4 期。

万京华：《新华社驻外机构的历史变迁研究》，《现代传播》2014 年 10 期。

万青：《人工智能时代下新闻生产流程再造研究——以央视 AI 剪辑国庆 70 周年阅兵为例》，《新闻研究导刊》2019 年第 23 期。

王庚年：《中国国际广播电台增强国际传播能力建设的十大突破点》，《中国广播电视学刊》2010 年第 10 期。

王沛楠：《视频转向与国际传播理念创新》，《电视研究》2019 年第 7 期。

王仁锋：《中国广播技术的演变及发展》，《西北大学学报》（自然科学版）2009 年第 4 期。

王润珏：《我国主流媒体智慧全媒体建设与国际传播能力提升——以中央广播电视总台为例》，《电视研究》2019 年第 7 期。

王晓博：《融媒体发展助力国际传播力建设 ——以 CGTN 俄语频道为例》，《中国报业》2019 年第 23 期。

王文、刘玉书、关照宇等：《论新时代中国软实力建设》，《中央社会主义学报》2020 年第 2 期。

吴飞：《共情传播的理论基础与实践路径探索》，《新闻与传播研究》2019 年第 5 期。

谢湖伟、朱单利、黎铠垚：《"四全媒体"传播效果评估体系研究》，《传媒》2020 年第 19 期。

徐培喜：《数字时代中国国际传播领域面临的五个挑战》，《现代传播》2021 年第 6 期。

肖旻：《从芒果 TV "文化出海"看视频平台海外融媒体实践》，《东南传播》2020 年第 5 期。

许光、任明、宋城宇：《西方媒体新闻中的中国经济形象提取》，《数据分析与知识发现》2021 年第 5 期。

闫洪波、赵莹超：《第五代移动通信技术专利情报实证分析》，《科技管理研究》2020 年第 2 期。

杨凯、唐佳梅：《精准对外传播视角下国际受众的历时性研究——基于对广州外国人媒介使用和信息需求的连续调查》，《现代传播》2018 年第 6 期。

伊强：《美国"外国代理人"管理及对我国的启示》，《学理论》2017 年第 7 期。

于丹、杨越明：《中国文化"走出去"战略的核心命题"供给"与"需求"双轮驱动——基于六国民众对中国文化的认知度调查》，《人民论坛》2015 年第 8 期。

张超：《国际传播中的话语争夺策略——以俄罗斯 RT 电视台为例》，《传媒》2014 年第 7 期。

张萌、赵永华：《新公共外交视域下国际受众成像与信息结构解析——基于"一带一路"议题的受众访谈和扎根分析》，《宁夏社会科学》2019 年第 5 期。

张君昌：《新中国七十年广播电视国际传播发展成就、经验与启示》，《国际传播》2019 年第 5 期。

张玉启：《传统媒体对接互联网思维的要素分析》，《中国广播电视学刊》2018 年第 10 期。

张毓强、庞敏：《新时代中国国际传播：新基点、新逻辑与新路径》，《现代传播》2021 年第 7 期。

赵晖：《短视频对中国文化海外形象的塑造与传播》，《中国电视》2020 年第 2 期。

赵建国：《论共情传播》，《现代传播》2021 年第 6 期。

赵睿、喻国明：《5G 大视频时代广电媒体未来发展》，《新闻界》2020

年第 1 期。

赵如涵、袁玥：《平台驱动新闻业的新挑战：欧盟〈通用数据保护条例〉影响下的新闻生产》，《中国出版》2019 年第 22 期。

赵玉明：《中国大陆广播电视教育的回顾与前瞻》，《现代传播》1993 年第 6 期。

赵晓航：《"今日俄罗斯"在国际冲突事件中的对外话语战略——以乌克兰事件中的舆论应对为例》，《河北大学学报》（哲学社会科学版）2016 年第 4 期。

赵子忠、郭好：《技术生态视域下的全媒体传播体系建设》，《新闻与写作》2021 年第 1 期。

周栋、储峰：《新时代提升中国国际话语权的三维视角》，《思想战线》2021 年第 3 期。

周飞：《人工智能叙事在影视和游戏行业的应用模式》，《湖北经济学院学报》（人文社会科学版）2019 年第 6 期。

周婉：《微传播时代：创新推进中华优秀文化的国际传播》，《学习与实践》2020 年第 10 期。

周翔、仲建琴：《智能化背景下"中国故事"叙事模式创新研究》，《新闻大学》2020 年第 9 期。

钟新、蒋贤成：《完善全民国际传播体系构建可信、可爱、可敬的中国形象》，《中国记者》2021 年第 38 期。

郑保卫、姜秀珍：《后危机时代世界媒体格局变化与中国新闻传播策略》，《现代传播》2011 年第 10 期。

朱新梅：《统筹国内国际两个市场，加强国际传播能力建设》，《中国广播电视学刊》2021 年第 9 期。

《中国国际广播电台与北二外共建国际传播学院》，《北京第二外语学院学报》2015 年第 8 期。

［英］安娜·葛雷、张瑞卿：《全球媒体：文化研究问题考量》，《江西社会科学》2009年第11期。

［美］克利福德·克里斯蒂安：《论全球媒体伦理：探求真相》，《北京大学学报》（哲学社会科学版）2012年第6期。

钟馨：《1976—2001中国对外传播史研究》，博士学位论文，武汉大学，2010年。

高晓虹、赵希婧：《中央广播电视总台如何用行动阐释"人类命运共同体"》，《中国广播杂志》2020年5月7日。

王艺、王克平、郭小芳等：《"互联网＋"思维下的小微企业风险识别与竞争情报预警研究》，《情报杂志》2021年6月22日。

张勇锋：《共情：民心相通的传播机理》，《中国社会科学报》2020年11月19日第A03版。

左凤荣：《全球治理中的国际话语权》，《学习时报》2019年11月22日第2版。

《我国新闻教育统计资料》，《新闻出版报》1990年9月26日。

《习近平在党的新闻舆论工作座谈会上强调：坚持正确方向创新方法手段 提高新闻舆论传播力引导力》，《人民日报》2016年2月20日。

《1993年中国国际广播电台十件大事》，《广播电视信息》1994年7月，第6、7期合刊。

高梁：《关于meme的几个问题》，中国社会科学网，http：//www.cssn.cn/yyx/yyx_gwyyx/201401/t20140108_938842.shtml。

王鹏：《新华时评：BBC世界新闻台罔顾事实，该禁!》，新华网，http：//www.xinhuanet.com/2021-02/12/c_1127095967.htm。

国家统计局：《2019年全国文化及相关产业增加值占GDP比重为4.5%》，中华人民共和国中央人民政府网，http：//www.gov.cn/

shuju/2021-01/05/content_5577115.htm。

《2020年全国规模以上文化及相关产业企业营业收入增长2.2%》,中华人民共和国中央人民政府网,http://www.gov.cn/shuju/2021-02/01/content_5584025.htm。

《2020年中国对外缔结条约情况》,中华人民共和国外交部,https://www.fmprc.gov.cn/web/ziliao_674904/tytj_674911/tyfg_674913/t1866179.shtml。

《关于深化文化体制改革若干重大问题的决定》,中华人民共和国中央人民政府网,http://www.gov.cn/jrzg/2011-10/25/content_1978202.htm。

《关于推动广播电视和网络视听产业高质量发展的意见》,国家广播电视总局,http://www.nrta.gov.cn/art/2019/8/19/art_113_47132.html。

《关于印发加快推进广播电视深度融合发展的意见》,国家广播电视总局,http://www.nrta.gov.cn/art/2020/11/26/art_113_53991.html。

《国家"十一五"时期文化发展规划纲要》,中华人民共和国中央人民政府网,http://www.gov.cn/jrzg/2006-09/13/content_388046_10.htm。

《国家统计局发布报告显示:文化产业增加值在国民经济中占比逐年提高》,中华人民共和国中央人民政府网,http://www.gov.cn/xinwen/2019-07/26/content_5415564.htm。

《国际台第90家海外分台开播,对外传播语种增至64种》,人民网,http://world.people.com.cn/n/2013/0506/c57507-21374333.html。

《国际台与牙买加公共广播公司签署"中国剧场"播出合作协议》,国家新闻出版总局,http://www.nrta.gov.cn/art/2017/1/24/art_114_32464.html。

《加强我国国际传播能力建设 习近平再作部署》，人民网，http：//politics. people. com. cn/n1/2021/0602/c1001-32120815. html。

《世界互联网用户及人口统计》，World Internet Users and Population Stats，https：//www. internetworldstats. com/stats. htm。

《习近平主持召开中央全面深化改革委员会第五次会议》，中华人民共和国中央人民政府网，http：//www. gov. cn/xinwen/2018-11/14/content_ 5340391. htm。

《习近平主持中共中央政治局第十二次集体学习并发表重要讲话》，中华人民共和国中央人民政府网，http：//www. gov. cn/xinwen/2019-01/25/content_ 5361197. htm。

《新闻出版广电总局副局长与秘鲁国家广播电视台签署合作协议》，中华人民共和国中央人民政府网，http：//www. gov. cn/xinwen/2016-09/22/content_ 5110907. htm。

《文化产业振兴规划》，中华人民共和国中央人民政府网，http：//www. gov. cn/jrzg/2009-09/26/content_ 1427394. htm。

《中办国办印发国家"十二五"文化改革发展规划纲要》，中华人民共和国中央人民政府网，http：//www. gov. cn/jrzg/2012-02/15/content_ 2067781. htm。

《中华人民共和国国民经济和社会发展第十四个五年计划和2035年远景目标纲要》，中华人民共和国中央人民政府网，http：//www. gov. cn/xinwen/2021-03/13/content_ 5592681. htm。

《总局印发〈关于进一步加快广播电视媒体与新兴媒体融合发展的意见〉的通知》，国家新闻出版广电总局，http：//www. nrta. gov. cn/art/2016/7/2/art_ 3592_ 42309. htm。

《中国与乌克兰政府签署共建"一带一路"合作规划》，中华人民共和国国家发展和改革委员会，https：//www. ndrc. gov. cn/fzggw/wld/

lnx/lddt/202012/t20201223_ 1260052. html。

《中央关于深化文化体制改革若干重大问题的决定》，中华人民共和国中央人民政府网，http：//www. gov. cn/jrzg/2011 – 10/25/content_ 1978202. htm。

《中共中央办公厅　国务院办公厅印发〈国家"十三五"时期文化发展改革规划纲要〉》，中华人民共和国中央人民政府网，http：//www. gov. cn/zhengce/2017 – 05/07/content_ 5191604. htm。

《中共中央印发〈深化党和国家机构改革方案〉（全文）》，新华社，http：//www. xinhuanet. com//zgjx/2018 – 03/21/c_ 137054755_ 6. htm。

《中共中央办公厅　国务院办公厅印发〈关于加快推进媒体深度融合发展的意见〉》，中华人民共和国中央人民政府网，http：//www. gov. cn/xinwen/2020 – 09/26/content_ 5547310. htm。

国家新闻出版广电总局：《中央电视台打造新型智慧融媒体》，国家新闻出版广电总局，https：//www. sohu. com/a/212864041_ 488920。

《总台国际传播规划局成立》，央视网，https：//www. cctv. com/2019/08/02/ARTIiBY2WYspbu8qSJGSGM9B190802. shtml。

CNNIC：《1997—1999 年互联网大事记》，CNNIC，http：//www. cnnic. net. cn。

Eytan Gilboa, "The CNN Effect：The Search for a Communication Theory of International Relations", *Political Communication*, Taylor & Francis Inc. , 2005.

James W. Cary, *Commuication As Culture：Essays on Media and Society*, New York：Rout ledge, 1982.

Ward Stephen J. A. , *Introduction：Media Ethics as Global*, in S. J. A. Ward, *Global Media Ethics：Problems and Perspectives*, Malden：Blackwell Publishing Ltd. , 2013.

James Curran, Frank Esser, Daniel C. Hallin, Kaori Hayashi & Chin-Chuan Lee, "International News and Global Integration: A Five-Nation Reappraisal", *Journalism Studies*, 2015 (10).

Amazon to Buy Film Studio MGM for $8.45 Billion, https://www.cbsnews.com/news/amazon-metro-goldwyn-mayer-deal/.

"*Anything that Causes Chaos*": *The Organizational Behavior of Russia Today (RT)*, Mona Elswah, Philip N Howard. Journal of Communication, 2020, 70 (5).

AT&T's Warner Media and Discovery, Inc. Creating Standalone Company by Combining Operations to Form New Global Leader in Entertainment, https://about.att.com/story/2021/warnermedia_discovery.html.

Lee Rainie, *Cable and satellite TV Use Has Dropped Dramatically in the U.S. Since 2015*, PEW Research Center, https://www.pewresearch.org/fact-tank/2021/03/17/cable-and-satellite-tv-use-has-dropped-dramatically-in-the-u-s-since-2015/.

Global Active Usage Penetration of Leading Social Networks, https://www.statista.com/statistics/274773/global-penetration-of-selected-social-media-sites/.

Global News Services, https://www.bbc.co.uk/aboutthebbc/whatwedo/worldservice.

Just What is This One Belt, One Road Thing Anyway? https://edition.cnn.com/2017/05/11/asia/china-one-belt-one-road-explainer/index.html.

Laura Silver, Kat Devlin and Christine Huang, *Most Americans Support Tough Stance Toward China on Human Rights, Economic Issues*, https://www.pewresearch.org/global/2021/03/04/most-americans-support – tough – stance – toward – china – on – humanrights – economic – issues/.

Most Popular Social Networks Worldwide as of July 2021, Ranked by Number of Active Users, https：//www. statista. com/statistics/272014/global – social – networks – ranked – by – number – of – users/.

Media Companies Set to Benefit from Cut in Corporate Tax Rate, https：// www. livemint. com/industry/media/media – companies – set – to – benefit – from – cut – in – corporate – tax – rate – 1568979265776. html.

Media, Entertainment Companies to Benefit from Corporate Tax Cuts, https：//www. thehindubusinessline. com/info – tech/media – entertainment – companies – to – benefit – from – corporate – tax – cuts/article29487404. ece.

Portugal's Media Capital Company in Deal with CNN to Create CNN Portugal, https：//www. heraldnews. com/story/news/local/ojornal/2021/05/24/portugals – media – capital – company – deal – cnn – create – cnn – portugal/7415954002/.

Brooke Auxier and Monica Anderson, *Social Media Use in* 2021, *Pew Research Center*, https：//www. pewresearch. org/internet/2021/04/07/social – media – use – in – 2021/.

TV Ratings, Nielsen, https：//www. nielsen. com/us/en/solutions/measurement/television/.

"'West Has Done What It's Done'：UK Defence Secretary Breaks Down as He Explains Some People 'Won't Get Back' from Afghanistan", *Unverified Video：Afghans Reportedly Plunge to Their Deaths After Trying to Cling to US Military Plane Taking off from Kabul*, RT, https：//www. rt. com.

World's Top News Show: *DNA World's Number 1 News Show with Over 5 Crore Viewers Every Month*, https：//zeenews. india. com/world/worlds – top – news – show – dna – worlds – number – 1 – news – show – with – over – 5 – crore – viewers – every – month – 2269860. html.

Zee Entertainment——360°Entertainment Content Company, https：//assets. zee. com/wp – content/uploads/2021/06/14140423/Corporate – Investor – Presentation – June – 2021. pdf？zee.

Zee Launches Learning & Development Program for Frontline Managers, https：//www. adgully. com/ZEE – launches – learning – development – program – for – front – line – managers – 87611. html.

Zee Annual Reprt 2020, https：//assets. zee. com/wp – content/uploads/2020/06/Zee_ Annual_ Report_ 2020_ V2. pdf.

Zee Brings Movie Theatres to Consumers Homes, https：//assets. zee. com/wp – content/uploads/2020/09/Zee – Plex – Press – Release – India – 01092020. pdf.

BBC History, BBC, https：//www. bbc. co. uk/historyofthebbc/timelines/1980s/.

成都大学文明互鉴与"一带一路"研究中心学术丛书

书目（第一辑共七卷）

一、《天府文化概论》，杨玉华 等著

二、《唐诗疑难详解》，张起、张天健 著

三、《阿恩海姆早期美学思想研究》，李天鹏 著

四、《雪山下的公园城市——大邑历史文化研究》，杨玉华 主编

五、《中国广播电视国际传播能力建设研究》，车南林 著

六、《龙泉驿古驿道历史文化研究》，杨玉华 主编

七、《韩国汉语会话书词类研究（1910–1945）》，张程 著